한일회담
-제1공화국의 對日정책과 한일회담 전개과정-

박진희

"이 저서는 2006년 정부(교육인적자원부)의 재원으로 한국학술진흥재단의 지원을 받아 수행된 연구임"(KRF-2006-814-A00014)

先人

한일회담
-제1공화국의 對日정책과 한일회담 전개과정-

초판 1쇄 발행 2008년 4월 7일

저　자 ▎박진희
펴낸이 ▎윤관백
편　집 ▎김지학
표　지 ▎김지학
교정·교열 ▎김은혜·이수정
펴낸곳 ▎선인
인　쇄 ▎한성인쇄
제　본 ▎광신제책
등　록 ▎제5-77호(1998. 11. 4)
주　소 ▎서울시 마포구 마포동 324-1 곶마루B/D 1층
전　화 ▎02)718-6252
팩　스 ▎02)718-6253
E-mail ▎sunin72@chol.com

정가 ▎26,000원
ISBN 978-89-5933-118-5 93900

■저자와의 협의에 의해 인지 생략.
■잘못된 책은 바꾸어 드립니다.

한일회담
-제1공화국의 對日정책과 한일회담 전개과정-

목차

Ⅰ. 머리말   9

Ⅱ. 정부 수립 후 對日정책(1948~1951) : 對日강화회의 참가문제   27

  1. 한국의 對日인식과 정책 방향   29
    1) 과거사청산과 반공동맹 추진   29
    2) 「대일배상요구조서」 작성   47
  2. 한국의 對日강화회의 참가 요구와 좌절   59
    1) 미국의 대일강화 기조 변화 : '징벌'에서 '관용'으로   59
    2) 한국의 대일강화회의 참가 자격 논쟁과 좌절   70
    3) 대일평화조약 체결과 한국 관련조항 분석   84

Ⅲ. 제1~3차 한일회담과 對日정책(1951~1953)
         : 평화선·한일어업분쟁·청구권논쟁   97

  1. 한일예비회담 개최   99
    1) 회담 성격과 미국의 역할에 대한 논의   99
    2) 일본의 지연전술에 따른 협상 교착   109
  2. 평화선 선포와 한일어업분쟁   124
    1) 평화선 선포 배경   124
    2) 한일어업분쟁 고조   139
  3. 청구권 논쟁과 한일회담 결렬   159
    1) 對日청구권과 對韓청구권 논쟁   159
    2) '구보타 발언'과 회담 결렬   178

Ⅳ. 한일회담의 교착과 재개교섭(1953~1957) : 억류자석방논쟁   191

  1. 한일회담 재개교섭   193
    1) 한일 양국의 협상 재개 모색   193

Contents

    2) 일본의 對韓청구권과 '구보타 발언' 철회 ▍209
  2. 억류자 상호석방과 한일합의서 조인 ▍220
    1) 평화선 수역 내 갈등 고조 ▍220
    2) 재일조선인과 일본 어부의 상호석방 교섭 ▍231
    3) 한일합의서 조인 ▍239

V. 제4차 한일회담의 재개와 중단(1958~1960) : 재일조선인 북한송환문제 259
  1. 한일회담 재개 ▍261
    1) 회담 재개와 일본특사의 방한 ▍261
    2) 분과위원회 구성과 현안 절충 ▍266
  2. 재일조선인 북한송환과 한일회담의 중단 ▍284
    1) 일본의 재일조선인 정책과 북송 추진 ▍284
    2) 한국의 북송반대운동과 회담의 중단 ▍298

VI. 제1공화국 對日정책의 특징과 한계   307
  1. 對日정책의 특징 ▍309
    1) 한일회담을 통한 현안 타결 ▍309
    2) 韓·美·日 관계와 對日정책 ▍329
  2. 對日정책의 한계와 유산 ▍332
    1) 정책 추진방식과 한계 ▍332
    2) 對日정책의 유산 ▍346

VII. 맺음말   353
참고문헌   359
찾아보기   383

I 머리말

I 머리말

1. 연구목적과 범위

　한일회담은 양국의 국교 수립을 목표로 1951년 10월부터 교섭이 시작되었다. 1952년 1차 회담부터 1965년 7차 회담 결과 협정 체결까지 약 14년 동안 7차례의 공식회담과 수많은 비공식 교섭이 이루어졌다.

　그 결과 1965년 6월 22일 도쿄에서 역사적인 조약 가조인식이 개최되었다. 이 자리에는 한국 외무장관 이동원(李東元), 한일회담 수석대표 김동조(金東祚), 일본 외무대신 시이나 에쓰사부로(椎名悦三郎), 한일회담 수석대표 다카스기 신이치(高杉晋一)가 참석했다. 이들은 〈대한민국과 일본국 간의 기본관계에 관한 조약〉과 4개의 부속 협정에 서명했다. 〈대한민국과 일본국 간의 재산 및 청구권에 관한 문제의 해결과 경제협력에 관한 협정〉, 〈대한민국과 일본국 간의 일본국에 거주하는 대한민국 국민의 법적지위와 대우에 관한 협정〉, 〈대한민국과 일본국 간의 어업에 관한 협정〉, 〈대한민국과 일본국 간의 문화재 및 문화협력에 관한 협정〉이 그것이다.[1] 그리고 한일협

---
1) 대한민국 정부, 1965 『대한민국과 일본국 간의 조약 및 협정 해설』. 이 글에서는 1개의 기본조약과 4개의 부속협정을 총칭하는 경우에는 '한일협정'이라고 표현한다.

정은 그해 12월 한국과 일본 내 비판과 반대 속에서도 양국 국회에서 비준되었다.

이로써 한국과 일본은 정식으로 국교를 수립했고 양국 간 쟁점이 된 과거사 청산문제와 청구권문제, 어업문제를 포함한 쟁점들이 이 협정으로 일단락되었다. 그러나 결론적으로 지금도 한일관계는 정상화되었다고 할 수 없다. 한일 간 과거사 청산문제가 제대로 해결되지 못했기 때문이다.

협상의 출발점에서부터 전후 한일관계를 바라보는 한국과 일본의 인식과 정책은 크게 달랐다. 한국은 1951년 10월 한일예비회담에서부터 이 회담을 양국 간의 일종의 강화회담·강화조약으로 생각했다. 한일관계를 패전국과 승전국, 연합국과 일본의 관계로 상정한 것이었다. 때문에 일본의 철저한 과거사 반성을 대전제로 화해와 타협을 통한 협상을 구상했다. 반면 일본은 과거사는 합법적이었으며 그 자체로 정당했다는 인식을 하고 있었다. 때문에 일본은 회담을 외교관계가 없는 개별 국가 간에 외교관계를 수립하는 협상으로 생각했다. 이처럼 양국의 과거사 인식 차이는 한일회담을 14년 동안 장기 지속시킨 기본원인이 되었다.

이 연구의 출발점은 바로 여기에 있다. 이 연구의 시기적 범위는 한일회담이 시작되어 과거사를 둘러싼 쟁점들이 첨예화되었던 제1공화국기를 대상으로 한다. 내용적 범위는 제1공화국의 對日정책과 구체적인 한일회담의 전개과정으로 설정되었다. 역사에 대한 인식 차이가 현실 정치라는 변수를 만나 어떤 방식으로 표출되어 갈등하고 조정되어 가는지를 살펴보려는 것이다. 1952년 1차 한일회담부터 1965년 한일협정 체결까지 한일회담·한일협상 14년 가운데 약 9년이 제1공화국 시기에 해당한다. 이 시기에 한일관계 현안들이 제출되었다. 한일회담 의제 선정부터 쟁점, 양국 간의 현안을 둘러싼 견해 차이와 해결 전망도 도출되었다. 한일회담의 협상과 타결을 중심으로 할 때 제1공화국기 혹은 이승만정부시기는 이후 장면·박정희정부와 구별되는 시기이다. 긴 준비기를 거쳐 박정희정부 시기에 이미 형성된 주요 쟁점들을 타결하는 순서로 협상이 타결되고 한일협정이 체결되었다.

한일회담에 관한 연구는 한국과 일본 양쪽에서 양적으로나 질적으로 성과가 축적되었다. 특히 양국 간 식민지 지배에 대한 인식, 과거사 청산·반성문제 등 첨예한 현안이 제기될 때마다 한일회담이 한일관계를 비추는 거울이자 시금석이 되었기 때문에 학문적·사회적 관심과 반향이 작지 않았다. 즉 한일회담에 대한 반성적 고찰이 있었던 것이다.

한일회담을 연구한 연구성과들을 분류하면 첫째 한일회담의 전개과정에 대한 분석, 둘째 한·미·일관계 속에서 한일회담 분석, 셋째 한일회담의 개별의제에 대한 분석 등으로 구분할 수 있다.

첫째, 한일회담 전개과정에 대한 분석은 초기 연구들이 개척한 분야였다. 초기 연구들은 대부분 한일회담의 전개과정을 실증적으로 분석하는 데 초점을 맞추었다. 즉 교섭사의 하나로 1945년부터 1965년 한일협정 체결까지를 연대기적으로 분석했다.[2] 이정식의 연구는 한일관계에서 양국의 역사적 배경에 주목하여 한국은 도덕적·정서적 측면(=동양적·유교적)이 강한 데 비해, 일본은 법적·실용주의적 입장(=서구적)이 강하다고 분석하였다. 일본의 서구지향성은 한일관계에 대해 무관심하게 만들었고, 이승만의 고집은 일본과 미국 양국에 비합리적으로 인식되었다고 한다. 한일회담 과정에서 일본과 미국이 협상의 가장 큰 장애요소로 이승만의 비합리적 반일인식과 태도를 지적한 것을 상기한다면 흥미로운 분석이다. 일본 측 연구성과 중에는 다카사키 소오지(高崎宗司)의 연구가 눈에 띤다. 이 연구는 한국 외무부의 한일회담 관련 일부 회의록과 자료집, 한일 관계자들의 회고록, 국회회의록, 신문, 잡지 등 많은 자료를 활용하고 있다. 본격적인

---

2) 성황용, 1981『일본의 대한정책 1800~1965』, 명지사; Chong-Sik Lee, 1985 *Japan and Korea : The Political Dimension*, Stanford Hoover Institution Press, 1985(이정식, 1986『한국과 일본』, 교보문고); 高崎宗司, 1996『檢證 日韓會談』, 岩波書店(다카사키 소지 저·김영진 역, 1998『검증 한일회담』, 청수서원)

학술연구서라기보다는 한일회담에 대한 개설서에 가깝지만 자료를 토대로 한일 간 모든 현안을 언급하고 있다. 따라서 이 연구는 이후 한일관계 연구에서 필독서처럼 이용되었다.

그러나 이상 연구들의 가장 큰 한계는 1차 자료의 부족으로 사실관계를 개관하는 것에 그쳤다는 데 있다. 한일회담 관련 회의록이 양국 모두에서 공개되지 않았고, 일부 이용 가능한 자료는 한국 측 회의록과 자료집뿐이었다. 때문에 구체적이고 세밀한 증명에는 도달하지 못했지만, 이 연구들을 통해 한일관계의 기본적 흐름이 파악되었고, 이후 연구의 기초자료가 되었다.

일본에서는 전후 일본 외교사 연구의 하나로 한일회담의 전개과정이 분석되었다. 즉 한일관계보다는 일본의 對 아시아 외교교섭·정책사의 일부분으로 한일회담을 개설적으로 취급했다.[3] 이 연구들은 공통적으로 한·미·일 3국 관계 속에서 한일관계를 분석하면서, 그중에서도 일본의 對韓정책에 초점을 맞추었다. 때문에 한국의 對日정책에 대한 분석은 다소 미흡한 감이 있다. 나아가 이 연구들은 미국-일본-한국이라는 수직적 구도 속에서 한일관계를 분석하고 있으면서도 미국의 의도나 개입에 대해서는 언급이 부족하다는 한계를 갖고 있다.

둘째, 한·미·일 관계 속에서 한일회담을 분석한 연구들은 미국을 중심축에 놓았다는 특징을 갖고 있다. 2차 세계대전 종전 이후 한일관계에 대한 연구들은 한일관계를 미국의 동북아시아정책 속에서 한·미·일 관계로 분석하는 데 초점을 맞췄다. 이 연구들은 주로 미국 자료를 적극적으로 활용하여 '지역통합전략'의 일환으로서 한·미·일 관계를 분석했다. 그 선도적 연구는 허버트 빅스(Hebert Bix)의 연구이다.[4] 빅스는 미국의 지역통

---

3) 鹿島平和研究所編·吉澤淸次郎 監修, 1973 『日本外交史 28-講和後の外交(Ⅰ) 對列國關係(上)』, 鹿島研究所出版會; 石丸和人·松本博一·山本剛士, 1983 『戰後日本外交史 2: 動きだした日本外交』, 三省堂.
4) Hebert Bix, 1973 "Regional Integration: Japan and South Korea in America's Asian Policy", in Frank Baldwin, ed., *Without Parallel: The American-Korean Relationship since 1945*, Random House, (터버트 빅스, 1984 「지역통합전략-미국의 아시아정책에서의 한국과 일본-」『1960년대』, 거름).

합전략에 대한 개념과 적용이라는 측면에서 한·미·일 관계를 분석하였다. 그는 1940년대 후반 이후 미국은 중국과 소련의 힘에 대항하여 미국의 영향력이 보장될 수 있도록 아시아에서의 군사적·경제적 세력배치와 형성을 중시했고, 여기서 한국과 일본의 역할이 중요했다고 평가한다.

한편, 이종원은 지역통합전략을 토대로 1950년대 한·미·일 관계를 분석한 대표적인 연구성과를 다수 제출했다.[5] 그의 연구는 한국현대사 연구에서 1950년대가 '공백기', '정체기'로 평가되는 등 연구 시점이 지나치게 획일화된 것에 대한 비판으로부터 시작되었다. 그는 1950년대를 1940년대 냉전과 1960년대 경제개발이 복잡한 조합을 보여주는 일종의 과도기로 설정해 '시간적 연속성'을 보여주고, 한일·한미 관계를 횡적 연관, 즉 '지역적 연관'이라는 맥락에서 분석했다. 특히 이승만 개인 및 정권에 대한 뿌리 깊은 고정관념(stereotype)이 1950년대에 대한 다양한 접근을 방해하고 있다고 인식하였다. 이승만의 강경한 반일정책과 공업건설을 고집하는 경제정책 등이 모두 이승만 개인의 완고함에서 비롯된 정권의 특수성으로 환원되는 경향이 심하다는 것이다.[6]

이 연구는 1950년대와 이승만 인식에 대해 풍부한 자료와 해석으로 많은 연구에 시사점을 주었지만, 한편으로 한·미·일 3국 관계보다는 미국의 대외정책과 對韓정책에 초점을 맞추었기 때문에 한일관계에 대한 분석은 소략한 편이다. 또한 미국의 대한정책 속에서의 한일관계에 대한 분석과 한국의 입장에 대한 분석도 세밀하지 않은 편이다. 한국의 입장보다는 주로 한미 간의 갈등과 대립에 초점을 맞추고 있기 때문이다.

---

5) 李鍾元, 1996 『東アジア冷戰と韓美日關係』, 東京大學出版會; 1993 「戰後米國の極東政策と韓國の脫植民地化」 『近代日本と植民地:アジアの冷戰と脫植民地化』 8, 岩波講座; 1994 「韓國國交正常化の成立とアメリカ-1960~1965年」 『年報近代日本研究 16 戰後外交の形成』, 山川出版社; 1994 「韓日會談とアメリカ-'不介入政策'の成立を中心に」 『國際政治』 제105호; 1995, 「五○年代東アジア冷戰の變容と米韓關係-マグサイサイ現狀と李承晩-」 『法學』 59; 1994·1995, 「美韓關係における介入の原型(1)(2)-'エウァーレディ計劃 再考'」 『法學』 58·59.
6) 이종원, 1996 『東アジア冷戰と韓美日關係』, 東京大學出版會, 2쪽.

이상의 연구들을 통해 1950년대 이후 한일관계가 한일 양국 차원에서뿐만 아니라 미국의 동아시아 정책 속에서 조율되고 추진되었다는 점이 확인되었다. 이런 측면에서 한일협정이 전후 동아시아의 냉전문제와 밀접히 관련되어 있었으며 미국 지역통합전략의 산물이었던 점이 인정되었다.
　셋째, 한일회담의 개별의제에 대한 분석을 살펴보자. 한일회담의 전개과정에 관한 실증적 연구와 한·미·일 관계 속에서 한일관계를 분석한 연구성과들을 토대로 본격적으로 한일회담 개별 의제를 분석한 연구들이 나오기 시작했다. 먼저 오오타 오사무(太田修)는 청구권 문제에는 과거의 역사문제가 반영되어 있다는 견해에서 한국 역대정권의 청구권 문제에 대한 인식과 입장을 분석하였다. 이에 따르면 이승만 정권은 3차 한일회담까지는 식민지배를 청산한다는 관점을 견지하다가 휴전 이후부터는 '防日 국가주의'로 정책을 전환했다고 한다. 방일 국가주의는 미국과 일본에 대한 정치·외교적 무기이자 국내 국민동원과 통합의 수단으로 기능했고, 반공주의와 결합함으로써 이승만정권의 대일정책은 '폐쇄적'인 것이 되었다고 비판하고 있다.[7] 이 연구는 청구권 문제에 대한 세밀한 연구보다는 청구권 문제가 담고 있던 역사성과 정치성을 분석하는 데 초점을 맞추었다. 그리고 청구권 문제에 반영되었던 과거청산 논리는 휴전협정 이후 정치논리에 압도당하기 시작한 것으로 평가했다. 그러나 이승만정권의 대일정책 변화를 냉전체제와 분단체제의 고착화로 설명하고 있을 뿐 그 변화의 요인과 과정은 설명하지 않고 있다. 그리고 이승만이 反日을 반공과 결합시켜 국내정치의 수단으로 사용했다는 분석도 충분히 서술되지 못 했다.
　다음으로 김태기는 일본 패전 직후부터 1952년 대일평화조약 발효 때까지를 대상으로 2차대전 종전 직후 연합국최고사령부의 재일조선인 정책을 분석했다.[8] 이 연구는 청구권 문제와 더불어 한일 간 최대 현안이었던 재

---

[7] 오오타 오사무, 2000「韓日 請求權交涉 硏究」고려대 사학과 박사학위논문(太田修, 2003『日韓交涉 請求權問題の硏究』, クレイン).

일조선인의 지위와 대우를 분석한 것이다. 김태기에 따르면 연합국최고사령부의 재일조선인 정책은 일본사회의 질서유지와 반공정책이라는 기조 위에서 수립되었고, 재일조선인의 민족적 권리를 배제해 가면서까지 정치적 목적이 과도하게 투영되었다. 이 연구를 통해 재일조선인의 실태, 처우 등의 문제가 정책적으로 어디서부터 연유하는지가 밝혀졌다. 이 연구를 토대로 재일조선인 문제는 한일관계뿐 아니라 북일관계, 남북관계에서도 중요한 현안으로 등장하기 때문에 실증적인 기초연구가 필요한 실정이다.

이원덕은 '일본'에 초점을 맞추어 한일회담의 전개과정을 분석했다. 일본의 전후 처리 외교의 일환으로 요시다(吉田茂) 정권부터 사토(佐藤榮作) 정권에 이르는 한일회담을 다루었다. 일본 국내의 정치적 조건 및 정치과정, 한일교섭의 다이내믹스, 미국의 동아시아정책 등이 일본의 對韓정책에 어떻게 적용되었는가에 초점을 맞추었다.[9] 이 연구에 따르면 1950년대에는 한일 간 전후처리 문제가 일본에서 국내정치의 중요한 쟁점으로 부상하지 못했다. 일본이 경제 재건에 몰두하고 있었으므로, 한국과의 '과거청산' 문제에는 극히 수동적이었기 때문이었다. 따라서 한일회담은 과거 청산을 통한 전후 처리를 목표로 했지만, '냉전의 논리'와 '경제의 논리'에 의해 왜곡된 해결로 귀착되었다. 이 연구는 한일회담 개시부터 타결까지를 대상시기로 연구했기 때문에 일본이 한일협상 과정에서 어떠한 정책을 구사했는지를 일목요연하게 볼 수 있다.

이상의 연구성과에서 알 수 있듯이 한국정부의 한일회담에 관한 정책과 대일정책에 대한 본격적인 연구는 미진한 상태이다. 따라서 본 연구는 한일회담과 관련해 한국정부라는 정책주체에 초점을 맞추어 1950년대 한일회담과 한일관계를 분석하고자 한다. 한일회담의 당사국이었던 한국의 인

---

8) 金太基, 1997 『戰後日本政治と在日朝鮮人問題-SCAPの在日朝鮮人政策-1945~1952-』, 勁草書房; 1998 「일본정부의 재일한국인정책-일본점령기를 중심으로」, 한국정치학회 연례학술의; 1998, 「GHQ/연합국최고사령부의 對 재일한국인정책」『국제정치논총』38집 3호.
9) 이원덕, 1996 『한일 과거사 처리의 원점-일본의 전후처리 외교와 한일회담』, 서울대학교출판부.

식과 정책에 대한 연구가 미진함으로써 1950년대 한국의 대일정책은 거의 주목받지 못했다. 나아가 한미관계나 미일관계의 하부 단위나 정책결정의 집행자 정도로 간주되어 한국 요소가 정책주체나 결정자로 드러나지 못했다. 다른 한편 그동안 한국의 입장은 일본과의 경제협력 필요성이라는 제한적 차원에서만 논의되었다. 특히 제1공화국 시기 한일관계 연구는 1965년 한일협정 체결의 前史로만 다루어졌다. 그 내용도 이승만의 격렬한 反日감정에 초점을 맞추거나 한미관계를 분석하면서 한일관계를 보조적으로 이용하는 수준에 그쳤다.

이승만정권은 미국의 지속적인 對韓원조와 후원을 받기 위해서는 일본과의 관계를 개선해야 했지만 다른 한편으로 국민의 반일감정을 무시할 수도 없는 상황이었다. 이런 모순적 상황 속에서 이승만정권의 대일정책은 때에 따라 반공동맹 내 협력으로 표출되거나, 정반대로 강력한 반일정책과 반일시위 등으로 표출되었다. 그럼에도 불구하고 지금까지 대일문제와 관련해 이승만은 '반일주의자'라는 평판을 얻었고, 그의 대일정책도 반일정책으로 평가되었다.

이승만의 대일정책에 대한 평가는 극단적이다. 긍정적 입장은 북진통일과 반일노선이 식민통치의 깊은 상처가 채 아물지 않은 상태에서 국가를 건설하고 국민을 결집 동원하여 전쟁이란 국난을 극복하는 데 효과적이고 효율적이었다는 평가이다.[10] 부정적 입장은 이승만이 개인적으로 반일성향이었지만, 그의 반일주의는 반공주의와 밀접한 관련을 갖고 있었고, 정권 강화와 유지 수단으로 활용되었다는 평가이다.[11] 이 연구에서는 이승만정권기 대일정책 분석을 통해 이승만의 '反日'의 성격도 더욱 심층적으로 다각적인 시각에서 규명하고자 한다.

---

10) 허만, 1990 「이승만의 대미외교, 그의 외교과정과 도전」, 동아일보사 편, 『현대사를 어떻게 볼 것인가』 III, 동아일보사.
11) 서중석, 1995 「이승만과 북진통일」 『역사비평』 여름호.

한편, 제1공화국 시기에는 1951년 한일예비회담을 시작으로 총 4차례의 공식 한일회담과 수차례의 비공식회담이 개최되었다. 한일협정 체결에 이르는 과정에서 한국·일본 간의 주요 쟁점과 협의 수준은 모두 이 시기에 도출되었다. 즉, 제1공화국 시기에 한일협정 체결의 기본 틀이 준비되고 협의되었던 것이다. 따라서 이 시기 한일관계를 분석하는 작업은 한일회담과 한일협정의 근본적 성격을 파악하는 동시에 한계를 가늠하는 의미를 지닌다. 이 기간에 한일회담의 쟁점사항에 대한 타협방안이 대부분 제출되었음에도 한일협정이 체결되지 못한 이유를 규명하는 것은 현재까지도 남아있는 한일관계의 주요 쟁점과 걸림돌이 형성된 이유를 추적하는 작업이기도 하다.

지금도 한일 간에는 과거 역사인식을 비롯한 많은 차이점이 존재한다. 현재의 한일문제도 과거 한일협정 체결 과정과 결과로부터 비롯된 것이다. 한일회담이 개시될 때부터 이미 한일 간에는 상호 타협할 수 없는 현안들이 존재했고 커다란 인식의 차이가 존재했다. 한국이 과거 청산을 전제로 한 새로운 관계 수립을 중시했다면, 일본은 장래 관계 구축에 중점을 두고 교섭에 임했다. 이것이 두 나라의 출발점이었고, 지금까지도 결코 합의에 도달할 수 없었던 대극적인 인식차의 출발이었다. 한일 양국은 회담·협상을 통해 협정에 도달했지만, 이미 그 속에는 갈등과 대립의 씨앗이 자라고 있었던 것이다.

2. 연구내용과 자료

본 연구는 모두 5개의 주요 장으로 구성되었다. 5개의 장은 시기적 흐름에 따른 것이며, 한일 간 쟁점과 한일회담의 전개과정을 기준으로 한 것이다.

II장은 첫 번째 시기로 제1공화국 수립(1948. 8. 15)부터 대일평화조약이 체결(1951. 9)될 때까지를 대상시기로 삼았다. 이 시기는 전후 한일관계가 본격적으로 시작된 동시에 향후 한일회담의 원형이 형성된 시기였다. 냉전의 영향하에 체결된 대일평화조약은 전후 한일관계의 시작점이었지만, 다른 한편으로 미국의 일본중시정책, 한국의 對共전선 강화정책 등이 중첩되면서 향후 한일관계 또는 한일회담이 순탄하게 진행되기 어렵다는 것을 예고하였다.

이 장에서는 1951년 샌프란시스코에서 체결된 대일평화조약을 둘러싼 한·미·일 3국의 인식과 대응, 그리고 이 조약이 한일관계에 미친 영향을 분석하고자 한다. 1950년대 한일관계는 양국 간 역사문제나 한일문제만이 아니며, 미국의 對동북아시아 정책 및 영향력, 힘의 규정력이 파생시킨 문제였음을 확인할 것이다. 美·蘇 냉전이 격화되면서 미국의 전략은 동북아시아에서 일본을 정치 군사적·경제적으로 부활시키는 것으로 전환되었다. 이를 위해 미국은 소련을 배제한 채 대일강화조약을 조기에 체결하는 동시에 내용적으로도 '가혹한' 조약이 아닌 '관대한' 조약을 추구했다. 또한, 미국은 동북아시아 차원에서 미일안보조약(1951), 미일행정협정(1952), 일본·대만평화조약(1952), 한미상호방위조약(1953) 등을 체결함으로써 대일강화조약의 전략적 목표를 보완하고 완성해갔다. 결과적으로 대일평화조약은 관련 국가들에 중대한 영향을 끼쳤고, 한국도 예외는 아니었다. 한국은 미국의 영향하에 동북아시아의 반공 보루로서 위상이 부각된 동시에 조속한 한일관계 복원을 요구받게 되었다. 이런 맥락에서 대일평화조약 이후 해당 국가들의 정치·경제 및 문화에 중대한 영향을 주었다는 의미에서 '샌프란시스코체제' 또는 '51년 체제'라 명명된다.[12]

한일관계도 미국이 구상한 샌프란시스코체제에서 종속적 하위목표로 위상을 점했다. 이 장은 미국의 동북아시아정책의 핵심이 '일본'에 두어졌기 때문에 한일관계의 역사적 특수성, 국가 간 교섭성 등이 크게 제한을 받을

---

12) 曾健民, 2002 「샌프란시스코조약 체제와 중국 양안문제의 역사와 현실」 『제5회 동아시아 평화와 인권 국제심포지엄-냉전·국가폭력과 일본』, 立命館大學, 34쪽.

수밖에 없는 상황이었다는 점에 주목할 것이다. 한국은 연합국의 지위를 인정받지 못함으로써 대일평화조약 서명국이 될 수 없었다. 나아가 대일평화조약에서 대일배상 문제와 독도영유권문제, 어업문제, 재일조선인 문제 등에 대한 한국정부의 요구와 주장은 모두 기각되었다. 이 문제들은 한일 양국 간 협의를 통해 해결하도록 이관되었다. 일본은 대일평화조약을 통해 한국의 이익을 방해하거나 침해했고, 한국전쟁의 와중에서 자신의 이익을 최대한 확대해나갔다. 이런 조건에서 한일예비회담이 개최되었고, 결과적으로 한국이 배제된 대일평화조약의 체결이 한일회담의 출발점이 되는 동시에 한국에 불리한 출발조건을 강제했다는 점을 규명할 것이다.

III장은 1951년 10월 한일예비회담 개최부터 1953년 10월 3차 한일회담이 결렬될 때까지를 대상으로 했다. 이 시기 동안 한일예비회담과 1, 2, 3차 한일회담이 개최되었다. 이 시기에 한일회담의 주요 의제들이 선정되었고, 이를 둘러싼 한국과 일본, 미국의 인식과 정책이 드러났다. 또한, 1950년대를 통틀어 한국이 일본에 대해 가장 강경한 인식과 태도를 보였던 시기였다.

여기서는 한일회담의 개최 필요성과 어떤 의제가 어떤 경로를 거쳐 채택되었는지를 살펴보고자 한다. 또한, 각각의 의제에 대한 한국의 정책을 자세히 분석함으로써 대일정책의 기조를 분석하고자 한다. 의제선정은 한국과 일본의 인식과 정책기조를 보여주는 과정이기 때문이다.

한일예비회담은 미국의 주선으로 시작되었다. 한국은 대일평화조약을 통해 아무런 권리도 보장받지 못했기 때문에 일본과 단독평화조약을 체결하고자 하였다. 이를 위해서 한일 간 모든 현안을 의제로 선정하자고 제안했다. 이에 반해 일본은 자국의 이익과 밀접한 재일조선인문제만을 먼저 협의할 것을 주장했다. 때문에 의제 선정과정은 한일 양국의 이해관계의 동일성과 차별성을 보여주었다. 또한, 이후 한일회담이 어떻게 진행되어 갈지를 보여주는 시금석이었다. 의제 선정과정을 분석함으로써 한일 양국의 이해관계를 부각시키는 동시에 미국의 이해관계가 어떤 방식으로 개입,

작용했으며 미국의 역할이 무엇이었는지를 해명하고자 하였다.

또한 이 장에서는 한일회담 개최 초기에 제1공화국기를 통해 가장 강경한 對日政策이 수립·시행된 원인과 과정을 분석하고자 한다. 이 시기 대일정책의 핵심은 평화선과 청구권 문제였다. 우선 1952년 1월 18일 한국이 선포한 해양주권선언, 이른바 '평화선'의 선포 배경과 어업분쟁을 살펴볼 것이다. 이 문제로 1950년대 미국과 일본은 한국이 '인질외교'를 벌이고 있다고 비판하였는데, 평화선 문제는 일본이 재일조선인 문제 이외에 1950년대를 통해 가장 관심을 가졌던 문제이기도 했다. 한국의 평화선 선포는 한국 어업을 보호하기 위한 자구책이었다. 또한, 독도를 둘러싼 영토분쟁에 대한 종식선언까지를 포함한 강력한 해양주권선언이었다. 한국은 평화선을 선포한 이래 월선한 일본어선과 어부들을 지속적으로 나포·구금하였고, 이는 일본 내에서 심각한 정치·사회문제가 되었다.

한편, 청구권 문제는 한국의 對日請求權과 일본의 對韓請求權을 둘러싸고 진행되었지만, 본질적으로는 일제 강점기 식민지배에 대한 한국과 일본의 인식차이에서 비롯된 것이었다. 한국은 일본의 식민통치가 불법이었고, 이에 저항한 한국은 연합국의 일원으로서 자격을 가지고 있다고 생각했다. 따라서 배상을 청구할 권리를 가지고 있으며, 연합국 지위가 재일조선인들의 법적지위문제에도 적용되어야 한다고 생각했다. 반면 일본은 한국을 불법적으로 강제병합하지 않았고, 식민지 통치를 통해 한국의 근대화에 이바지했을 뿐만 아니라 대일평화조약을 통해 한국의 독립을 승인한 것으로 충분하다고 인식했다. 따라서 일본은 한국에 대한 배상책임이 없으며, 오히려 한국에 소재한 일본 재산을 한국이 불법으로 점유하고 있기 때문에 대한청구권 요구는 정당하다고 주장했다. 일본의 인식은 미국의 일본중시정책, 특히 경제부흥정책에 힘입은 바 컸다. 실제로 미국은 대한청구권의 핵심이 되고 있던 귀속재산문제에 대해 애매한 태도를 보였다. 미국의 이런 태도가 구보타(九保田貫一郎) 발언을 조장한 한 요인이기도 했다는 점도 아울러 규명할 것이다.

Ⅳ장은 1953년 10월 3차 한일회담 결렬 이후 1958년 4차 한일회담이 재개되기까지이다. 1953년 10월 소위 '구보타 발언'으로 3차 회담이 결렬되면서 한일회담은 오랫동안 중단되었다. 따라서 이 장에서는 구보타 발언으로 결렬된 한일회담의 재개 교섭과정을 분석하고자 한다. 특히 한국은 일본의 對韓請求權 주장과 구보다 발언 철회를 회담재개의 전제조건으로 요구했다. 따라서 한국과 일본은 미국을 중재자로 하여 한일회담을 재개하기 위해서는 두 가지 요구조건에 대한 타협과 절충을 모색해야 했다. 결국 일본이 한국의 회담 재개의 전제조건을 수락함으로써 회담은 재개될 수 있게 되었다. 그러나 다른 한편으로 이 때는 평화선을 둘러싸고 한국과 일본이 무력 충돌할 위험성이 가장 농후한 시기였다. 이에 따라 그 원인을 규명함과 동시에 어떻게 위기국면을 타개할 수 있었는지를 살펴볼 것이다. 한국은 일본이 제안한 억류자 상호 석방안을 수락함으로써 일본에 대한 강경정책에서 한발 물러나 유화적인 태도를 보이기 시작하였다. 따라서 이 시기 한국과 일본이 억류 중인 일본 어부와 재일조선인을 왜 상호 석방하게 되었는지, 이 문제가 어떻게 평화선 문제와 관련되는지도 아울러 분석할 것이다. 한일회담 재개 협상은 한일 양국이 1957년 12월 합의각서에 서명함으로써 결실을 보게 되었다. 이에 따라 억류자들도 석방되기에 이르렀다.

Ⅴ장은 1958년 4차 한일회담 재개 이후 1960년 4월 제1공화국이 붕괴하기까지를 다루고 있다. 그동안 한일회담을 통해 쟁점이 되었던 문제들이 해결 수순으로 들어가게 되었다. 일본의 對韓請求權 주장은 철회되었고, 구보타 발언도 취소됨으로써, 한일 양국 간 가장 첨예했던 두 가지 갈등 요소가 제거되었다. 그러나 한편으로 이 시기에 북한과 일본 간에 재일조선인 북송문제가 협의·타결됨으로써 한일관계 회복은 장애에 봉착했다. 이와 관련해 일본이 북송을 추진한 가장 큰 배경이 재일조선인들에 대한 차별인식에서 비롯되었다는 점을 분석할 것이다. 일본은 재일조선인 대다수

가 공산주의자들로 일본 공산주의자들과 함께 사회혼란을 일으킬 뿐 아니라, 대부분 극빈자층에 속해 일본 경제 재건에 부담이 된다고 생각했다. 그리고 일본의 이 같은 선전은 미국의 지지를 받았다. 재일조선인의 지위문제도 한일관계의 쟁점이었지만, 상대적으로 한국정부는 무관심했다. 북송문제에 대한 한국정부의 입장과 대응을 분석함으로써 한국정부가 재일조선인정책 不在로 비판받는 배경과 이유를 살펴보고자 한다.

그리고 VI장에서는 종합적으로 제1공화국기 한국정부가 취한 대일정책의 성격과 특징을 추출해내고자 한다. 이 시기 대일정책이 반공논리와 경제논리 속에서 규정된다는 점에 주목할 것이다. 그리고 이 시기 대일정책의 기본성격과 특징이 1960년대로 이어지고 있다는 점을 분석할 것이다. 이승만정권의 대일정책은 일관적이기보다 유동적 성격이 강했고, 특히 對美정책과 연동되어 있는 부분이 컸다. 해방 후 한일관계가 미국의 동북아시아정책과 밀접한 관련을 맺고 있었고, 이승만정권의 미국에 대한 의존도가 높았기 때문이다. 이승만은 반일적 성향의 소유자였지만, 기본적으로 한국의 입장에서 한일관계를 개선해야 한다는 필요성은 인식하고 있었다. 즉, 이승만정권은 미국의 동북아시아정책 속에서 반공 보루로서 한국의 정치 군사적·경제적 위상을 보장받는 것에 사활을 걸고 있었으므로, 대외정책에 선택의 여지가 많지 않았다. 이런 조건은 특히 재일조선인 문제에서 한국에는 방기정책 내지 정책 부재를, 일본에는 차별정책을 정당화시켜주었다.

한편, 이 시기 한국정부의 대일정책에서 외교력이 부재했다는 일반적 평가에 대해서도 재검토할 것이다. 이 시기 한국의 외교는 거의 미국에만 집중되어 있었고, 이승만대통령이 전적으로 외교업무를 처리했다는 점이 비판의 초점이다. 이승만과 정부가 과연 對日政策에 얼마나 진지한 관심을 두고 대응했는지를 살펴볼 것이다.

마지막으로 이 시기 대일정책의 특징이자 한계로 작용한 '한일인맥'의 형성과정과 영향에 대해 살펴볼 것이다. 1950년대 후반 이래 1980년대 초반까지 '한일인맥'이 실질적으로 한일관계를 움직인 주요 원동력이었기 때문이다.

종합적으로 이 연구는 해방 이후 한일관계가 어디서부터 출발했으며, 어떻게 형성되었고, 그 귀결점은 어떤 것이었는지를 규명하고자 하였다. 이 과정에서 한국, 일본, 미국이 각각 어떤 역할을 하였고, 어떤 정책 목표를 가지고 있었는지를 자료를 통해 재구성하고자 하였다.

이를 위해 방법론의 측면에서 제1공화국의 대일정책과 한일회담을 연대기적으로 기술한 뒤 이를 비판적으로 분석하는 방법을 취했다. 특히 한국의 대일정책을 가장 잘 보여주는 현안과 사례를 추출해 시기적 특징을 보여줄 수 있도록 하였다. 다음으로, 이 연구는 자료 비판에 중점을 두었다. 한국과 미국 측 자료가 공개되고 있는 데 반해 일본 측 자료는 전혀 공개되지 않고 있다. 한국과 미국 측 자료의 대부분이 공식기록물들이지만 일본 측 자료는 민간자료가 대부분이다. 따라서 자료의 객관성을 검증하는 데 중점을 두었다.

이 연구에서 활용한 주요 자료는 다음과 같다. 첫째, 한국정부의 자료들로 한일회담 각종 회의록 및 관련 저서, 자료집들이다. 이 자료들을 통해 한일회담 쟁점에 대한 한일 간의 협의 진행사항과 입장 등을 확인할 수 있다.[13] 그동안 대부분의 한일관계 연구 성과들은 이들 자료를 토대로 연구되었다. 그러나 본 연구에서 가장 많이 활용한 자료는 2005년 한국이 공개한 한일회담 관련 자료이다.

그동안 한일회담과 관련해 당사국인 한국과 일본이 관련 문서를 공개하지 않아 연구에 큰 제약요소가 되었다. 이런 가운데 한국 외교통상부는

---

13) 대한민국정부, 1965 『한일회담백서』; 대한민국정부, 1965 『한일회담합의사항』; 외무부 정무국, 1960 『한일회담 약기』; 외무부 정무국, 1958 『한일관계 참고문서집』; 경제기획원 편, 1976 『대일청구권자금 백서』; 대한민국정부, 1965 『한일회담 관계자료』; 민주공화당 선전부, 1964 『한일국교정상화문제 : 韓日會談에 關한 선전자료 보완판』; 외무부, 1960 『한일회담의 제문제』; 외무부 정보문화국 편, 1964 『한일회담 : 경위와 문제점』.

2005년 한일회담 문서 5권을 공개한 후 8월 156권을 추가로 공개하는 등 2차례에 걸쳐 총 161권 3만 6,500여 쪽의 한일회담 관련 외교문서를 공개했다. 비록 민간 측의 문서공개 요구 소송 결과에 따른 것이었지만, 국민의 알권리와 공공문서 관리 원칙의 관철이라는 측면에서 의미 있는 결과였다. 한국의 전면적인 한일회담 문서 공개에 힘입어 한국과 일본의 학자들 및 시민모임이 일본정부를 상대로 일본 측 한일회담 관련 문서 공개를 요구하기에 이르렀다. 일본 측 문서 공개가 쉽지 않을 것은 분명하나 의미 있는 한 걸음을 내디딘 것이다.

　한국정부가 공개한 한일회담 문서는 1951년 한일예비회담부터 제1차 한일회담~제7차 한일회담(1952~1965)까지의 기록이다. 크게 본회의 회의록과 분과위원회 회의록으로 구성되어 있다. 한일회담의 현안이었던 청구권 문제, 어업문제, 재일조선인의 법적지위문제, 선박과 문화재 반환문제 등 5가지 의제별 협의 내용이 중심을 이룬다.

　그러나 공개된 문서들 중 제1공화국 시기에 개최된 예비회담과 1~4차 회담, 제2공화국 시기 개최된 5차 회담 관련 문서는 전체 문서 중 1/3에도 미치지 못하는 27%에 불과할 뿐 대부분은 6, 7차 회담 관련 문서였다.[14] 특히 한일회담이 시작되어 협정이 체결되기까지 14년에 걸친 회담 과정 중 1950년대 약 9년간의 기록이 너무나 적다는 것은 이 시기 한일관계에 대한 실상을 파악하고 연구하는 데 커다란 제약 요인 중 하나라고 할 수 있다. 이와 관련해 본 연구는 이 같은 제약 요인을 보완하고자 해당시기 미국 정부문서들을 적극적으로 활용하였다.

　둘째로 미국 정부문서들을 집중적으로 활용했다. 한일 양국보다 상대적으로 가장 상세하고 많은 양이 공개된 미국 외교문서들은 한일관계에서 3자이면서도 당사자였던 미국의 입장을 잘 보여주는 장점이 있다. 이 자료

---
14) 전현수, 2006 「외교문서 관리제도의 개선 방향」 『기록학연구』 제13호, 214쪽.

들을 통해 미국의 대한정책과 대일정책 그리고 한일회담에 대한 정책 등을 확인할 수 있다.[15] 그중에서도 미국 국무부 재외공관 문서군(RG 84, Records of the Foreign Service Posts of the Department of State)의 서울대사관 문서(Seoul Embassy File)와 동경대사관 문서(Tokyo Embassy File)를 가장 많이 이용했다.[16]

이 문서들은 한일관계를 양국관계뿐 아니라 한국, 일본, 미국이라는 3국 관계 속에서 조망해야 할 필요성을 잘 보여주고 있다. 또한 한국과 일본의 정치·경제·사회·문화 등 각 분야에 대한 현지 공관의 인식과 평가, 국무부의 인식과 지시사항 등이 풍부하게 담겨있다. 그중 주한 미국대사관과 주일 미국대사관은 한국과 일본과의 관계문제를 따로 주제철('ROK-Japan Relations', 'ROK-Japan', 'JAP-ROK')로 관리할 만큼 중시했다. 2차 세계대전 종전 이후 해방국 한국과 패전국 일본은 미국의 가장 중요한 반공 동맹국으로 부상하였다. 미국에게 한국과 일본의 관계 정상화는 동아시아의 전략적 목표를 위한 필수사항이었다. 따라서 미국은 양국 관계 정상화를 위해 때로는 직접 개입을, 때로는 중재와 중재 보류 등 다양한 정책과 방침을 사용했다. 이 자료집에 수록된 문서는 바로 이런 배경에서 생산된 문서로 한일관계는 한·미·일 3국 관계를 통해서만이 더욱 정확히 조망할 수 있다는 것을 잘 보여준다.

RG 84의 한일관계 문서는 주한미국대사관과 국무부, 주일미국대사관과 국무부, 주한미국대사관과 주일미국대사관 등이 한일회담과 양국 관계 개선을 위해 주고받은 것들이다. 한국과 일본의 상대국에 대한 인식, 대응양상에 대한 보고와 논평, 한일 간 현안에 대해 미국의 입장과 취해야 할 태도

---

15) Department of State, Foreign Relations of the United States, 1945~1960; RG 59, General Records of the Deparment of State, Internal Affairs of Kore; RG 59, John Forster Dulles Files, 1947~1952; RG 84, Foreign Service Posts of the Department of State, Korea, Seoul Embassy, Classified General Records 1953~1963; RG 84, Japan, Tokyo Embassy, Classified General Records 1952~1963.
16) 이 문서군에 대한 상세한 해제는 다음을 참고할 것. 정병준, 2002 「미 국립문서기록관리청 소장 RG 84(국무부 재외공관문서) 내 한국 관련 문서」『미국소재 한국사 자료 조사보고 I』, 국사편찬위원회.

와 지침 등의 내용을 담고 있다. 한일회담의 개최와 결렬, 재개에 관한 평가, 청구권문제, 독도문제, 평화선 문제 등에 대한 지침 등을 통해 미국이 한일관계에 얼마나 깊숙이 개입하고 있었는지 알 수 있다. 또한 이승만 대통령이 미국의 일본 편향적인 정책과 태도를 비판할 때마다 미국과 일본은 그의 對日 적대감이나 열등감의 표출이라고 깎아내렸지만, 그의 주장이 결코 근거 없는 강변이 아니었음을 어렵지 않게 확인할 수 있다.

세 번째로 한일회담과 관련한 일본 측 자료와 연구 성과 등을 통해 일본 측 입장 등을 파악했다.[17] 일본정부가 공식 회담기록들을 공개하지 않는 상황 속에서 일본 국회 회의록은 일본정부의 對韓인식과 정책을 공식적으로 확인할 수 있는 유용한 자료로 활용했다.

마지막으로 국내외 신문과 관련자들의 증언 및 회고록 등을 활용하였다.[18] 이 자료들은 공식자료와 공간자료들에 나타나지 않는 사실관계를 확인하는 데 유용하다. 한국 쪽에서는 한일회담에 참가했던 많은 인사가 회고록을 남겼다. 이 회고록들은 비교적 사실관계가 정확하며 한일관계에 많은 부분을 할애하고 있다. 일본 쪽에서는 한일회담 당시 고위 관료와 정치가들의 회고록을 이용했다. 그러나 이 회고록 등에서 한일회담이나 한일관계는 거의 언급되지 않거나 극히 적은 분량으로 다루어지고 있을 뿐이다. 이들 회고록은 오히려 미일관계 등을 분석하는 데 유용한 면이 있다.

---

17) 『日本國國會速記錄(衆議院・参議院)』; 公安調査廳, 1961 『韓國情勢について』; 公安調査廳, 1966.7 『日韓條約反對闘爭の総括』; 內閣官房內閣調査室, 1965.10 『日韓國交正常化に關する韓國新聞論調』.

18) 김동조, 1986『회상 30년 한일회담』, 중앙일보사; 김용식, 1987『희망과 도전 : 외교회고록』, 동아일보사; 김유택, 1981『재계회상』, 한국일보사; 배의환, 1992『보리고개는 넘었지만 : 배의환 회고록』, 코리아헤럴드, 내외경제신문; 유진오, 1994『한일회담』, 외무부 외교안보연구원; 이동원, 1992『대통령을 그리며』, 고려원; 임병직, 1964『임정에서 인도까지 : 임병직 외교 회고록』, 여원사; 鳩山一郎, 1957『鳩山一郎回顧錄』, 文藝春秋新社; 吉田茂, 1957『回想十年』, 新潮社; 吉田茂, 1963『世界と日本』, 新潮社; 大野伴睦, 1962『大野伴睦回想錄』, 弘文堂; 大平正芳回想錄刊行會 編著, 1983『大平正芳回想錄』 1・2・3, 鹿島出版會; 杉道追悼錄刊行委員會, 1965『杉道助追悼錄』 上・下; 小坂善太郎, 1990『忘れがたきこと一小坂日記』, 信濃政治經濟硏究會; 矢次一夫, 1973『わが浪人外交さ語る』, 東洋經濟新報社; 岸信介, 1983『岸信介回顧錄-保守合同と安保改正』, 廣濟堂出版; 椎名悦三郎追悼錄刊行會, 1982『記錄 椎名悦三郎』上・下, 椎名悦三郎追悼錄刊行會; William J. Sebald, 1965 Russell Brines, *With MacArthur In Japan : A Personal History of the Occupation*, W.W.Norton & Company INC, (ツーボルト・J. ウイリアム저, 野末賢三 역, 1966『日本占領外交の回想』朝日新聞社).

II

정부 수립 후 對日정책(1948~1951)
: 對日강화회의 참가문제

정부 수립 후 對日정책(1948~1951)
: 對日강화회의 참가문제

1. 한국의 對日인식과 정책 방향

1) 과거사청산과 반공동맹 추진

대한민국 정부수립 직후 한국인의 일반적인 대일인식은 과거사를 철저하게 청산하자는 것이었다. 이승만정권의 대일인식도 이 같은 기조에서 크게 벗어나지 않았는데 정책적으로는 강력한 '反日'을 기조로 하면서도 한편으로는 타협적인 정책을 구사했다. 이승만정권은 대일평화조약[1] 체결에 대응하는 과정에서 연합국 지위 확보와 강화회의 참가, 대일배상, 맥아더선(MacArthur Line) 존속 등을 요구했다. 특히 이승만은 대일배상요구와 대마도 귀속 주장을 통해 강경한 對日인식을 드러냈고, 시볼드(William J. Sebald) 외교국장 등 연합국최고사령부의(SCAP) 일본 편향정책에 노골적인 비난을 퍼붓기도 하였다. 그러나 한편으로 이승만은 1950년 2월 재임 중

---

[1] 2차대전 승전국인 연합국과 패전국 일본과의 강화조약은 1951년 9월 '대일평화조약(Peace Treaty with Japanese)'으로 체결되었다. 이 조약은 '대일강화조약', '대일평화조약', '샌프란시스코조약', '샌프란시스코평화조약' 등 여러 가지 명칭으로 불린다. 이 글에서는 '대일평화조약'이라는 명칭을 사용하였다.

두 번째 일본 방문 길에 올라서 했던 도쿄 도착성명에서는 공산주의 팽창에 대항하는 양국의 반공연대의 중요성을 강조하기도 했다. 이처럼 모순된 대일 인식과 태도는 당시 한국이 처한 국제정세를 반영하는 것이기도 했다.

한일관계 개선을 위한 첫 번째 전제는 한국의 對日 불신과 의혹을 없애는 것이었다. 일본은 한국과 아시아 국가들을 침략했던 과거사에 대한 철저한 자기반성을 기초로 한 외교관계 수립을 요구받고 있었다. 그러나 한국은 한일회담 진행과정에서 일본에 대한 불신을 더욱 굳히게 되었다. 일본이 한국 재산의 85% 이상에 달하는 對韓請求權을 주장하고, 구보타(久保田貫一郞) 발언으로 대표되듯 식민지배에 대한 정당성을 주장하였기 때문에, 일본의 장차 행동에 대해 신뢰할 수 없다는 인식이 강화되었다. 과거 아시아를 침략했던 일본이 여전히 철저한 자기반성보다는 미국의 적극적인 지원을 받아 아시아에 대한 정치·경제적 침략을 기도하고 있다고 생각한 것이다. 그리고 일본을 중시하고 우선하는 미국의 정책과 이를 뒷받침하고 있던 친일 성향의 미국 정부 관리들의 인식과 태도도 미국의 의도를 의심하고 일본에 대한 불신을 키우는 데 일조했다. 일본 경제를 재건·부흥시켜 아시아의 생산·수출국으로 만들고 여타 아시아 국가들은 의존적인 구매국으로 전락시켜 일본을 아시아의 중추로 키우겠다는 미국의 '불행한' 결정이 원천을 제공하고 있었다.[2] 이러한 한국의 對日 불신과 의혹을 가장 강경하고 지속적으로 대변한 사람이 이승만(李承晩) 대통령이었다.

이승만의 대일인식은 정부 수립 직후인 1948년 8월 17일 기자회견을 통해 공표되었다.

---

2) Muccio to Tokyo Embassy(1952. 8. 1), RG 84, Japan, Tokyo Embassy, Classified General Records, 1952, Box. 1, National Archives and Records Administration[이하 영문자료는 특별한 언급이 없는 경우 소장처인 '미국 국립문서기록청(National Archives and Records Administration)'은 생략함].

우리는 대마도를 한국에 반환할 것을 요구할 것이다. 同島는 上島 及 下島의 2島로 되어 한일 양국의 중간에 위치한 것인데 수백 년 일본이 탈취한 것이다. 이 외에도 우리 정부는 일제의 40년 한국 통치기간 중 가져간 예술품·역사기록 전부의 반환을 요구할 터이며, 이보다도 한일 양국 간에 중요한 것은 한국 내 일본인 재산을 한국정부에 귀속케 하는 문제를 조속히 해결하는 것이다. 이전 적산 이양문제 및 주둔 미 군사력을 어느 정도로 제한할 것인가에 관한 문제는 현재 한미 양 대표가 교섭하고 있는 중이다.[3]

기자회견 내용을 살펴보면 이후 한국이 일본에 요구할 핵심내용이 담겨 있다. 대마도 반환, 불법 반출 문화재 반환, 한국 내 일본 재산 귀속문제를 말하고 있으나 핵심은 한일관계의 새로운 출발은 과거사 청산을 대전제로 한다는 것이었다. 뒤에서 살펴보겠지만 대마도 반환 요구는 한국의 대일 인식과 정책의 강경 기조를 압축한 것이었고, 문화재와 귀속재산문제는 청구권문제일 뿐 아니라 일본 식민지배의 불법성을 전제로 사과와 청산의 의미를 함축한 것이었다.

특히 이승만의 기자회견 내용 중 눈에 띄는 것은 대마도 반환을 최우선으로 요구하고 있다는 점이다. 한국은 이미 1948년 1월 27일 남조선과도입법의원 의원 60명이「대마도반환요구청원서」로 대마도 반환을 요구한 적이 있었다. 하지만 대한민국이 정식으로 수립되고 국가원수인 대통령이 직접 나서서 대마도 반환을 요구한 것은 일본에 의외의 일로 받아들여져 일본 신문에 크게 보도되었다. 이에 대해 8월 27일 아시다 히토시(芦田均) 외무대신은 "대마도는 아직까지 한국의 영토인 적이 없었고, 한국의 요구는 포츠담선언을 위반하는 것이다."라고 반박했다.[4]

---

3)『조선일보』1948. 8. 20,『자료대한민국사』(신문자료 중『자료대한민국사』로 표기된 신문은 국사편찬위원회 홈페이지(www.history.go.kr) 한국사데이터베이스 중『자료대한민국사』에서 이용한 것임).
4) 鹿島平和硏究所 編, 1973『日本外交史』28, 23쪽.

이승만이 대마도 반환을 요구한 것은 일종의 '관측기구'를 띄운 것이었다. 이를 통해 연합국최고사령부와 일본의 반응을 살핌과 동시에 한국의 對日 강경정책을 암시하고자 한 것이다. 또한 대일배상 요구를 심리적으로 뒷받침하려는 의도였다.[5] 즉, 대마도 반환요구는 실질적인 요구였다기 보다는 일종의 협상수단이었던 셈이다.

이승만은 대마도 반환을 요구하는 기자회견에 뒤이어 1948년 9월 31일 국회에서 밝힌 정부의 시정방침에서도 일본의 침략주의적 근성에 대한 경계심과 대일평화조약에 대한 대응노선 등을 천명하였다.

> 여기에 한마디 첨가할 것은 對日문제에 관한 정부의 대책이니 우리는 극동 우호 諸 국가와 더불어 일본의 금후 동향에 지대한 관심을 가질 것입니다.
> 제1차 세계대전 이후의 독일이 당시의 파리강화조약을 일방적으로 파기하고 재무장 국가로 등장하여 소위 추축국가군의 주동국으로서 제2차 세계대전의 직접 도화선이 되었던 역사적 사실을 前鑑한 우리는 일본의 제국주의적 침략주의의 완전 포기와 향후의 민주주의적 재건에 관하여 마땅히 엄정한 감시를 게을리하지 아니할 것입니다.
> 정부는 과거의 일본 제국주의 정책으로 인한 모든 해악을 회복하고 또한 장래 인접국가로서의 정상한 외교관계를 保繼하기 위하여 연합국의 일원으로서 대일강화회의에 參列케 할 것을 연합국에 요청할 것이며 민국이 대일배상에 대한 정당한 권리를 보유하며 또한 그 이후의 발전에 관하여 국제적 의무를 負荷할 것을 주장할 것입니다.[6]

시정연설에서는 우선 일본의 침략 근성을 철저하게 감시할 것을 천명하였는데, 이는 일본이 한국을 비롯한 아시아에 대한 재침략 의도를 완전히

---

5) 강노향, 1966 『駐日代表部』, 동아PR연구소, 31쪽.
6) 『제1대 제1회 제78차 국회 본회의 회의록』, 1948. 9. 31.

포기하지 않았다는 의혹에서 비롯된 것이었다. 이러한 의혹은 이승만정권의 對日정책에서 한결같이 유지되었다. 일본의 침략성이 군사적 형태가 아니더라도 정치·경제적 형태로도 재연될 가능성을 항상 우려했다. 다음으로, 한국은 대일강화회의에 연합국의 일원으로 참가해야 한다는 점을 강조했다. 특히 한일 간 과거사 때문에 양국 관계 개선을 위해서는 한국이 연합국의 자격을 획득해야 한다고 이유를 설명하고 있는 점이 주목된다. 뒤에서 살펴보겠지만 한일관계 개선은 미국이 예상하고 기대했던 만큼 쉬운 일이 아니었고, 양국 관계를 중재했던 미국은 이 사실을 간과하고 있었다. 1949년 당시 주한 미국대사 무초(John J. Muccio)가 한일관계 개선은 국제회의 테두리 내에서만 가능하기 때문에 한국을 연합국의 자격으로 대일강화회의에 참석시킬 것을 권고한 것은 혜안이었다. 한일회담 과정을 통해 드러나듯 협상이 과거사에 대한 인식 차이로 쉽사리 타결되지 못했다는 점을 상기하면 한국이 연합국 자격을 요구한 이유를 짐작할 수 있다. 그리고 이승만은 對日배상에 대한 정당한 권리를 주장할 것이라고 천명했다. 이승만의 기자 회견과 시정방침을 통해 한국의 대일정책의 기조를 확인할 수 있다. 對日 경계심과 講和의 원칙, 대일 요구내용 등을 천명했기 때문이다.

그러나 다른 한편으로 한국의 對日 경계심과 강경인식은 대일평화조약 조기체결을 서두르고 있던 미국, 특히 이승만의 후원자였던 맥아더(Douglas MacArthur)에게는 곤혹스러운 일이었다. 맥아더는 이미 일본을 정치·군사·경제적으로 부활시켜 아시아의 반공 보루로 만들어야 한다는 생각을 하고 있었다. 한국의 일본에 대한 적대적 인식은 맥아더의 구상에 장애가 될 수 있었다.

이승만과 맥아더는 해방 직전부터 돈독한 관계를 유지해오고 있었다. 해방 직후 이승만이 김구의 대한민국임시정부보다 일찍 귀국해 정국의 주도권을 잡을 수 있었던 것은 맥아더의 적극적인 후원 덕분이었다. 맥아더는 해방 직전 이승만이 보낸 전문을 통해 그의 反蘇 태도를 높이 샀다. 맥아더는 '아시아우선주의자'로 反蘇·反共과 對蘇봉쇄정책, 나아가 반격정책을 신봉하고 있었기 때문에 두 사람은 중요한 공통점을 공유할 수 있었던 것이다.[7] 그러나 맥아더가 한국에 관심이 있었다고는 말할 수 없다. 1950년 6월 이전까지 맥아더는 한국이 미국에 특별히 중요한 존재임을 공개적으로 말한 적이 거의 없었다.[8]

이승만과 맥아더의 돈독한 관계를 보여주는 대표적 사례는 이승만의 일본 방문이다. 1950년대 한일관계에서 이승만의 訪日은 주목할 만한 일로 한일관계의 돌파구 역할을 하였다. 이승만은 재임 중 1948년 10월, 1950년 2월, 1953년 1월 총 3차례 일본을 방문했다. 이 중 두 차례가 연합국최고사령관 맥아더의 초청으로 이루어졌고, 한 번은 클라크(Mark W. Clark) 유엔군사령관의 초청에 따른 것이었다. 1차 방일은 맥아더 장군이 대한민국 수립 기념식에 참석한 것에 대한 답방으로 이루어졌고, 2차 방일도 맥아더 장군의 초청으로 이루어졌다. 3차 방일은 클라크 장군의 초청에 따른 순전히 '개인적 방문'임을 강조했지만, 한국이 전쟁 중인 때에 초청이 이루어졌다는 점에 유의해야 한다. 이 방문에서 이승만은 당시 일본 총리 요시다와 면담했고, 고조되었던 한일 간 갈등은 잠시 숨 고르기에 들어갔다.

이 중 1950년 2월 두 번째 일본 방문을 주목해야 한다. 정부 수립 직후 기자 회견과 시정연설 등을 통해 강경한 대일인식을 보여준 이승만이 한일 간 반공전선의 강화를 역설하며 타협적인 대일인식을 보였기 때문이다. 이승만은 2월 16일 도쿄 도착성명에서 "성장하는 공산주의 팽창으로부터 일어나는 공통의 위험은 한국과 일본을 단결시켜야 하며 과거의 적대관계는 망각되고 현재의 제 곤란이 해결되어야 한다."라고 말했다. 즉, 양국의 과거사는 잠시 '망각'되어도 좋다고 한걸음 물러서는 모양새를 취한 것이다. 그리고 이승만은 2월 17일 요시다(吉田茂) 총리와의 회담에서도 "우리의

---

7) 정병준, 2005 『우남 이승만 연구』, 역사비평사, 428~430쪽.
8) 마이클 샬러 지음·유강은 옮김, 2004 『더글러스 맥아더』, 이매진, 301~302쪽.

일본 방문은 과거를 망각하고 반공통일전선에 있어서 다른 민주주의 국민과 협조하려는 우리의 의사를 확고히 증명하는 것이다."라고 재차 반공동맹 형성의 중요성을 강조하였다.[9] 이에 대해 당시 신흥우(申興雨) 주일대표부 대사는 이 같은 발언이 한일 간 정식동맹을 염두에 둔 것은 아니라고 해명했다.[10]

비록 이승만이 적극적인 한일관계 개선을 염두에 두었던 것은 아니라도 두 번째 방일은 이승만과 맥아더가 아시아에서 고조되고 있는 공산주의 위협에 대처할 필요성에 공감한 결과로 이루어진 것이었다. 이승만은 방일 목적이 태평양동맹이나 아시아동맹 체결과 같은 정치 군사적 성격이 아니었음을 강조하며 맥아더와의 회견 내용을 비밀에 부쳤다. 그러나 맥아더가 공산주의에 대항하려면 한일관계를 개선해야 한다고 적극적으로 권고했을 가능성이 크다. 이승만이 귀국 기자회견 석상에서 한 對共 투쟁의 중요성, 일본인 기술자들의 한국 입국 허가, 과거사로 갈등하는 것은 현명하지 못하다는 등의 발언이 이를 뒷받침해주고 있다.[11]

이승만이 전격적으로 맥아더의 초청을 받아들여 일본을 방문해 한일 간 반공동맹을 주장한 것은 맥아더를 통해 미국의 對韓 군사공약을 확약받기 위해서였다. 이승만은 주한미군 철수를 앞두고 미국에 안보 공약을 요구했으나 성과를 거두지 못했고, 그가 주도한 태평양동맹도 미국의 지지를 받지 못하고 있었다. 더구나 방일 직전인 1950년 1월 발표된 '애치슨라인(Acheson Line)', 즉 미국의 태평양 방위구역선에서 한국이 제외되었다는 인상은 이승만의 위기감을 더욱 고조시켰다. 한국과 일본이 반공동맹을 형성해야 한다는 이승만의 발언은 이런 위기감을 반영한 것이었다.

이승만이 군사적 반공동맹으로서 태평양동맹 결성을 주창한 것은 1949

---

9) 『연합신문』 1950. 2. 19, 『자료대한민국사』.
10) 『경향신문』 1950. 2. 18, 『자료대한민국사』.
11) 『경향신문』 1950. 2. 21, 『자료대한민국사』.

년 3월로 북대서양조약기구(North Atlantic Treaty Organization, NATO, 이하 '나토')의 내용이 알려진 직후였다. 나토 결성은 이승만뿐 아니라 장개석, 퀴리노 등의 이목을 집중시켰다. 먼저 필리핀의 퀴리노(Elpidio Quirino) 대통령이 나토와 유사한 태평양동맹 결성을 제안했다. 3월 20일 언론과의 인터뷰에서 퀴리노는 미국은 무한한 자원과 민주주의에 대한 열망으로 가득 찬 국민을 가진 아시아의 가치에 주목해야 한다고 강조하면서 태평양동맹 결성을 주장했다.[12] 그리고 미국만이 도덕적·경제적 혼란에 빠져 있는 극동아시아 국가들에 필요한 지도력을 제공해줄 수 있다는 점을 강조했다.[13] 퀴리노는 미국이 주도하는 나토와 같은 아시아군사동맹 창설을 주창한 것이다.

이승만은 즉각 퀴리노의 제안에 찬성하는 담화를 발표했다. 아시아에도 나토와 같이 "1개를 위한 전부요 전부를 위한 1개"를 대전제로 미국의 지휘하에 태평양동맹을 결성하자는 것이었다.[14] 나토는 소련의 세력확장에 대항하기 위한 집단방위조약으로, 회원국이 무력공격을 당하게 되면 나머지 회원국들이 즉각적으로 자동개입하는 것을 기본으로 하고 있었다. 이승만이 태평양동맹을 구상할 때 가장 염두에 두었던 것이 바로 이 조항이었다. 또 한 가지는 반드시 미국이 참가하는 것이었다. 이승만은 태평양동맹은 아시아국가뿐 아니라 미국의 국익에도 도움이 된다고 강조했다.

그러나 이승만은 태평양동맹에는 남태평양제도 및 호주·캐나다·미국·중국·중남미제국 등이 포함되어야 한다고 하면서도, 일본의 참가는 일단 배제했다. 일본은 강화조약 체결 전까지 방위동맹 혹은 국제협정에 가입할 자격이 없다는 것이 이유였다.[15] 이승만은 애초부터 태평양동맹을

---

12) The Charge in the Philippines(Lockett) to the Secretary of State, 1949. 3. 21, *Foreign Relations of the United States*, 1949, Vol. VII, pp. 1123~1125(이하 'FRUS'로 표기함).
13) The Charge in the Philippines(Lockett) to the Secretary of State, 1949. 3. 22, *FRUS*, 1949, Vol. VII, p. 1125.
14) 「태평양동맹에 기대」, 1949. 3. 23, 대한민국 공보처, 1953 『대통령 이승만박사 담화집』 2집, 69~70쪽.
15) 『경향신문』 1949. 4. 9, 『자료대한민국사』.

결성하는 데 일본은 배제할 생각이었다. 표면적으로는 일본이 과거 한국을 비롯한 아시아 국가를 침략했고 아직 강화조약이 체결되지 않아 사과와 배상문제 등이 해결되지 않았다는 이유를 들었지만, 본질적 이유는 일본의 '침략근성'에 대한 의혹과 불신이 해소되지 않은 데다 미국의 일본중시정책에 대한 비판과 견제 때문이었다.

요컨대, 이승만의 태평양동맹 구상은 첫째 아시아의 집단안보조약으로 군사동맹의 성격이 강했고, 둘째 미국의 주도와 참가가 관건이었으며, 셋째 일본 배제를 원칙으로 하고 있었다.

이승만이 나토 결성에 자극받아 태평양동맹 결성을 주장한 가장 큰 이유는 주한미군 철수를 앞두고 있었기 때문이었다. 미국이 對韓 군사공약을 확약하지 않은 채 주한미군 철수를 결정한 이래 이승만은 초조감을 감추지 못하고 있었다. 이런 상황에서 나토는 유사시 미국의 자동개입을 규정한 방위조약이라는 점에서 이승만이 바라던 훌륭한 역할 모델이었다. 따라서 이승만은 아시아에 대한 공산주의 침략에 대처하려면 미국이 세 가지 중 한 가지 방안을 선택해야 한다고 주장했다. 나토와 같은 태평양조약 체결, 미국과 한국의 상호방위조약 체결, 한국에 대한 미국의 확고한 방위공약 선언이 그것이었다.[16] 이승만은 이 세 가지 중 어떤 것이 선택되더라도 한국에 유효하다고 생각했다. 다른 한편으로 태평양동맹 결성은 일본에 대한 견제 목적도 갖고 있었다. 태평양 연안 국가들이 과거 일본으로부터 침략 당한 경험이 있다는 점을 들어 이승만은 일본의 배제를 주장할 수 있었다.

미국은 이승만이 제안한 태평양동맹에 대해 부정적이었다. 무초 주한 미국대사는 이승만이 제시한 세 가지 방안에 대해 미국은 우호통상조약 체결은 고려할 수 있다는 답변으로 대신했다. 이승만은 우호조약이 도움은 될 수는 있으나 군사원조 제공이 포함되어야만 유효하다는 점을 거듭 강조했

---

16) The Ambassador in Korea(Muccio) to the Secretary of State, 1949. 5. 16, *FRUS*, 1949, Vol. Ⅶ, pp. 1023~1024.

다.[17] 그러나 미국은 태평양동맹이 반공군사동맹의 색채가 너무 강하고, 중국정세의 악화에 따라 대중정책과 대일정책을 포함한 아시아정책을 포괄적으로 재검토하고 있다는 이유로 반대했다. 또한 소련의 반발 외에 인도의 네루 수상도 반대한 데다 영국과 프랑스도 소극적이었다. 영국도 태평양동맹 구상에 부정적이기는 마찬가지였다. 나토와 달리 태평양 국가 간에는 공통의 이해와 이상을 발견하기 어렵고, 과거 유럽의 식민지배 지역이었다는 이해관계가 있었기 때문이었다.[18]

이승만은 애치슨(Dean G. Acheson) 미 국무장관이 5월 19일 태평양동맹은 시기상조라고 언급한 데 대해 불만을 표시하면서, 미국의 반대와 네루 인도수상의 회의적 태도 등을 비판했다. 네루는 아시아 국가들의 정세가 불안정하기 때문에 현재 태평양동맹 결성은 사실상 불가능하다고 말한 바 있었다.

> 우리로 보아서는 태평양조약은 동양의 여러 나라를 위하는 것뿐만 아니라 미국에도 도움이 될 것이다. 미국은 앞뒤에도 적이 노리고 있는데 앞문(대서양)만을 단속하고 뒷문(태평양)은 열어놓은 격이다. 미국이 불참하면 比・濠・남미 제국이 한데 모여서 회의를 하게 되면 미국, 기타 나라는 추후라도 들어오게 될 것이다.[19]

이승만은 현재 미국이 반대하고 있지만 조직결성이 구체화되면 미국도 참가할 것으로 예상했다. 따라서 필리핀의 주도로 중국, 한국이 주축이 되어 태평양동맹 결성을 추진하고 아시아 국가들이 합동하여 구체적 계획을

---
17) The Ambassador in Korea(Muccio) to the Secretary of State, 1949. 5. 17, *FRUS*, 1949, Vol. VII, pp. 1029~1030.
18) 菅英輝, 1992 『米ソ冷戦とアメリカのアジア政策』, ミネルヴァ書房, 245쪽.
19) 『자유신문』 1949. 5. 21, 『자료대한민국사』; The Ambassador in Korea(Muccio) to the Secretary of State, 1949. 5. 20, *FRUS*, 1949, Vol. VII, pp. 1144~1145.

작성해 미국을 압박할 계획이었다.

1949년 7월 11일 필리핀의 퀴리노 대통령과 중국의 장개석이 4개 항에 합의함으로써 태평양동맹 결성 움직임이 구체화되었다. 두 사람은 태평양동맹 결성, 반공연합전선 결성, 필리핀·중국 간의 유대강화, 경제적 협조 등에 합의했다. 또한 태평양동맹이 미국에 의해 준비되어야 한다는 데 의견일치를 보았다. 특히 장개석은 퀴리노와의 회담과 공동성명에 대해 '반공태평양동맹 체결의 기초공작'으로 그 의의를 높이 평가했다.[20] 퀴리노와 장개석의 회담을 계기로 태국·인도네시아·인도·호주·뉴질랜드·한국 등 태평양 및 아시아 각국에 참가 초청장이 발송될 것으로 예측되었다.

이승만은 장개석과 퀴리노의 회담결과에 즉각적인 환영을 표시하고, 장개석과 퀴리노의 방한을 제안했다.[21] 그리고 태평양동맹에서 일본 배제 의사를 다시 한 번 강조했다. 일본 참가문제는 각국의 협의에 따를 문제이지만, 일본이 침략주의적 잘못을 청산한 것이 인정되기 전에는 태평양동맹에 참가시킬 수 없다는 것이었다.[22] 각국의 협의에 따른다는 단서조항을 달긴 했지만 일본의 배제는 명백했다. 더구나 미국이 대일 배상요구를 포기하고, 관련 국가들에 포기를 종용하고 있었기 때문에 이승만의 대일 경계심은 더욱 고조된 상태였다.

그러나 장개석과 퀴리노의 회동에도 미국의 반응은 여전히 냉담했다. 애치슨 미 국무장관은 7월 20일 미국은 태평양지역 국가들이 자신의 안전책을 세우는 데 반대하지는 않지만, 태평양조약에 대한 미국의 정책은 지난 5월의 성명에서 변하지 않았다고 강조했다. 나토는 안정적인 정부 간 협조의 토대 위에서 구성된 것인 데 반해 아시아의 정세는 불안정하여 이 같은 토대가 없다는 점도 재차 강조했다.[23] 그러나 다른 한편으로 애치슨은 재

---

20) 『서울신문』 1949. 7. 13, 『자료대한민국사』.
21) 「바귀오회담에 대하여」 1949. 9. 12, 공보처, 앞의 책, 71~72쪽.
22) 『자유신문』 1949. 7. 23, 『자료대한민국사』.
23) 『조선중앙일보』 1949. 7. 22, 『자료대한민국사』.

외공관에게 장개석과 퀴리노의 제안에 대해 미국의 지지나 반대를 표시하는 언행을 주의하라고 당부하기도 했다.[24]

한편, 이승만이 태평양동맹을 군사동맹으로 규정하고 일본의 배제를 주장했던 데 반해, 국내 일각에서는 아시아의 경제부흥문제와 결부시켜 일본의 참가를 재고하자는 견해가 제시되었다. 태평양동맹의 핵심과제는 아시아 각국의 정치적 독립과 경제적 후진성의 극복이고, 특히 경제부흥을 위해서는 미국의 경제원조가 필수적이기 때문에 '일본'을 고려하자는 것이었다.

> 아시아의 제국이 모두 원료생산국인데 단지 일본만은 생산재도 수출할 수 있는 유일한 공업국이라는 점을 유의한다면 그의 재침략을 막을 수 있는 조건하에 換言하면 군수공업만을 여타 在亞國으로 賠償 撤去케 하거나 혹은 아시아 제국이 요청하고 있는 생산재 공업으로 전환시킨다는 조건하에 일본공업을 전적으로 부흥시키는 것이 아시아 공업건설의 필수요건임을 看取할 수 있을 것이다.[25]

이 신문은 태평양동맹 조직은 미국의 참가와 일본의 경제적 기여를 토대로 해야만 성공을 보장받을 수 있다고 주장했다. 그리고 한국을 비롯한 아시아 각국이 우려하고 있던 일본의 재무장문제에 대해서는 군수공업을 평화산업으로의 전환시키거나 배상 지급대상으로 삼는 것을 해결책으로 제안하고 있다. 이 같은 주장은 미국의 지역통합전략과 일치하는 것으로 이승만의 일본 배제론이나 경계론과는 다른 것이었다.

미국의 반대에도 장개석과 퀴리노 회담으로 탄력을 받는 듯하던 태평양동맹 결성은 8월 들어 새로운 난관에 봉착하게 되었다. 중국에서 국민당의

---

24) The Secretary of State to Certain Diplomatic and Consular Office, 1949. 7. 20, FRUS, 1949, Vol. Ⅶ, pp. 1170~1171.
25) 『동아일보』 1949. 7. 31, 『자료대한민국사』.

패배가 확연해진 가운데 1949년 8월 5일 미국은 '중국백서(United States Relations with China with Special Reference to the Period 1944~1949)'를 발표했다. 미국은 중국국민당에 대한 지지를 표명하고 국민당과 공산당 간의 타협을 통해 내전을 방지할 것을 천명했다. 그러나 이미 국민당의 패배는 기정사실이었다. 장개석 정부는 중국백서를 미국의 변명과 국민당에 대한 포기로 받아들여 격렬하게 비난했다. 이에 앞서 퀴리노는 태평양동맹을 동남아시아 국가들의 정치적·경제적 동맹에 중점을 두고 추진할 것이라고 표명했다. 이는 지난 7월 장개석과의 합의사항과는 다른 것이었다. 퀴리노는 8월 8일 미국을 방문하여 트루먼(Harry S. Truman)대통령과 회견할 예정이었다.

태평양동맹을 적극적으로 추진해오던 필리핀·중국·한국 간의 공동보조에서 필리핀이 이탈해가는 가운데 장개석이 한국을 방문했다. 1949년 8월 8일 이승만과 장개석은 회담결과를 공동성명으로 발표했다.

> 우리는 다 같이 인간의 자유와 국가적 독립에 배치되는 국제공산주의의 위협이 소멸되어야 할 것을 인정하여 이 공동된 위협에 대항하기 위하여 우리는 개별적인 동시에 집단적으로 투쟁하여야 할 것을 확인한다. 안전보장은 오직 단결에 의하여 강화할 수 있는 것이다.[26]

그리고 두 사람은 7월 퀴리노와 장개석의 합의사항을 다시 한번 상기시키고, 퀴리노에게 조속한 시일 내에 태평양동맹 결성을 위한 예비회의를 개최하여 달라고 요청했다. 장개석의 방한은 국민당이 처한 위급성 때문이었다. 반면 한국은 주한미군 철수가 이루어진 가운데 이승만의 대한 군사원조 확대요구가 수용되지 않고 있었다. 공산당에게 패배하고 있는 장개석

---

26) 『서울신문』 1949. 8. 9, 『자료대한민국사』.

과 국토가 분단된 채 공산체제와 마주한 이승만이 느끼는 공산주의의 위협은 실제적이었다. 이승만은 나토가 '평화'를 너무 강조한 데 그 약점이 있다고 보고, 태평양동맹은 반드시 각 동맹국이 집단적 안전보장과 정의를 위하여 혼연 싸울 용의가 있음을 더 한층 강력히 표현해야 한다고 주장했다.[27] 공산주의와의 투쟁 없이 평화를 쟁취할 수 없다는 이런 논리는 적극적인 반격·공격을 포함한 반공논리였다. 태평양동맹 결성 추진과정에서 중요한 한 축이었던 필리핀이 이탈해가는 가운데 이승만과 장개석에게 반공동맹의 결성은 그 어느 때보다도 절실했다.

그러나 다른 한편으로 이승만은 1949년 8월 퀴리노의 방미를 전후하여, 필리핀이 태평양동맹을 군사적 동맹보다 경제적·문화적 동맹으로 방향 전환하려는 점에 주목했다. 그래서 그는 반공군사동맹에서 한발 물러나 태평양동맹은 나토와 마찬가지로 일국이 침략을 받을 경우 여타 동맹국이 이를 공동방위하지 않으면 의의가 없다는 점을 강조하면서도, 관계국 협의에서 이 동맹을 경제적·문화적 관계에만 국한한다고 해도 이에 따를 것이라고 천명했다.[28] 이승만은 여전히 태평양동맹을 결성하는 데 필리핀이 주도적 역할을 해줄 것을 기대하고 있었다. 심지어 미국과 필리핀이 태평양문제에서 인도를 주축으로 할 것을 주장한다면 이를 수용할 의사가 있으며, 중국국민당을 처음부터 제외하자는 주장도 수용할 수 있다고 밝혔다.[29] 이승만은 태평양동맹이 경제·문화동맹으로 출범하더라도 이를 군사동맹으로 전환할 수 있을 것으로 기대했다. 따라서 우선 태평양동맹을 결성하는 것이 급선무이고, 그 성격과 기능·참가범위 등은 차후 문제로 처리해도 무방하다고 생각한 것이다.

그러나 태평양동맹에 대한 아시아 국가들의 반응은 열성적이지 않았다.

---

27) 『경향신문』 1949. 7. 8, 『자료대한민국사』.
28) 「태평양동맹에 대하여」, 1949. 8. 13, 공보처, 앞의 책, 73~74쪽.
29) 로버트 T. 올리버 저·박일영 역, 1982 『李承晩秘錄』, 국제문화협회, 330쪽.

인도는 태평양동맹 결성은 시기상조이며 어떠한 블록에도 참가하지 않을 것임을 이미 표명했다. 버마도 태평양동맹의 효과에 대해 회의적이었다. 퀴리노 방미 직후 미국을 방문한 버마 외상은 태평양동맹은 '高遠한 이념'으로 공산주의 위협에 대해 외부 원조보다는 국내적 수단으로 문제를 해결할 것임을 강조한 바 있었다. 당시 미국은 버마의 이 같은 인식과 태도가 여타 아시아 국가들과 유사하다고 판단했다.[30] 이것은 미국의 구상과도 일치하는 것이었다. 즉, 가장 효과적인 반공방위는 경제발전에 있다는 것이다. 퀴리노가 태평양동맹은 경제적·문화적 동맹형태가 바람직하다는 견해를 제시한 것도 이 같은 미국의 구상에 동조한 것이었다.

미국은 태평양동맹이 결성되었을 때 미칠 파장을 우려하고 있었다. 태평양동맹 결성이 미국 외교정책의 유연성을 감소시키고 호주 등의 국가들에 촉구하고 있는 방위책임 분담노력을 둔화시킬 수 있다는 것이었다. 또한 미국이 구상하고 있는 경제적·문화적 동맹보다는 반공군사동맹으로 변질될 위험성도 우려했다. 이 같은 동맹은 인도·버마·인도네시아 등 중립국들의 반대를 불러올 것이고, 태평양 국가들이 집단안전 보장기구를 구축하여 유지해나갈 수 있을지도 의문시되었다.[31] 미국은 이 같은 우려를 여러 경로를 통해 전달했다.

이런 가운데 결국 1949년 10월 중화인민공화국이 수립되고, 12월 장개석 군은 대만으로 이전했다. 이승만은 장개석의 패배를 큰 충격으로 받아들였다. 따라서 다시 한번 조속히 태평양동맹을 결성할 것을 강조했다.[32] 그러나 태평양동맹 결성은 사실상 불가능하게 되었다. 무엇보다도 미국의 반대가 가장 큰 요인이었지만, 아시아 국가들의 이견과 아시아 정세의 급변 등이 복합적으로 작용한 결과였다.

---

30) 『서울신문』 1949. 9. 1, 『자료대한민국사』.
31) Memorandum by the Assistant Secretary of State for Far Eastern Affairs(Butterworth) to the Secretary of State, 1949. 11. 18, *FRUS*, 1949, Vol. Ⅶ, pp. 901~902.
32) 「태평양국가는 공통이해를 확립하자」, 1949. 12. 11, 공보처, 앞의 책, 74쪽.

이승만으로서는 이렇게 급변하는 동아시아의 정세 속에서 한국의 위상조차 위태롭다고 느낀 순간 일본 방문길에 나선 것이다. 따라서 냉전이 아시아에서도 위력을 발휘함에 따라 한국이 일본방위의 전위기지로서 그 중대성이 인식되고 미국이 극동방위계획을 재정비 강화할 단계였기 때문에 이승만의 방일은 국내외의 비상한 관심을 불러일으켰다. 이승만과 맥아더의 회담 후 이승만이 한일 간 협조를 강력하게 호소한 것은 中蘇동맹조약에 대한 반공진영 내부의 최초의 반향으로 평가되었다. 미국의 한 고위층은 이승만이 '橄欖의 가지'를 가지고 방일한 것은 냉전이 격화되는 경우 일본의 前 적국들이 취할 태도라고 적극적으로 지지하였다. 왜냐하면 미국은 아시아에 반공진영을 형성하는 데 일본이 다음과 같은 유리한 조건을 가지고 있다고 평가하고 있었기 때문이다.

1. 일본은 아시아에 있어서 주요 공업국가라는 것
2. 일본과 동남아시아 인도・파키스탄 간의 통상은 태평양동맹의 경제적 토대를 형성하게 되리라는 것
3. 일본은 전통적으로 우수한 반공국가이며 극동에서 가장 안정된 정부를 보유하고 있다는 것
4. 일본은 애치슨 국무장관이 말한바 '확고부동'한 태평양방위선의 기점을 형성하는 까닭에 일본은 미국이 동맹에 공여하는 원조를 가장 용이하게 수납할 수 있을 것이라는 것
5. 중소조약은 이미 양국이 대일 강화에 참가할 기회를 감소시켰으며 서방국이 독자적으로 일본과 평화를 맺을 것을 희망하는 인사를 고무시키고 있다는 것[33]

다른 한편으로 미국은 여전히 일본의 침략을 받은 아시아의 여러 국가가

---

33) 『국도신문』 1950. 2. 21, 『자료대한민국사』.

일본과의 관계개선에 회의적이며, 한국도 예외가 아니라는 점을 염두에 두고 있었다. 아시아 국가들의 對日 불신이 그만큼 컸기 때문이다.

이승만은 방일 직후에도 일본과 협력 또는 관계개선을 통해 아시아의 반공진영을 형성·강화해야 한다고 주장하였다. 이는 이승만이 일본과의 조기강화를 주장하고 있던 맥아더의 의견을 수용한 결과이자, '반공'을 최우선시한 이승만의 노선과도 일치하는 것이었다. 그러나 일본과 관계 개선이 아닌 '반공'에 초점이 맞추어졌다는 것은 한일관계 개선이 부차적 문제로 인식되고 처리될 가능성을 내포한 것이다. 대일평화조약이나 한일 간의 현안 문제 타결보다 '反共', '親美'에 정책의 우선순위가 두어진다는 것은 한국 대일정책의 제한성을 의미했다. 동시에 한일 양국이 현안 타결에 관심을 덜 쏟게 된다는 것을 의미했다. 이는 대일평화조약을 둘러싼 한국의 요구와 한미 간 협의과정, 한일회담을 통해 확인되었다.

이런 가운데 필리핀의 퀴리노 대통령은 동남아시아 및 서태평양동맹 결성을 위한 회의를 1950년 5월 26일부터 3일간 바기오에서 개최한다고 발표했다. 이것은 기존의 태평양동맹이 군사동맹의 성격이라는 조건에 제한되어 있던 것을 극복하고 참가국의 범위를 확대하는 조치였다. 여기서 한국은 제외될 것이라고 관측되고 있었다. 애초 필리핀·중국·한국이 주동이 되어 시작된 태평양동맹 구상이었지만 중국과 한국이 배제된 채 추진될 가능성이 커졌다. 그리고 이 가능성은 곧 현실로 나타났다. 퀴리노는 바기오 회의에 대만과 한국을 초청하지 않은 이유를 "우리는 전쟁에 싫증이 났다."라는 표현으로 대신했고, 태평양동맹은 문화적·경제적·정치적 동맹이 될 것임을 강조했다.[34]

이승만은 한국문제가 일본문제와 직결되어 있으며 미국이 일본 우선정책을 선택했음을 분명히 알고 있었다. 따라서 이승만은 아시아의 반공진영

---

34) 『연합신문』 1950. 5. 25, 『자료대한민국사』.

형성을 위한 필요조건으로 일본과 관계개선을 수용하는 대신 한국을 미국의 태평양 방위계획의 한 축에 포함시켜 줄 것을 지속적으로 요구했다. 이승만은 1950년 6월 한국을 방문한 덜레스(John F. Dulles) 고문에게 만약 한국이 적대적 세력권에 들어 對日항공기지가 설치된다면 일본은 단시간에 항공출격전의 범위에 들게 되나, 한국이 우방으로 남게 되면 일본의 방위보루 역할을 할 수 있다는 점을 강조했다.[35] 따라서 태평양방위계획에 한국도 포함되어야 한다고 주장했다. 이는 미국의 일본중시정책에 대한 완곡한 불만의 표시이자, 한일관계에서 미국의 역할을 기대하는 것이었다. 그러나 덜레스는 이승만이 제안한 태평양동맹은 필요하지 않다고 거절했다. 평화는 인위적인 조직을 통해 상대하고 경쟁하는 것보다는 관계 국가들의 협조정신이 자연스럽게 연결됨으로써 확보될 수 있다는 견해였다.[36] 덜레스의 이 같은 입장은 태평양동맹 결성 문제에만 국한되지 않고 한일관계에도 영향을 미쳤다.

델레스는 1950년 4월 아시아정책 및 대일강화조약 체결을 위한 수석고문으로 임명되었다. 그는 조속한 대일강화조약 체결을 통해 일본을 경제적으로 번창시켜 반공진영에 묶어두는 것이 미국의 對 아시아정책에 이익이 된다고 생각했다.[37] 대일강화조약을 진두지휘할 덜레스의 이 같은 인식은 한국의 대일정책에 제약요인이 될 가능성이 컸다.

이로써 1949년 3월 나토 결성을 계기로 이승만이 적극적으로 주창해온 태평양동맹은 무산되었다. 이승만이 방일을 통해 일본과의 반공동맹 강화, 관계개선 등의 적극적인 몸짓을 보여준 것도 효과가 없게 된 셈이다. 이제 이승만이 미국에 제시했던 세 가지 중 한미상호방위조약만이 남게 되었다. 또한 대일관계의 키워드인 대일평화조약의 서명국이 되는 것이 더욱 중요

---

35) 『자유신문』 1950. 6. 24, 『자료대한민국사』.
36) Memorandum of Conversation, by the Director of the Office of Northeast Asian Affairs(Allison), 1950. 6. 19, *FRUS*, 1950, Vol.VII, pp.107~109.
37) 마이클 샬러, 앞의 책, 322 · 328쪽.

해졌다.

그리고 1950년 6월 25일 전쟁 발발은 한국의 미국에 대한 의존도를 절대적으로 높이는 계기가 되었다. 대일평화조약 체결을 앞둔 1951년이 되면서 한국의 대일정책은 한층 타협적인 형태로 표출되었다. 미국이 대일평화조약을 '징벌 조약'에서 '관용 조약'으로 성격을 규정했기 때문이다.

이승만은 1951년 1월 26일 AP 특파원과의 회견에서 대일 강화에 대한 미국의 정책에 지지를 표명하면서, 일본과의 과거사 청산문제에도 관용적 태도를 보였다. 그는 "한국인들은 일본의 군국주의 지배자들로 인한 모든 상처와 그들의 과실을 관용의 정신으로 불식해버리기를 원하고 있다."라고 언급하면서, 이는 한일 양국이 다 같이 공산주의자들의 팽창 및 침략이라는 공통된 문제에 직면하고 있기 때문이라고 설명했다. 양국정부는 과거를 잊고자 1905~1910년 한국에 강요된 제 조약을 폐기하고, 한국은 불합리한 배상을 요구할 생각이 없으므로 조속히 회합해서 해결하는 것이 좋을듯하다고 덧붙였다.[38] 회견내용은 첫째 일본에 대한 '관용' 정책, 즉 미국의 대일 강화 원칙을 수용하고, 둘째 한국과 일본 간 가장 중요한 것은 반공동맹 형성이며, 따라서 한일회담 개최를 수용할 의사가 있다는 것으로 요약할 수 있다.

2)「대일배상요구조서」작성

해방 직후부터 한국 대일관계의 주안점은 대일배상 요구안의 준비였다. 대일배상 요구는 해방 직후부터 각계각층에서 제기되었다. 특히 대일배상 문제를 조사하기 위한 폴리(Edwin E. Pauley) 사절단의 한국 방문을 앞두고 관심이 고조되었다. 폴리 사절단은 1946년 5월 한국을 방문해 소련군이

---
38)『민주신보』1951. 1. 28;『동아일보』1951. 1. 29;『자료대한민국사』.

조선과 만주에서 반출한 일본인 시설품을 조사하는 동시에 兩 지구에 잔존한 일본인 시설품을 조사하였다.[39] 일본 국내외에 있는 시설물들을 배상 청구 대상으로 확보하기 위한 목적이었다. 폴리 사절단은 인천, 부평 등지에 산재한 중요 시설물들을 시찰한 데 이어, 5월 29일에는 38도 선을 넘어 북한 지역의 중요 공업시설이 있는 평양, 원산, 진남포 등지를 시찰하였다.[40] 이때는 소련이 북한 지역의 중요 시설물과 물자를 실어 내가고 있다는 당시 풍문을 확인하고자 특히 주의를 기울였다. 이때까지도 미국의 對日강화정책은 철저한 배상을 강조하고 있었다.

폴리 사절단의 방한에 맞추어 비상국민회의는 5월 22일 홍진(洪震) 의장 이름으로 폴리 단장에게 서한을 전달했다. 서한의 요지는 다음과 같았다.

> 한국에 있는 일본의 재산은 全 한국 재산의 90%나 되는 막대한 거액이니 이것은 한국 독립의 경제적 기초로 삼지 않으면 안 됩니다. 각하께서는 이러한 사정을 諒察하시고 그 재산을 한국의 이익을 위하여 또는 한국 본위로 처리하심을 바라고 건투하심을 비나이다.[41]

이 서한은 당시 각계각층이 폴리 사절단의 방한과 이들의 활동에 관심을 집중하고 있었던 이유를 설명해주고 있다. 한국 국민은 일제의 불법적인 식민지배로 물적·인적 피해가 컸기 때문에 대일배상을 요구할 정당한 권리를 가지고 있다고 생각했다. 특히 일본과 일본인이 남기고 간 在韓 재산은 당연히 배상 청구 대상으로 충당되어야 한다고 생각했다. 이는 해방 직후부터 在韓 일본재산에 대한 한국인들의 일반적인 인식을 대변해주는 것이며, 정부 수립 이후 한국정부가 귀속재산 문제에 대한 방침을 수립하는 기초가 되었다.

---

39) 『서울신문』 1946. 5. 5, 『자료대한민국사』.
40) 『조선일보』 1946. 5. 18; 『서울신문』 1946. 5. 22, 6. 5, 『자료대한민국사』.
41) 『동아일보』 1946. 5. 23, 『자료대한민국사』.

폴리 사절단의 방한을 계기로 대일배상 요구가 고조된 가운데 1946년 6월 18일 조선상공회의소는 대일배상요구 청원서를 러취(Archer L. Lerch) 군정장관을 통해 폴리단장에게 제출하였다.

(A) 조선 내에 있는 日人 명의 公·私有 재산은 일본이 폭력으로 造出한 신용과 징세로써 조선인의 노동력을 구사하여 조성한 것이니 당연히 그 전부를 조선에게 배상(현물반환)할 것
(B) 조선의 公·私人이 소유하는 일본 公·私債 기타 對日債權 일체는 일본에게 착취당한 노력과 식료와 원료의 대금의 변형이고, 其 일부는 일본의 조선 점령비(조선은행권으로 지출한 日軍費)이고 其 少部는 金銀正貨를 일본으로 이송한 증거물이니 其 금액을 正貨 혹은 金爲替로써 배상할 것
(C) 일본 내에 있는 조선인 소유 재산은 일본 내에 있어서 조선인의 강제노동의 소득을 저축한 것이니 此는 장래 조선으로 이송 혹은 其 가치 보증을 보장할 것
(D) 중국 본토, 만주, 대만, 남양 기타 前 일본군 점령하의 지역에 소재하는 조선인 소유 재산은 일본의 침략 정책의 희생이 되어 상실한 것이므로 당연히 그 전부를 일본 국가의 책임으로 보상할 것
(E) 일본이 그 본토 혹은 前 점령지대에 소유하는 군비시설과 군수품(원료, 재료 재고를 포함)은 其 대부분이 조선인의 강제노동과 기아와 조선의 원료의 일부로써 조작된 것이니 황폐된 조선의 산업부흥과 기형적인 조선의 공업건설에 필요한 자재는 당연히 배상으로 조선에 移設(반환)할 것[42]

이 청원서는 在韓 일본 재산과 한국인의 소유이거나 한국인의 노동으로 만들어진 각종 현물을 대일배상의 요구대상으로 삼고 있다. 또한 일본의

---

42)『조선일보』 1946. 6. 20,『자료대한민국사』.

식민지배에 대한 일정한 배상요구의 성격을 띠고 있다.

　한국이 대일배상 문제에 집중하고 대응책을 준비하기 시작한 것은 한일 간의 과거사 때문이었다. 한국의 준비는 비교적 빨리 시작되었고, 요구내용 준비도 세밀하게 진행되었다. 이 당시 한국의 대일배상 요구 원칙과 내용 및 방법은 다음과 같았다.

　우선 한국은 일본으로부터 장기간의 식민통치를 받은 특수한 역사가 있으며, 이 기간에 발생한 인적·물적 피해에 대한 배상요구는 정당하다는 원칙을 갖고 있었다. 인적·물적 피해에 대한 배상은 현물배상을 요구했다. 특히 일본이 한국에서 소유했던 국·공유재산과 사유재산에 대한 귀속을 요구했다. 이를 위해서 한국은 장차 개시될 대일배상회의에 참가해야 하며, 이것이 곤란할 경우에는 미국과 소련과의 협의를 통해 요구를 관철하고자 했다. 이런 대일배상액과 내용 등을 조사하고 준비하기 위한 '조사위원회'의 필요성도 제기되었다.[43] 이 조사위원회는 남조선과도정부 시기 구성되었다.

　다음으로, 한국은 대일배상 요구를 대일강화회의 참가문제와 결부시켜 추진하였다. 1947년 8월 13일 남조선과도정부는 정무회의에서 대일배상 문제에 대처하고자 '대일배상요구조건조사위원회'를 조직했다. 조사위원회는 일본에 요구할 배상액에 대한 구체적 조사와 대책 수립을 목적으로, 재정·금융·외교 실무부서 책임자를 각각 위원으로 선임했다. 오정수(吳楨洙) 상무부장을 소집책임자로 하고, 민희식(閔熙植) 운수부장·윤호병(尹嘷炳) 재무부장·이훈구(李勳求) 체신부장·신기준(申基準) 외무행정처 차장·김우평(金佑枰) 중앙경제위원회 사무장 등이 선임되었다.[44] 조사범위는 적산회사 및 재산처리문제, 화폐부흥문제로 약 백 수십억 원에 달하는 일본은행권과의 兌換을 조건으로 발행된 조선은행권의 회수와 보험

---

43) 『조선일보』 1946. 11. 19; 『서울신문』 1946. 11. 20, 11. 27, 『자료대한민국사』.
44) 『서울신문』 1947. 8. 22, 『자료대한민국사』.

금 등의 문제, 在日평화산업기관 반입문제 등으로 정해졌다. 한국은 조사위원회의 조사를 토대로 대일강화회의에 직접 참가하거나 미국을 통해 대일배상요구안을 제출할 계획이었다.[45]

조사위원회는 1947년 11월 이래 매주 월요일 정기적으로 회의를 개최하여 관계부처가 제출한 일제의 편취(騙取)조서를 토대로 토의를 거듭했다. 그리고 1948년 1월 5개 항의 대일배상요구 항목을 결정했다. ① 일본 대장성에서 발행한 국채와 고의로 반출한 조선은행 금괴 반환, ② 연금과 징용자의 미불임금 반환, ③ 시세보다 저렴하게 수출된 광석 대금의 차액금 반환, ④ 일본으로 반출된 기계류의 반입, ⑤ 일본과 만주·중국의 중계무역지로서의 수수료 징수 등이었다.[46]

조사위원회는 현물배상 요구 목록을 조사한 후 그 계수(計數)를 결정해 나갔다. 귀속재산을 제외하고 대일배상 요구액 중 가장 큰 부분을 차지하는 것은 해방 당시 일본이 남발한 조선은행권 45억 원의 발행 보증으로 조선은행에 남기고 간 공채 부분이었다. 이 공채를 물가지수에 의거해 상환을 요구하고 조선에서 실어 내간 귀금속의 반환을 요구할 계획이었다.[47] 각종 자료를 취합하여 검토한 결과 애초 1조 4,267억 8,601만 9,675엔으로 예상되었던 대일배상 요구액은 최종적으로 1948년 4월 말 현재 410억 9,250만 7,868엔으로 결정되었다.[48] 이로써 한국은 1948년 정부 수립 이전에 이미 對日청구권의 내용과 금액, 논리를 마련했다. 그리고 이것은 대일배상 요구에 대한 일반적 인식을 반영한 결과이자, 국제정세 변동에 따라 미국의 대일정책이 변화하고 있었던 데 따른 위기감의 표출이었다.[49]

한국은 정부 수립 직후에도 대일배상 요구에 대한 준비를 지속해나갔다.

---

45) 『서울신문』 1947. 8. 27, 『자료대한민국사』.
46) 『서울신문』·『조선일보』 1948. 1. 11, 『자료대한민국사』.
47) 『조선일보』 1948. 1. 26, 『자료대한민국사』.
48) 『조선일보』 1948. 8. 13, 『자료대한민국사』.
49) 오오타 오사무, 2001 「韓日 請求權交涉 硏究」 고려대학교 사학과 박사학위논문, 28쪽.

1948년 10월 9일 재무부는 「대일배상요구 자료조서」을 발표했다. 이 조서는 한국의 대일배상 요구가 일본을 징벌하기 위한 '보복의 부과'가 아니고 '희생과 피해회복을 위한 이성적 의무의 이행'임을 밝혔다. 이는 미국의 대일강화정책과 다르지 않았다. 요구 내용은 두 가지로 구성되어 있었다. 하나는 일본인에 대한 각종 대부금, 조선은행 보유금, 일본정부가 발행한 국채, 조선 내 금융기관 등이 보유한 일본계 유가증권 등 금전 배상 요구항목이었다. 다른 하나는 현물배상 요구항목으로 국외 소재 한국의 동산·부동산 등이었다. 배상요구 총액은 금전배상액과 현물배상량으로 구분되어 있었다. 금전배상액은 朝鮮圓貨 198억 2,565만 9,638원 40전, 上海弗貨 400만 원, 현물배상량은 地金 2억 4,963만 3,198瓦 61, 地銀 8,911만 2,205瓦 12였다.[50] 보복성 배상 요구가 아닌 희생과 피해회복이 그 원칙으로 천명된 것을 통해 알 수 있듯 대일배상 요구는 최소한으로 청구될 계획이었음을 알 수 있다. 그리고 즉각적인 배상 효과를 낼 수 있는 금전과 현물배상을 추진하려 했음을 알 수 있다. 이 같은 계획은 남조선과도정부의 대일배상 요구 준비로부터 계속되어온 방침이었다.

이 같은 정부의 움직임과 더불어 1948년 11월 27일 국회 본회의에서도 '대일강제노무자 미제임금 이행요구에 관한 청원', '대일 청장년 사망 배상금 요구에 관한 청원'이 채택되었다.[51] 12월 22일에는 대통령 비서실이 상공부에 대일배상요구에 대한 세목 제출을 지시하였다. 상공부는 남조선과도정부 대일배상요구위원회의 조사 결과를 기초로 요구 세목을 작성할 계획이었다. 당시 남조선과도정부의 배상요구액은 당시 금액 410억 원(초심 360억, 재심 50억)으로, 여기에는 징병·징용으로 인한 노임도 포함되어 있었다. 새롭게 작성될 대일배상요구안은 과도정부 당시 작성된 조사서와 민주의원 경제위원회가 작성한 조사서, 새로 작성될 기획처와 상공부의 조사

---

50) 『시정월보』 2호, 1948. 12, 87~95쪽, 『자료대한민국사』.
51) 『제1대 제1회 제15차 국회 본회의 회의록』, 1948. 11. 27.

서를 취합하여 작성될 예정이었다. 그리고 이를 위해 각 부처장을 중심으로 '대일배상촉진위원회'를 조직하여 활동할 예정이었다.[52]

한편, 법무부 내에서도 대일 강화 준비와 관련해 법무국장 홍진기(洪璡基)가 '대일강화의 준비위원회' 설치를 건의했다. 이승만 대통령은 법무장관에게 보고를 받고 귀속재산문제만큼은 맥아더가 방한해 한국 소유임을 선언했음으로 논란의 여지가 없다고 단언했다. 그리고 배상을 청구할 준비를 하되 은밀히 할 것을 지시했고 법무부가 아닌 기획처 산하에 위원회를 설치할 것을 지시했다.[53]

대통령의 지시에 따라 1949년 1월 24일 제13회 국무회의에서 법무장관은 대일배상조사기관의 설치에 대한 안건을 제출했다. "일본인은 한국에 요구할 재산에 관하야 정연한 증거를 具存하고 있으니, 我方 배상요구조사에 各別한 고려 요청됨으로 특별조사기관 설치가 요망된다."라는 설명이었다. 국무회의는 이에 따라 기획처장이 조사기관 설치를 주관한다고 의결하였다.[54] 이에 따라 1949년 2월 기획처 기획국에 '대일배상청구위원회'가 조직되었다. 위원회는 대일배상 원칙으로 합리적인 對日 청구권을 요구하겠다고 선언했다.

> 우리의 對日 배상청구의 기본정신은 일본을 징벌하기 위한 '보복의 부과'가 아니고 '희생의 회복'을 위한 공정한 권리의 이성적 요구에 있는 것이다.[55]

이 위원회는 해방 직후부터 제기되고 준비되어온 대일배상 요구를 최대한 수렴한 것이었다. 또한 한국정부가 공식적으로 대일배상 요구를 위해 설립한 기구였다. 위원회는 이승만의 지시대로 은밀하게 배상 청구 자료를

---

52) 『한성일보』 1948. 12. 24, 『자료대한민국사』.
53) 유진오, 1993 『한일회담』, 외무부 외교안보연구원, 11~12쪽.
54) 「제13회 국무회의록」, 1949. 1. 24.
55) 유민 홍진기 전기간행위원회, 1993 『유민 홍진기 전기』, 중앙일보사, 43쪽.

수집하기 시작했다. 그러나 이순탁(李順鐸) 기획처장을 중심으로 대일배상청구조서를 작성하고자 관계자들의 논의가 계속되었지만 위원회의 조사활동은 자료부족으로 곤란을 겪었다. 이를 해결하고자 기획처는 일본 은행권, 국채, 우편저금 보험, 기타 일본정부와 그 대행기관에서 발행한 각종 유가증권을 등록하도록 공지하기도 했다.[56] 한국이 한일회담 과정에서 자료부족 문제로 심각한 곤란을 겪게 되는 것은 이미 예견된 일이었다. 일본이 패전과 동시에 대부분의 관련 문서를 반출・소각・파기하였기 때문이다.

기획처는 위원회의 조사활동을 토대로 1949년 3월 7일 대일배상요구액의 대강을 국무회의에 보고했다. 대일배상의 중점은 금・은・보석・미술품・서적・골동품・선박 등 현물배상, 채권・증권・주권・예금, 또는 인적・물적 손해에 대한 것이었다. 이것은 1945년 8월 9일 현재의 피해액을 기초로 1948년 12월 말일 시가로 평가되었다.[57] 기획처의 보고서는 국무회의 심의를 거쳐 3월 15일「대일배상요구조서 1부」로 완성되었다. 그리고 1949년 4월 7일 연합국최고사령부(SCAP)에 제출되었다.[58]

연합국최고사령부는 조서를 전달받고 6월 23일자로 회신을 보내왔다.

1. 일본정부에 대한 대한민국의 배상요구서를 첨부 제출한 1949년 4월 7일부 귀하의 문서는 접수하였습니다.
2. 此 요구는 맥사령부 본부에서 접수 보관하고 있으나 이에 대한 처리 여하는 극동위원회의 앞으로의 지시에 의할 것입니다. 만일 그러한 지시가 없을 때 이 요구는 연합국 간에 협정될 조약 각 조문에 의거하여 적당한 시기에 고려될 것입니다.
3. 然이나 한국 선박의 반환요구는 1948년 10월 부 특별지령에 따라 취급될

---
56)『경향신문』1949. 2. 18,『자료대한민국사』.
57)『서울신문』1949. 3. 10. 홍진기는 대일배상조서 1부를 1949년 3월 1일을 기준으로 현재 판명된 현물 피해에 대한 목록이었다고 기억하고 있다(유민 홍진기 전기간행위원회, 앞의 책, 43~44쪽).
58) 유진오, 앞의 책, 14쪽.

것을 통지하여 드립니다. 그 特別지령에 관하여는 한국정부 대표자와 최근 討議한 바입니다.[59]

한국의 대일배상 요구는 대일강화조약에 의거해 적당한 시기에 고려될 것이라는 내용이었다. 사실상 연합국최고사령부는 한국의 대일배상 요구를 거절한 것이다. 이제 대일배상 문제는 연합국과 일본과의 강화조약 체결 결과에 따라 영향을 받게 되어 강화조약의 원칙과 내용이 더욱 중요해졌다.

한편, 한국정부는 「대일배상요구조서 1부」가 현물배상만을 포함하고 있었기 때문에 일반배상을 내용으로 하는 「대일배상조서 2부」를 준비했다. 2부는 1949년 9월에 완성되었는데, 전쟁과 직접 관련 없는 단순한 채권(2부), 중일전쟁 및 태평양전쟁 중으로 한해 직접 전쟁 때문에 우리가 받은 인적·물적 피해(제3부), 일제가 강제공출 등의 형태로 低價로 수탈해감으로써 발생한 손해(제4부) 등으로 구성되었다. 이 조서는 지역적 범위를 38선 이남으로 국한해 1949년 9월 1일 현재로 조사된 것이었다. 당시 이 조서는 정부 각 부처로부터 대일배상청구에 관한 세목에 대해 증빙자료를 첨부해 만들었으나 이 자료들은 한국전쟁 중 소실되었다.[60] 조서 2부에는 총액 314억 97만 5,303엔, 400만 상해 달러가 대일배상요구액으로 책정되었다. 해방 직후의 1달러 대 15엔의 환율로 환산하면 약 24억 7,676만 달러에 해당하는 금액이었다.[61]

1949년에 작성된 대일배상요구조서는 해방 직후부터 광범위하게 제기되어 온 대일배상 요구를 수렴한 것으로 한국의 대일배상 요구의 정당성을 기초로 하고 있었다. 또한 이후 한일회담 과정을 통해 한국은 對日請求權을 주장했는데 그 세부내용의 근거가 된 것도 이 조서였다. 한국은 1950년대

---

59) 『경향신문』 1949. 8. 14, 『자료대한민국사』.
60) 유진오, 앞의 책, 14~16쪽; 유민 홍진기 전기간행위원회, 앞의 책, 44쪽.
61) 오오타 오사무, 앞의 논문, 35~36쪽.

를 통틀어 이 조서와 1차 한일회담 당시 제출한「韓日間 財産 및 請求權 協定 要綱」을 제외하고는 對日請求權에 대해 구체적인 명세와 요구액을 제시하지 않았다. 대체로 1차 회담 시 제출된 '요강'도 이 조서의 명세와 범위를 벗어나지 않았다. 따라서 한국의 대일청구권의 대체적인 틀거리는 해방직후부터 준비되어온 대일배상요구를 수렴해서 작성된 대일배상요구조서로 완성되었다고 할 수 있다. 또한 한국의 대일인식과 정책을 집약해 앞으로 한일관계에 대한 전망을 보여준 것이었다.

그런데 한국이 대일배상요구안을 준비하고 있던 와중에 1949년 1월 14일 주일대표부 초대 대사로 부임한 정한경(鄭翰景)이 부임 8일 만에 전격적으로 정환범(鄭桓範)으로 교체되었다. 주일대표부는 1949년 1월 연합국최고사령부의 허가로 설치된 재외공관으로 재일조선인의 보호와 한일 간 당면문제 해결이 그 임무였다.[62] 이승만은 교체 사유에 대해 대일배상이 중요한 문제이기 때문이라고만 언급할 뿐 구체적인 이유는 밝히지 않았다.[63] 그러나 2월초 정한경 대사의 기자회견 내용이 문제가 되었을 것이다. 정한경은 당시 한국에 시급한 문제는 대마도 영유권 주장이나 대일배상 문제가 아니라 38선 철폐임을 강조하면서, 한국 분단의 책임은 일본이 아니라 소련이라고 비난하였다. 또한 일본은 현재 무기생산이 금지되어 있기 때문에 인접국을 침략할 가능성이 없다고 단언했다. 특히 그는 한국이 대일배상 문제를 제기하면 일

---

[62] 외무부, 1959『外務行政의 10년』, 11쪽. 이 글에서는 일본 식민지지배의 역사적 결과로 일본에 거주하게 된 조선인과 그 자손을 통칭하여 '재일조선인'으로 지칭한다. 해방 후 남북한에 분단정권이 수립된 후 '재일한국인'은 대한민국 출신자를, '재일조선인'은 조선민주주의인민공화국 출신자로 구분하는 경향도 있으나, 이 글에서 사용하는 '재일조선인'의 역사적 배경과 범위와는 다르다. '재일조선인'은 일제강점기 이전부터 일제강점기를 거쳐 전후시기까지 일본에 거주해 온 한반도 출신자를 의미한다. 현재 이들에 대한 호칭은 '재일조선인' '재일한국인' '재일조선인・재일한국인' '재일한인' '재일코리안' '자이니치(在日)' 등 여러 가지로 통용되고 있다(김명섭・오가타 요시히로, 2007. 12「'재일조선인'과 '재일한국인' : 통합적 명명을 위한 기초연구」『21세기 정치학회보』제17집 3호; 서경식, 2008. 3「'재일조선인'이란」『월간독립기념관』 참조).

[63] 『조선중앙일보』1949. 3. 5. 한편 초대 주일대표부 대사로 임명된 정한경은 직위에 적응하지 못했던 것 같다. 봇물처럼 터져 나오는 재일조선인들의 민원과 연합국최고사령부와의 교섭, 공관 운영경비의 현지 조달 등 난제가 산적한 주일대표부의 대표 역할에 한계를 느꼈을 가능성이 크다. 정한경이 사임한 표면적 이유는 자신의 영문 저서 출판을 위해 미국으로 돌아가야 한다는 것이었다(강노향, 앞의 책, 36쪽).

본은 한국에 있는 前 일본인재산과의 상쇄를 주장할 것이라고 언명하였다.[64] 당시 정한경을 면담한 기자가 이 같은 견해가 본국의 입장과는 다소 거리가 있는 것으로 보인다고 논평했듯이 이 회견내용이 문제가 되었을 가능성이 크다. 왜냐하면 정한경의 주장은 당시 한국정부의 정책과는 전연 상반되는 것이었기 때문이다. 일본이 과거 식민지배에 대해 정식으로 사과와 배상을 해줄 것이라는 전망이 없는 가운데 대일배상요구조차 부차적인 문제라고 치부하는 것은 對日관계 개선의 원칙과 정당성에서 벗어나는 것이었다.

그러나 한국의 대일배상 문제와 관련해 더 큰 문제는 미국의 對日政策의 변화였다. 미국은 1949년부터 일본과의 조기강화 쪽으로 정책을 전환하면서 대일배상 반대를 주장하기 시작했다. 미국은 '징벌적인' 대일배상정책을 실시하면 일본경제에 악영향을 끼쳐 미국의 일본점령 비용이 증가하고, 결과적으로 미국 납세자의 부담이 늘어난다고 결론지었다. 이는 미국이 대일강화조약 체결과정에서 스스로 배상을 포기한 논리이자 동맹국들을 설득하는 논리였다. 그리고 본질적으로는 냉전에 입각한 경제논리이기도 했다. 대일강화조약 체결을 전후한 한일관계도 이 같은 논리 속에서 제한받을 수밖에 없었다. 특히 대일강화회의에 연합국의 자격으로 참가할 것임을 전제로 대일배상정책을 수립해왔던 한국으로서는 중대한 변수였.

한국은 1949년 5월 16일 임병직 외무장관이 미국의 대일배상 반대설을 반박하는 담화를 발표하는 등 즉각 반발했다.

> 대일배상은 미군정 밑에서 받을 것이 아니다. 따라서 미국에서 운운할 것이 아니라 직접 우리가 일본에서 배상을 받을 것이며, 민국정부가 일본정부에 대하여 배상을 요구하는 것은 과거 倭政 40년 동안 강도당한 국보 및 국가와 민족의 자원·재산의 현물의 반환을 요구하는 것이다. 따라서 우리의 요구는 정당

---

64) 『대동신문』 1949. 2. 22, 『자료대한민국사』.

한 것이며, 일본에 강도당한 현물은 반드시 반환받아야 하며, 미국의 대일배상 취득 반대에 구속받을 성질의 것이 아니며, 정환범 특사와 긴밀한 연락을 취하여 소기 목적 달성에 전력을 다할 것이다.[65]

미국은 한국의 대일배상 문제에 개입하지 말 것이며, 대일배상은 강도당한 것을 반환받는 정당한 일임을 강력한 어조로 주장하고 있다. 한국에게 대일배상 문제는 단순히 물질적으로 피해를 보상받는 차원 이상의 의미를 지니고 있었기 때문이다.

이승만이 미국의 대일배상 포기정책을 비판하고, 특히 연합국최고사령부의 일본 중시 정책에 노골적인 비판을 퍼부은 것도 같은 맥락이었다. 이승만은 1949년 7월 8일 기자회견에서 연합국최고사령부 내에 시볼드 등 친일 미국인이 있다고 비난하며 미국의 대일배상 포기정책을 비판했다.

일인들은 묘한 술책으로 대외선전을 잘하여 미국의 호의를 사고 신임을 받게 되었다. 그리고 이와 같은 결과를 가져오게 한 것은 친일하는 미국인이 있기 때문이다. 예를 들면 한국으로 돌려주어야 할 선박을 돌려주지 않는 것, 거반 맥아더선 확장계획 등 이러한 것이 모두 친일하는 미국인의 책동으로 인하여 그렇게 된 것으로 이 자들의 한국에 대한 방해공작으로 말미암아 한국은 여러 가지로 지장을 받고 있다.[66]

이승만은 일본이 자국에 우호적인 미국인의 도움으로 미국의 대일정책을 호의적으로 바꾸어냈다고 비판하고 있다. 그리고 더 큰 문제는 대일정책의 변화가 한국의 장래에 그림자를 드리우고 있다는 사실이었다. 이승만이 시볼드 등 일본에 우호적이거나 적극적으로 지원하는 미국의 관료들을

---

65) 『연합신문』 1949. 5. 17, 『자료대한민국사』.
66) 『조선중앙일보』 1949. 7. 9, 『자료대한민국사』.

공개적으로 비판한 것은 이러한 우려 때문이었다. 뒤에서 살펴보듯이 이들의 인식과 정책이 한일관계에 깊은 영향을 끼쳤다는 것을 확인할 수 있다.

정부 수립 이후부터 대일평화조약이 체결될 때까지 한국의 대일 인식과 정책은 양면적이었다. 한국은 과거사에 대한 철저한 규명과 책임 부과를 전제로 관계 재정립을 추구했다. 이는 일본의 '반성', 철저한 배상과 보상을 전제로 한 것이었다. 그러나 한국전쟁을 전후로 이 같은 인식은 '반공'이라는 대전제 밑에 한층 타협적인 형태로 나타났다. 아시아의 반공진영 강화를 위해 한국과 일본의 협력관계 구축을 강조하게 되었다.[67] 한일관계에서 반공논리를 전면에 내세워 한국의 위상을 강화시킨다는 인식이었다.

2. 한국의 對日강화회의 참가 요구와 좌절

1) 미국의 대일강화 기조 변화 : '징벌'에서 '관용'으로

미국은 1947년 초부터 대일평화조약을 구상하기 시작했다. 그러나 일본의 재무장, 배상문제, 영토문제, 중국의 대표성 문제 등에 대한 연합국 간의 이견으로 조약 체결은 지연되고 있었다. 1951년 미국은 강화조약에 대해 일본과 잠정적 합의를 하고, 5월 오스트레일리아와 뉴질랜드에 그들이 바라던 안보 협약을 제시함으로써 대일합의에 대한 지지를 끌어냈다. 또한 중국의 대표성 승인 문제로 미국과 이견을 보여온 영국도 1951년 5월 미국이 대일평화조약에서 타이완을 배제하는 양보를 하자, 중국문제를 일본의 결정에 일임하는 것으로 타협했다.[68]

---

67) 李鍾元, 1994 「韓日會談とアメリカ-'不介入政策'の成立を中心に」『國際政治』 105號, 165쪽.
68) 윌리엄 스툭 지음, 김형인·김남균·조성규·김재민 공역, 2001 『한국전쟁의 국제사』, 푸른역사, 299~300, 390쪽.

미국 내에서도 국무부와 국방부 간에 대일평화조약을 둘러싼 대립이 심각했다. 국무부는 조기강화를 원하였지만 국방부는 미군의 철수나 감소가 가져올 극동 안보상의 위험성을 지적하며 이에 반대했다. 결국, 양 부처 간의 대립은 대일평화조약과 美日안전보장협정을 동시에 채택하는 것으로 일단락되었다. 한편으로 애치슨 미 국무장관은 이견과 갈등을 진정시키려는 노력의 하나로 1950년 4월 19일 공화당의 대외정책 대변인격이던 덜레스(John Foster Dulles)를 아시아정책 및 대일강화조약에 관한 수석고문으로 임명했다. 덜레스는 재무장이 아닌 조속한 강화조약 체결만이 일본을 서구에 묶어둘 수 있는 최선의 방책이라고 생각하고 있었다. 그는 중무장한 불만족스러운 동맹국 일본보다는 경제적으로 번창하고 親美的인 일본이 미국에 유용할 것으로 생각했다. 또한 미국이 한국과 대만을 군사적으로 장악하고 있으면 소련을 저지시킬 수 있고, 소규모 미군 주둔만으로도 일본의 방위를 보장할 수 있다고 생각했다.[69] 대일강화조약을 진두지휘할 수장이 된 덜레스의 이러한 인식은 한국의 진로에 제약요인이 될 가능성이 컸다.

한편, 일본은 강화조약에 대비해 일찍부터 치밀한 준비를 해오고 있었다. 일본은 연합국, 특히 미국의 수뇌부와 민간 지도자들과의 접촉 빈도를 높이고자 노력했다. 요시다 총리가 회고하듯 이들에게 일본의 실정을 인식시켜 이해를 구하는 이 방법은 상당히 효과적이었다고 한다. 그리고 다른 한편으로 1946년 가을경부터 신속하게 일련의 영문 자료를 작성하기 시작했다. 우선 패전으로 영토의 45%를 상실했고 인구는 오히려 증가했으며 중요 공업시설 태반이 파괴되고 노후화되었다는 등의 일본의 실상을 알리는 영문 자료를 준비했다. 그리고 과거 군국주의 색채를 불식하고 새로이 민주주의체제로 거듭나는 일본을 알리는 데 주력했다. 특히 일본이 가장 노력을 기울인 것은 영토문제 관련 자료집이었다. 오키나와(沖繩), 오가사

---

69) 마이클 샬러, 앞의 책, 322·328쪽.

와라(小笠原), 사할린(樺太), 쿠릴(千島), 하보마이(齒舞), 시코탄(色丹) 등이 역사적·지리적·민족적·경제적으로 일본의 영토임을 증명하는 데 주력했다. 영토문제 관련 자료집은 무려 7권으로 작성되었다고 한다.[70] 미국은 이렇게 작성된 일본 측 자료 접수를 거부했지만 시볼드가 국장으로 있던 연합국최고사령부 외교국의 도움으로 비공식적인 형식으로 외교국에 제출할 수 있게 되었다. 이렇게 접수된 자료는 워싱턴으로 보내졌다. 이 자료집들이 대일평화조약을 준비하고 있던 미국의 실무자들에게 영향을 주었을 것이라는 점은 두말할 나위가 없다.

이렇게 미국의 주도로 대일강화조약 체결이 진행되는 가운데 강화조약 초안은 다양한 형태로 작성·수정되었다. 1947년 3월 국무부 작업단(Working Group) 초안, 1949년 11월 2일 국무부 新 초안, 1951년 3월 23일 대일강화조약 잠정초안, 1951년 5월 3일 미·영 합동초안, 1951년 7월 9일 미·영 합동초안, 1951년 8월 13일 최종초안 등이다.

초안들 중 주목할 것은 미 국무부의 1949년 11월 초안과 1951년 3월 초반 작성된 이른바 '덜레스 초안'이다. 미 국무부의 조약 초안은 1949년 11월 2일 완성되어 검토를 위해 각국 주재 미국 외교관들에게 송부되었고, 이들은 주재국가의 이해관계를 반영한 의견서를 보냈다. 주일 미 정치고문 시볼드와 주한 미 대사 무초도 일본과 한국의 이해와 관련된 중요한 의견을 제출했다.

먼저 시볼드는 이 초안에 대한 혹평을 서슴지 않았다. 초안이 여전히 일본에 징벌적 태도를 갖고 있으며, 승자가 패자에게 내리는 지령 같다는 것이다. 또한 영토문제와 관련해 독도는 1905년 일본령이 된 이후 단 한 차례도 한국의 이의제기를 받지 않은 일본 영토라고 주장했다.[71] 시볼드는 독도를 일본 영토에 포함해야 한다는 권고전문을 통해 "이 섬에 대한 일본의 주장은 오래되었고 타당성이 있는 것으로 보인다."라고 주장했다. 또한 독

---

70) 吉田茂, 1957 『回想十年』 제3권, 新潮社, 24~26쪽.
71) ツーボルト·J.ウイリアム 箸·野末賢三 譯, 1966 『日本占領外交の回想』, 朝日新聞社, 216쪽.

도에 미군 기상관측소와 레이더관측소를 설치하는 것이 안보적 관점에서 바람직할 것이라고 권고했다.[72] 독도문제와 관련해 제3자인 시볼드가 이토록 강력하게 일본영토임을 주장했다는 것은 시볼드의 성향이 일본에 우호적이었다는 점뿐 아니라 일본이 독도문제에 대해 어느 만큼 집요하게 대미 로비를 하고 있었는지 잘 보여준다.

반면 무초 대사는 한국을 대일강화회의에 참가시키고, 서명국의 지위를 부여해야 한다고 권고했다. 미국과 유엔이 정책적으로 한국을 지지했기 때문에 한국정부의 위신을 세워주기 위해서라도 조약 서명국이 되어야 한다는 것이었다.[73] 무초는 1949년 11월 10일 한국 기자와의 회견에서도 대일강화회의에 한국대표도 참가하게 될 것이며, 또 참가하도록 한국정부를 지지하겠다고 언명하였다.[74] 미국은 1947년 3월 강화조약 초안 작업을 시작한 후 1949년 11월 2일자 초안 작성 때까지 한국을 조약 서명국으로 참가시키려는 생각이 없었다. 미 국무부는 대일 선전포고를 했거나 교전국만을 조약 서명국으로 참가시킬 방침이었다. 이 범주에 한국은 포함되지 않는다는 견해였다. 그러나 한편으로 주한 미 대사관에 한국의 국내 정치상황과 조약 협상과정에 미치는 실제적 영향이라는 관점에서 한국이 서명국으로 참여하는 문제에 대한 견해를 요청했다.[75] 이때까지 한국을 조약 서명국으로 참가시킬지를 확정하지 않은 상태였다는 것을 알 수 있다. 결국 무초 대사의 권고 회신 이후 한국을 강화회의에 참가시킨다는 방침을 굳혔다.[76] 무초 대사의 역할은 비슷한 시기에 미 국무부 정보조사국(Office of Intelligence Research) 극동조사처(Division of Research for Far East)가 작성한 정보보고서에도 나타나있다. 이 보고서에 따르면 무초 대사는 대한민국

---

72) The Acting Policical Adviser in Japan(Sebald) to the Secretary of State, 1949. 11. 14, FRUS, 1949, Vol. VII, p.900.
73) The Ambassador in Korea(Muccio) to Secretary of State, 1949. 12. 3, FRUS, 1949, Vol. VII, p.911.
74) 『서울신문』 1949. 11. 12, 『자료대한민국사』.
75) The Acting Secretary of State to the Embassy in Korea(1949. 11. 23), FRUS, 1949, Vol. VII, p.904.
76) 이원덕, 1996 『한일 과거사 처리의 원점-일본의 전후처리 외교와 한일회담-』, 서울대출판부, 27~28쪽.

임시정부와 광복군이 중국군에 참가해 대일전을 수행했고, 만주의 한국인 게릴라활동을 근거로 한국을 교전국으로 볼 수 있기 때문에 조약 당사국이 되어야 한다고 주장했다. 그러나 극동조사처는 한국인들의 교전상태에 대한 증거들은 신빙성이 없다고 단언했다.[77]

무초 대사가 한국 참가를 권고한 가장 큰 이유는 미국의 이해관계를 고려하였기 때문이다. 미국의 강력한 후원과 지지를 받는 한국의 위신을 고려하고 對韓政策의 정당성을 입증해야 했기 때문이다. 특히 장차 예상되는 한일관계 개선을 위해서는 양국 간 교섭보다는 강화회의와 같은 국제적 협상 틀이 필요하다고 판단했다. 한일관계 개선이 양국 간 교섭을 통해 원만히 진행될 수 없으리라는 그의 예상은 이후 한일회담 과정을 통해 입증되었다.

미국은 덜레스를 대일강화조약 수석고문으로 임명한 후 일본과도 본격적인 협의를 시작했다. 덜레스는 1950년 6월, 1951년 1월과 4월 모두 세 차례 일본을 방문해 요시다 총리를 비롯한 각계각층의 인사들과 의견을 교환했다.

덜레스는 1951년 1월 두 번째 방일에서 미국은 대일강화조약을 승자와 패자 간의 조약이 아닌 우방 간의 조약으로 생각하고 있다는 점을 분명히 밝혔다. 그리고 일본의 예상보다 훨씬 관대한 미국의 대일강화 7원칙에 기초한 조약 구상 문서를 전달했다.[78] 대일강화 7원칙은 1950년 9월 14일 트루먼 미 대통령이 대일 강화를 촉구하는 성명을 발표한 데 이어, 덜레스가 극동위원회 구성 국가들과 교섭을 시작할 때 제시한 미국 측 제안이었다.

(1) 당사국은 일본과 전쟁을 한 나라 전체 또는 일부로 제안하고 또 합의된 것에 기초해 강화할 용의가 있다.

---

77) DRF Report, 1949. 12. 12, RG 59, General Records of the Department of State, Japanese Peace Treaty Files of John Foster Dulles, 1947~1952, Lot File 54D423 Japanese Peace Treaty, Box.7(이하 'RG 59, Lot File 54D423, Box. No'로 표기함).
78) 吉田茂, 앞의 책, 29쪽.

(2) 국제연합에 일본을 가입시키는 것을 고려한다.
(3) 영역에서 일본은 (a) 조선의 독립을 승인하고 (b) 연합국을 시정권자로 한 琉球 및 小笠原군도의 유엔 신탁통치에 동의하며, (c) 臺灣, 澎湖 諸島, 南樺太, 千島열도의 지위에 관한 연합국, 소련, 중국, 미국의 장래 결정을 수락한다. 조약이 효력을 발생한 후 1년 이내에 결정하지 않는 경우에는 유엔총회가 결정한다. 중국에서의 특수권익은 포기한다.
(4) 안전보장에 대해서는 조약은 유엔이 실효적 책임을 부담하는 것과 같은 만족할 만한 별도의 안전보장체제가 성립할 때까지 일본지역에 국제적 평화 및 안전을 유지하고자 일본의 시설과 미국 또는 아마 기타 군대와의 협력적 책임이 계속된다는 점을 고려한다.
(5) 정치와 통상 상의 협정에 대해서는 일본은 마약 및 漁獵에 관한 다수 국가 간 조약에 가입할 것에 동의한다. 戰前 2국 간 조약은 상호 합의에 의해 부활시킬 수 있다.
(6) 청구권은 모든 당사국은 1945년 9월 12일 이전 전쟁행위로 발생한 청구권을 포기한다. 다만 (a) 연합국이 일반적으로 그 지역 내에 일본인 재산을 보유한 경우 (b) 일본이 연합국 국민의 재산을 반환하고 또는 원상으로 반환할 수 없을 때 상실 가치의 협정된 비율을 보상하기 위한 자금을 제공할 경우를 제외한다.
(7) 분쟁에 대해서는 청구권 분쟁은 국제사법재판소 소장이 설치한 특별중립재판소에서 해결하며, 기타 분쟁은 외교적 해결 또는 국제사법재판소에 위임한다.[79]

위의 7원칙에는 일본은 한국의 독립을 승인한다고 되어 있다. 이후 일본이 대일평화조약 체결과정에서 미국을 상대로 한국의 요구를 수용하지 못

---

[79] 吉田武, 앞의 책, 34~35쪽.

하게 방해하면서 일차적으로 내건 원칙이 바로 이 조항이다. 일본은 한국을 합법적으로 병합했기 때문에 패전국 일본이 식민지 조선에 대해 할 수 있는 최대치는 '독립을 승인'하는 것이라고 주장하였다. 따라서 식민지 조선의 독립을 승인해준 것만으로 충분하기 때문에 한국의 과거사에 대한 반성과 청산 요구는 받아들일 수 없는 요구가 된다. 더구나 이 7원칙은 일본에 대한 배상포기정책을 명시하고 있다. 이 또한 한국에게는 대일배상을 요구할 근거를 원천적으로 봉쇄하는 내용이었다.

이 7원칙을 토대로 대일평화조약의 골자는 덜레스의 두 번째 일본 방문을 통해 거의 합의점이 도출되었다. 일본은 미국에게 최대한의 양보를 제공한 대가로 자국의 이익을 최대한으로 확보하려고 노력했다. 미국은 오키나와의 신탁통치와 미군의 일본 주둔 등을 확보한 대신 일본은 배상을 면제받고 급속한 재건과 부활을 추진할 수 있게 되었다. 덜레스는 일본 방문에 이어 아시아 태평양지역의 또 다른 연합국이었던 필리핀, 호주, 뉴질랜드를 방문하고 워싱턴으로 귀환했다. 그리고 '덜레스 초안'을 작성했다. 이것은 대일평화조약 초안 중 한국과 관련해 중요한 초안이다.

1951년 3월 23일 작성완료된 '대일강화조약 잠정초안(Provisional draft of the Japanese treaty)'은 미국정부의 첫 번째 공식 초안이자 관계국과 협의를 위한 제안용 초안이었다. 이 초안이 '덜레스 초안'으로 불리는 것으로 덜레스가 관련 국가들과의 잇단 협의과정을 통해 얻은 결론을 담고 있었다. 이 초안은 영토, 안전보장, 상업, 일본의 안전보장, 특수안전보장, 재산과 청구, 배상, 경제적 불능, 수역 등 총 9개 항으로 구성되었고 의견 청취를 위해 관계국에 배부되었다.[80] 관계국가에는 한국도 포함되어 있었다. 그러나 영국은 한국이 연합국이 아니라는 이유로 초안 교부에 반대했다. 한국은 일본이 합법적으로 점령한 지역이었다는 것이다. 미국은 정치적 이유로 한

---

80) Provisional draft of the Japanese treaty, 1951. 3. 23, *FRUS*, 1951, Vol. 6, part 1, pp. 944~950.

국에 배부하는 것이라고 설득한 끝에 영국의 동의를 얻어냈다.[81]

이 초안에는 독도 영유권 문제와 귀속재산 문제가 담겨 있었다. 2조에는 독도를 한국 영토로 명기하고 있었다. 또한 4조에는 在韓 일본재산은 미군정법령 제33호로 미군정청에 귀속되었고, 그것이 1948년 9월 11일 한미재정재산협정으로 한국에 양도되었기 때문에 이것은 청구권의 대상이 되지 않는다는 점을 명시했다. 그런데 한국은 잠정초안을 전달받고도 준비가 늦어져 우여곡절 끝에 5월 초에야 의견서를 제출했다. 이때는 이미 미국과 영국의 협의가 마무리되어 합동초안이 작성된 후였다.

한편, 1951년 4월 일본을 세 번째로 방문한 덜레스와 요시다와의 회담 자리에서는 한국과 관련해 중요한 두 가지 문제가 논의되었다. 한국이 대일평화조약 서명국으로 참가하는 문제와 재일조선인 추방문제였다. 덜레스는 미국은 한국을 조인국으로 참가시킬 의사가 있음을 표명하고 일본의 의견을 타진했다. 요시다는 즉각 반대의사를 강력히 표명했다. 한국은 교전국이 아니었기 때문에 연합국이 될 수 없다는 이유였다. 또한 만약 한국이 연합국의 지위를 부여받게 되면 다수가 공산주의자들인 재일조선인들이 터무니없이 재산, 배상 등에 관한 권리를 주장할 것이라는 이유로 반대하였다. 미국과 일본이 합의한 대로 한국에 대해서는 독립을 승인하는 것만으로 충분하며, 이후 한국이 안정되면 양국 간 조약체결을 통해 관계를 수립하는 게 최선이라고 강조하였다. 덜레스는 이러한 일본의 반대 입장에 동의하였다. 또한 그는 대부분 공산주의자인 재일조선인들이 조약의 재산상의 이득을 가져선 안 된다는 일본의 주장도 인지하고 있다고 말했다. 그는 이 문제를 일본 항복 당시 교전 중이었던 연합국으로 이득을 제한하는 방향으로 처리할 것임을 제안했다.[82] 대일강화에서 한국의 지위가 크게 흔들리는 순간이다. 그러나 아직은 대일강화조약에 대한 미국과 연합국의 합

---

81) Memorandum of Conversation, by the Second Secretary of the Embassy in the United Kingdom, 1951.3.21, FRUS, 1951, Vol. 6, part 1, p. 941.

의가 도출되지 않은 상태였고, 한국의 참가문제에 대해서도 미정상태였다. 따라서 덜레스는 미국 정부는 세계정세와 한국의 위신을 고려해야 한다는 점을 들어 평화조약 조인국으로 한국을 초대할 의사가 있다는 점을 암시했다. 그러나 일본이 계속 반대한다면 이 문제를 신중히 연구해 처리할 것이라고 덧붙여 일본을 안심시켰다. 회담 당일 오후 일본은 입장을 바꿔 재일조선인이 연합국민의 지위를 갖지 않는다는 것을 보장하면 한국이 서명국으로 참가하는 것을 반대하지 않겠다는 뜻을 전했다.[83]

덜레스와 요시다 회담은 두 가지 점에서 중요하다. 하나는 이때까지도 미국은 한국을 조약서명국으로 참가시킬 생각이었다는 점이다. 다른 하나는 일본이 재일조선인 처리문제에 얼마나 고심하고 있었는지를 여실히 보여준다는 점이다. 결국 미국은 일본과 영국의 반대의견을 수용해 한국을 조약 서명국으로 참가시키지 않기로 결정했다. 덜레스와 요시다 회담에서 보듯 패전국 일본은 미국과의 충분한 협의를 통해 자국의 이해관계를 관철하는 반면 한국의 이해관계는 철저하게 가로막았다. 이것은 독자적으로 대일강화조약 초안을 작성한 영국의 초안이 회람되어 협의가 이뤄지는 과정을 통해서도 드러났다.

덜레스가 세 번째 일본을 방문 중이던 때에 1951년 4월 7일자 영국 초안이 미국에 전달되었고, 동경에도 전달되었다. 덜레스와 요시다 총리, 이구치 사다오(井口貞夫) 외무차관 등은 시볼드 사무실에서 장시간 검토에 들어갔다.[84] 일본은 영국 초안이 미국 초안보다 기술적으로 엄밀하고 포괄적이라며 노골적으로 반발했다.

영국도 1947년 이래 미국과 보조를 맞춰 대일평화조약 조기 체결을 구상하기 시작했다. 영국은 미국과는 별개로 3차례의 영연방회의를 거쳐 독자

---

82) Korea and the Peace Treaty, 1951. 4. 23; Memorandum of Conversation, 1951 4. 24, RG 59, Lot File 54D423, Box. 7.
83) Unsigned Japanese Government Memorandum, 1951. 4. 23, FRUS, Vol. 6, part 1, p. 1011.
84) 시볼드, 앞의 책, 231쪽.

초안을 작성했다. 영국 초안에서 주목할 것은 영토 조항이다. 독도가 한국 영토임을 명확하게 규정하고 있기 때문이다. 1951년 2월 28일 완성된 1차 영국 초안은 매우 개략적인 초안으로 일본의 전쟁 책임을 명확히 규정하고 있었다. 그러나 1차 초안에서는 독도, 심지어 울릉도와 제주도까지 일본 영토로 포함되었다. 3월에 작성된 2차 초안에는 이 같은 오류를 수정해 제주도, 울릉도, 독도가 일본 영토에서 배제된다는 점을 명시하였다. 영국의 공식 최종 초안은 4월 7일 완성되었고, 이 초안에서 영국은 16개국을 연합국으로 명시했지만 한국은 배제했다. 그리고 영토조항에는 독도를 한국 영토로 명시한 지도가 첨부되었다.[85]

일본은 영국 초안이 일본 영토를 명확히 선으로 표시함으로써 울타리를 친 듯한 인상을 주어 심리적으로 압박하고 있다고 반발했다. 특히 시볼드는 영국 초안이 '비징벌적(non punitive) 조약'으로 구상되고 있던 대일평화조약 전체 개념을 파괴하고 있다고 비난하면서 일본의 입장을 거들었다.[86] 이때까지 미국과 영국 양국 초안은 모두 독도를 한국 영토로 명시하고 있었다. 그러나 일본은 독도 조항만을 지목해서 문제 삼지 않았지만 한국의 이해관계가 반영된 조항을 모두 반대함으로써 한국에 대한 인식을 노골적으로 드러냈다.

그 뒤 각각 초안을 작성했던 미국과 영국은 워싱턴에서 합동회의를 개최하여 초안 검토에 들어갔다. 이 자리에서 양국은 중국의 대표성 문제를 놓고 의견이 대립하였다. 영국은 중공을 승인한 반면 미국은 대만을 인정하고 강화회의에 참가시킬 계획이었다. 그리고 영국은 한국이 조약 서명국으로 참가하는 데 반대하였다. 양국의 초안은 최종적으로 1951년 5월 3일자 합동 초안으로 통합되었다. 양국은 기본적으로 대일평화조약은 '가혹한 조

---

85) 정병준, 2005a,「영국 외무성의 對日평화조약 草案·부속지도의 성립(1951, 3)과 한국 독도 영유권의 재확인」,『한국독립운동사연구』24집, 142~150쪽.
86) 정병준, 2005「윌리엄 시볼드(William J. Sebald)와 '독도분쟁'의 시발」,『역사비평』여름호, 158쪽.

약이 아니고 주권국으로서 일본의 부활을 위한 '관대한 조약'이 되어야 한다는 데 합의하였다.[87] 이 초안은 공식적으로는 관련 국가들에 열람되지 않았다.[88]

미・영 합동초안에서 가장 눈에 띄는 것은 영국이 한국의 연합국 자격 부여에 반대했다는 점이다. 한국은 교전국이 아니었기 때문에 연합국이 될 수 없다는 이유였다. 영국은 한국을 조약 서명국으로 참가시키면 소련에게 평화조약 체결을 방해할 기회를 줄 것으로 생각했다.[89] 이에 따라 미국은 영국과 일본의 반대의견을 받아들여 한국을 서명국으로 참가시키지 않기로 결정했다. 다만, 영국이 제안한 것처럼 조약상의 특정권리를 한국에 부여하도록 조약문을 작성하는 쪽으로 방침을 정했다.[90] 이제 한국이 강화회의에 서명국으로 참가할 수 없다는 것은 분명해졌다.

덜레스는 강화조약 초안에 대한 관련 국가들의 의견서를 제출받아 취합하고, 최종적으로 미국과 영국 간의 이견을 조율하고자 1951년 6월 2일 런던을 방문했다. 양국은 대만문제에 대해 일본은 조약에 따라 대만에 대한 주권을 포기하되 최종적인 소속은 언급하지 않기로 합의하였다. 또한 중국의 대표성 문제는 일본이 결정하도록 하자는 데 합의했다. 그 결과 1951년 7월 3일 미・영 합동초안이 완성되었다. 이 초안은 7월 9일 일본과 교전국이었던 2개의 중국을 제외한 관련 13개국에 보내졌다. 그 후 약간의 수정을 거쳐 최종초안이 마련되었고 1951년 8월 16일 최종초안이 발표되었다. 그

---

87) 『동아일보』 1951. 6. 6.
88) Joint United States-United Kingdom Draft Peace Treaty, 1951.5.3, *FRUS*, Vol. 6, part 1, p. 1025.
89) 정성화, 1990 『샌프란시스코 평화조약과 한국・미국・일본의 외교정책의 고찰』『인문과학논총』 Vol 7, 156쪽. 한편, 당시 對日 교전국들은 중국의 대표성 문제를 놓고 서로 다른 입장을 가지고 있었다. 영국을 비롯해 소련, 버마, 실론, 인도, 인도네시아, 네덜란드, 파키스탄 등 8개국은 중공을 외교적으로 승인한 상태였다. 반면 미국, 호주, 캐나다, 프랑스, 뉴질랜드, 필리핀 등 6개국은 국민당정부를 승인하였고, 이 중 미국과 필리핀은 국민당정부가 대일강화회의에 참가해야 한다고 주장하고 있었다.
90) Memorandum by Deputy to the Consultant(Allison) to the Consultant to the Secretary (Dulles), 1951. 5. 16, *FRUS*, Vol 6, part 1, p. 1041; Japanese Peace Treaty : Working Draft and Commentary Prepared in the Department of State, 1951. 6. 1, *FRUS*, Vol. 6, part 1, pp.1068~1069.

내용은 7월 초안과 실질적으로 같았으며, 일부 주권과 배상에 관한 조항이 수정되었고 소련에 억류 중인 일본인 포로에 대한 규정이 신설되었다.[91]

초안을 검토한 관련 국가 사이에는 이견이 속출했다. 배상문제와 관련해 네덜란드, 필리핀, 인도네시아, 버마는 배상을 요구했지만, 호주와 스리랑카는 배상을 요구하지 않겠다는 뜻을 표명했다. 특히 인도는 미군의 일본 주둔에 반대했고, 영토문제에 대해서도 류우큐우(琉球)와 오가사와라(小笠原) 등의 신탁통치에 반대하며 일본에 반환할 것을 요구했다. 사할린(樺太)과 쿠릴(千島)열도의 소련 영유는 인정했다.[92]

그러나 최종초안은 한국의 요구사항은 대부분 수용하지 않았다. 한국이 요구한 한국 내 일본국 또는 일본인 재산의 포기, 일본 내 한국 및 한국인 재산은 연합국과 동등한 입장에서 처리, 새로운 어업협정 체결 시까지 맥아더라인(MacArthur Line) 존속 등 3개 항목 중 귀속재산에 관한 문제만이 명문화되었을 뿐이다.

2) 한국의 대일강화회의 참가 자격 논쟁과 좌절

한국이 대일평화조약과 관련해 가장 관심과 노력을 기울인 부분은 연합국의 자격을 획득해 조약 서명국이 되는 것과 배상문제였다. 한국이 연합국이 되어 대일평화조약에 참가하게 되면 일본과의 과거사 문제 해결에서 우위를 점할 수 있었다. 즉, 청구권 문제와 영토문제, 재일조선인 법적지위 보장 문제에서 한국이 주도권을 가질 수 있고, 일본의 재무장에 대한 우려를 불식시킴으로써 관계 재설정의 기반을 조성할 수 있게 되기 때문이다.

한국이 공식적으로 대일강화회의에 참가 요청을 한 것은 1951년 1월이다. 1월 4일 장면(張勉) 駐美대사는 대일평화조약 협상과정 참가와 서명국

---
91) 『경향신문』 1951. 8. 17; 『서울신문』 1951. 8. 18.
92) 『부산일보』 1951. 8. 24.

이 될 수 있게 해달라는 한국정부의 각서를 미 국무부에 전달했다. 2차 세계대전 당시 대한민국임시정부가 대일전을 수행했고, 현재 한국정부는 합법적으로 수립된 정부로 일본 침략으로 고통받은 한국이 참가하지 않고는 평화조약은 완성될 수 없다는 것이 이유였다.[93] 이어 장면 대사는 1월 20일 만약 대일평화조약에 한국 참가가 적절하지 않다면 협상 국가들의 양해속에 한국과 일본이 과거와 현재의 문제들을 협의하고 국교를 재개한다는 입장에서 일본과 단독 평화조약을 체결할 수 있도록 해줄 것을 제안하였다.[94] 이에 대해 이승만은 장면이 한국의 참가를 미국에 '애원'했다며 강력히 비판했다. 한국은 대일평화조약에 참가할 자격이 있기 때문에 적절한 자리를 애원해서는 안 된다는 것이다. 당시 장면의 단독강화조약 체결 제안이 한국이 조약 서명국이 되지 못할 것이라는 점을 예측하였기 때문인지 알 수 없으나 당시 한국정부의 정책 방향과 달랐다는 점은 분명하다. 더구나 이때 미국은 한국을 서명국으로 참가시킬 방침이었다는 점에서 장면의 타협적 제안은 이해하기 어려운 측면이 있다.

1951년 1월 26일 장면은 덜레스를 방문해 이승만의 방한 요청서를 전달하면서 다시 한번 한국이 조약 서명국이 되어야 하는 정당성을 강조했다. 그러나 이 자리에서 덜레스는 이승만의 방한 요청을 거절하는 대신 미국은 한국의 참가자격을 인정하고 있다고 답했다.[95] 대일강화회의에 한국을 참가시킬 방침임을 공식적으로 확인해준 것이다. 따라서 한국은 대일강화회의 참가를 확신했다.

한국은 대일평화조약 초안 중 1951년 3월 잠정초안과 7월 초안을 주미대사관을 통해 전달받았다. 그러나 실제로 의견서를 제대로 제출한 것은 7월 초안에 대한 것이 유일했다.

---

93) John M. Chang to Dulles. 1951. 1. 4, RG 59, Lot 54D423, Box. 8.
94) John M. Chang to Secretary of State, 1951. 1. 20, RG 59, Lot 54D423, Box. 8.
95) Memorandum of Conversation, 1951. 1. 26, RG 59, Lot 54D423, Box. 7.

앞서 살펴본 대로 미국은 1951년 3월 대일평화조약 잠정초안을 작성해 관계국에 배포하였다. 그런데 이 잠정초안의 전달을 둘러싸고 한국의 관련자들의 기억은 서로 다르다. 당시 외무부 정무국장이었던 김동조(金東祚)와 주미한국대사관 1등 서기관 한표욱(韓豹頊)은 주미대사관은 초안을 전달받은 즉시 이승만에게 보냈다고 회고한다.[96] 반면 법무부 법무국장이었던 홍진기와 대일관계를 담당하고 있었던 유진오(兪鎭午)는 실무진의 실수로 제때 보고받지 못했다고 한다.[97] 그러나 초안은 3월 27일 한국에 배부되었고, 이승만에게 즉각 전달되었다. 다만, 이에 대한 대처가 늦어진 것이 문제였다.

한국의 대처가 늦어진 것은 우선 이승만이 귀속재산에 관해 문제를 제기하는 것에 반대했기 때문이다. 이승만은 귀속재산 문제는 맥아더가 한국을 방문했을 당시 미군정청이 한국에 이양한 귀속재산 처리는 정당하다는 방침을 재차 확인해주었기 때문에 귀속재산 문제는 제기할 필요가 없다고 생각하고 있었다.[98] 결국, 잠정초안과 주미대사관의 보고내용을 전달받은 외무부가 대책을 세운 것은 4월 16일경이었다. 초안이 한국에 전달된 지 약 2주일 후였다. 외무부는 대일강화회의준비위원회를 조직하고 구체적인 대응방안 마련에 들어갔다.

'대일강화회의준비위원회', 일명 '외교위원회'는 장면 총리, 조병옥(趙炳玉) 내무부장관, 김준연(金俊淵) 법무부장관, 최두선(崔斗善), 홍진기, 유진오 등을 위원으로 하여 구성되었다. 위원회는 수차례 토의를 거쳐 크게 5개항의 요구사항을 도출했다. 대일강화회의에 한국 참가와 서명문제, 귀속재

---

96) 김동조, 1986 『回想 30年 韓日會談』, 중앙일보사, 10~11쪽; 한표욱, 1996 『이승만과 한미외교』, 중앙일보사, 260~261쪽.
97) 유민 홍진기 전기간행위원회, 앞의 책, 51~52쪽; 유진오, 앞의 책, 17~19쪽. 홍진기는 신문을 통해 미국이 잠정초안을 전달했다는 소식을 알게 되었다고 한다. 홍진기와 유진오는 수소문해 보니 이 초안을 전달받은 실무자가 2주일에를 책상 서랍에 넣어둔 채 보고하는 것을 잊고 있었다고 기억한다. 결국 장면 총리의 도움으로 초안을 찾았지만 때늦은 감이 있었다고 한다.
98) 유진오, 앞의 책, 20쪽. 유진오는 이승만을 설득하기 위해 동아일보 사장 최두선을 무초 주한 미대사에게 보냈고, 무초 대사가 이승만을 설득했다고 한다.

산과 대일청구권 문제, 어업문제, 통상문제, 재일조선인 문제 등이었다.[99]

한국이 잠정초안을 검토하여 요구사항을 미 국무부에 전달한 것은 5월 초였다.[100] 그러나 한국이 의견을 제출한 이때는 이미 미국이 영국과 일본의 반대를 받아들여 한국을 서명국으로 참가시키겠다는 방침을 바꿔 불참 쪽으로 생각을 바꾼 때였다. 한국의 대응은 일본의 신속한 대응과는 큰 차이가 있었다.

일본은 시볼드를 통해 3월 27일 잠정초안을 전달받았다. 시볼드는 요시다에게 초안을 건네주면서 극비문서이므로 사전에 일본이 알고 있었다는 것이 알려지면 큰 피해를 볼 것이라고 경고했다. 그런데 4월 7일 조약 초안이 일본의 각 신문에 게재되어 시볼드는 워싱턴으로부터 '누설'에 대한 책임 추궁을 당하였다.[101] 일본은 패전국이기 때문에 승전국의 강화조약 초안을 미리 전달받고 의견을 피력한다는 것은 이치에 닿지 않는 일이었다. 그럼에도, 일본은 4월 4일 잠정초안에 대한 '우리 측의 의견서'를 시볼드에게 전달하였다.

한국이 대일강화조약 문제에 마지막으로 총력을 기울인 때는 1951년 7월 3일자 초안을 전달받은 후였다. 이 초안은 즉각 한국에 전달되지 않고 7월 9일 양유찬(梁裕燦) 주미대사가 덜레스를 방문했을 때 교부됐다. 이 자리에서 덜레스는 한국은 평화조약에 서명할 수 없다는 사실을 정식으로 통보했다. 그리고 대마도 귀속문제는 오랫동안 일본이 전적으로 통치해왔다는 사실을 지적하면서 한국의 귀속 주장을 일축했다. 맥아더선의 존속문제는 조약문에 포함되지 않았으며, 다만 어업문제는 일본과 양국 또는 다국 간 협상을 하도록 하는 조항을 넣었다고 덧붙였다.[102] 이로써 한국이 3월 잠정초안을 검토한 후 뒤늦게 제출한 대부분의 요구사항은 기각된 셈이었

---

99) 유진오, 앞의 책, 21~22쪽.
100) Comments on Korean Note Regarding U. S. Treaty Draft, 1951. 5. 9, RG 59, Lot 54D423, Box. 8.
101) 시볼드, 앞의 책, 229~230쪽.
102) Memorandum of Conversation, 1951. 7. 9, RG 59, Lot File 54D423, Box. 8.

다. 그러나 귀속재산 문제도 한일 양국 간 직접협상에 위임함으로써 한국의 반발을 불렀다. 어쨌든 이 같은 내용을 담은 7월 초안을 전달받고 한국정부는 본격적인 검토작업에 들어갔다.

1951년 7월 16일 변영태(卞榮泰) 외무장관은 기자회견을 통해 귀속재산 문제를 한일 양국 간 직접협상에 위임한다는 내용은 위험하고 애매한 조문이라며 초안에 대해 강도 높게 비판했다. 또한 일본 재무장 문제에 대해서도 한국을 비롯해 아시아 국가들은 의구심이 들고 있다고 지적했다.[103] 그리고 정부에서는 귀속재산 문제, 대마도 문제, 맥아더선 문제 해결을 위해 유진오와 임송본(林松本)을 각각 법률고문, 경제고문으로 임명하여 주일대표부에 파견하였다. 이들의 임무는 주일대표부를 도와 연합국최고사령부와 협의를 진행하는 것이었다.

한국은 7월 초안에 대해 여러 경로의 토의와 협의를 거쳐 5개 항의 요구사항을 작성하였다. 1951년 7월 19일 양유찬 주미대사는 덜레스를 방문해 5개 항의 요구를 전달했다.

첫째, 한국을 대일전에 참가한 교전국으로 인정할 것

둘째, 일본은 한국에 대하여 정부 소유, 개인 소유를 불문하고 모든 재산 요구권을 포기할 것

셋째, 한국을 대일강화조약의 조인국으로 할 것

넷째, 한국과 일본 간 어획수역을 명백히 결정할 것

다섯째, 일본은 대마도, 파랑도 및 독도에 대한 요구권을 포기할 것. 이상 3島는 露日戰爭 중 일본이 한국을 점령하기 전에는 한국 소유였음[104]

---

103) 『민주신보』 1951. 7. 23.
104) Memorandum of Conversation, 1951. 7. 19, RG 59, Lot 54D423, Box. 8.

그러나 미국은 한국의 요구안을 받아들이지 않았다. 덜레스는 한국의 5개 항 요구 중 첫 번째 항에 대해서는 한국은 일본과의 교전국이 아니었을 뿐 아니라 실제로는 제2차대전 당시 중요한 일부분으로 일본의 군사력에 공헌했다는 점을 지적했다. 두 번째 항은 조약문 4조 (b)항으로 귀속재산의 한국 양도가 정당하다는 내용으로 수용하였고, 세 번째 항도 역시 첫번째 항과 같은 이유로 거부하였다. 다만, 미국이 한국의 제반 이익을 충분히 대변할 것이기 때문에 걱정할 필요는 없다고 덧붙였다. 네 번째 항 어업문제와 관련해서는 맥아더선은 철폐될 것이며, 일본은 관계국가들과 어업협정을 체결하도록 규정하고 있다고 답변했다. 마지막 항의 대마도는 일본 영토이기 때문에 한국의 영유권 주장은 부당하며, 독도와 파랑도에 대해서는 조사를 약속했다. 오히려 덜레스는 전날 발표한 양유찬 대사의 강경한 성명에 놀랍고 당혹스럽다는 반응을 보였다.

덜레스가 비판한 양유찬 주미대사가 7월 18일 발표한 성명은 그동안 한국의 반응 중 가장 격렬하고 강경한 것이었다. 그는 이 성명에서 한국의 조인국 참가를 강력히 주장하면서 일본을 비난했다.

우리보고 일본과 단독적인 조약을 체결하라고 말하고 있으나, 지금 현재에 있어서도 일본인들은 우리의 어구를 항상 침범하고 있다. 또 재일 한국동포에 대한 그들의 대우는 지극히 불공평하니 이것은 그들의 패전과 한국 상실에서 나오는 우울의 폭발이라 하겠다.

서양의 기억은 매우 짧은 대신 한국인의 일본인에 대한 기억은 참으로 길다. 우리는 일본인에게 차려진 愛餐이 결국은 코브라를 달래려던 사람의 운명처럼 서구인에게 재현되지 않기를 진심으로 바라고 기도한다.[106]

---

105) Memorandum of Conversation, 1951. 7. 19, RG 59, Lot 54D423, Box. 8.
106) 「양유찬 주미대사의 성명내용」, 1951. 7. 18, RG 59, Lot 54D423, Box. 8.

양유찬은 일본이 패전의 충격에서 헤어나지 못한 채 그 불만을 재일조선인들에 대한 차별로 쏟아내고 있다고 비난했다. 그리고 결국 미국의 적극적인 일본 지원 정책은 부메랑이 되어 미국의 덜미를 잡게 될지도 모른다고 경고했다. 침략의 역사에 대한 일본의 철저한 반성을 촉구하는 대신 미국이 나서서 이를 막아주고, 오히려 정치·경제·군사적으로 일본을 부활시킴으로써 '제국'의 야망을 미처 버리지 못한 일본이 장차 새로운 근심거리가 될 것이라는 예견이었다. 이에 대해 덜레스는 이런 성명은 문제해결을 어렵게 만들 뿐 도움이 되지 않는다고 비판하였다. 또한 한국의 재일조선인 차별정책에 대한 항의도 이들이 공산주의자들로 사회혼란을 부채질한다는 일본정부 입장을 되풀이하면서 무시하였다. 그러나 덜레스는 위안의 말 한마디를 잊지 않았다. 미국은 한국에 관심이 없거나, 공감하지 않거나, 무시하지 않는다는 것이었다.[107]

1951년 7월 대일평화조약 초안에 대한 양유찬 주미대사와 덜레스 고문 간의 회담은 대단히 중요하다. 이 회담에서 한국은 기대하고 있었던 요구사항이 대부분 기각되었음을 공식적으로 통보받았다. 그리고 영토문제에 대한 한국의 미숙한 대응은 한일 간 독도문제에 대한 불씨를 낳았다.

이 회담에서 한국은 대마도 영유권 주장을 스스로 철회했다. 덜레스는 회담 석상에서 한국이 귀속을 주장하는 독도와 파랑도의 위치와 이 섬들이 일본과의 합방 이전에는 한국의 소유였는지를 질문했다. 이 자리에 배석한 주미한국대사관의 한표욱은 두 섬은 울릉도 부근에 있는 것으로 알고 있으며 한일합방 이전에는 한국의 영토였다고 답변했다.

한국은 애초 대마도, 독도, 파랑도를 한국 영토로 주장하고, 평화조약에 적시해 줄 것을 요구했다. 그런데 대마도는 한국정부 스스로 그 요구를 철회하였고, 독도와 파랑도의 경우에는 정확한 위치조차 알지 못하는 상태였

---

[107] 『서울신문』 1951. 7. 21.

다. 그 후 미 국무부에서 독도와 파랑도의 위치를 확인하고자 주미한국대사관에 전화를 걸었을 때조차 대사관은 두 섬의 위치와 실재 여부를 정확히 모르고 있었다.

한편 7월 초안에 대한 비판여론은 정부와 정치권·민간을 가리지 않고 제기되었다. 1951년 7월 19일 국회는 대일평화조약 문제에 대처할 외교사절단 파견에 관한 긴급동의안을 가결했다. 조약 4조의 귀속재산 문제를 한일 양국의 직접협상으로 위임한다는 조항은 한국의 경제적 민주성을 말살할 우려가 있으므로 적극적으로 대처해야 한다는 것이 이유였다. 당시 귀속재산은 한국 전체 재산의 85% 이상을 웃도는 것으로 추정되고 있었다. 또한 이 조항은 카이로선언과 포츠담선언에 위배될 뿐 아니라, 미군정청의 합법성도 부인하는 결과를 가져온다고 비판하였다. 따라서 사안의 중대성에 비추어 귀속재산 문제가 이미 결정된 사안이라는 단서라도 달 수 있도록 외교사절단을 파견해 활동시켜야 한다고 촉구했다.[108]

1951년 7월 30일에는 애국단체대표자협의회가 '대일강화조약 초안 수정 국민 총궐기대회'를 개최하였다. 대회에서는 재한일본재산권 포기, 재일한국재산권의 양도, 강화조약에 참가 등을 결의하였다.[109] 민주국민당은 평화조약의 귀속재산문제 조항은 한국의 권익을 등한시한 것으로 이는 미국과 영국이 책임져야 하는 문제라고 비판하였다.[110] 대한국민당도 귀속재산 문제는 한국 측만 인정되는 문구로 수정되어야 한다는 성명을 발표하였다.[111] 이렇듯 한국 내 여론은 특히 귀속재산 문제를 둘러싸고 들끓었다.

1951년 8월 1일 변영태 외무부장관은 기자회견을 통해 다음과 같은 견해를 밝혔다.

---

108) 『제1대 11회 29차 국회본회의 회의록』, 1951. 7. 19.
109) 『동아일보』 1951. 7. 31; 『민주신보』 1951. 8. 1.
110) 『경향신문』 1951. 7. 21.
111) 『민주신보』 1951. 7. 23.

대일강화조약 초안에 있어서 한국의 입장은 불리한 것이 아니다. 우리로서는 제2조 및 제4조에다 대략 다음과 같은 조문 삽입을 요구할 것이다. 즉 제2조에 있어 한국의 독립을 승인함과 동시에 제주도 · 울릉도 · 거문도 · 독도 등을 포함한 대일합병 당시 한국 소유의 영토를 1945년 8월 9일부터 放棄할 것과 제4조에 있어 일본은 1945년 8월 9일 후 한국에 있는 法人을 포함한 일본과 및 일본 국민의 재산과 한국인에 대한 모든 청구권을 방기할 것 등이다. 그리고 대마도에 있어서는 만일 한국 소유 영토로서 귀착된다면 수락하겠지만 그렇지 않는 경우에는 유엔 託治로서 비무장지대로 규정하기를 요구할 것이다. 그리고 영토문제와 아울러 대두되는 맥라인 문제는 연합국최고사령부 측에서 앞으로 어떠한 새로운 협정을 세워주지 않는 한 우리로서는 현 맥라인을 존속시키지 않으면 안될 것이다.[112]

그리고 이 같은 내용을 미국에 전달했다. 이미 양유찬 주미대사와 덜레스 고문의 회담에서 수정요구안이 거절된 상태였지만, 양유찬은 재차 수정요구안을 국무부에 전달했다. 양유찬은 8월 2일자로, 첫째 4조 일본은 1945년 8월 9일 이전 재한일본인 소유 재산과 요구를 포기, 둘째 9조 맥아더라인은 협정이 체결될 때까지 유지될 것, 셋째 21조 한국은 2조, 9조, 12조, 15조 a항의 이해를 향유한다는 내용을 평화조약 조항에 삽입 또는 수정해달라고 요청했다.[113]

그러나 미국은 1951년 8월 3일 대일평화조약 최종초안을 완성했고, 공표만을 앞두고 있었다. 공표에 앞서 러스크(Dean Rusk) 미 극동담당 국무차관보는 8월 10일 주미대사에게 회신을 보냈다. 그 내용을 요약하면 다음과 같다.

첫째, 다케시마, 리앙쿠르암(巖)으로 알려진 독도는 우리 정보에 따르면 1905

---

112) 『민주신보』 1951. 8. 3(석간).
113) You Chan Yang to Dean Acheson, 1951. 8. 2, RG 59. Lot 54D423, Box. 8.

년 이래 일본 시마네현 오키섬 관할이었고, 한국은 이의를 제기한 적이 없다.

둘째, 4조는 한국정부가 잘못 이해했으며, 4조 (b)항에 한국 요구가 반영되었다.

셋째, 9조 맥아더선 존속 요청은 여러 나라와 유사한 이해관계가 얽혀있기 때문에 수용할 수 없다.

넷째, 15조 a항에 대한 요청은 한국 국적의 재일조선인 재산은 戰時 동안 일본이 몰수하거나 침해하지 않았기 때문에 반환을 요구할 수 없다.[114]

한국이 대일평화조약 초안에서 수정을 요구한 사항은 세 가지로 압축할 수 있다. 첫째 일본은 한국 내의 前 일본 및 일본인의 재산에 대한 요구를 포기할 것, 둘째 일본에 있는 한국 및 한국인의 재산은 일본에 있는 연합국 및 연합국민의 재산과 같이 반환할 것, 셋째 새로운 어업협정이 체결될 때까지는 맥아더선은 존속시킬 것 등이었다. 이에 대해 미국은 첫 번째 요구는 조약문 4조에 명문화시키고, 두 번째 요구는 기각했고, 세번째 요구는 조약 체결 후 한일 양국 간의 협정에 의해 해결하도록 하였다.

러스크의 각서는 단지 대일평화조약에 대한 한국의 요구를 기각하는 수준에서 끝나지 않고 이후 한일관계의 기본 입장으로 사용된다는 점에서 중요하다. 특히 여기서 주목할 것은 미국이 1905년 일본이 불법으로 병합한 독도문제를 언급하고 있는 점이다. 미국은 역사적 사실관계나 실질적 점유상태가 아닌 그때 당시의 제국주의논리를 그대로 수용하고 있다. 또한 미국은 한일 간 어업분쟁이 발생했을 때 이 문서에 근거해 일본의 입장을 지지하였다.

이 문서와 더불어 이후 한일관계에서 가장 중요한 또 하나의 문서는 귀속재산 문제에 대해 1952년 4월 29일 미국이 한국정부에 전달한 문서이다. 이 문서는 한국과 일본이 평화조약 4조 (b)항 귀속재산 처리문제의 정당성

---

114) Dean Rusk to Yu Chan Yang, 1951. 8. 10, RG 59. Lot 54D423, Box. 8.

과 합법성 문제로 대립하면서, 한국이 유권해석을 요청한 데 따른 것이었다. 그 내용은 미 군정청이 한국정부에 귀속재산을 이양한 것은 정당하다는 점, 그러나 청구권 문제는 한일 간 협의를 통해서 해결해야 한다는 것이었다. 한국은 전자에, 일본은 후자에 중점을 둠으로써 오히려 한일 간 청구권 문제에 불씨를 제공하게 되었다.

그런데 러스크의 회신내용이 알려지자 한국의 여론은 반전되었다. 비록 맥아더선 존속이 명문화되지는 않았지만 연합국최고사령부가 정한 선이니 효력을 상실할 우려가 없고 결과적으로 한국의 위신도 서게 되었다는 것이다.[115] 대한국민당은 외교의 성공이라고 자평하는가 하면, 국민회는 미국 측에 감사한다는 등의 의견을 표명하기도 했다.[116] 이처럼 한국은 7월 3일자 초안에 대한 수정요구가 미국의 부분적 수락을 통해 만족할 만한 결과를 얻었다고 '자평'하는 분위기였다. 그러나 결과적으로 귀속재산문제를 제외하고 한국의 요구는 모두 기각되었다. 독도 영유권에 대해 명확한 규정을 삽입하지 못했고, 재일조선인의 법적지위 문제와 어업문제도 해결의 실마리를 마련하지 못했기 때문이다.

마침내 대일평화조약 최종안이 한국시각으로 8월 16일 오전 7시에 워싱턴과 런던에서 일제히 공표되었다. 이 최종초안은 7월 초안과 크게 다르지 않았다. 변영태 외무장관은 8월 17일 국회 본회의에 출석해 귀속재산 문제를 규정한 4조가 수정되었고, 몇몇 조항이 한국에도 적용되는 것으로 개정되었다는 내용을 주미대사로부터 통지받았다고 보고했다.[117]

한국이 대일평화조약 체결과정에서 요구한 내용을 정리해 보면 다음과 같다.

---

115) 『민주신보』 1951. 8. 19, 8. 27. 그러나 이미 맥아더사령부 천연자원국 수산부장 해링턴은, 맥아더라인은 연합국최고사령부의 존속과 그 생명을 같이할 것이며 연합국최고사령부의 임무가 끝나면 자연히 소멸될 것이라 말했다. 그리고 대일강화조약이 체결되면 미일 간 어업협정이 체결되어 그 때 한국문제가 응당 고려될 것이라고 언명한 바 있었다(『경향신문』 1950. 2. 28).
116) 『부산일보』 1951. 8. 24.
117) 『민주신보』 1951. 8. 19.

표 2-1 대일평화조약안에 대한 한국의 요구사항

조약초안	요구주체	요구 내용	미국의 회신내용
1951년 3월 잠정초안	한국정부 (양유찬 주미대사)	(1) 한국은 연합국으로 명시되어야 한다. (2) 한국은 폴란드의 경우처럼 조약에 서명하도록 허용되어야 한다. (3) 일본의 유엔가입은 한국의 경우와 연계되어야 한다. (4) 재일조선인은 연합국민의 지위를 부여받아야 한다. (5) [번호누락] (6) 한국은 태평양방위동맹에 포함되어야 한다. (7) 한일간 맥아더(어업)라인은 조약에서 보장되어야 한다. (8) 재한일본인 재산의 몰수를 허용해야 한다. (9) 한국은 재일조선인 재산반환에 대해 연합국과 동등한 권리를 가져야 한다. (10) 한국은 국제사법재판소에 참가를 희망한다.	
	대일강화회의 준비위원회 (외무부)	① 샌프란시스코 강화회의에 한국 참가·서명 ② 귀속재산과 대일청구권 문제 ③ 어업문제 ④ 통상문제 ⑤ 재일조선인 문제	
1951년 7월 초안	한국정부 (1951. 7. 19)	① 한국을 대일전에 참가한 교전국으로 인정할 것 ② 일본은 한국에 대하여 정부 소유, 개인 소유를 불문하고 모든 재산요구권을 포기할 것 ③ 한국을 대일평화조약의 조인국으로 할 것 ④ 한국과 일본간 어획수역을 명백히 결정할 것 ⑤ 일본은 대마도, 파랑도 및 일본해 내의 독도에 대한 요구권을 포기 할 것. 이상 3도는 露日전쟁 중 일본이 한국을 점령하기 전에는 한국 소유였음	〈양유찬 주미대사와 덜레스 고문의 회담〉(1951. 7. 19) ① 한국은 2차대전 시 일본과 교전상태가 아니었음. ② 한국은 실제로 2차대전 시 일본의 肝要한 부분, 일본군 사력에 공헌 ③ 미국은 한국의 독립과 제 이익을 충분히 대표
	대일강화조약 초안수정국민 총궐기대회 결의 (1951. 7. 30)	① 1945년 8월 9일 현재 한국내 일본 및 일본인 재산 일절 포기 ② 재일 한국 및 한국인의 재산은 연합국에 준해 반환 ③ 대일강화회의에 한국 참가 ④ 대일강화조약 체결 시 한국의 역사적 사실과 신생국의 육성 발전에 특별 고려	
	변영태 외무장관	① 2조 : 한국 독립 승인, 제주도, 울릉도, 거문도, 독도 포기	〈러스크 극동담당 국무차관보 회신내용〉(1951. 8. 10)

II. 정부 수립 후 對日정책(1948~1951) : 對日강화회의 참가문제

조약초안	요구주체	요구 내용	미국의 회신내용
1951년 7월 초안	기자회견 (1951. 8. 1)	② 4조 : 1945년 8월 9일 이후 재한 일본 재산요구권 포기 ③ 대마도, 한국 영토 귀속과 불가시 유엔 탁치로서 비무장지대로 규정 ④ 신어업협정 체결 시까지 맥아더선 존속	① 다케시마, 리앙쿠르암(巖)으로 알려진 독도는 우리 정보에 따르면 1905년 이래 일본 시마네현 오키섬 관할이었고, 한국은 이의를 제기한 적이 없다. ② 4조는 한국정부가 잘못 이해했으며, 4조 b항에 한국 요구가 반영되었다. ③ 9조 맥아더선 존속 요청은 많은 국가들의 유사한 이해관계가 얽혀있기 때문에 수용할 수 없다. ④ 15조 a항에 대한 요청은 한국 국적의 재일조선인 재산은 戰時 동안 일본이 몰수하거나 침해하지 않았기 때문에 반환을 요구할 수 없다.
	양유찬 주미대사 수정요구서 (1951. 8. 2)	① 제4조 : 일본은 한국 내에 있는 일본 및 그 국민의 자산과 1941년 8월 9일부 혹은 그 이전의 일본 및 그 국민에 의한 한국 및 그 국민에 대한 청구권을 포기한다. ② 제9조 : 맥아더 라인은 이러한 협정이 체결될 때까지 존속된다. ③ 제21조 : 그리고 한국은 이 조약 제2, 9, 12조 및 제15조 a항의 이익을 향유한다.	〈미국, 한국정부에 최종안 내용 통보〉(1951. 8. 13) ① 귀속재산문제를 규정한 4조 수정 ② 제21조 2항, 4항, 제12조는 한국에도 적용.
〈대일평화조약〉 中 한국관련 조항		제2조 (a) : 일본은 한국의 독립을 승인하고 제주도, 거문도, 울릉도를 포함하는 한국에 대한 모든 권리ㆍ권원ㆍ및 청구권을 포기한다. 제4조 (b) : 일본은 제2조 및 제3조에 규정된 지역의 미군정에 의하여 또는 그 지령에 의하여 행하여진 일본과 일본국민의 재산의 처리의 효력을 승인한다. 제9조 : 일본은 공해에 있어서의 漁獵의 규제 또는 제한과 어업의 보존 및 발전을 규정하는 2개국 간 또는 다수국가 간의 협정의 체결을 희망하는 연합국과 조속히 교섭을 개시한다. 제12조 : 일본은 각 연합국과 무역, 해운 기타의 통상관계를 안정하고 우호적인 기초 위에 두기 위하여 조약 또는 협정을 체결하기 위한 교섭을 조속히 체결할 용의가 있음을 선언한다. 제21조 : 본 조약의 제25조의 규정에 불구하고 중국은 제10조 및 제14조 (a)항 2의 이익을 향유할 권리를 가지며, 한국은 본 조약의 제2조, 제4조, 제9조 및 제12조의 이익을 향유할 권리를 가진다.	

[출전] 외무부, 1958 『한일관계 참고문서집』, 8~26쪽; Comments on Korean Note Regarding U. S. Treaty Draft, 1951. 5. 9; Yang Yu Chan to Department of State, 1951. 8. 2; Rusk to Yang Yu Chan, 1951. 8. 10; RG 59, Lot 54D423, Box. 8; 유진오, 『한일회담』, 21~22쪽; 『경향신문』 1951. 7. 22; 『동아일보』 1951. 7. 22; 鹿島平和研究所 編, 『日本外交史』 28, 34쪽.

한국정부는 대일평화조약안이 발표되자 불만을 표시했다. 미국이 평화조약 조인과 동시에 일본과 방위조약을 체결하기로 되어 있었기 때문이다. 변영태 외무장관은 1951년 8월 20일 대일평화조약에 대한 비판성명을 발표했다. "평화는 적대성이 있는 곳에서 실현"되어야 함에도 대일평화조약은 한국을 배제함으로써 그 목표와 의도를 스스로 훼손시켰다는 내용이었다.[118] 특히 미국이 일본을 비롯한 동맹국들과의 방위동맹을 결성하는 데서도 한국을 제외하는 등 한국에 대한 차별을 심화시켰다고 비난하였다. 미국은 평화조약 조인과 동시에 일본과 방위조약을 체결하고, 호주·뉴질랜드 등과도 방위동맹을 체결하기로 되어 있었다. 반면 한국은 미국을 상대로 확고한 방위공약을 요청했지만 당시까지 성과를 얻지 못하고 있었다.

미국은 한국의 불만을 잠재우고 한국이 전쟁 중이었다는 점을 고려하여 한국의 위신을 세워주기 위해 대일강화회의에 옵서버 참가를 제안했다. 무초 주한 미국대사는 1951년 7월 27일자 전문에서 한국이 옵서버로라도 대일평화조약에 참가하면 한국의 여론 호전에 도움이 될 것이라고 권고한 바 있었다. 덜레스는 무초의 제안대로 한국정부의 위신을 세워줄 수 있도록 옵서버 참가를 제안했다. 이런 조치는 한일협정 체결을 촉진하고, 일본에 대한 한국의 '시비조'의 태도를 감소시켜 한일관계를 개선할 것으로 기대되었다.[119] 8월 22일 덜레스는 양유찬 주미대사에게 만약 한국이 옵서버를 파견한다면 국무부는 최대한의 편의를 제공할 것이라고 말했다. 그리고 이 같은 제안을 담은 메시지를 이승만에게 전달하기로 하였다.[120] 이 메시지는 즉각 한국정부에 전달되었고, 한국정부는 이 제안을 받아들였다. 1951년 8월 25일 국회에 출석한 장면 국무총리는 대일평화조약 조인식에 한국은 정식 조인국으로 초청되지는 않을 것 같고, 옵서버 정도는 보내려고 생

---

118) 변영태, 1959 『나의 조국』, 자유출판사, 236~237쪽.
119) 「대일강화조약에 한국의 옵서버 참가 건」, 1951. 8. 20, RG 59, Lot File 54D423, Box. 8.
120) Memorandum of Conversation, 1951. 8. 22, RG 59, Lot File 54D423, Box. 8.

각하고 있다고 언급하였다.[121] 미국의 옵서버 참가 제안을 수용한 것이다.

한편 일본은 귀속재산 문제에 대한 4조 (b)항의 신설 사실을 대일평화조약안이 발표되기 직전인 8월 13일날 알게 되었다고 한다.[122] 미국이 최종안을 한국과 일본에 통고한 것은 최종안 발표 직전인 1951년 8월 13일이었다. 그러나 일본 외무성은 8월 16일 대일평화조약이 연합국의 對이탈리아 강화조약과 비교해서 유화적인 안이라는 논평을 내고 만족스러워했다. 대일평화조약 前文에 연합국과 일본의 장래관계에 대해 주권을 갖는 평등한 협력관계로 규정한 것은 이탈리아강화조약이 전쟁 책임을 명시한 것과는 다른 점이며, 무조건 항복방식이 아닌 일본의 비준을 조약 발효요건으로 규정한 점 등이 이탈리아 강화조약과의 차이로 지적되었다.[123] 일본은 대일평화조약과 미·일 안보조약 체결에 큰 만족을 표시했다.[124]

3) 대일평화조약 체결과 한국 관련조항 분석

1951년 9월 8일 샌프란시스코에서 49개국이 대일평화조약에 서명했다. 소련, 폴란드, 체코 등 3개국은 서명하지 않았다. 한국은 평화조약 서명 당사국이 되지는 못했으나 조약 제2조, 제4조, 제9조, 제12조, 제21조의 규정을 적용받을 수 있게 되었다.

> 제2조 (a) 일본은 한국의 독립을 승인하고 제주도, 거문도, 울릉도를 포함하는 한국에 대한 모든 권리·권원·및 청구권을 포기한다.
> 제4조 (b) 일본은 제2조 및 제3조에 규정된 지역의 미군정에 의하여 또는 그 지령에 의하여 행하여진 일본과 일본국민의 재산의 처리의 효력을

---

121) 『부산일보』 1951. 8. 27.
122) 鹿島平和硏究所 編, 앞의 책, 34쪽.
123) 유진오, 앞의 책, 34~36쪽.
124) Yosida Sigeru to Sebald, 1951. 10. 7, RG 59, Decimal File, 1950~1954, 694.001 Series, Box.3015.

승인한다.

제9조 일본은 공해에 있어서의 漁獵의 규제 또는 제한과 어업의 보존 및 발전을 규정하는 2개국 간 또는 다수국가 간의 협정의 체결을 희망하는 연합국과 조속히 교섭을 개시한다.

제12조 일본은 각 연합국과 무역, 해운 기타의 통상관계를 안정하고 우호적인 기초 위에 두기 위하여 조약 또는 협정을 체결하기 위한 교섭을 조속히 체결할 용의가 있음을 선언한다.

제21조 본 조약의 제25조의 규정에 불구하고 중국은 제10조 및 제14조 (a)항 2의 이익을 향유할 권리를 가지며, 한국은 본 조약의 제2조, 제4조, 제9조 및 제12조의 이익을 향유할 권리를 가진다.[125]

이 조항들은 한국이 대일평화조약에서 누릴 이익을 규정한 것이었지만 역으로 한일 간 분쟁을 낳게 한 조항들이기도 했다. 2조는 일본의 영토에서 배제되는 지역을 거명한 것으로 이 조항을 둘러싸고 한일 양국은 독도 영유권 해석에 대한 의견 충돌을 빚게 된다. 한국의 영토 중 제주도, 거문도, 울릉도만 지명된 것을 두고 한국은 대표적인 큰 섬만을 지명한 것이라고 해석하였지만, 일본은 독도가 누락된 것은 자국의 영토임을 의미한다고 주장했다.

앞서 살펴본 대로 한국이 평화조약에 반영하려고 했던 요구는 조약 서명국 지위 획득, 귀속재산 문제, 독도 영유권과 어업문제 등이었다. 이 중 한국이 가장 주안점을 둔 것은 조약 서명국 지위 획득 문제였다.

1948년 9월 30일 이승만 대통령은 국회 시정방침 연설을 통해 한국은 대일강화회의에 연합국의 일원으로 참가해야 하고 대일배상에 대한 정당한 권리를 보유하고 있다고 강조한 바 있었다.

---

[125] 외무부, 1958 『한일관계참고문서집』, 8~26쪽.

미국은 한국의 연합국 지위 문제에 대해 여러모로 검토하고 있었다. 미국 국무부 정보조사국(Office of Intelligence Research, OIR) 내 극동조사처(Division of Research for Far East, DRF)는 1949년 한국의 참가문제에 대한 보고서를 작성하였다.[126)]

이 보고서에 따르면 한국이 일본과 교전상태였음을 보여주는 증거로 제출된 것들은 신빙성이 없지만, 일본의 식민통치를 장기간 받았다는 점에서 한국은 특수한 이해관계가 있다고 하였다. 만약 한국을 서명국으로 참가시키게 되면, 첫째 한국은 과도한 배상을 요구함으로써 '징벌조약'을 조장할 것이며, 재일조선인의 지위에 대한 특수한 보장도 요구할 것이라고 분석했다. 둘째 한국의 참가는 북한의 참가요구로 이어질 것이며, 셋째 북한은 이승만 정부를 친일정부로 비난할 것으로 예측하였다. 반면 한국을 참가시키지 않을 경우에는 한국정부와 국민의 강력한 비난에 직면하게 될 것이기 때문에, 한국의 주장을 일부 제출하도록 허용하거나 협의대상 수준의 참가를 보장하는 방법 등을 마련해야 한다고 권고했다.

이 보고서는 한일관계는 과거사 문제가 중요하다는 점을 정확히 지적하고 있다. 그러나 이 문제에 대한 한국의 주장을 미국이 적극적으로 수용한다면 한국은 일본에 대해 과도한 배상을 요구할 것으로 예측했다. 일본은 한일회담 동안에 청구권 문제에서 한국의 對日청구권 요구가 '과도하다'라는 주장을 되풀이했다. 그러나 '과도한' 배상요구의 기준을 제시한 적은 없

---

126) DRF Report(1949.12.12), RG 59, Lot File 54D423, Box. 8. 미 국무부 정보조사국(OIR)은 정보조정국(Coordinator of Information : COI)-전략첩보국(Office of Strategic Service : OSS)-국무부(Department of State : DS)로 이어진 조사·분석과(R&A), 정보조사국(OIR)으로 이어진 것이다. 정보조사국의 주요기능은 국무부가 필요로 하는 통합정보와 조사계획의 기획·발전·실행을 책임지며, 여타 기관과 협력하여 미국 외교정책의 공식화 및 집행에 필요한 정보를 제공하고 국가안보와 관련된 연구결과를 제공하는 것이었다. 이 보고서들은 미국의 정책결정을 보여주지는 않지만 정책방향을 보여주는 유용한 자료들이다. 정보조사국이 작성한 한국관련 보고서들은 미국의 對韓政策과 1940~1960년대까지의 한국의 주요 정치·경제·사회분야의 이슈들을 간략하고 분석적으로 파악하는데 도움이 된다. 현재 정보조사국의 한국관련 보고서들은 국사편찬위원회가 총 5권의 자료집으로 간행하였다(정병준,「미국무부 정보조사국(OIR) 한국관련 보고서 해제」『미국무부 정보조사국(OIR) 한국관련 보고서』 1~5, 국사편찬위원회 참조).

었다. 이 보고서도 한국이 과도한 배상요구를 할 것임을 예단하고 있을 뿐 한국의 배상요구가 가지는 정당성은 외면하고 있다. 앞서 살펴본 대로 한국은 대일평화조약의 기본성격을 충실히 이해한 기반 위에서 최소한의 현물배상으로 배상요구 범위를 제한하고 있었다.

반면 일본은 한국이 연합국의 지위를 부여받지 못하도록 지속적이고 집요할 정도로 방해공작을 펼쳤다. 일본은 재일조선인 문제를 그 이유로 내세웠다. 일본은 한국이 서명국이 되면 일본 경제는 재건되기 어려울 뿐 아니라, 다수의 재일조선인 공산주의자들로 인해 사회혼란이 가중될 것이라는 이유를 들었다. 1949년 7월 11일 요시다의 절친한 친구이자 측근인 시라스 지로우(白洲次郞)가 연합국최고사령부를 방문하였다. 방문 목적은 재일조선인 추방문제에 대한 요시다 총리의 요청을 전달하기 위해서였다. 요시다는 재일조선인 문제를 과감하게 처리할 필요성을 전달하고, 일본정부의 비용으로 재일조선인를 한국으로 귀환시키고자 하였다. 즉, 일본에 '바람직하다'고 판단되는 한국인은 거주를 허가하고, '바람직한' 재일조선인임을 증명하지 못하는 사람들은 한국으로 귀환시킨다는 구상이었다.[127] 요시다는 그 이전인 5월 3일 맥아더에게 같은 내용의 재일조선인 문제에 대한 서한을 보냈었다.[128]

그러나 연합국최고사령부는 재일조선인의 강제송환 문제는 한일 양국이 직접 해결할 문제라고 답변함으로써 요시다의 요청을 우회적으로 거절하였다. 물론 그렇다고 재일조선인의 입장이나 한국의 입장을 두둔한 것은 아니었다. 한국과 재일조선인 사회의 강력한 반발에 부딪힐 것이 뻔한 강제송환을 연합국최고사령부가 발 벗고 나설 이유가 없었기 때문이다. 또한 조만간 연합국과 일본이 강화조약을 체결하게 되면 재일조선인 지위문제

---

127) Memorandum of Conversation, 1949. 7. 11, RG 84, entry #2828, Japan : Office of U. S. Political Advisor for Japan(Tokyo), Classified General Correspondence 1945~1949, Box. 48.
128) 袖井林二郎, 2000 『吉田茂-マッカーサー往復書簡集 1945~1951』, 法政大學出版局, 255쪽.

와 강제추방 문제도 자연스럽게 해결될 문제였기 때문에 연합국최고사령부로선 무리할 필요가 없었던 것이다.

한국의 조약 서명국 지위 획득 문제는 이처럼 일본의 집요한 반대에 부딪혔다. 여기에 영국의 반대까지 겹쳐지면서 미국은 애초 방침을 바꿔 한국을 조약 서명국에서 제외했다. 그리고 국무부 정보조사국 극동조사처 보고서에서 권고한 대로 일정부분 한국의 이해관계를 보장해주고 강화회의에 옵서버로 참석시키는 선에서 이 문제를 마무리했다.

다음으로, 한국이 대일평화조약에서 가장 관심을 기울인 부분 중 하나는 영토문제였다. 한국은 독도, 대마도, 파랑도에 대한 영유권과 조약상 명문화를 요구했다. 대일평화조약 2조 (a)항은 두 가지 내용을 담고 있다. 한국의 독립 승인과 영토문제이다. 그러나 이 조문은 한일 간 독도 영유권 분쟁을 낳게 했다. 한국의 영토로 제주도·거문도·울릉도가 거명되었는데, 이것을 놓고 한국과 일본이 각각 해석을 달리한 것이다. 한국은 조약문이 간략해서 큰 섬들만 거명하고 독도를 비롯한 작은 섬들은 거명하지 않았을 뿐이지 독도가 한국 영토임은 분명하다고 판단했다. 반면 일본은 독도가 거명되지 않은 것은 일본 영토임을 재확인해 준 것이라고 주장했다.

해방 후 한국인들의 독도인식은 1948년 6월 발생한 독도폭격사건을 통해 결정적으로 제고되었다. 6월 8일 미 공군 소속 폭격기들이 독도 인근에서 어로 중이던 한국 어선과 어민들을 향해 폭탄을 투하하고 기총사격을 퍼부었다. 이 폭격으로 한국 어민 14명이 사망하고 다수의 부상자가 발생했으며 어선은 침몰하였다. 이 사건에 대한 비판여론은 온 나라를 들끓게 하였고, 6월 16일 미 극동공군사령부는 오폭을 시인하였다. 미 공군 폭격기들이 한국 어선들을 작은 섬으로 착각해 일어났다는 것이다. 그리고 미군 특별소청위원회를 구성해 현지 피해자들을 면담하고 피해상황을 조사해 배상금을 지급했다. 그러나 "한국민족의 공정한 여론과 의견을 청취하여 적절한 배상을 지급하지 않고 미군의 독단적 견해와 피해조사로써 배상금을 지급하고 그 진상을 밝히지 않는 데 대한 민족의 흥분은 아직도 가라앉지 않고 있다."라는 평이 나올 만큼 독도폭격사건은 국민에게 충격적 사건이었다.[129] 이 사건을 계기로 독도에 대한 국민적 관심의 고조는 자연스럽게 일본과의 강화문제 중 영토문제에 대한 관심으로 이어졌다.

한국에서 영토문제에 대한 최초의 요구는 1948년 8월 5일 조성환이 이끄는 우국노인회(Patriotic Old Men's Association)가 제기하였다. 독도, 대마도, 파랑도에 대한 한국의 영유권 주장을 담은 청원서 「朝 · 日間 國土調整에 關한 要望書」를 연합국최고사령부에 제출한 것이다. 청원서는 독도의 역사적 연원과 1905년 일본이 불법으로 자국의 영토로 편입시켰다는 내용을 담고 있었다. 또한 대마도는 일본의 아시아 침략의 교두보로 활용되지 못하도록 한국에 양도되어야 한다는 점을 강조했다. 파랑도는 한국말로 '녹색 섬'이라는 뜻이며, 목포에서 중국 항주로 가는 길목의 표식점으로, 섬의 위치는 제주로부터 150km, 나가사키로부터 450km, 상해로부터 320km 지점에 있다고 하였다. 그러나 이 청원서에 대한 연합국최고사령부의 반응은 싸늘했다. 英譯된 청원서의 내용을 이해하기 어렵고, 역사적으로 부정확한 내용을 담고 있다고 혹평하였다. 파랑도는 위치를 알 수 없고, 대마도에 대한 주장도 동의하기 어렵다는 것이었다. 대마도 귀속문제에 대해서는 관련기관들에게 언급하지 말도록 주의를 주었고 회신할 필요조차 없는 것으로 결론지었다.[130]

한국은 정부 수립 직후 이승만 대통령의 기자회견을 통해 대마도에 대한 영유권을 강력히 주장한 바 있었다. 그런데 1949년 12월 30일 이승만은 기자 회견 석상에서 대마도가 한국영토임을 증명하기 위한 조사단 파견 여부 질문에 이 문제는 대일평화조약의 문제이며 다른 나라와 갈등을 불러일으

---

129) 『동아일보』 1948. 7. 9, 『자료대한민국사』.
130) 우국노인회, 「朝 · 日間 國土調整에 關한 要望書」, 1948. 8. 5; U. S. Political Adviser for Japan no. 612 「Korean Petition Concerning Sovereignty of 'Docksum', Ullungo Do, Tsuhima and 'Parang Islands'」, 1948. 9. 16, RG 84 POLAD for Japan Classified General Correspondence 1945~1949, Box. 34.

킬 수 있으니 현재로선 시기상조이며, 이 문제에 대한 우리의 입장을 냉정히 재검토할 것이라고 답하였다. 그동안 지속적으로 대마도 영유권을 주장해왔던 것과는 사뭇 다른 태도였다. 이를 통해 보더라도 이승만의 대마도 귀속 주장은 정치적 의도가 컸다는 것을 알 수 있다.

미 국무부 정보조사국도 한국의 대마도 귀속 주장은 민족주의와 반일감정에 대한 반영이자 계산된 어필로 연합국으로부터 작은 양보라도 얻어내기 위한 시도로 나타난 것으로 판단했다. 또한 주한 미국대사관도 한국정부가 대마도 영유권을 입증하는 것은 불가능하다는 것을 깨닫고 있으며 더는 주장하지 않을 것이라고 하였다.[131] 한국이 대마도 귀속을 주장한 가장 큰 이유는 대일평화조약에 대한 대응책이었고, 다른 하나는 한일 양국의 현안 타결을 위해 주도권을 선점하기 위함이었다. 한국은 1951년 7월 초안에 대한 검토의견서를 제출하면서 대마도 영유권 주장을 사실상 철회하였다.

그러나 영토조항에 관한 한국의 요구 중 더 큰 문제는 파랑도였다. 유진오의 회고에 따르면 한국이 파랑도를 요구한 것은 최남선의 아이디어였다고 한다. 목포와 나가사키, 중국 상해를 잇는 삼각지점의 섬으로 알려진 파랑도는 당시 실재가 확실치 않았다. 그러나 최남선의 지적처럼 파랑도가 조약문에 들어가게 된다면 제주도 서남쪽 해역을 넓힐 수 있다는 판단에서 삽입하게 되었다고 한다. 그러나 이후 한국산악회 홍종인이 주축이 되어 한국 해군 협조로 실측에 나섰으나 발견하지 못했다고 한다. 이에 대해 유진오는 당시로는 손해날 것이 없다고 생각했으나 국가 외교문서에 실존하지 않은 섬을 거명한 것은 실수였다고 회고하였다.[132]

---

131) 「OIR Report No. 4900 : Korea's recent claim to the Island of Tsushima」, 1950. 3. 30, RG 59, Lot File 54D423, Box.8
132) 유진오, 앞의 책, 27~28쪽. 파랑도는 이어도, 스코트라暗(Scotra Rock)으로도 불린다. 남제주군 대정읍 가파리 마라도에서 서남쪽으로 152km, 중국 통타오(童島)에서 245km, 일본 나가사키현 도리시마에서 276km 해상에 있는 섬이다. 파랑도는 암초 정상이 바다 표면에서 4.6m 아래에 잠겨 있어 파도가 심할 때만 그 모습을 드러낸다. 때문에 제주도에서는 전설의 섬 이어도로 불리기도 했으며, 1900년 영국 상선 스코트라호에 의해 처음 그 존재가 알려졌다. 한국은 1951년 대일평화조약에 파랑도에 대한 영유권 명문화를 위해 실측에 나섰으나 발견하지 못했다. 그 이후 1984년 제주

미 국무부는 한국이 영유권을 주장한 섬들 중 대마도를 제외한 독도와 파랑도 문제에 대해 조사를 했다. 그러나 당시 한국의 외교관들은 두 섬의 정확한 위치와 역사적 연원을 정확히 알지 못했다. 그저 두 섬이 동해상 울릉도 부근에 있다고 답변했다.[133] 미 국무부는 지리 전문가 등을 동원해 두 섬에 대한 정보를 수집했으나 정확한 위치를 확인할 수 없었다. 따라서 국무부는 재차 주미한국대사관에 문의한 결과 독도가 울릉도 근해 '다케시마'임을 확인했을 뿐 파랑도에 대한 정보는 전혀 듣지 못했다.[134] 이를 토대로 러스크 극동담당 국무차관보는 8월 10일 주미대사에게 한국의 영토 조항 요구사항에 대해 회신했다.

독도-다른 이름으로는 다케시마 혹은 리앙쿠르암으로 불리는-와 관련해서 우리 정보에 따르면, 통상 사람이 거주하지 않는 이 바윗덩어리는 한국 일부로 취급된 적이 없으며, 1905년 이래 일본 시마네현 오키섬(隱岐島司) 관할하에 놓여 있었다. 한국은 이전에 결코 이 섬에 대한 (권리를) 주장하지 않았다. 파랑도를 강화조약에서 일본에서 분리될 섬 중 하나로 지목해달라는 한국정부의 요구는 기각된 것으로 이해된다.[135]

이상의 내용은 일본이 미국을 상대로 독도에 대한 일방적이고 잘못된 정보를 제공해준 결과였고, 미국이 이것을 그대로 수용한 결과였다. 미 국무부는 이러한 공식 입장을 한국정부에는 통보했지만, 일본정부에는 알리지 않았다. 이 각서에 대해 한국정부가 어떤 조치를 취했는지는 알 수 없으나 미국이 독도문제가 한일관계에서 얼마나 중요한지 정확히 모르고 있었다

대학교의 탐사로 실체가 확인되었고, 해양수산부에서 1995년부터 해양과학기지를 설치하기 시작해 2003년 완공했다.
133) Memorandum of Conversation, 1951. 7. 19, RG 59, Lot 54D423, Box. 8.
134) Office Memorandum, 1951. 8. 3, RG 59, Lot 54D423, Box. 8.
135) Dean Rusk to Yu Chan Yang, 1951. 8. 10, RG 59. Lot 54D423, Box. 8

는 것은 분명하다.

한국이 독도, 대마도, 파랑도에 대한 영유권을 주장한 것은 분명 문제가 있었다. 가장 큰 문제는 독도를 대마도와 실존 여부가 불분명한 파랑도와 함께 묶어서 영유권을 주장했다는 것이다. 이는 한국의 주장에 대한 신뢰성을 크게 떨어뜨리는 것이었다. 유진오는 차라리 한국 측 요구에서 섬에 대한 거명이 없었다면 역사적 연원으로 보아 영토문제가 발생하지 않았을 것이라고 후회했다. 일본이 대일평화조약의 영토문제에 대해 치밀하게 대응한 것과는 큰 차이를 보여준 것이었다.

일본은 패전 직후 외무성 조약국이 중심이 되어 1945년 11월 21일 외무성 안에 '平和條約問題硏究幹事會'를 설치하였다. 간사회의 임무는 평화조약문제에 대한 연구와 대응책 강구였다. 일본의 주권회복, 안전보장, 전후 배상과 함께 영토문제가 가장 중요한 주제로 검토되었다. 특히 영토문제에서는 최대한 일본 영토를 확장하고자 노력했다.[136] 따라서 이렇게 영토문제에 대해 치밀하게 대비하고 있던 일본이 1951년 4월 영국이 작성한 강화조약 초안의 영토조항에 대해 반발한 것은 당연했다. 이 초안에서 독도는 한국 영토라고 분명하게 규정되었다.

앞서 살펴보았듯이 이 같은 영국 초안에 대해 일본은 당시 일본을 방문 중이던 덜레스에게 반대의사를 강력히 표명했다. 결과적으로 독도는 명확하게 일본영토에서 배제되어 한국영토임이 확인되었지만, 일본의 집요한 로비 결과 대일평화조약에서는 거명되지 않게 되었다. 일본의 영토 범위 확정 문제를 둘러싸고 연합국과 일본이 각각 자신의 이해관계를 관철하기 위해 노력하는 가운데 일본이 특히 한국을 상대로 독도 영유권을 집요하게 주장했다는 것은 의미심장하다. 독도 영유권 문제가 불거진 때는 대일평화조약 체결을 전후한 때이자 한국에 전쟁이 한창 벌어지던 때였다. 일본이

---

136) 정병준, 앞의 논문, 154~155쪽.

구 식민지였고 국가 존망이 위태로운 전쟁이 한창인 한국을 상대로 영유권 분쟁을 시도한 것은 치밀한 계획에 따른 것이었다. 일본은 이후 독도문제를 유엔안전보장이사회나 국제사법재판소에 회부하자고 주장하기 시작했다.

다음으로, 한국이 대일평화조약 작성과정에서 강력히 요구한 것은 어업 수역문제와 관련해 기존의 맥아더선을 한일 간 어업협정이 체결될 때까지 유지해달라는 것이었다. 그러나 한국의 요구는 기각된 채 평화조약 9조는 일본이 연합국과 조속한 어업협정 교섭을 개시하도록 규정했을 뿐이다. 한국이 맥아더선 존속을 요구한 가장 큰 이유는 일본이 앞선 어업기술과 선진 장비를 보유하고 있어 어업 격차가 컸기 때문이다. 2차대전 종전 전부터 일본의 월등한 어업력에 밀려 한국어장을 점령당하다시피 하고 있던 한국에게 맥아더선은 한국 어업의 생명줄 같은 것이었다.

1945년 연합국최고사령부는 일본 어선들의 무분별한 남획을 방지하고자 어업 제한선을 공표했고, 이것이 소위 '맥아더선'이었다. 그러나 일본 어선들은 수시로 맥아더선을 침범해 한국어장에서 조업함으로써 한일 간 갈등이 계속되었다. 여기에다 일본은 수시로 맥아더선의 확장을 요구하였다. 한국 수역으로 맥아더선이 확장된다면 이것은 한국 어업에 직접적인 타격을 줄 수 있었다. 일본 측의 요구대로 맥아더선을 확대해주게 되면, 첫째 경제적으로 한국 어업생산에 지장을 줄 것이며, 둘째 정치적으로 현재 한국이 담당하고 있는 '공산주의에 대한 최후 방어선'의 역할을 위태롭게 할 것이고, 셋째 일본 어선의 불법 월선으로 혼란이 야기될 것이기 때문이었다.[137] 한국의 영세 어민들은 일본의 어업 기술력과의 경쟁체제를 전혀 갖추지 못하고 있었으므로 맥아더선이 확장된다면 그 피해가 고스란히 자신들에게 돌아올 수밖에 없다는 것을 잘 알고 있었기 때문에 맥아더선 사수를 강력히 주장했다.

한편, 맥아더선은 어족자원의 보존, 일본어선의 남획 금지 등 어업산업

---

137) Memorandum of Conversation, 1949. 6. 11, RG 84 POLAD for Japan Classified General Correspondence 1945~1949, Box. 48.

뿐만 아니라 독도 영유권 문제에서도 중요하였다. 독도는 맥아더선을 기준으로 한국쪽 수역에 속해있었다. 따라서 1952년 1월에 선포된 '평화선'은 한일간 어업분쟁과 독도 영유권 분쟁에 관한 한국의 적극적이고 공세적인 조치였다. 한국은 이 같은 필요성 때문에 맥아더선을 유지해야 했지만 이 요구도 기각되었다. 그리고 맥아더선은 대일평화조약 발효 직전에 공식적으로 폐지되었다.

한국은 대일강화 교섭 과정에서 조약 서명국으로 참가, 독도 명문화를 통한 영유권 확인, 일본의 재한 재산청구권 포기, 맥아더선 존속 등을 요구하였다. 결과적으로 이 중 일본의 재한 재산청구권 포기만 수용되었을 뿐 나머지 문제들은 거부되거나, 한일 양국 간 협상 문제로 위임되었다. 당시 이런 결과에 대해 한국정부의 준비부족과 외교력 부족에 대한 비판이 제기되었다. 한국정부가 대일강화 문제에 대해 다른 관계 국가들처럼 진지한 노력을 기울이지 않았다는 것이다. 논의 자체가 없었던 것은 아니지만 대부분 감정적인 것으로 심지어 국가의 백년대계를 그르친 것도 있었다는 점을 반성해야 한다는 것이다.[138] 대일평화조약이 한국과 밀접한 이해관계가 있음에도 이에 대처하는 방식은 한국 외교의 빈약성을 국내외에 보여준 것이라고 비판하였다.[139] 정부가 이런 문제들을 제기할 기회에 소극적으로 대처했거나 준비가 부족했다는 비판이었다.

한편, 이와 관련해서 후대 연구자들은 초안 작성 과정에서 미국의 일관성 부재를 지적하기도 한다. 여기에다 한국은 對美 접촉보다는 한일 양국의 직접교섭을 기대하거나, '과거청산'에 초점을 맞춘 듯 하지만 이것 역시 일관성이 부재했다고 비판한다. 오히려 당시 거창양민학살사건과 국민방위군사건으로 수세에 몰린 이승만정권이 대내용으로 이 문제를 활용한 의혹을 제기하기도 한다.[140] 또 다른 평가로는 이승만에게 중요했던 것은 평

---

138) 『동아일보』 1951. 1. 22.
139) 『동아일보』 1951. 7. 24.

화조약 그 자체가 아니었다는 주장이다. 이승만은 일본과 명목상의 평화조약을 체결하는 것보다 한반도 통일을 중시했다는 것이다. 따라서 평화조약을 과거 식민지시대의 불평등한 관계를 청산하고 대등한 입장에 서서 장래의 한국과 일본 간의 선린 관계를 수립하기 위한 계기로 간주하기보다는 북한 공산집단에 대항하고 있는 한국정부의 군사력을 강화하기 위한 기회로 이용하고자 하였다는 것이다.[141]

한국정부의 대일평화조약 대처방식에 대한 당대의 평가는 정부의 준비 부족과 소극적 태도 지적이 비판의 핵심이다. 반면, 후대의 학술적 평가는 이승만이 국내 정치문제와 북한과의 체제경쟁을 위한 목적으로 대일평화조약 문제를 활용했다고 비판한다.

이승만정권은 대일평화조약 교섭과정에서 분명 문제점을 드러냈다. 이 점은 특히 일본이 조기에 치밀하게 강화문제에 대비해온 준비 자세와 비교해 보면 확연해진다. 대일배상요구안의 준비를 제외한다면 다른 현안에 대한 준비는 거의 이루어지지 않았다. 물론 당시 한국이 처한 상황에서 기인한 바도 컸다. 건국 직후의 혼란과 전쟁의 발발은 국가로서의 체계를 갖추는 데 결정적인 장애요소였기 때문이다. 그럼에도 한국정부는 준비가 부족했고 대처방식은 미숙했다.

한국과 중국은 다른 어떤 국가들보다 일본의 침략과 식민지배로 고통과 피해를 본 국가들이었다. 중국은 대만과 중공의 대표성 문제로 비록 서명국으로 참가하지는 못했지만 연합국의 자격을 보유하고 있었다. 그러나 한국은 일본에 주권을 상실한 후 대외적으로 한국을 대표하는 승인받은 조직이 없다는 이유로 심지어 일본 '제국'의 일부분으로 평가받았다. 따라서 이승만 개인의 권력욕과 과도한 반공의식 등이 대일강화에 대한 한국의 준비 부족을 낳았다고 보기는 어렵다. 대일평화조약에서 가장 중요한 변수는 미

---

140) 민병기, 1965 「桑港講和條約과 韓日問題」『아세아연구』 Vol. 8, No. 3, 22쪽.
141) 정성화, 앞의 논문, 145쪽.

국의 정책이었다. 미국의 대일강화정책이 한국의 對日인식, 정책과는 분명 다른 원칙을 갖고 있었기 때문에 한국이 선택할 수 있는 여지는 매우 적었다고 할 수 있다.

대일평화조약은 1951년 9월 8일 샌프란시스코에서 49개국이 조인하여 체결됨으로써 이듬해 4월 28일 발효되었다. 이로써 일본은 2차 세계대전 책임문제를 마무리하고 주권국가로 부활했다. 한편으로 이를 기점으로 이후 14년을 끌게 되는 한일회담이 시작되었다. 그리고 한일회담은 과거사 청산을 둘러싼 한일 양국의 문제이자 동북아시아에 대한 미국의 힘과 영향력이 투영된 회담이었다. 미국은 1947년부터 대일평화조약 체결을 준비하기 시작했다. 애초 '징벌적' 조약으로 구상되었으나 중화인민공화국 수립, 한국전쟁 발발 등으로 동북아시아 정세가 급변하자 일본을 조속히 주권국가로 부활시켜 '방공 십자군'으로 편입시키려는 '관대한' 조약으로 바뀌었다. 이 과정에서 한국의 일본에 대한 대부분의 이해는 침해되거나 무시되었다.

한국은 미국의 일본중시정책에 강력히 반발하였으나, 다른 한편으로 국가로 존립하려면 일본과의 관계개선을 받아들여야만 했다. 대일평화조약에서 한국 관련 부분은 청구권 문제와 영토문제가 가장 중요한 사안이었다. 이것은 기본적으로 일본의 식민지배에 대한 책임문제에서 연원하는 것으로 한일 양국의 인식 차이가 두드러졌다. 한국은 일본의 식민지배로 주권과 이익을 철저히 침해당한 피해국이었지만, 교전국이 아니었다는 이유로 연합국에서 배제되었고, 일본은 한국 병합은 국제법상 합법적이었다는 이유로 책임을 회피했다. 결국, 미국은 한국을 조약 서명국으로 참가시키지 않는 대신 한일회담을 주선하는 것으로 한국에 대한 일정한 책임 부담을 해소하고자 했다.

III

제1~3차 한일회담과 對日정책(1951~1953)
: 평화선 · 한일어업분쟁 · 청구권논쟁

제1~3차 한일회담과 對日정책(1951~1953)
: 평화선 · 한일어업분쟁 · 청구권논쟁

1. 한일예비회담 개최

1) 회담 성격과 미국의 역할에 대한 논의

해방 이후 한일국교 수립의 필요성이 본격적으로 제기된 것은 1951년 대일평화조약 체결부터였다. 조약에서 한국의 이익은 배제되었지만 한국은 몇몇 조항에서 효력을 적용받게 되었다. 그러나 한국은 조약 서명국이 되지 못했고, 미국은 한일 양국 협상으로 문제 해결을 미뤄놓았다. 또한 양국은 과거사 청산문제와 새로운 반공동맹의 구축을 위해서라도 별도의 조약 체결이 필요해졌다. 그리고 이 조약은 대일평화조약 협상과정에서 드러났듯 과거사에 대한 반성과 청산, 배상문제, 재일조선인의 법적지위 문제, 독도문제 해결을 과제로 안고 있었다. 1951년 10월 개최된 한일예비회담은 미국의 강력한 주선으로 성사되었고, 양국 간 현안을 협의하기 위한 회의였다.

한일예비회담을 둘러싼 쟁점은 크게 세 가지였다. 첫째, 한일회담을 어떻게 진행할 것인가, 둘째 미국의 역할을 어떻게 규정할 것인가, 셋째 한일회담의 의제를 무엇으로 할 것인가였다. 먼저 회담의 성격 및 방식과 관련해 한국과 무초 주한 미국대사는 한일 양국 협상보다는 대일강화회담 같은 다자간 협상 틀이 유효하다고 주장했다. 한국은 대일평화조약 협상 과정에서 조약 서명국이 되어 국제협상 틀 속에서 한일 간의 문제를 해결하고자 했다. 무초도 1949년 대일평화조약 초안을 검토한 후 국무부에 보낸 답신에서 한일관계는 양자 간 협상보다는 대일평화회담과 같은 국제회담에서 해결하는 것이 효과적이라는 견해를 밝혔다.[1] 양자의 주장은 한일관계의 특수성을 고려한 것이었다. 무초는 한일문제를 양국 협상에만 맡기게 되면 한일관계의 특수성으로 양국 간 대립은 불 보듯 뻔하고 회담이 장기화될 것으로 예측했다. 결과적으로 무초의 예상은 정확하게 들어맞았다. 양국이 마주한 한일회담은 무려 14년을 끌게 되었다.

1951년 중반 이후 한일회담 개최문제가 가시화되면서 회담의 진행방식과 의제를 둘러싼 여러 주체의 입장이 정리되기 시작했다. 먼저 1951년 6월 하순 이승만은 한국이 대일평화조약의 서명국에서 배제된 사실을 확인하고 주일대표부 신성모(申性模) 대사에게 연합국최고사령부를 통해 한일회담 개최를 위한 교섭을 진행하도록 지시했다.[2] 주일대표부의 갈홍기(葛弘基) 참사관은 이 문제를 놓고 이미 여러 차례 연합국최고사령부와 교섭을 진행하고 있었다. 정부의 훈령은 다음과 같았다.

1. 양국의 국교정상화를 위해 정부가 한일회담을 개최할 수 있도록 연합국최고사령부 측과 일본정부에 교섭을 개시하는 동시에 현지에서 입수 가능한 회담자료 수집에 착수할 것
2. 재일조선인 국적문제와 선박반환에 관한 교섭을 병행할 것
3. 이 회담에 있어서 한국은 사실상 연합국의 일원의 자세로 임할 것[3]

---

1) The Ambassador in Korea(Muccio) to Secretary of State, 1949. 12. 3, *FRUS*, 1949, Vol. 7, p. 911.
2) 임병직, 1964 『임정에서 인도까지 : 임병직회고』, 여원사, 496쪽.

이때는 아직 대일평화조약이 체결되지 않았고 최종 초안도 마련되지 않은 상태였다. 그러나 1951년 5월 이미 한국은 조약 서명국에서 배제된 상태였기 때문에 미국의 중재를 통한 한일협상을 예상하고 준비에 착수한 것이다. 한국은 對日 강화의 주체가 되지 못할 경우 한국, 일본, 미국의 3자 협상을 통해 한일 간 현안을 해결할 계획이었다. 이를 위해 주일대표부는 연합국최고사령부와 접촉하는 한편 한일협상에 필요한 자료를 수집하도록 지시받았다. 그리고 1951년 7월 28일 유진오 고려대 교수와 임송본 조선은행 총재를 각각 주일대표부 법률고문과 경제고문 자격으로 파견했다. 이들의 임무는 한일회담의 기초적 준비와 주일대표부와 연합국최고사령부 간에 진행되고 있던 재일조선인 문제에 대한 교섭을 지원하는 것이었다.[4]

한편 연합국최고사령부 외교국도 1951년 7월 초 재일조선인의 법적지위 문제 해결을 위해 '연합국최고사령부 입회하에' 한국과 일본의 직접 교섭을 주선한다는 방안을 마련했다.[5] 한국과 연합국최고사령부의 이 같은 구상은 대일평화조약 체결 후 급속히 실행에 옮겨졌다.

한일회담에서 미국의 역할 문제와 관련해 무초 대사는 대일평화조약으로 한일문제를 처리한다는 연장선에서 미국의 역할을 강조했다. 연합국이 참여하는 국제회의 틀 속에서는 한일 양국의 입장을 적절히 조정할 수 있지만, 양국 협상에 맡기면 한국의 요구가 제대로 관철될 수 없다는 것이다. 특히 무초는 양국 협상에서 한국정부는 국가로서 일천한 경험과 부족한 수단 때문에 배상문제 등에서 한국의 입장을 관철하기 어렵고 외교적 수단을 마련할 수 없다고 강조했다. 따라서 미국이 주도적으로 한일협상을 주선해야 한다고 강조했다. 이에 대해 미 국무부는 난색을 표명했다. 한국이 조약

---

3) 유진오, 1993 『한일회담』, 외무부 외교안보연구원, 51쪽.
4) 「주일대표부 유진오 법률고문의 일본 출장 보고서」, 1951. 9. 10, 『한일회담 예비회담(1951. 10. 20~12. 4) 본회의 회의록 제1-10차, 1951』, 외교사료관.
5) Check Sheet from DS to C/S, Subject : Status of Koreans in Japan, 1951. 7. 6(김태기, 1999 「1950년대 초 미국의 對韓외교정책: 대일강화조약에서 한국의 배제 및 제1차 한일회담에 대한 미국의 정치적 입장을 중심으로」 『한국정치학회보』 33집 1호, 371쪽에서 재인용).

서명국으로 참가할 수 없게 되었기 때문에 대일평화조약 같은 국제협상의 틀을 통해 한일문제를 해결할 수는 없다는 것이다. 그래서 이 문제는 양국 간 협상을 통해 해결되어야 한다고 하였다. 그러나 미 국무부는 미국의 개입 정도에 대해서는 결정하지 못하고 있었다.

그러나 시볼드를 비롯한 동경의 연합국최고사령부는 미국이 한일회담에 적극적으로 개입하는 것에 반대했다. 미 국무부는 한국정부가 의제 확대와 미국의 조정역할을 제의했을 때 이것을 지지했고, 시볼드에게 일본의 동의를 받아 내도록 지시한 바 있었다. 나아가 '준 조정자 기능'을 할 미국정부 대표의 파견을 검토한다고 통보했다.[6] 이는 전쟁 중인 한국정부에 대한 배려로 일본과의 관계개선이 전쟁 수행에 도움이 된다는 판단 때문이었다. 그러나 시볼드는 미국의 조정자 역할에 강력히 반대했다. 그가 그 이전부터 한일문제에 대해 적극적으로 일본의 주장을 지지하고 대변해왔다는 사실에 비추어 보면 미국이 한일회담의 조정자 역할을 맡게 되면 일본에 불리할 것으로 판단했음을 알 수 있다. 이종원의 지적처럼 한국정부가 교섭력 확대를 위해 미국의 참가를 요구한 반면, 일본정부는 회담 자체에 소극적이었기 때문에 시볼드의 주장은 결과적으로 일본의 처지를 반영한 것이었다.[7]

결국 한일예비회담을 둘러싼 세 가지 쟁점 중 한일회담의 성격과 미국의 역할 문제는 양국협상으로 하되 미국은 옵서버로 참관하기로 결론지어졌다. 일반적으로 한일회담은 새로운 우호관계 수립을 위한 협상이었기 때문에 한일 간 양국협상으로 진행되는 것이 타당하다고 할 수 있다. 그러나 양국의 과거사로 말미암은 특수성, 미국의 동북아시아정책의 투영이라는 측면에서 보자면 양국 협상으로 합의를 끌어내기는 어려운 상황이었다. 해방

---
6) Webb to SCAP TOKYO, September 19, 1951, 694.95B/9-1951(李鍾元, 1994 「韓日會談とアメリカ：'不介入政策'の成立を中心する」, 日本政治學會 編, 『國際政治』 第105號, 66쪽에서 재인용).
7) Sebald to SecState, October 3, 1951, 694.95B/10-351(이종원, 위의 논문 166쪽에서 재인용).

과 패전으로부터 5년여밖에 지나지 않은 상황이었기 때문에 한국과 일본이 차분히 과거사를 정리하고 미래지향적인 합의를 도출해낼 것으로 기대하기는 어려웠다. 한국과 무초 대사가 우려했던 것이 바로 이 점이었다. 그리고 이 같은 우려는 한일회담의 의제 선정을 놓고 현실로 나타났다. 의제 선정은 한일 양국이 생각하는 현안이 무엇인지, 협상의 원칙과 방식이 어떻게 나타날지를 가늠할 수 있는 중요한 문제였기 때문이다.

한일회담의 의제선정과 관련해 한국은 청구권 문제, 어업문제, 재일조선인 문제 등 한일 간 현안 전체를 의제로 선정하기를 바랐다. 반면 일본은 재일조선인 문제만을 의제로 선정하기를 바랐다. 이 중 한국, 일본, 연합국최고사령부 3자의 공통적 관심사는 재일조선인의 처리문제였다. 한국과 연합국최고사령부 간에는 재일조선인의 지위문제를 놓고 이미 협의가 진행되고 있었다. 1951년 8월 10일 주일대표부는 연합국최고사령부 외교국에 현안 해결을 촉구하는 각서를 전달했다. 그 내용은 1945년 9월 2일 이전 일본에 거주하고 있던 한국인의 지위문제, 한국에 반환할 선박문제, 태평양전쟁 시기 일본정부에 징집된 한국인들이 임금문제 해결을 제안한 것이었다.[8] 한국이 각서를 전달한 것은 한일회담에 연합국최고사령부가 참가해야 한다고 생각했기 때문이다. 일본은 점령상태로 주권국가가 아니었고 교섭권한이 없었기 때문이다. 또한 한일 간 미해결 문제 중 일부분은 그 성질상 점령군 소관 사항에 해당하기 때문이었다.[9]

특히 한국은 재일조선인의 지위문제가 확정되는 않는 것에 큰 우려를 표시하였다. 1945년 11월 연합국최고사령부의 '대일초기정책'에서 재일조선인은 '해방된 민족'으로 규정되었다. 그러나 1948년 6월 21일 각서에서는

---

8) Korean diplomatic in Japan to Diplomatic Section, General Headquarters, Supreme Commander for the Allied Powers, 1951. 8. 10, RG 84, Japan Tokyo Office of the U. S. Political Advisor for Japan, Classified General Records, 1950~1952, Box. 57.
9) 주일대표부 신성모가 대통령 수석비서관에게, 「한일회담에 관한 회보의 건」, 1951. 10. 15, 『한일회담 예비회담(1951. 10. 20~12. 4) 본회의 회의록 : 제1-10차, 1951』, 외교사료관.

'특별한 지위를 가진 국민'으로 변경되어 일본인은 아니나 확정적으로 일본국적을 이탈한 국민으로도 볼 수 없는 특이한 지위를 가진 국민으로 규정된 상태였다. 이것은 일본의 이해관계와 일치하는 것으로 한국인을 일본인으로 취급해 연합국 국민으로서의 특권을 부여치 않는 것이었다.[10)]

이에 대해 연합국최고사령부는 한일 간 현안은 양국의 직접교섭을 통해 해결해야 한다고 답했다. 한일 양국 관계의 장래에 영향을 미치는 문제이므로 점령 당국의 권한 밖의 문제라는 것이다. 따라서 한국과 일본이 직접 교섭하는 것을 허용하겠다고 하였다.[11)] 연합국최고사령부의 이런 방침은 이미 1949년 한국이 대일배상요구조서를 연합국최고사령부에 전달했을 때도 확인된 사실이었다. 형식적으로는 연합국최고사령부가 연합국 전체 의사를 반영하고 정책을 집행하는 기구였지만 실제로는 미국이 주도하고 있었기 때문에 한일관계에 대한 미국의 방침이 확정된 것이 없었다는 사실을 알 수 있다.

미 국무부는 한국의 요구대로 한일회담 의제 확대를 지지하는 대신 미국 참가문제는 당사국들이 요청하면 조정자를 제공하기로 결정했다.[12)] 연합국최고사령부 외교국은 일본에 한일회담의 협의 범위는 전적으로 재일조선인의 국적과 지위로 한정할 것을 제안했다. 그러나 의제 선정과 한일 간 모든 현안에 대한 협상 수단과 방법에 관한 연구를 포함해 회담의 범위는 확대할 수도 있다는 단서조항을 붙였다. 일본은 당연히 이 제안에 동의했다. 그리고 이 같은 내용을 1951년 10월 13일자로 주일대표부에 전달했다.[13)] 이에 대해 이승만은 대통령 비서실을 통해 주일대표부에 연합국최고사령부 외교국과 맥아더사령관에게 회신 문서를 제출하도록 지시했다. 한

---

10) 유진오, 「주일대표부 유진오 법률고문의 일본 출장 보고서」, 1951. 9. 10, 『한일회담 예비회담(1951. 10. 20~12. 4) 본회의 회의록 제1-10차, 1951』, 외교사료관
11) 김용식, 1994 『새벽의 약속 - 김용식 외교 33년』, 김영사, 90쪽.
12) Webb to SCAP TOKYO, October 5, 1951, 694.95B/10-551(이종원, 앞의 논문, 167쪽에서 재인용).
13) 주일대표부 대사 신성모가 외무장관에게, 「한일회담에 관한 SCAP 서한 상달의 건」, 1951. 10. 15, 『한일회담 예비회담(1951. 10. 20~12. 4) 본회의 회의록 : 제1-10차, 1951』, 외교사료관.

국정부는 한일협상의 첫 번째 문제는 양국 간 외교적·상업적 관계를 재수립할 방안 마련을 목표로 하는 것이어야 한다고 주장했다. 그렇지만 연합국최고사령부가 제안한 재일조선인 문제를 첫 번째 의제로 수락할 용의는 있다고 밝혔다. 그리고 연합국최고사령부가 한일회담에 반드시 참석해야 한다는 점을 재차 강조했다.[14]

재일조선인 문제를 의제로 삼되 한국이 제안한 대로 의제 확대에 대한 가능성을 열어둔 채 한일예비회담은 1951년 10월 20일 개최될 예정이었다. 이에 따라 한국은 본격적인 회담 준비에 들어갔다. 한일협상의 주요 의제로 크게 네 가지가 검토되었다. 선박반환 문제, 어업협정 문제, 통상항해협정 문제, 재일조선인의 국적문제였다. 통상항해협정은 연합국최고사령부와 체결한 한일통상조약보다 장기적이고 자주적인 협정 체결이 요구되었고, 국적문제는 대다수가 극빈층인 재일조선인이 일본의 사법적 조치로 추방당하지 않도록 조속한 협정 체결이 필요한 상황이었다.[15] 한일 간 현안이 결코 합의점을 찾기 쉬운 문제가 아니라는 것은 누구나 예상할 수 있는 일이었기 때문에 철저한 회담 준비가 요청되었다.

일본이 항복한 후 연합군 점령하에 있다가 귀염을 받아서 벌 받는 강화조약이 아니라 일본을 갱생 독립시키며 도와주는 조약이 조인된 것은 일본에게 亞細亞 공장으로서의 중대한 역할을 맡기는 필요와 또 한 가지는 6·25사변 이래 한국전쟁으로 소련의 공산 침략이 한국을 거쳐 일본이 목표가 된 긴박한 정세가 급히 일본을 防共 유대의 하나로 등장시킬 요청에서 소련의 반대를 물리치고 桑港에서 역사적 조인이 행해진 것이다.

이렇게 신생하는 일본과 관계를 매지게 되는 한국은 정신을 똑똑히 차리고

---

14) 주일대표부 대사 신성모가 대통령에게, 「한일회담에 관한 10월 14일자 전화 지시의 건」, 1951. 10. 16, 『한일회담 예비회담(1951. 10. 20~12. 4) 본회의 회의록 : 제1-10차, 1951』, 외교사료관.
15) 『자유신문』 1951. 10. 6.

일본에 대하여 보복적 태도로는 나오지 않더라도 일본으로부터 찾을 것은 찾아 와야 하며, 당연히 주장할 권리는 확보해야 한다.[16]

대일평화조약의 '관용적' 성격상 한국의 대일정책이 제한되었다는 점을 전제로 하되 한일회담에서는 역사적 통찰과 주체적 태도로써 협상에 임해야 한다는 점이 가장 중요한 원칙이었다. 비록 한일협상은 상호 이해와 공존공영을 목표로 해야 하지만 현안들, 특히 재일조선인 문제는 역사적 특수성을 인정해서 최혜국 대우의 처우를 요구해야 하고, 어업문제는 최소한 맥아더선을 존속시켜야 한다는 것이 한국의 견해였다. 특히 재일조선인의 국적문제에 대한 관심이 높았다. 국무회의에서는 국적문제에 대해 두 가지 방안이 강구되었다. 하나는 재일조선인 모두에게 한국 국적을 취득게 하는 동시에 일본 내 영주거주권과 자유 퇴거권리를 부여하는 방안, 다른 하나는 1945년 8월 9일 이전부터 일본에 거주한 자로서 계속 거주한 재일조선인 모두에게 일본 국적을 가진 것으로 인정하고 일정 기간 내 한국 국적 선택권을 부여하는 방안이다.[17] 정부가 재일조선인의 국적문제에 관심을 기울인 것은 1951년 11월 1일부터 일본이 새로운 '출입국관리령'의 시행을 앞두고 있었기 때문이다. 일본은 이 법을 한일협정이 체결될 때까지 한국인에게 적용하는 것을 보류한다는 방침을 전달해왔지만 재일조선인들은 동요하고 있었다.

이상의 한일예비회담의 협상 의제와 원칙을 살펴보면 대일평화조약 협의 과정 당시와 유사한 내용들임을 알 수 있다. 한일회담이 대일평화조약으로부터 연유했다는 점에서 보면 당연한 일이었다. 조약에서 한국의 요구들은 모두 기각되었고 양국 간 협의를 통해 해결하도록 권고되었기 때문이다.

---

16) 『경향신문』 1951. 10. 8.
17) 『자유신문』 1951. 10. 11. 한편 10월 10일 국무회의에서는 한국 국적 부여를 결정하였다고 한다(『조선일보』 1951. 10. 12).

그러나 한일예비회담을 준비하는 한국의 조건은 여의치 못했다. 오랜 식민통치와 국가 수립 직후 터진 전쟁으로 국가로서의 체계를 미처 갖추지 못한 상태였기 때문이다. 따라서 회담 대표단 구성도 시간을 다투며 이루어졌다. 특히 주미대사인 양유찬이 수석대표로 전격적으로 발탁된 것은 뜻밖의 일이었다. 양유찬은 1951년 하와이에서 치과를 개업한 직후 주미대사직을 제안받고 취임했다. 그는 이승만이 프린스턴대학에서 박사학위를 받고 하와이에서 잠시 교사로 있을 때 사제관계로 맺어져 인연을 유지해왔다고 한다.[18] 이승만이 그를 한일회담 수석대표로 발탁한 이유는 일본을 '전혀' 몰랐기 때문이다. 그리고 영어가 유창해 연합국최고사령부와 접촉하는데 유리하다고 판단했기 때문이었다. 이승만은 양유찬에게 한일회담에 응하는 것이 결코 '自意'가 아님을 강조했다.

> 우리가 한일회담을 하고 싶어서 하는 줄 아나. 미국 친구들이 자꾸 하라고 권하고, 또 세계 여론을 생각해서 마지못해 하는 것이지. 자네 분명히 들어둬. 내가 눈을 감을 때까지는 이 땅에 일장기를 다시 꽂지 못하게 할 거야.[19]

이승만은 애초부터 일본이 식민통치에 대해 진심으로 사과하고 배상문제에 성의를 보여줄 것이라고 기대하지 않았다. 그러나 미국의 '강력한' 권유를 거부하기는 어려웠다. 더구나 전쟁의 와중에 미국 원조에 절대적으로 의존하고 있던 한국으로서는 한일회담 권유를 뿌리칠 수 없었다. 비록 한국이 한일협상에 임하더라도 이것은 미국의 압력 때문이고, 또 한일문제 해결에서 주도권도 미국이 갖고 있다는 판단을 한 것이다. 따라서 이승만은 가장 중요한 교섭대상도 미국이기 때문에 영어가 유창하고 오랜 미국

---

18) 양유찬, 「景武臺四季」 123, 『중앙일보』 1972. 6. 27. 양유찬은 이때부터 1960년까지 주미대사로 재직했고, 1965년부터 1972년까지 순회대사로 한국 외교 일선에서 활동하다 1975년 사망했다(유진오, 앞의 책, 61쪽).
19) 양유찬, 「景武臺四季」 124, 『중앙일보』 1972. 6. 28.

생활로 미국의 문화를 잘 아는 양유찬이야말로 한일협상의 대표로 적합하다고 생각했을 것이다.

한국대표단은 1951년 10월 17일 양유찬 주미대사가 부산에 도착한 후 임명되었다. 대표단은 학계, 경제계, 수산계, 법조계, 외교계, 경무대 비서 등 광범한 분야에서 인선하여 구성하였다. 수석대표에 양유찬 주미대사, 교체수석대표에 신성모 주일대표부 대사, 대표에는 임송본 조선식산은행 총재, 홍진기 법무부 법무국장, 유진오 등이었다. 그리고 갈홍기 주일대표부 참사관과 김동조(金東祚) 외무부 정무국장, 김영주(金永周) · 진필식(陳弼植) 사무관 등이 동행하였다.

일본은 수석대표에 이구치 사다오(井口貞夫) 외무차관, 교체수석대표에 지바(千葉皓) 외무사무관, 대표에 우시로코 도라오(後宮虎郎) 외무성 관리국 총무과장, 사토(佐藤日史) 외무성 조약국 법규과장, 다나카(田中三男) 출입국관리청 제1부장, 히라(平賀健太) 법무부 민사국장 등을 임명했다.[20]

한국 대표단 수석대표인 양유찬과 신성모는 전문 관료 출신이 아니었다. 유진오는 제헌헌법을 기초한 전문가로 대일평화조약 초안 검토 과정에서부터 한일문제에 깊숙이 관여해오고 있었다. 대표단 구성으로만 본다면 외무부의 역할이 두드러지지 않고 있는 데 반해 일본 대표단은 외무부와 법무부의 실무관료들로 구성되었다. 이 같은 양국의 대표단 구성을 놓고 국내 언론에서는 한국 대표단이 너무 중량급 인사를 포함시켜 일본과 격이 맞지 않는다는 비판이 제기되기도 하였다.[21]

한국대표단은 10월 19일 부산 수영비행장을 출발하여 동경에 도착하였다. 유진오에 따르면 한국대표단은 사전준비도 없이 일본으로 출발하였다고 한다. 또한 정부의 훈령이나 지시도 없었다고 회고하였다.[22] 다만, 양유

---

20) 주일대표부 대사 신성모가 외무장관에게, 「한일회의에 관한 경과보고의 건」, 1951. 10. 23, 『한일회담 예비회담(1951. 10. 20~12. 4) 본회의 회의록 : 제1-10차, 1951』, 외교사료관.
21) 김용식, 앞의 책, 79쪽.
22) 유진오, 앞의 책, 62~63쪽.

찬 수석대표는 이승만 대통령이 직접 작성한 개막 연설문을 가지고 일본으로 향했다.

2) 일본의 지연전술에 따른 협상 교착

한일예비회담은 1951년 10월 20일 연합국최고사령부 회의실에서 개최되었다. 시볼드 외교국장의 주재로 한국의 양유찬 대표와 일본의 이구치 대표 등 양국의 대표단이 참석하였다.

회담은 시볼드의 개회사로 시작되었다. 그는 재일조선인의 법적지위 및 국적 문제를 의제로 상정·토의하고, 기타 문제는 양국 대표가 결정하기로 양해하였다고 말했다. 그리고 미국은 옵서버로서 회담에 참가하고 있다는 점을 다시 한번 강조했다. 이구치 일본 대표는 한국대표단의 방일을 환영하고, 예비회담이 한일 양국에 중요한 사건이라고 연설하였다.

이어서 양유찬 한국대표는 다음과 같은 연설을 통해 예비회담에 임하는 한국의 인식과 입장을 강력하게 천명했다.

(전략) 지난 수세기의 과거가 마치 우리를 어깨너머로 내려다보고 있다는 느낌을 금할 도리가 없습니다. 우리는 과거의 잘못을 고치며, 이 죄의 과거를 씻어버릴 미래의 계획을 함께 세우기 위하여 노력하여야 하겠습니다. (중략)

나는 우리 한인들이 지금 우리 마음속에서 과거를 또다시 잊어버리려고 한다고 말할 수는 없습니다. 이렇게 말하는 것은 단순히 공허한 말에 지나지 않는 것으로 인간은 그렇게 쉽사리 과거의 기억을 지워버릴 수 있는 수동적인 黑板과 같은 것은 아닙니다.

내가 지금 말할 수 있고 또한 성심성의로 말하고자 하는 바는 앞으로 우리 두 민족은 쌍방이 모두 행복스러울 수 있는 새로운 미래의 관련의 기초를 창도함으로써 자연히 과거가 서서히 무의미한 것으로 사라져버리게 되기를 바라는 것입니다.(중략)

한국인과 그리고 기타 아시아인민들이 묻는 것은 과연 일본이 상호 존경과 우리들 전체의 행복을 보위할 것을 결의하고 동등한 입장에서 우리들과 같이 생존할 필요성을 느꼈으며, 그것을 완전히 조금도 숨김없이 원하고 있느냐는 것입니다.(중략)

한국민은 지나간 오래고 오랜 역사를 통하여 단 한 번도 여러분을 공격해 본 적이 없습니다. 공격해 본 것은 여러분 자신이고, 여러분은 우리들 의사에 반하여 우리들을 병탄하여 버렸던 것입니다. 우리는 이 세대 중에 대전을 몇 번 겪어왔습니다. 여러분은 자유를 멸망시키려 하였으며, 우리는 자유를 유지하려 싸웠던 것입니다. 이것은 결코 우리가 잊어서는 안 되는 중대한 요인인 것입니다.(중략)

과거 일어났던 일이 장래에 다시 일어나지 않는다는 확실한 보장이 있을 때까지 어느 정도의 遠慮는 불가피한 것입니다. 그러나 우리는 지나간 날을 돌이켜보며 살아나갈 의도는 추호도 없습니다. 우리는 양 국민의 희망은 새로운 건설적 행동과 이익의 상관성이 과거의 증오심과 부정에 대치되는 것입니다.[23]

양유찬 대표의 이 개막연설은 이승만이 직접 작성한 것이었다. 일본이 과거의 잘못을 철저하게 반성하고, 다시는 인접 국가들을 침략할 의도가 없다는 점을 확실하게 보증해야 한다는 요지이다. 과거사는 과거 그 자체로 정당하다는 인식을 하였던 일본으로서는 받아들일 수 없는 내용이었다. 양유찬의 개막연설은 한국국민의 일반적인 대일감정과 정부의 시책 등을 반영한 것이었다. 또한 한국과 일본의 인식 차이를 극명하게 보여주는 것이었고, 따라서 앞으로 한일회담이 수많은 난관에 봉착할 것이라는 점을 상징적으로 보여주는 것이었다.[24]

---

23) 『민주신보』 1951. 10. 21~22.
24) 한편, 지바 대표는 한국의 기조연설 내용 중 '화해하자(Let us bury the hatchets)'는 의미에 대해 이의를 제기했다고 한다. 원래 이 말은 미국 서부개척 당시 백인들에게 항거했던 인디언들이 도끼를 땅속에 파묻는 의식을 통해 백인들과 평화협정을 맺은 데서 생겨났다고 한다. 일본은 기본적으로 잘못한 것이 없고, 또한 화해할 것도 없다는 인식을 하고 있었기 때문에 이 같은 표현에 불쾌감을 표시한 것이었다(유진오, 앞의 책, 5·66쪽).

시볼드는 한국의 기조연설에 강한 불만을 표시했다. 그는 일본대표 이구치 쌍방이 '타협(Give and Take)'적 태도로 임하자는 융화적이고 우호적인 연설을 하였지만, 한국대표 양유찬은 과거 40년간에 걸친 한국에 대한 일본의 행동에 독설을 퍼부었다고 비난했다. 그래서 시볼드 자신이 휴식을 요청해서 이구치 대표를 진정시키는 한편 양유찬에게 "험악한 언사를 통해서는 일본의 협력을 얻을 수 없다."라는 점을 못 박았다고 회고하고 있다.[25] 시볼드는 회담이 진행되면서는 한국이 '일본을 파산시킬 정도'의 거액의 배상지급을 요구함으로써 협상을 어렵게 했다고 비난하기도 했다.

해방 후 최초의 한일회담의 첫 번째 회의는 이렇게 불편한 분위기에서 끝이났다. 한국대표단은 이날 회담 분위기에 대해 일본이 연합국최고사령부의 권유로 회담에 나섰으나 회담 자체에 열의가 없었고, 연합국최고사령부도 옵서버의 입장을 견지하나 한국보다는 일본에 우호적이라는 인상을 받았다고 했다. 일본이 한일회담에 소극적이었다는 것은 이미 개최 전부터 널리 알려져 있었다.[26] 일본은 미국의 적극적인 알선에 부응하는 태도는 취하되 주권을 회복한 후 본격적으로 협상에 응하겠다는 전략이었다.

여기서 시볼드가 초기 한일관계에 미친 영향을 파악할 필요가 있다. 이 시기 일본의 입장을 적극적으로 지지해주고, 결과적으로 한일관계에서만큼은 결정적인 영향을 미친 사람 중 한 사람이기 때문이다. 시볼드는 개인적 이력과 경력에서도 알 수 있듯이 일본에 대한 애정과 신뢰가 컸다.[27] 그러나

---

25) ツーボルト・J.ウイリアム 箸・野末賢三 譯, 1966 『日本占領外交の回想』 朝日新聞社, 240쪽.
26) 『대구매일신문』 1951. 10. 22; 『동아일보』 1951. 10. 31.
27) 시볼드는 1901년 미국 메릴랜드(Maryland)주 볼티모어(Baltimore)에서 출생하였다. 1922년 해군사관학교를 졸업하고 1933년에 메릴랜드주립대학 법대를 졸업한 후 법학박사를 취득하였다. 미 해군에 복무하는 동안 1925~1928년 동경에서 일본어 코스를 이수한 후 제대하여 워싱턴 등지에서 변호사로 활동했다. 2차대전 발발 후, 미 해군에 자원입대해 1942~1945년까지 복무한 후 외교관의 길로 들어섰다. 국무부 주일정치고문(1947~1952), 연합국최고사령부 외교국장(1947~1952), 대일이사회 미국대표 및 의장(1947~1952) 등을 역임하면서 일본의 전후 복구와 대일평화조약 체결 시 한일관계 등에 관여했다. 그의 부인은 영국인 아버지와 일본인 어머니 사이에서 태어났고, 그의 장인은 20세기 초 일본에 정착한 영국인으로 일본 법률의 권위자였다(정병준, 2005 「윌리엄 시볼드와 '독도분쟁'의 시발」 『역사비평』, 143~144쪽).

한국에 대한 인상은 정반대였다. 그가 한국을 표현하는 단어는 억압, 불행, 빈곤, 침묵, 음울 등이었고, 여기에 이승만의 격한 성격에 빗대 한국국민을 매우 완고하고 화를 잘 내는 국민으로 생각하고 있었다.[28]

시볼드가 한일관계에 큰 영향을 미친 것은 한국으로서는 불행한 일이었다. 그는 이미 대일평화조약 체결과정에서 독도영유권 문제에 깊숙이 개입한 바 있었다. 1949년 11월 2일 미 국무부의 강화조약 초안에 대한 검토의견에서 독도가 일본 영토임을 주장하였다. 시볼드가 독도문제로 일본의 맹렬한 로비를 받아 미국의 국가이익을 내세워 일본을 위해 적극적으로 나선 것이다.[29] 이후 최종적으로 대일평화조약문에서 독도는 거명되지 않았다.

시볼드가 일본을 위해 적극적으로 나선 것은 비단 독도문제뿐만이 아니었다. 그는 당시 연합국최고사령부 외교국장으로서 주일대표부의 협상 창구의 수장이었다. 그런데 그는 주일대표부 대표들의 면면에 대해 혹평을 서슴지 않았다. 대표로 오는 사람마다 평범하고 용렬한 나머지 현명하지 못하다고 비아냥거렸다. 시볼드가 인정한 단 한 사람은 2대 대사로 부임한 정환범이었다. 정환범이 보스턴식 영어를 구사했기 때문이다.[30] 주일대표부는 연합국최고사령부와 합의해 정식으로 외국주재 공관으로 개설된 곳이다. 그런데 주무부서장인 외교국장이 주재관에 대해 인신공격을 하는 것은 외교관례에 크게 어긋나는 것이었다. 이를 보더라도 시볼드에게 외교국장으로서도 한일회담 중재자로서도 적절한 자질이 있었다고 보기는 어렵다.

1951년 10월 20일 1차 회의 후 2차 회의부터는 본격적으로 의제 선정에 들어갔다. 한국은 재일조선인 법적지위 및 처우 문제, 선박반환 문제, 본회의 토의안건 결정과 여러 가지 문제해결을 위한 진행방법 등을 협의하자고 제안했다.[31] 이에 대해 일본은 재일조선인 국적문제를 토의한 후 기타 문

---

28) 시볼드, 앞의 책, 156쪽.
29) 신용하, 2001 『독도영유권에 대한 일본주장 비판』, 서울대학교출판부, 169쪽.
30) 시볼드, 위의 책, 157쪽.
31) 김용식, 앞의 책, 80쪽.

제를 토의하기로 양해가 되었기 때문에 선박문제 토의에 반대하였다.[32] 또한 대일평화조약 인준문제로 시간상 제약이 많다는 이유를 들어 우선 재일조선인 문제를 처리하자고 제안했다. 결국, 선박문제와 재일조선인 문제를 우선 토의하기로 합의하고 '재일한인의 법적지위 및 처우문제에 관한 분과위원회'와 '선박반환 분과위원회'를 설치하였다. 의제 확대와 수단 강구 등에 대해서는 차후 협의하기로 하였다.

재일조선인 문제 분과위원회의 구성은 다음과 같이 이루어졌다. 한국은 위원장에 유진오, 위원에는 김동조 외무부 정무국장과 김태동(金泰東) 주일대표부 정무부장, 옵서버로는 김영주 외무부 사무관과 김두수 주일대표부 사무관 등이었다. 일본은 위원장에 다나카(田中光男) 출입국관리국 제1부장, 위원에 히라(平賀健太) 법무성 민사국 주간과 이마이(今井實) 외무성 사무관 등이었다. 선박분과위원회는 홍진기 법무부 법무국장과 가와사키(川崎一郎) 배상청 차장이 각각 위원장을 맡았고, 양측의 위원은 통상과 해운 관련 기관의 대표들로 구성되었다.[33]

재일조선인 문제 분과위원회에서 쟁점이 된 것은 재일조선인의 법적지위를 어떻게 규정할 것인가와 재산권 보호문제였다. 일본은 재일조선인의 국적문제가 결정된 후 구체적인 문제를 토의하여 자신들의 제안을 인쇄물로 배포했다. 제안 내용은 세 가지로, 첫째 모든 재일조선인은 평화조약 발효에 따라 일본 국적을 상실하고 대한민국 국적을 취득하며, 둘째 재일조선인이 개인이든 아니든 호적에 따라 결정하며, 셋째 귀화는 일본 국적법이 규정한 귀화 규정에 따라 허용될 것이라는 내용이었다. 이에 대해 한국은 재일조선인은 다른 외국인과는 다른 특수한 사정이 있음에도 이들과 똑같이 영주허가를 다시 받으라는 것은 모순이라고 반발했다.[34] 더구나 한국

---

32) 「2차 회의록」, 1951. 10. 22, 『한일회담 예비회담(1951. 10. 20~12. 4) 본회의 회의록 : 제1-10차, 1951』, 외교사료관.
33) 외무부, 『제1차 한일회담 선박문제위원회회의록』, 4~6쪽, 외교사료관.
34) 「제4차 회의록」, 1951. 10. 25, 『한일회담 예비회담(1951. 10. 20~12. 4) 본회의 회의록 : 제1-10차,

은 대일평화조약 체결 전에 이미 독립했기 때문에 일본이 평화조약 발효와 더불어 재일조선인의 법적지위가 결정되는 것처럼 해석하는 것은 모순이라고 주장했다.[35] 따라서 한국은 재일조선인들에 대한 일본정부의 처우 및 법적지위 문제가 회담의 주요 의제가 되어야 한다고 강조했다.

일본은 패전 직후 재일조선인를 편의에 따라 한국인, 일본인, 제3국인 등으로 대우해왔다. 일본인으로서의 권리는 행사할 수 없지만 그 의무는 이행해야 했고, 외국인으로서의 특권은 누릴 수 없으나, 외국인이 받아야 할 제약은 받게 한 것이다.[36] 일본이 재일조선인 문제에만 집착한 데는 이유가 있었다.

당시에 일본에 거주하고 있던 외국인 중 가장 많은 비율을 차지한 것이 재일조선인들이었다. 일본 패전 당시 재일조선인들은 약 200만 명 정도였는데 대부분은 귀국했고, 예비회담이 개최된 당시에는 약 60만 명이 거주하고 있었다. 또한 재일조선인들은 대부분 경제적 빈곤층에 속했다. 일본이 재일조선인들을 조속한 시일 내에 모두 귀환 또는 추방시키고자 얼마나 고심하고 노력했는지는 대일평화조약 체결과정에서도 드러난 바 있다. 일본은 한국이 대일평화조약에 연합국으로 참가해서는 안 된다는 이유로 재일조선인들 문제를 예로 들었다. 사상적으로 공산주의적 성향이 있는 다수의 재일조선인이 '연합국 국민'의 자격을 획득하게 되면 일본 내에서 사회적 혼란을 선동·조장할 우려가 크다는 이유였다.

한일 간에 재일조선인의 국적문제가 화두로 떠오르게 된 또 다른 이유는 일본이 준비하고 있던 새로운 출입국관리령의 공포를 앞두고 있었기 때문이다. 11월 1일 이 법령의 공포와 다음해 평화조약 발효를 앞두고 재일조선인 사회는 심하게 동요하고 있었다. 평화조약 발효 후 재일조선인들이 강제 추방될 것이라는 유언비어가 돌고 있었기 때문이다. 이에 일본정부는

1951』, 외교사료관.
35) 김용식, 앞의 책, 99쪽.
36) 『부산일보』 1951. 10. 29.

10월 30일 외무성 정보국장 이름으로 "새로 공포되는 출입국관리령을 재일한인에게 적용할 의사는 없으며, 재일한인의 법적지위 문제와 처우문제에 관하여 한일 양 대표는 우호적인 분위기에서 회의를 진행한다."라는 성명을 발표하였다. 또한 한국도 양유찬 대표 이름으로 성명을 발표하여 재일조선인들의 동요를 진정시키고자 하였다. "재일한인의 권리 확보, 특히 재산권 보호와 일방적으로 강제 퇴거를 하지 않는 보장 등을 위하여 회의를 진행하고 있다."라는 요지였다.[37]

한편, 재일조선인 문제와 관련해 또 한 가지 쟁점이 된 것은 영주권 문제였다. 한국은 아무런 수속 없이 재일조선인의 일본 내 영구거주권을 보장할 것과 자유로운 출입을 보장해달라고 요구했다.[38] 반면 일본은 출입국관리령에 따라 재일조선인은 일일이 영주허가를 통해 선량하고 자립할 수 있는 능력, 일본 국익에 들어맞는지를 심사받아야 한다고 주장했다. 결국, 주일대표부에서 등록증명서를 발급하고 일본은 이들을 외국인등록부와 대조해 1945년 8월 9일 이전부터 거주자인지를 확인하고 다른 심사와 수수료 없이 영주권을 부여하기로 합의했다.[39]

그러나 시볼드는 한국이 요청하고 있는 1945년 8월 9일 이전에 일본에 거주한 한국인들에 대한 영주권 부여 요청에 대해 신랄하게 비난하였다. 한국의 제안은 국제관계를 지나치게 무시하는 것이며, 일본의 양보를 끌어내려고 극단적인 흥정을 한다고 했다.[40] 이것은 재일조선인 문제의 본질은 전혀 무시한 채 오로지 일본의 입장만을 대변하는 것이었다.

그런데 한국은 또 다른 쟁점이었던 재일조선인의 강제퇴거조항에 관해 일본의 자의적인 추방을 방지할 수단을 특별히 마련하지 않은 채 분쟁을

---

37) 김용식, 앞의 책, 100쪽.
38) 『민주신보』 1951. 11. 13.
39) 유진오, 앞의 책, 81~82쪽.
40) Sebald to Department of State, 1951. 11. 23, RG 84, Polad for Japan Classified General Correspondence 1950~1952, Box. 57.

일으킨 사람을 추방하는 데 찬성했다. 또한 소수의 '악질 지도자'를 추방해 재일조선인이 치안을 교란하지 못하도록 하자고 제안했다. 오히려 일본에서 한국이 준비한 추방자 명단이 있는지 질의할 정도였다.[41]

1951년 12월 22일 한일 양국은 공동성명을 통해 戰前부터 일본에 거주해 온 한국인의 국적, 일본에 거주하는 권리와 대우, 귀국자의 화물 반출과 송금 등에 대해 원칙적인 의견접근이 이루어졌다고 발표하였다. 그 내용은, 첫째 戰前 일본에 거주한 재일조선인 중 주일대표부가 발행하는 증명서를 소지한 사람에게는 영주권을 부여하고, 둘째 국제관례상 외국인에게 부여되지 않는 제 권리에 대해 한국 국적 취득 후에 재일조선인에게는 잠정적으로 예외를 인정하며, 셋째 한국으로 귀환할 한국인의 반입화물과 송금에 대해 우체 관례상 제한하고 인정하며, 넷째 현재 한국인 소유의 토지 건물에 대해 외국인 재산취득법을 적용하지 않으며, 또 허가 갱신을 요구하지 않는다는 것이었다.

이상의 재일조선인 분과위원회에서 논의된 쟁점과 합의사항을 정리해보면 아래 표와 같다.

| 표 3-1 | 재일조선인의 법적지위 관련 쟁점 및 합의사항

양국의 입장 주요내용	한국의 입장	일본의 입장	합의 사항
국적문제	· 한국국적이므로 외국인	· 재일조선인는 대일평화조약 발효와 함께 일본 국적 이탈, 한국 국적 취득 · 재일조선인의 국적은 호적 기준 · 일본 국적 취득은 일본 국적법에 의함	· 한국의 주장 수용 : 자연인의 국적 취득은 국제회의 의제가 될 수 없음. 단, 한국은 일본 거주 자국민에 대한 보호권이 있으므로, 법적지위 및 처우 문제를 협의하기로 함
영주권 부여방식	· 1945년 8월 9일 이전 거주자 확인 시 무조건 영주권 부여	· 출입국관리령에 의거 각자 신청, 개별 심사, 2,000엔 수수료 징수 후 허가 · 선량하고 자립 가능하며, 일본 국익에 맞는 자를 기준으로 함	· 주일대표부에서 등록증명서를 발급하면, 일본은 외국인 등록부와 대조해 1945년 8월 9일 이전 거주자로 확인되면 심사와 수수료 없이 영주권 부여

41) 「제9차 회의록」, 1951. 11. 28, 『한일회담 예비회담(1951. 10. 20~12. 4) 본회의 회의록 : 제1-10차, 1951』, 외교사료관.

처우문제	· 1945년 8월 9일 이전부터의 거주자는 내국민 대우 주장(단, 참정권, 공무담임권 제외 양해) · 대우는 1945년 8월 9일 이후 입국자에 적용 · 일반외국인에 금지된 권리라도 재일조선인은 10~30년 정도 특수 보호 주장	· 외국인 대우(2종의 외국인 인정 불가. 단, 광업권 등 기득권은 존중) · 통상항해조약 체결 시 최혜국민 대우	· 국제관례상 외국인에게 부여되지 않는 제 권리에 대해 한국 국적 취득 후에 재일조선인에게는 잠정적으로 예외를 인정
강제퇴거문제	· 불가 · 생활기반 확립 시까지 생활보조 계속 요구	· 생활보조금 수혜자 강제퇴거 · 생활보조금 수령 포기 시 강제퇴거 대상에서 제외	· 생활보조금은 1년 동안 지속 · 앞으로 1년간 빈곤문제로 강제퇴거사유 발생 시 사전에 한국과 협의, 한국이 적당한 보호수단을 강구할 경우 강제퇴거 중지
귀국자 재산반출, 송금	· 제한 불가 · 금제품 운반 시 제재 허용	· 일본 수출무역관리령 적용 - 동산은 중량 4,000파운드 이내 - 현금은 10만엔 이내	· 한국으로 귀환할 한국인의 반입화물과 송금에 대해 우체관례상 제한하고 인정 · 현재 한국인 소유의 토지 건물에 대해 외국인 재산취득법을 적용하지 않으며, 또 허가 갱신을 요구하지 않음

[출전] 외무부 정무국, 1960 『韓日會談略記』, 30~42쪽; 외교통상부, 2005. 8 「한일협정관련 참고자료」; 『서울신문』 1951. 12. 24; 『경향신문』 1951. 12. 29.

이상의 재일조선인의 법적지위와 처우에 관한 쟁점과 합의 수준은 4차 한일회담이 재개된 후 협상의 출발점이 되었다.

한편, 선박분과위원회는 1951년 10월 30일부터 1952년 4월 1일까지 총 33회 개최되었다. 첫 번째 회의에서 한국은 1951년 9월 11일자 연합국최고사령부령(SCAPIN) 2168호에 의거, 한국 국적 선박의 반환과 1945년 8월 9일 또는 이후 한국 수역에 있었던 선박 반환 등 2개 항을 제시했다.[42] 일본은 11월 1일 2차 회의에서 역으로 2개 항을 제의했다. 현재 한국에 대여 중인 5척의 일본 선박을 반환하고, 한국에 나포된 일본어선을 반환하라는 것이었다.[43] 일본은 1946년 8월 연합국최고사령부가 한국에 양도한 5척의 선박은 한국 선박이라 돌려준 것이 아니고 연합국최고사령부의 요구로 대여해준 것이라고 주장했다. 또한 1945년 8월 이후 총 84척의 일본 선박이 한

---
42) 『동아일보』 1951. 11. 1.
43) 『경향신문』 1951. 11. 3.

국에 나포되었고, 그중 76척은 반환되었으나 8척은 남아있다고 주장하며 선박 반환과 파손된 기물을 배상하라고 요구했다.[44] 협의 결과 11월 6일 4차 회의에서 한일 양국은 4개 항의 의제를 정식 채택하였다. 첫째 한국선박 반환에 관한 건, 둘째 1945년 8월 9일 및 이후 한국 수역 소재 선박 반환에 관한 건, 셋째 한국에 대여한 선박 5척의 일본 반환 건, 넷째 한국에 억류당한 어선 반환에 관한 건 등이었다.[45]

그러나 한국은 선박반환 문제와 관련해 어려움에 봉착했다. 한국에는 선박반환을 요구할 근거자료가 거의 없었다. 일본이 패전 직후 한국의 각 세관과 항구, 하역회사 등에 비치된 관련 서류들을 모두 소각해버렸기 때문이다. 부산의 한 선박급수회사 창고에서 부산항의 1945년 8~9월분 선박 급수일지 한 벌을 찾아낼 수 있었을 뿐이다.[46] 일본은 이를 이용해서 선박 명부 제출을 요구하거나 근거자료 제출을 요구했다. 상황이 이렇다 보니 한국은 일본이 내놓을 목록에 크게 의존할 수밖에 없어 적극적으로 협상에 나서기 어려웠다. 한국의 한일협상 관련 자료가 절대적으로 부족했다는 점은 비단 선박반환 문제뿐만이 아니었다. 대일청구권, 문화재 반환 요구 시에도 자료 부족은 마찬가지였다.

그래서 한국은 일본 소재 한국선박에 관한 자료 제출을 요구했다. 1945년 8월 현재 등록된 한국선박의 완전한 목록 및 선박 목록 리스트, 1945년 9월 현재 동 선박의 상태에 관한 보고, 1945년 9월 현재 동 선박을 보존하고자 취해진 일본정부 조치에 대한 설명, 동 선박 이양 일자 및 방법, 1945년 9월 11일 이후 양도일까지 동 선박으로부터 얻어진 이익의 청산 등이었다.[47] 이에 대해 일본은 11월 13일까지 회답하기로 약속하였지만 정작 당일이 되자 설명을 거부했다. 그 이유는 한국의 요구는 SCAPIN 제2168호에

---
44) 유진오, 앞의 책, 104쪽.
45) 외무부 정무국, 1960『韓日會談略記』, 43쪽(이하 '외무부 정무국(1960)'으로 표기함).
46) 유진오, 위의 책, 113~114쪽.
47) 『조선일보』 1951. 11. 11; 유진오, 위의 책, 104~105쪽.

따라 반환을 요구하고 있으며, 동 각서는 1945년 9월 25일자 미군정법령 제33호에 근거를 두고 있어 법령 33호의 입법 취지를 자세히 검토해야 하기 때문이라고 설명했다.[48] 일본의 의도는 분명했다. 이미 대일평화조약 4조 (b)항의 귀속재산 조항을 놓고 한국과 대립했던 적이 있었고, 이 조항은 앞으로 청구권 문제 협상에서 가장 중요한 근거가 될 것이기 때문에 사전에 한국의 요구를 봉쇄하겠다는 뜻이었다. 일본은 한국이 군정법령 33호를 너무 확대 해석하거나 멋대로 해석하고 있다고 생각했다.

1951년 11월 24일 일본은 한국이 요구한 5개 항 중 우선 19척의 한국 국적 선박 명단만을 제출했다. 그러나 이는 한국이 반환을 요구한 364척의 5%에 남짓한 턱없이 적은 숫자였다.[49] 그리고 SCAPIN 2168호와 군정법령 33호 해석에 이견이 있으니 해석문제에 대한 합의가 우선적 과제라고 주장하며, 14개 항의 질문서를 한국에 제출했다. 법령의 해석을 놓고 이루어진 양국의 질의응답은 선박 문제뿐 아니라 귀속재산 문제 등 한일 간 본질적인 문제를 포함하고 있다.

> 일본 : 재한 미군정청법령 제33호에 선박의 귀속에 관한 명문이 있는가?
>
> 한국 : 선박은 군정법령 제33호 제2조의 '기타 재산(any other property)'에 포섭되어 귀속된다.
>
> 일본 : 1948년 9월 11일부 '한미 간 최초의 재산 및 재정에 관한 협정'에는 선박의 인도에 관한 명문이 있는가?
>
> 한국 : 선박이란 자구는 '한미 간 최초재산 및 재정에 관한 협정'에는 없으나, 모든 귀속재산이 동 협정에 의하여 한국정부에 인도되었으며, 또한 제1항에서 답변한 바와 같이 선박도 귀속재산에 포함되었으므로 귀속선박도 동 협정에 의하여 한국에 인도되었다. (중략)

---

48) 『경향신문』 1951. 11. 15.
49) 유진오, 앞의 책, 109쪽.

일본 : 군정법령 제33호에는 1945년 8월 9일 이후라고 되어 있는데 이것은 언제까지인가?

한국 : 법령 제33호 제2조의 1945년 8월 9일 이후는 동 법령이 유효하게 존속할 때까지를 말하는 것이며, 동 법령은 대한민국 헌법 제100조에 의하여 대한민국 독립 후 현재까지 유효하다.

일본 : 미 군정청에 의하여 귀속되고 소속된 선박의 리스트가 있는가? 한미협정에 의하여 한국이 인계받은 인계서 또는 재산목록이 있는가?

한국 : 이것은 한국의 국내사정으로 일본에 구태여 알려줄 필요가 없다고 본다. (중략)

일본 : 군정법령 제33호의 유효기간은 언제까지인가?

한국 : 동 법령의 유효일은 1945년 12월 6일부터 현재에 이른다. 제8항에 대한 답변을 참조해주기 바란다.

일본 : 군정법령 제33호에 의하여 미군정청에 귀속되고 소속된 명단 및 한미협정에 의하여 한국에 인도된 일본선박은 무엇 무엇인가?

한국 : 일본이 요구하는 선박 명부의 작성에도 상당한 시일을 요할 것이며, 의제와 상관이 적으니 대답할 필요가 없는 것으로 본다.

일본 : 군정법령 제33호에 의하여 선박이 소속된 근거 여하

한국 : 선박도 재산의 일종이고, 일본 및 일본인의 한국에 있던 모든 재산이 동 법령에 의하여 귀속처분을 받았기 때문이다.[50]

이상에서 보듯이 선박회담에서는 군정법령 제33호의 해석을 둘러싼 공방이 오갔다. 일본이 미군정법령 33호를 문제 삼은 것은 선박문제를 포함해, 이 법령이 재한일본재산의 귀속에 관한 법령이었기 때문이다. 1945년 12월 6일 미군정은 남한 내 모든 공·사유 일본인 소유 재산을 접수한다는

---

50) 지철근, 1979 『평화선』, 범우사, 244~246쪽.

법령 제33호 '조선 내 소재 일인 재산권 취득에 관한 건'을 공포하였다. 이 법에 의거 재한일본재산은 미군정청에 귀속되었고, 대한민국 수립 이후 한국에 양도되었다. 문제는 일본이 군정법령 33호가 국제법 위반이라는 인식을 하고 있었다는 점이다. 일본은 대일평화조약 체결과정에서 귀속재산 문제를 조약에 명문화시키는 데 적극적으로 반대하였었다. 그러나 대일평화조약에는 미군정법령 33호를 추인하고, 이에 따라 귀속재산을 한국정부에 양도한 행위를 승인한 바 있었다.

일본의 주장은 재한일본재산 중 공유재산 몰수에 대해서는 대일평화조약에 따라 이의가 없지만, 사유재산에 대한 몰수조치는 국제법 위반이라는 것이다. 따라서 일본인 사유재산에 대한 권리가 원소유자들에게 여전히 존재한다며, 1차 한일회담에서 이른바 '對韓청구권'을 주장하였다. 이렇듯 한일예비회담에서 일본은 선박반환 문제를 놓고 미군정 법령 33호에 대해 따져 묻고 있었지만, 이미 대한청구권을 주장할 요량으로 사전에 한국의 반응을 떠보고 있었다.

이렇게 선박반환 문제는 미군정 법령 33호의 법리적 해석을 놓고 한일 간 공방이 이어지는 가운데 일본은 1952년 3월 19일 새로운 제안을 내놓았다. 즉, 일본은 한일경제협력 차원에서 상선 15척(총 5천 610톤), 어선 9척(335톤), 朝鮮郵船 선박 5척(1만 399톤) 등을 한국에 '증여'함으로써 최종해결하자는 것이었다.[51] 한국은 즉각 이 제안을 거부했다. 한국의 선박반환 요구는 배상요구 성격으로 증여나 경제협력과는 차원이 달랐기 때문이다. 여기서 한 가지 주목할 것은 일본이 청구권의 범위에 속하는 선박문제의 해결방식으로 '경제협력방식'을 들고 나왔다는 점이다. 1965년 한일회담 타결 시 청구권 문제가 결국 경제협력방식으로 타결된 점을 상기한다면 매우 시사적이다.

---
51) 유진오, 앞의 책, 116~117쪽.

이상에서 살펴보았듯이 한일예비회담은 재일조선인 문제에서는 영주권과 국적 문제 등을 놓고 의견대립이 이어졌고, 선박분과위원회도 답보상태를 계속했다. 한국은 일본의 지연전술이 협상 진행을 방해하고 있다고 비판했다. 일본이 한일 간 현안이 마치 재일조선인 국적문제와 선박문제에만 국한되어 있는 듯한 인상을 주면서, 일본의 계획대로 시간을 지연시키고 있다는 것이다.[52] 일본은 한국의 어업협상 요청 또한 준비할 시간이 부족하다는 이유로 거부했다. 대일평화조약 비준과 미국·캐나다와의 어업협정 체결을 준비하고 있기 때문에 시간과 인력이 부족하다는 이유였다. 한국이 현안 일괄타결을 위해 적극성을 보이고 있었다면, 일본은 준비부족 등을 이유로 협상에 적극적으로 나서지 않고 있었다.

양유찬 대표는 예비회담에 임하는 일본의 협상태도에 대해 여러 차례 지적했다. 1951년 10월 31일 요시다 총리를 방문해 일본의 성의를 거듭 요구하기도 했다. 그러나 요시다와의 면담 후에도 일본의 협상태도는 달라지지 않았다. 오히려 일본은 물리적인 시간 부족으로 대일평화조약 발효 전에 문제 해결은 곤란하다는 태도였다. 따라서 정식 한일회담을 1952년 봄에 개최할 것을 제안했다. 양유찬이 2월 개최안을 수락하는 대신 그동안 협의기구를 구성해 토의를 계속하자고 제안했지만 이마저도 '준비 부족'을 이유로 거절했다.[53] 이에 대해 양유찬은 일본은 협상이 진행될수록 성의가 없어지고, 한일협상을 통해 얻을 게 없다는 생각을 굳게 갖고 있다고 비판했다.[54]

일본이 이같이 지연전술을 구사한 이유는 분명했다. 주권을 회복한 후 협상에 임하겠다는 의도였다. 이는 일본도 독립된 '주권국가'로서 한국과 협상하겠다는 의미임과 동시에 '舊債'로부터 자유로워진 다음에 협상하겠

---

52) 『민주신보』 1951. 11. 24.
53) 주일대표부 대사 신성모가 외무장관에게, 「제6차 한일회의 경과 보고의 건」, 1951. 11. 8, 『한일회담 예비회담(1951. 10. 20~12. 4) 본회의 회의록 : 제1-10차, 1951』, 외교사료관.
54) Memorandum of Conversation, by the Office Charge of Korean Affairs, 1951.12.12, *FRUS*, 1951, Vol. 7, part 1, pp. 1311~1314.

다는 의미였다. 이를 위해 일본은 전면적인 국교 수립을 위한 우호조약 체결을 주장하고, 준비를 위해 내년 봄으로 회담을 연기할 것을 계속 주장하였다.[55]

한편 한일예비회담이 교착상태에 빠져있는 동안 독도를 일본영토라고 주장하는 보도내용이 알려져 파문이 일었다. 11월 24일자『朝日新聞』은 독도를 '竹島'라 칭하고 일본영토임을 주장하는 기사를 게재하였다.[56] 특파원과 사진기자 등이 연합국최고사령부의 여행허가 없이 11월 13일 독도를 답사한 내용과 사진이 함께 게재된 것이다. 이 기사는 한국의 즉각적인 반발을 사 공보처장은 일본의 '야욕'과 '망동'을 비난하는 성명을 발표하였다.[57]

이처럼 한일예비회담의 성과를 기대하기 어려워지자 양유찬은 한일 간에 합의해야 할 사항으로 다음과 같은 현안을 재차 강조하며 일본의 성의를 촉구했다. 재일조선인 대우와 법적지위 문제, 재일한국선박반환 문제, 재산 및 청구권 문제, 어업문제, 통상 및 항해 문제, 외교관계 수립문제 등이다.[58] 그러나 여전히 일본은 대일평화조약 발효 후 문제를 해결하자는 입장을 고수했다. 결국 교섭에 응하지 않는 일본의 제안을 받아들여 한일회담은 1952년 2월에 개최하기로 합의하였다. 그리고 일본은 한국의 요구를 반영해 2月 회담에서 국교수립 문제, 재일조선인 문제, 청구권 문제, 어업문제를 토의하기로 합의했다.[59]

시볼드도 한일예비회담 결과 일본이 한국의 요구를 일정 부분 수용했다는 내용의 전문을 국무부에 보냈다. 합의내용은 2월에 어업문제 토의, 모든 한국인들에게 수수료 및 정식 신청과 강제집행 없이 영구 거주권 부여, 재

---

55) 『민주신보』1951. 11. 25.
56) 『동아일보』1951. 11. 26.
57) 『민주신보』1951. 11. 27; 『부산일보』1951. 11. 28.
58) 『부산일보』1951. 12. 1.
59) 대일강화회담 대한민국대표단 부단장 김용식이 외무장관에게, 「제9차 한일회담 경과보고에 관한 건」, 1951. 12. 12, 『한일회담 예비회담(1951. 10. 20~12. 4) 본회의 회의록 : 제1-10차, 1951』, 외교사료관. 한편, 이 문서처럼 한일예비회담 관련 문서 중에는 한국 측 회담 대표들이 그 직위를 '대일강화회담 대한민국대표단'으로 사용하고 있는 문서들이 있다.

일조선인이 소유한 모든 재산을 당분간 유지하도록 허용하고, 외국인에게 허용되지 않는 소유재산은 통상항해조약 협상에서 안건으로 다루어질 것이며, 1945년 이전에 일본에 거주한 일부 교포들의 강제추방은 사전에 주일대표부와 협의할 것 등이었다.[60]

이로써 1951년 10월 20일 개막된 예비회담은 두 달여에 걸친 협상을 마무리하고, 1952년 2월 정식회담 개최 전까지 제반 문제를 협의하기로 하고 휴회에 들어갔다.

2. 평화선 선포와 한일어업분쟁

1) 평화선 선포 배경

1952년 1월 18일 한국은 이승만 대통령 이름으로 국무원 포고 14호 「인접해양에 대한 주권에 관한 대통령선언」을 발표하였다. '평화선'의 선포였다.

1. 대한민국정부는 국가의 영토인 한반도 및 도서의 해양에 인접한 海棚의 上下에 旣知되고 또는 장래에 발견될 모든 자연자원 광물 및 수산물을 국가에 가장 이롭게 보호 보존 및 이용하기 위하여 그 深度 여하를 불문하고 인접 해붕에 대한 국가의 주권을 보존하며 또 행사한다.
2. 대한민국정부는 국가의 영토인 한반도 및 도서의 해안에 인접한 해안의 상하 및 內에 존재하는 모든 자연자원 및 재부를 보유 보호 보존 및 이용하는데 필요한 左와 여히 한정한 연장해안에 긍하여 그 심도 여하를 불구하고 인접해안에 대한 국가의 주권을 보지하며 또 행사한다.

---

[60] Sebald to Korean Embassy, 1951. 11. 26, RG 84, Polad for Japan, Classified General Correspondence 1950~1952, Box. 57.

3. 대한민국 정부는 이로써 대한민국 정부의 관할권과 지배권에 있는 상술한 해양의 상하 및 내에 존재하는 자연자원 및 재부를 감독하며 또 보호할 수역을 한정할 좌에 명시된 경계선을 선언하며 또 유지한다. 이 경계선은 장래에 구명될 새로운 발견, 연구 또는 권익의 출현에 인하여 발생하는 신 정세에 맞추어 수정할 수 있음을 겸하여 선언한다.(중략)
4. 인접 해양에 대한 본 주권의 선언은 공해상의 자유항행권을 방해하지 않는다.[61]

한국은 어족자원을 보호하고 필연적으로 발생할 수밖에 없는 한일 간 어업분쟁을 사전에 방지하고자 평화선을 설정했다.[62] 그리고 국제적 선례로 1945년 9월 28일 트루먼 미국 대통령 선언과 뒤이은 중남미 각국의 선언을 들었다. 그런데 200해리 專管水域은 1970년대 이후부터는 국제적으로 정착되었지만, 이 시기에는 평화선처럼 200해리에 근접한 수역 설정이 아직 확립되지 않은 때였다. 따라서 평화선 선포는 일본의 반발을 샀다.

평화선 문제는 1950년대 한일 간 가장 폭발성 있는 쟁점이었고 한일회담의 중요한 키워드였다. 한일관계에서 가장 쟁점이 된 문제는 청구권 문제와 어업문제였다고 할 수 있다. 한일회담 과정에서 청구권 문제는 상호 청구권 주장으로 일찍감치 협상의 수면 아래로 잠복했지만, 평화선 분쟁은 양국 간 '자존심'이 더해져 무력충돌도 불사하겠다는 위험 수위에까지 다다랐다. 또한 평화선은 1950년대 후반에는 재일조선인의 북한 송환을 저지할

---

61) 외무부 정무국, 1954 『平和線의 理論』, 91쪽(이하 '외무부 정무국(1954)'로 표기함).
62) '평화선'이라는 용어는 이승만 대통령의 1952년 2월 8일 "획정선을 설치하는 주목적이 양국 간의 평화 유지"에 있다는 담화에서 비롯되었다(대한민국 공보처, 『대통령 이승만박사 담화집』 2집, 1952, 84쪽). 이후 한국은 '평화선'이라는 용어를 사용했지만, 일본은 평화선은 국제법상 불법이라 하여 '李라인'이라는 용어를 사용했다. 이승만은 '李라인'이라는 용어를 사용해서는 안 되며, '평화선' '어업선' 등으로 부를 것을 지시하였다(「이승만대통령이 김용식 주일공사에게 보낸 문서」, 1954. 4. 28, 『이승만대통령 문서철』, 국가기록원). 한편으로 일본이 사용하는 '李라인'이라는 용어 속에는 이승만의 反日인식과 태도에 대한 비난이 담겨 있다. 한일회담 과정에서도 일본과 미국은 한일회담의 중단, 결렬 등의 주요 책임을 이승만의 비합리적인 반일인식과 태도 탓으로 돌리곤 했다.

수단으로 등장했고, 박정희정권에서는 청구권문제 타결을 위한 희생양이 되었다. 청구권 문제 타결을 통한 한일협정 체결은 곧 평화선의 폐지와 對日어업정책의 대폭 양보로 나타났기 때문이다.

그동안 평화선은 이승만의 반일인식과 태도를 대표하는 상징 정도로 이해되었다. 이런 가운데 평화선의 성격과 기능에 대한 평가도 엇갈리고 있다. 오제연은 평화선은 어업규제선과 방위선, 對日압박 카드로 획정되었다가 1950년대 후반부터 대일협상 카드로 그 성격이 전환되었다고 한다. 그러나 '주권' 개념의 사용은 그 기능을 저해하는 요소가 되었다고 평가한다.[63] 이 연구는 평화선에 대한 본격적인 연구라는 점에서 의의가 있다. 그러나 평화선의 기능을 대일 압박·협상수단으로만 분석함으로써 평화선의 설정 목적을 제한적으로 이해하고 있다. 반면 후지이(藤井賢二)는 '이승만 라인'이 한국의 원양어업 발전을 위한 어장 확보를 목적으로 설정되었다고 주장한다. 또한 한일회담 과정에서 한국이 어업관할권을 주장하면서 평화선 수역에서 일본을 배제하려했음에도 일본은 양보를 거듭하며 한국을 배려하는 방안을 제시했는데 결국 3차 회담에서 한국이 교섭 거부를 선택했다고 비판한다.[64] 이 연구는 평화선이 선포된 이래 일본정부의 주장과 크게 다르지 않다. 즉, 한국의 평화선은 국제법상 불법이었으며, 오히려 한국은 일본의 '배려'에 '선의'로 회답하지 않았다는 것이다.

그러나 평화선은 한일관계의 핵심 키워드였기 때문에 설정 배경과 목표를 다각도로 분석해 제1공화국 시기 평화선 분쟁의 경과와 특징을 추출해야 한다. 그래야만 평화선 문제가 北送문제와 연동되는 문제, 청구권 문제 타결의 수단이 되는 이유를 분석할 수 있다.

평화선 구상은 1951년 어업 담당 실무부서인 상공부 수산국의 주도로 일

---

63) 오제연, 2005, 「평화선과 한일협정」『역사문제연구』 14, 역사문제연구소.
64) 藤井賢二, 2002. 10 「李承晩ライン宣布への過程に關する硏究」『朝鮮學報』185; 2004. 10 「李承晩ラインと日韓會談-第一次~第三次會談における日韓の對立を中心に-」『朝鮮學報』193.

본의 남획에 대처하고, 어족자원 보호를 위한 어업관할수역을 설정한다는 데서 출발했다. 평화선 선포의 실무 기초 작업은 당시 상공부 수산국장 지철근(池鐵根)이 주도했다.[65] 그는 당시 중앙수산시험장에서 근무 중이던 남상규(南相圭) 어로과장과 함께 어업관할수역에 대한 획선 작업에 들어갔다. 이렇게 완성된 어업관할수역안은 과거 일제 강점기 일본인들이 자원보호를 이유로 그은 트롤어업금지선을 기준으로 한일 양국 간 분규 소지가 큰 동남해안은 중간수역에 경계선을 설정하였다. 지철근은 이 안을 가지고 가 임철호(任哲鎬) 경무대 비서관과 김동조 외무부 정무국장에게 협조를 요청했다. 김동조는 일본과의 영토 분쟁을 차단하려면 어업관할수역안에 빠져있던 독도를 반드시 포함해야 한다고 강력히 주장했다. 애초 지철근이 독도를 관할수역에서 누락시킨 것은 일본의 반발을 의식해서였다고 한다. 즉, 어업관할수역안에 주요 어장이 모두 포괄되어 있고, 또 일제 강점기 트롤어업금지구역선을 기준으로 삼아 일본을 자극하지 않고 반발을 막기 위해서였다는 것이다.[66] 그러나 결국 외무부의 안대로 '독도'가 수역 안으로 들어오게 되었고, 이 안을 당시 외무부장관의 이름을 빌려 '卞榮泰 추가안'이라고 불렀다고 한다.[67] 또한 외무부는 주미대사관을 통해 각국의 어업 관련 선언 등의 자료를 이미 수집해놓고 있었다.[68]

이렇게 어업관할수역안은 관련 부처와의 협의를 거쳐 1951년 9월 7일 제98회 국무회의에서 '어업보호수역안'으로 의결되었다. 국무회의에서는 어업보호수역의 설정은 일본과 어업협정을 체결할 때 한국의 입장을 분명히 밝힐 수 있는 계기가 될 것이며, 대일평화조약 발효로 맥아더선이 자동 철

---

65) 지철근은 1914년 전남 고흥에서 출생해 1933년 普成高普를 졸업하고, 1936년 고등수산학교(현 北海道대학 수산학부)를 졸업했다. 해방 이후 1947년 농림부 수산국 행정관을 시작으로 상공부 수산국장을 역임했다. 이후 한일회담 어업분과위원회 대표로 활약한 어업 전문가이다(지철근, 앞의·책 참조).
66) 지철근, 위의 책, 120쪽.
67) 김동조, 1986 『회상 30년, 한일외교』, 중앙일보사, 16쪽.
68) 외무부가 주미대사에게, 「外政 제963호 : 어업문제에 관한 자료 송부 의뢰의 건」, 1951. 4. 9, 외교사료관.

폐되면 일본 어선의 무분별한 대거 침범이 예상되므로 맥아더선 철폐 전에 보호수역안이 선포되어야 한다고 의결하였다.[69] 이 어업보호수역안은 미국과 중남미 각국의 영해와 대륙붕에 관한 각종 주권선언 등의 자료와 함께 대통령에게 상신되었다.[70] 그러나 이승만은 어업보호수역안을 즉각재가하지 않았다. 그 이유는 명확하게 알 수 없으나, 이승만은 이 안의 내용이 어업보호수역 설정만을 목적으로 하는 것이 충분하지 않다고 생각했을 수 있다. 당시 이승만의 고문이었던 올리버(Robert Oliver)박사는 한국의 어족자원 보호와 어업 경쟁력 강화의 필요성을 미국의 여론에 호소하는 한편 이승만에게는 어선나포 중지 등 대일완화정책을 촉구했다고 한다. 이에 따라 이승만은 평화선이 미국 등 우방 선박의 통항을 제한하거나 어로작업을 통제하는 일이 없을 것이라는 점을 인식시키도록 외무부에 지시했다고 한다.[71] 이는 평화선 선포가 가져올 파장 중 미국의 반발을 의식하고 있었다는 뜻이다. 또한 이승만은 어업보호수역안을 단순히 '어업보호수역'의 의미뿐 아니라 해양에 대한 '주권선언' 차원에서 구상하고 있었다는 점을 알 수 있다. 그 결과 어업보호수역안에 대륙붕 이론이 가미되고 국방상의 안보문제까지 추가된 평화선이 설정되었다.

평화선은 네 가지 목적으로 설정되었다. 첫째 어족자원 보호, 둘째 한일 간 어업분쟁 방지, 셋째 영해와 대륙붕의 자연자원에 대한 보호와 주권 행사, 넷째 한일어업협정 체결 등이다.[72] 정치·군사적 기능과 경제적 기능을 동시에 설정한 것이다. 또한 평화선에는 독도를 포함해 최대 50~60리에 이르는 공해상의 일정수역도 포함되었다.

평화선의 첫 번째 목적은 어족자원 보호로 맥아더선 폐지에 따른 대응조

---

69) 대통령 상신문서, 「外政 제985호 : 어업보호수역 선포의 건」, 1951. 9. 8, 외교사료관. 평화선의 획정 과정에 대한 자세한 경과는 다음을 참조할 것. 지철근, 앞의 책, 1979, 109~129쪽; 유진오, 앞의 책, 126~127쪽; 김동조, 앞의 책, 16쪽; 원용석, 1965, 『韓日會談十四年』, 삼화출판사, 79~88쪽.
70) 대통령 상신문서, 「外政 제985호 : 어업보호수역 선포의 건」, 1951. 9. 8, 외교사료관.
71) 유진오, 앞의 책, 126~127쪽.
72) 외무부 정무국(1954), 앞의 책, 89~92쪽.

치였고, 한국 어업의 생존을 위한 자구책이었다. 기존의 평가처럼 평화선은 이승만의 고집이나 감정만으로 설정된 것이 아니었다.

1952년 대일평화조약 발효를 앞두고 그동안 한일 간 어업경계선 역할을 해왔던 맥아더선은 폐지될 예정이었다. 따라서 한국은 한편으로는 맥아더선 존속을 요구하고, 다른 한편으로는 맥아더선 폐지를 기정사실로 받아들이고 조치를 마련해나갔다.

연합국최고사령부는 한국의 요구에 대해 맥아더선은 단순히 일본의 어업활동을 제한하기 위한 경계선이었을 뿐 점령통치가 끝난 후에는 국제적으로 어떠한 합법적인 지위도 갖지 않는다는 점을 강조했다. 그리고 맥아더선의 효력을 지속시키자는 주장을 봉쇄하기 위해서라도 서둘러 맥아더선 폐지를 결정짓고자 했다.[73] 연합국최고사령부의 천연자원국 수산부장 헤링턴도 맥아더선은 연합국최고사령부와 운명을 같이할 것이라고 언명한 바 있었다.[74] 따라서 한국은 맥아더선의 폐지를 기정사실로 받아들이고 조치를 세워나갔다. 대응조치는 두 가지로 구상되었다.

一. 일본과 어업보호에 관한 조약을 체결할 것
二. 我國 연안에 어업에 관한 보호수역을 설정하여 此 수역 내에서는 我國의 주권이 어업에 관한 한 배타적으로 미치도록 할 것[75]

한일어업협정을 조속히 체결할 것과 사실상 맥아더선이 존속한 것과 같은 효과를 내는 보호수역을 설정한다는 구상이다. 평화선의 설정 목표와 정확히 일치하고 있음을 알 수 있다.

---

73) Memorandum of Conversation, 1952. 3. 17, RG 59, Decimal File, 1950~1954, 694.001 Series, Box. 3017. 대일평화조약 발효를 앞두고 연합국최고사령부는 1952년 4월 25일자 각서로 맥아더선의 폐지를 정식 통고했다.
74) 『경향신문』 1950. 2. 28; 『상공일보』 1950. 4. 20, 『자료대한민국사』.
75) 외무부 정무국(1954), 앞의 책, 56쪽.

한국이 맥아더선 존폐문제에 관심을 둔 이유는 한국 어장에 대한 일본 어선들의 무분별한 남획 때문이었다. 戰前 일본 선단은 세계 주요 어장을 휩쓸었고, 미국을 비롯한 연안국가들의 피해도 컸다. 일본 선단은 베링해, 오호츠크해, 사할린 연해, 대만해협, 한국 연안, 동지나해, 황해, 통킹만 해협, 인도양 등 세계 주요 어장을 휩쓸다시피 하고 있었다.[76] 따라서 1945년 1월 미 국무부 육해군연합위원회는 일본 어업에 대한 기본방침을 마련했고 이것은 종전과 함께 맥아더에게 전달되었다. 거기에는 미국에 가까운 해역과 미국의 위임통치지역에 가까운 해역, 연합국 관할하의 해역에는 관계국의 사전허가가 없는 경우 어로를 허가하지 말고, 미국의 자원보호와 연안어업에 관한 정책과 규정을 지키게 할 것 등의 내용이 들어있었다.[77]

이에 따라 연합국최고사령부는 1945년 8월 20일 일본 어선의 전면적인 조업금지를 명령했다. 이어 9월 14일에는 목조선에 한해 일본 연안으로부터 12마일 이내에서만 조업을 허용하였다.[78] 갑작스런 어로제한 조치에 일본 어민들은 규제 완화를 요청하였다. 이에 따라 9월 22일 SCAPIN 제69호로 일반어선, 포경어선, 트롤어선, 活鮮魚운반선의 조업과 항해가 허용되었다. 이어 9월 27일 미국 제5함대 사령관 이름으로 어로구역을 규정한 SCAPIN 80호가 공포되었다. 이른바 '맥아더선(MacArthur Line)'이 설정된 것이다. 북으로는 사할린, 쿠릴열도, 알류산군도, 서쪽으로는 한국 근해 및 동지나해, 남쪽으로는 대만 부근의 출어가 금지되었다. 특히 일본 선박은 독도의 3해리 이내로 접근하지 못하며, 조난 기타 긴급한 일에도 한국 당국의 허가가 없으면 상륙하지 못하게 되었다.[79] 이로써 일본 어업계는 큰 타격을 받게 되었다. 일본에서 원양어업에 종사하던 대형 선단들이 연근해어업으로 전환할 수밖에 없게 되어 한일 간 어업분쟁의 소지는 크게 높아지게 되었다.

---

76) 지철근, 앞의 책, 92쪽.
77) 외무부 정무국(1954), 앞의 책, 47~48쪽.
78) 지철근, 위의 책, 89쪽.
79) 외무부 정무국(1954), 위의 책, 50쪽.

한국은 맥아더선이 한일 간 어획구역을 구분해서 일본선박의 한국 어장 침범을 방지해주게 되었다고 환영했다.[80] 당시 한국과 일본의 어업수준은 천양지차였다. 한국의 어선은 대부분 범선 혹은 소형 목선인 데 반해 일본 어선은 대다수가 철선이었다. 어구 등의 차이는 말할 것도 없었다. 일본 어선들은 이 같은 어업 우위력을 앞세워 제주도와 대흑산도 인근까지 침범해 한일 양국 어민 간 충돌이 잦았다. 따라서 한국이 맥아더선 설정을 환영한 것은 당연한 일이었다.

그러나 결과적으로 맥아더선은 한국의 영세한 어민들을 보호하는 데 기대만큼 충분치 않았다. 일본의 끈질긴 요구로 일본 연안을 기점으로 어업구역이 확장되었고, 맥아더선을 침범하는 일본 어선들에 대한 규제조치도 형식적이었기 때문이다. 연합국최고사령부는 맥아더선을 위반하는 일본 어선들에 대한 단속과 처벌을 일본정부에 위임해놓고 있었기 때문에 실질적인 단속과 처벌은 이루어지지 않았다. 또한 1948년 7월 28일 주한미군정청은 맥아더선을 침범한 일본 어선들에 대해 이를 감시하고 보고만 하도록 하고 나포를 금지했다.[81] 이 같은 미군정의 조치는 사실상 맥아더선의 폐지나 다름없었다.

그리고 맥아더선은 일본의 요구로 1945년 11월 30일, 1946년 6월 21일, 1949년 9월 19일 세 차례나 확장되었다.[82] 이에 대해 요시다 총리는 1949년 9월 30일 맥아더 사령관에게 어업통제 완화와 어업수역 확대에 대한 감사 편지를 보내기도 했다. 이 조치로 일본의 식량사정이 완화될 것이며, 수출무역에도 이바지할 것이고 앞으로도 국내법과 국제규칙을 잘 지킬 것을 맹세한다는 내용이었다.[83]

---

80) 『시정월보』 제3호, 1949. 1, 58~59쪽, 『자료대한민국사』.
81) 외무부장관이 주일대사에게, 「外政 제33호 : 맥아더선 어구 확정 어장 확장에 관한 건」, 1949. 5. 30, 외교사료관.
82) 외무부 정무국(1954), 앞의 책, 48~49쪽.
83) 袖井林二郎, 2000 『吉田茂-マッカーサー往復書簡集 1945~1951』, 法政大學出版局, 279쪽.

한국에서는 맥아더선 확장에 반대해 1949년 6월 10일 '호국학도비상궐기대회'가 개최되었다. 이 자리에서는 미국의 對韓군사원조 요구와 더불어 맥아더선 확대를 결사반대한다는 결의가 채택되었다. 같은 날 대한국민회 광주지부는 '38선 철폐 광주국민대회'를 개최하고 맥아더선 확대반대 결의문을 채택하였다.[84] 6월 13일에는 국회에서 맥아더선 확대반대를 결의하는 긴급동의안이 제출되었다. 맥아더선의 확장은 한국의 '민족적 생명선의 위협'이라는 것이 이유였다. 또한 맥아더선 확장은 일본의 침략야욕을 고취시키는 발판이 될 것이라고 경고했다.[85] 이처럼 맥아더선 확대에 반대하는 시위는 전국적으로 확대될 기미를 보이기 시작했다. 결국, 연합국최고사령부는 주일대표부를 통해 현 맥아더선을 한국에 불리하게 변경할 의사가 없다는 뜻을 전달해왔다.[86] 그러나 이는 임시방편이었을 뿐 연합국최고사령부는 곧이어 일본 수역을 확대해주는 조치를 취했다.

일본은 이 같은 어업수역 확대조치와 형식적인 단속에 힘입어 1945년 182만 톤이던 어획량이 계속 증가해 1950년에는 337만 톤으로 이미 戰前 수준으로 회복세에 들어갔다. 1952년에는 482만 톤으로 戰前 최고기록인 1939년 433만 톤을 능가하게 되었다.[87] 이 중 평화선 수역 내 연간 어획량은 약 23만 톤 2,600만 달러 상당이었다.[88] 맥아더선과 평화선 설정에도 불법적인 남획과 한국 연근해를 침범해 조업한 결과였다.

반면 해방 이후 한국의 총 어획량은 연간 30만 톤 내외였는데,[89] 일본의 맥아더선과 평화선 수역 내 어획량만 23만 톤가량이었다고 하니 한일 간

---

84) 『동아일보』 1949. 6. 11; 『호남신문』 1949. 6. 12, 『자료대한민국사』.
85) 『제1대 제3회 제16차 국회 본회의 회의록』, 1949. 6. 14.
86) 『경향신문』 1949. 9. 23, 『자료대한민국사』.
87) 和田正明, 1965 『日韓漁業の新發足』, 水産經濟新聞社, 29쪽(지철근, 앞의 책, 93쪽에서 재인용).
88) 강석천, 「韓·日間의 漁撈問題」, 『신천지』 통권 58호, 1953. 12, 30쪽; 日本水産廳 編, 1953 『水産業の現況』(민주공화당 선전부, 1964 『韓日國交正常化問題-韓日會談에 관한 선전자료 보완판(一)』, 72·75쪽에서 재인용).
89) 강석천, 위의 글, 30쪽.

어업 격차가 얼마나 컸는지 알 수 있다. 또한 일본의 주장에 따르면 1947년부터 1965년까지 한국이 나포한 일본 선박은 325척이었다. 이 중 맥아더선 존속 기간인 1947~1951년까지 나포된 선박은 근 100척으로 전체 나포 어선의 약 1/3에 가깝다.[90] 그러나 이 같은 나포 수는 연간 불법 월선 어선의 0.7%를 밑도는 수준이었다. 한국 경비정이 일본 어선의 성능을 따라잡을 수 없었기 때문이었다. 또한 일본 어선들은 수산청 경비선의 경호를 받으면서 50~60척 또는 백 수십 척씩 모선식 대선단을 조직하여 경비선은 한국 경비상황을, 각 어선은 각자의 위치와 조업상황을 상호 무전연락을 통해 주고받으며 불법 어로활동을 벌였다. 이들은 제주도 우도 근처, 거문도 앞바다 등 한국 영해 깊숙한 곳까지 침범을 일삼았다.[91] 따라서 한국 어민들은 맥아더선 불법 월선에 대한 강력한 처벌을 요구할 수밖에 없었다. 더구나 한국은 한국전쟁으로 수산물 제조시설의 75%, 제빙시설의 66%, 漁港시설 28%, 어선 10%, 어망 어구 30% 등 총 3,085만 달러라는 막대한 피해를 보았다.[92] 따라서 한국 어민들의 생존문제는 심각한 지경에 이르게 되었다. 한국이 맥아더선 유지를 강력하게 요청하고, 맥아더선 폐지를 앞두고 평화선을 전격적으로 선포한 것은 한국 어업계의 '생존'이 걸려있었기 때문이다.

이처럼 한국에 있어 맥아더선은 생존을 위한 생명선이자 對日어업경계선이었다. 따라서 맥아더선을 둘러싼 한일 간 어업분쟁은 급기야 한국이 적극적인 대응조치의 일환으로 일본 어선을 나포하는 상황으로까지 이어졌다. 일본 어선 나포를 둘러싸고 한일 간 분쟁이 고조되자 연합국최고사령부는 일본 어선 나포를 금지하고, 맥아더선을 침범한 일본 어선에 대해서는 경고와 더불어 연합국최고사령부에 보고하도록 규정했다.

---

90) 『부산일보』, 1951. 4. 10; 鹿島平和硏究所 編·吉澤淸次郎 監修, 1973, 『日本外交史 28-講和後の外交(Ⅰ) 對列國關係(上)』, 鹿島硏究所出版會, 27·56쪽.
91) 이명환, 1953. 12 「海洋主權線의 危機」『신천지』통권 58호, 20~21쪽.
92) 강석천, 앞의 글, 30쪽.

1950년 1월 12일 한국 해군은 제주도 서귀포 남쪽 해상에서 맥아더선을 침범해 불법 조업을 하고 있던 일본어선 5척을 나포하였다. 일본 언론은 이 사건을 비중 있게 보도하며 일본 수산청에서 한국 해군에 나포된 일본 어선과 어획물에 대해 약 1억 원의 배상을 요구할 것이라고 보도했다. 즉, 1월 9일부터 21일까지 일본어선 6척이 나포되었고, 27일에도 2척이 동지나해에서 나포된 사건이 있었는데 이에 대한 손해배상을 청구할 계획이라는 것이다.[93] 일본이 손해배상 청구 계획 등을 언론에 흘리면서 한국을 압박하는 가운데 연합국최고사령부는 한층 강경한 태도를 보였다.

　연합국최고사령부는 한국 해군의 일본어선 나포에 대한 경고로 1950년 1월 27일과 28일경에 미국 구축함을 맥아더선 경계해역으로 보낼 것이라고 발표했다. 구축함에 공해상의 일본 선박을 방해하는 한국 해군 선박을 체포하라는 명령을 내릴 계획이라고 발표했다. 이에 이승만대통령은 국방부장관에게 1월 27일부터 맥아더선을 넘어오는 일본 어선을 나포하지 말라고 지시했다. 미국의 무력시위로 한국 해군은 3마일까지의 영해만을 경비하고, 영해를 침범하지 않는 한 맥아더선을 넘어오는 일본 어선은 나포하지 않고 그 船名과 톤수, 위치 등을 연합국최고사령부에 보고하기로 하였다. 임병직 외무부장관도 맥아더선을 침범한 일본 어선을 연합국최고사령부에 통보하면 이 어선의 어업허가권을 취소하기로 결정되었다고 덧붙였다.[94] 연합국최고사령부의 강경한 태도에 한국이 한발 물러선 것이다.

　연합국최고사령부의 무력동원 시위는 한국에 대한 '경고'였다. 한국이 계속해서 일본 어선을 나포하는 행위에 대한 경고이자 수차의 나포 중지 권고에 따르지 않은 것에 대한 경고였던 것이다. 이에 이승만이 직접 나서 연

---

93) 『서울신문』 1950. 1. 29, 『자료대한민국사』.
94) 『자유신문』 1950. 2. 5, 『자료대한민국사』. 연합국최고사령부가 무력동원 계획으로 압박한 것은 일본어선 나포에 대한 항의 서한에 대해 한국이 회신하지 않았기 때문이기도 했다. 1950년 1월 27일 이승만대통령은 기자회견을 통해 일본어선 나포와 관련한 연합국최고사령부의 항의서한에 대한 회신이 늦어진 이유를 해명했다. 즉, 주일대표부가 연합국최고사령부의 항의를 본국에 늦게 전달하는 바람에 지체되었다는 것이었다(『서울신문』 1950. 1. 28, 『자료대한민국사』).

합국최고사령부에 사과의 뜻을 전달하고, 나포 중지명령을 내렸던 것이다. 연합국최고사령부의 항의에 대한 답변도 1월 28일자로 회신되었다. 이 각서의 내용은 일본에 맥아더선 준수 요구, 향후 일본의 위반사실을 연합국최고사령부에 통고하며 비상사태를 제외하고는 나포는 하지 않을 것이라는 내용이었다.[95] 그러나 나포 문제는 맥아더선이 철폐되고 평화선이 선포된 후에도 계속되었고 한일회담의 가장 뜨거운 쟁점으로 부상하였다.

다음으로, 평화선은 한일 간 어업분쟁을 사전에 방지하고 어업협정 체결을 목표로 설정되었다. 1951년 9월 8일 체결된 대일평화조약 제9조는 일본이 관련 국가들과 조속한 시일 내에 어업협정을 체결하도록 규정하였다. 한국은 비록 연합국의 일원으로 서명국이 되지는 못했지만, 몇몇 조항의 수혜국으로 규정되었고 어업협정도 그중 하나였다. 이에 따라 한국은 1951년 10월 한일예비회담이 개최되자 일본에 조속한 어업협정 체결을 요구했다. 그러나 일본은 준비 부족을 이유로 응하지 않았다. 일본은 현재 미국·캐나다와 어업협상을 진행 중이고, 인도네시아 및 호주로부터 교섭을 받고 있기 때문에 이들과 순서대로 협의해야 한다고 주장했다. 상황이 이렇다 보니 어업 전문가도 부족해서 1952년 2월 한일회담이 정식으로 시작되도 한국과 교섭을 시작할 수 있을지 의문이라고 회의적인 태도를 보였다.[96] 그리고 어업협정이 체결되지 않더라도 맥아더선이 폐지되면 국제법상 공해 자유항해원칙을 따르면 된다고 생각하고 있었다. 따라서 한국과의 어업협상은 우선순위에서 밀릴 수밖에 없었고, 실질적인 측면에서도 어업협상을 서두를 이유가 없었다. 그동안 일본을 괴롭혀온 맥아더선이 조만간 폐지되면 한국과의 어업 마찰은 더이상 발생하지 않을 것이라고 생각했기 때문이다. 비록 한국의 강력한 요구로 일본은 한일회담이 정식으로 개시되는

---

95) 『Joint Weeka 5』, 1950. 2. 5, 212~215쪽.
96) 주일대표부 대사 신성모가 외무장관에게, 「제8차 한일회담 경과보고에 관한 건」, 1951. 11. 24, 『한일회담 예비회담(1951. 10. 20~12. 4) 본회의 회의록 : 제1-10차, 1951』, 외교사료관.

1952년 2월에 어업문제도 토의한다는 데 동의했지만 성과를 기대하기는 어려웠다. 따라서 평화선 선포는 이런 상황을 배경으로 한 것이었다는 점을 주목해야 한다. 형식적이나마 양국 간 어업경계선 역할을 해온 맥아더선 폐지가 박두해오고 있었고, 일본이 어업협상에 관심과 성의를 보이지 않고 있던 상황에서 절대 열세에 놓인 한국의 어업을 보호하려는 조치가 필요했던 것이다.

이와 같은 한국과 일본의 어업협정에 대한 태도는 양국의 조건을 그대로 반영하고 있다. 한국은 일본보다 선박·漁具 등이 뒤떨어져 있었고, 맥아더선까지 폐지된다면 영세한 어민들의 어로활동을 보호해주기는 거의 불가능해질 상황이었다. 따라서 조속한 어업협정 체결이 필요했다. 그러나 예비회담에서 일본의 불응으로 어업협상이 진행되지 못하자 평화선 선포를 통해 어업협정 체결을 요구하고 협정 체결 이전까지라도 한일 간 어업분쟁을 방지하고자 한 것이다. 또한 선언 3항에서 강조했듯이 평화선이 항구적인 경계선이 아니라 수정 가능한 경계선이라는 점에서도 한국이 한일어업협정 체결을 염두에 두었다는 점을 확인할 수 있다. 따라서 1차 한일회담 개막을 앞둔 상황에서 평화선은 일본의 성의를 촉구하는 협상수단이었던 셈이다.

평화선 설정 목적에서 주목할 것은 당시 해양에 관한 국제적 추세를 반영하고 있었다는 점이다. 평화선은 애초 어업 관할·보호수역 안으로 구상되었다가 "확정된 국제적 선례에 의거해" 주권선언으로 선포되었다. 미국과 중남미 각국은 해양주권선언과 대륙붕의 관할권을 주장하는 선언을 앞다투어 선포하고 있었다. 대륙붕(continental shelf) 이론은 공해상의 천연자원, 특히 석유자원을 개발하기 위한 필요성으로부터 출발했다.[97] 1945년 9월 28일 미국 트루먼 대통령은 '대륙붕에 관한 선언'과 '미국 주변 공해의 일정수역에 있어 어업에 관한 정책'을 선언했다. 전자는 미국 연안 대륙붕

---

97) 외무부 정무국(1954), 앞의 책, 6쪽.

의 천연자원을 미국에 귀속시키고, 타국과 공유되어 있는 경우 관계국과 협의하여 경계선을 설정하며, 공해 자유항해원칙을 방해하지 않는다는 내용이었다. 후자는 어족자원을 보호해 공해상 어업의 지속적인 생산성을 유지하고자 공해의 일정수역에 어업 보존수역을 설정한다는 것이다. 미국의 선언을 시작으로 멕시코, 칠레 등 중남미 각국이 대륙붕 상의 주권과 어업 관할수역 설정을 선언했다.[98] 한국은 평화선을 선포하기 전 이 같은 각국 사례를 자세히 검토하였고, 특히 미국의 트루먼선언에서 시사받았다.

그러나 일본은 트루먼선언과 달리 평화선은 타국의 어업 기득권을 무시하고 일방적으로 폐쇄적인 어업수역을 설정했다고 비판했다. 또한 칠레·페루·코스타리카 3국은 미국의 선언에 자극받아 200해리 공해상까지 주권을 확장했지만, 이는 트루먼선언을 부당하게 확대한 것으로 국제법상 용인될 수 없다고 주장했다.[99] 그러나 당시 유엔 국제법위원회가 국제적 추세를 반영해 대륙붕에 대한 연안국의 권리에 '주권'이라는 용어를 쓰기 시작한 점에 일본도 주목하고 있었다.[100]

미국을 비롯한 세계 다수 연안국가가 대륙붕의 자원개발에 관심을 두고 주권을 선언하고, 공해상의 일정수역에 대한 관할권을 주장한 것은 평화선 선언과 크게 다르지 않다. 그러나 일본은 대륙붕 이론은 아직 국제법상 확립되지 않았으며, 미국과 여타 국가들의 사례가 다르다는 이유로 평화선을 인정하지 않았다.

마지막으로 검토할 것은 평화선의 '주권' 개념의 문제이다. 일본은 한국이 평화선 선포 직후인 1952년 2월 8일 '주권 선언'이 국제법상 위법임을 인정하고 스스로 철회했다고 주장했다.[101] 오제연은 이승만이 평화선을 대

---

98) 외무부 정무국(1954), 앞의 책, 8~16쪽, 29~31쪽; 參議院 法制局, 1952, 『李承晚ラインと朝鮮防衛水域』, 12~14쪽.
99) 參議院 法制局, 위의 책, 6~7쪽.
100) 國會圖書館 調査立法考査局, 1953, 『李承晚ラインと朝鮮防衛水域』, 1쪽.
101) 參議院 法制局, 위의 책, 1쪽; 藤井賢二, 앞의 논문, 10쪽, 114~115쪽.

일 압박카드로 사용하려고 '주권'의 개념을 집어넣은 것은 실책이었으며, '주권'과 '영해' 문제를 둘러싼 논란을 불러일으킴으로써 평화선의 존립 자체를 근본적으로 위협한 것으로 평가했다.[102] 이를 종합하면 평화선에 '주권' 개념을 사용한 것이 문제였고, 한국정부도 이를 시인해 철회함으로써 평화선의 존립 근거를 스스로 부정했다는 것이다.

한국정부가 주권 행사를 철회했다는 근거가 된 것은 다음과 같다.

> (가) 우리는 과거나 현재나 공해 항해자유의 원칙을 방해할 의사는 조금도 없는 것이며, 오직 인접해양상의 주권이라는 어구 표현이 부정확하였던 고로 오해가 생긴 모양이다. 우리의 한 가지 목적은 타국의 주권이나 기타 이익을 손상하는 일 없이 海中자원 및 어업을 보호하기 위하여 인접해양상에 공평한 분할선을 설정하므로써 한일 양국 간의 평화와 우의를 유지하려는 것이다.[103]
>
> (나) 대통령선언에 그 접근한 海面에 대한 國權이라는 조건이 오해에서 생긴 것이니 이것이 어려운 문제를 공연히 만드러 노흔 것이니 대통령선언 2669호 1952년 1월 18일에 발포된 중에 내가 선언한 것은 우리 해상에 국권을 확장한다는 것은 꿈에서 생각이 업든 것이며 이것을 번역하는 사람이 잘못했든지 내가 불를 때 실수해서 잘못되엇든지 해서 당초에는 내 생각에 업든 문제를 내가지고 日人의 구실를 만드러주어서 한국대통령은 그 나라의 국권을 六十哩박게 까지 차지하려 한다는 말 안되는 소리를 냇고 또 일인들이 만국재판소에 제기한다는 것과 국제공법에 건다는 친일하는 자의 언론을 만드러주었고…(후략)[104]

---

102) 오제연, 앞의 논문, 41~42쪽.
103) 대한민국 공보처, 1952 「隣接海洋主權宣言에 對하여 敷衍」 『대통령 이승만박사 담화집 제2집-경제편·외교편·군사편·문화·사회편』, 85쪽.
104) 「이승만대통령이 김용식 주일공사에게」, 1954. 4. 28, 『이승만대통령 문서철』, 국가기록원.

위 내용 중 (가)번 인용문이 한국이 '주권'을 철회한 근거로 이용되고 있다. (나)번 인용문도 시기만 다를 뿐 같은 내용임을 알 수 있다. 위에 따르면 한국의 '주권' 선언은 영해 밖의 인접 해양, 즉 공해상 보호수역의 설정 필요성과 이 수역에 대한 관할권과 관리권 행사의 의미였다. 따라서 일본이 주장하는 영해 확장설은 오해 또는 왜곡에서 비롯되었음을 강조하고 있다. 그러나 대륙붕에 대한 주권선언에 대해서는 언급하고 있지 않다. 한일 간 평화선 논쟁은 水界 자원에 집중되었을 뿐, 일본도 해저자원에 대해서는 별다른 반박을 해오지 않았다. 따라서 주권 철회라기보다는 일본의 영해 확장설에 대한 대응 내용이었다. 평화선은 어족자원 보호를 위한 공해상의 경계선으로 한일 간 어업력 격차에 따른 어업 분쟁 방지선이었다. 일본은 이런 격차를 인정하지 않은 채 한국이 불법적으로 영해를 확장하였을 뿐 아니라 일방적으로 경계선을 설정했다고 비난했다. 그러나 일방적 조치설도 이미 한국이 한일예비회담 당시부터 어업협상을 요구했다는 점에서 근거가 부족했다. 따라서 한일 양국이 평화선 문제를 해결하고자 한다면 평화선 설정 목적으로부터 협상이 시작되어야 했다.

2) 한일어업분쟁 고조

제1공화국시기에는 총 4차례의 한일회담이 개최되었는데, 평화선 논쟁과 어업문제는 최대 쟁점 중 하나였다. 양국 간 평화선 논쟁은 평화선과 트루먼선언의 공통점과 차이점, 일본이 미국·캐나다·소련 등과 체결한 어업협정과의 형평성 문제에 집중되었다. 이는 평화선의 국제적 적법성에 대한 법리논쟁과 일본의 어업협상에 대한 이중적 태도에 대한 논쟁이었다.

한국은 1차 한일회담을 앞두고 평화선을 선포했지만 평화선을 항구적인 경계선으로 설정한 것은 아니었다. 평화선 선포 내용에는 분명히 "이 경계선은 장래에 구명될 새로운 발견, 연구 또는 권익의 출현에 인하여 발생하는 新 정세에 맞추어 수정할 수 있음을 겸하여 선언한다."라고 되어 있었다. 이는 한일 간 어업협정 체결을 염두에 둔 것이었다. 한국은 한일예비회담이 개최되자 조속한 어업협상 체결을 요구했지만, 일본은 준비 부족을 이유로 어업협상에 응하지 않았다.

일본과의 어업협상 가능성이 멀어지자 한국은 평화선을 선포했다. 일본은 즉각 반발해 1952년 1월 18일 일본 외무성은 항의 구상서를 한국정부에 전달했다. 요지는 평화선은 공해상의 자유 원칙에 어긋나므로 수용할 수 없으며, 일본정부는 대일평화조약에 의거하여 한국과 어업협상을 할 용의가 있었는데도 한국의 일방적인 평화선 선포는 일본의 선의에 찬물을 끼얹는 행위라고 비난했다. 더구나 평화선은 다케시마 또는 리앙쿠르 岩(Liancourt Rocks)으로 알려진 일본 영토를 침범했다고 주장했다.[105] 일본은 평화선 선포를 이 시기 한일관계에 불을 당긴 가장 도발적인 행위로 받아들였다.[106] 이에 대해 한국은 일본의 영해확장설은 오해 또는 왜곡에서 비롯되었다고 강조했다. 평화선은 맥아더선과 같이 일본어선의 출어 구역을 제한하는 것이 아니며, 영해를 확장한 주권 선언이 아니라 어업보호수역에 대한 관할권 선언이었다는 점을 강조했다.[107] 그러나 대륙붕에 대한 주권선언에 대해서는 일본도 이의를 제기하지 않았다. 또한 한국의 일방적 조치설도 평화선이 한일어업협정 체결을 목적으로 설정되었고, 이미 한국은 한일예비회담 당시부터 어업협상을 요구했기 때문에 일본의 주장은 근거가 없는 셈이었다. 그리고 한국은 일본의 독도 영유권 주장에 대해서는 더는 언급할 가치가 없는 문제라고 일축했다.[108] 특히 독도를 탐사했던 한국산악회는 일본의 독도 영유권 주장에 대해 역사적 근거를 들어 즉각 논박하는 등 한국에서는 평화선 선포를 적극 환영했다.[109]

---

105) 외무부, 1977「日側 口述書」, 1952. 1. 28, 『독도관계자료집(Ⅰ)-왕복외교문서(1952~76)-』, 1~2쪽.
106) 石丸和人・松本博一・山本剛士, 1983『戰後日本外交史Ⅱ 動き出した日本外交』, 三省堂, 298쪽.
107) 대한민국 공보처, 「隣接海洋主權宣言에 對하여 敷衍」, 앞의 책, 85쪽; 『동아일보』1952. 1. 27.
108) 외무부, 「我側 口述書」, 1952. 2. 12, 위의 책, 3~6쪽.

한편, 평화선 선포에 대한 여타 국가의 반응도 제각각이었다. 미국은 1952년 2월 11일 공해상의 자유항해원칙에 어긋난다며 평화선 선포에 강력히 반대했지만, 호주와 노르웨이는 깊은 관심을 표명하면서 주일대표부에 평화선 선포문의 사본을 요청해왔다.[110] 특히 호주는 일본과 어업협상을 진행 중이었기 때문에 평화선 선포에 깊은 관심을 나타냈다. 이후 호주와 일본의 어업협상은 결렬되었고, 호주는 1953년 9월 11일 인접 대륙붕에 대한 주권을 선언하고 어업관할구역을 설정하였다. 일본은 호주의 이 같은 조치에 대해 공해상의 자유항해원칙에 어긋난다며 즉각 반발하고 국제사법재판소에 제소할 것을 요구했다.[111] 일본은 비단 한국만이 아니라 호주를 비롯해 소련, 중공, 대만 등 인접 국가들과도 끊임없이 어업분쟁을 일으키고 있었다.

한일 간 평화선을 둘러싼 공방이 이어지는 가운데 1952년 2월 15일 제1차 한일회담(1952. 2. 15~4. 21)이 동경에서 개최되었다. 일본이 먼저 전문 11조로 이루어진 「어업에 관한 일본국정부와 대한민국정부간의 협정안」을 제시했다. 그 핵심은 평화선을 인정하지 않으며, 공해 자유항해원칙은 지켜져야 한다는 것이었다. 특히 한국이 설정한 평화선 수역은 한류와 난류가 교차하는 수역으로서 각종 어족이 풍부하기 때문에 고부가가치의 어장이라는 점을 강조했고, 따라서 평화선을 인정할 수 없다는 점을 제안 이유로 설명하였다.[112] 평화선 선포 당시 이 해역에서 어업에 종사하는 일본 어선과 어민은 서일본을 중심으로 약 2,500척, 4만 명에 달했다고 한다.[113] 일본이 평화선 선포에 반발한 가장 큰 이유가 중요 어장을 상실하게 될 위험성 때문이었음을 알 수 있다.

---

109) 『경향신문』1952. 1. 27;『동아일보』1952. 1. 29.
110) 『경향신문』1952. 2. 2
111) 國會圖書館 調査立法考査局, 앞의 책, 16~20쪽.
112) 「漁業に關する日本國政府と大韓民國政府との間の協定案」「漁業に關する日本國政府と大韓民國政府との間の協定案の提案理由說明」, 1952. 2. 20,『한・일 어업협정안, 1952~54』, 외교사료관.
114) 石丸和人・松本博一・山本剛士, 앞의 책, 299쪽.

일본 측 제안에 대한 한국의 질의로 시작된 어업협상은 1951년 12월 일본·미국·캐나다 3국이 합의하고 1952년 5월 9일 조인될 예정인 어업협정에 대한 해석 문제로 옮아갔다.[114] 이 협정의 3조 1항 (a)는 일본은 "5년간 일정한 魚種에 관하여 자발적으로 어업활동을 억제한다."라는 것으로 어업관할권에 관한 문제였다. 한국은 미국과 캐나다에는 어업관할권을 인정해주고, 한국에는 공해자유원칙을 들어 이를 인정해주지 않는 일본의 이중적 태도를 비판했다. 일본은 미국과 캐나다의 어업관할권에 관해 "긍정도 부정도 않는다."라고 애매하게 설명하고, 한국에는 '자발적 억제'를 고려할 수 없다고 주장했다. 그러나 이미 일본 내에서도 미국·캐나다와 체결한 협정이 아시아 국가들과의 어업협상에 악영향을 줄 것이라는 우려가 있었다.[115] 일본은 미국·캐나다 외에 이후 소련·중공 등과의 어업협정도 일본에 불리한 내용으로 체결하였다. 그런데 유독 한국과의 어업협상에서는 한 치의 양보도 하지 않으려는 태도는 일본 내에서도 이중적 태도로 비판받았다.[116]

3월 20일 한국도 어업관할권의 상호 존중을 주장하는 한국 측 어업협정안을 제시했다. 상호 어업관할권 존중, 상호 간 관심이 있는 어족자원의 보존과 개발에 관한 공동조치의 결정, 공동조치를 위임할 국제공동위원회 사업 유지 등을 원칙으로 제시하였다.[117] 애초 한국 측 안에 대해 일절 태도 표명을 보류하겠다던 일본은 태도를 바꿔 11개 항의 서면질의서를 한국에 제출했다. 그러나 한국의 어업관할권 존중, 즉 평화선 인정 요구와 일본의 공해 자유항해원칙에 기초한 평화선의 불법성 주장이 접점을 찾지 못한 채 1차 한일회담의 중지로 어업협상도 중단되었다.

---

114) 3국 어업협정안은 다음을 참조할 것. 외무부, 1958, 『한일관계참고문서집』, 225~234쪽.
115) 小田滋, 1954. 2「公海漁業の統制-資源の保存と獨占」『ジュリスト』51, 有斐閣, 6~7쪽(藤井賢二, 앞의 논문, 2004, 124쪽에서 재인용).
116) 寺尾五郎・佐藤勝巳, 1965『日本の漁業と日韓條約』, 朝鮮研究所, 50~52쪽.
117) 「漁業에 관한 大韓民國政府와 日本政府의 協定案」「漁業에 관한 大韓民國政府와 日本政府의 協定案의 提案理由說明」, 1952. 3. 30, 『한·일 어업협정안, 1952~54』, 외교사료관.

이처럼 한일어업협상은 평화선의 네 가지 설정 목적 중 가장 기본이 된 어족자원 보호와 한일 간 어업분쟁 방지보다는 영해와 대륙붕에 대한 국제적 추세와의 공통점과 차이점, 일본이 미국·캐나다와 체결한 어업협정과의 형평성 문제 등에 집중되었다. 이것은 해양법에 관한 국제적 추세가 변화되는 과정이었기 때문에 관례와 새로운 해석을 둘러싸고 의견이 대립한 탓이었다. 또한 한일어업협상이 평화선과 트루먼선언과의 공통점과 차이점 해명으로 점철된 것은 양국 모두 미국의 지지와 원조를 기대했기 때문이다. 여기에다 일본이 여러 국가와의 어업협정 체결에서 보여준 태도가 일관되지 않은 채 이중적이었고, 유독 한국에만 강압적인 태도를 보인 것도 협상을 어렵게 만들었다. 그러므로 평화선을 토대로 한일 간 어업 격차 해소와 분쟁 방지를 목표로 협상에 임한 한국의 의도는 성공하지 못한 셈이다.

2차 한일회담(1953. 4. 15~7. 23)에서 어업협상이 개시되자 일본은 1차 회담처럼 법률론에 시간을 허비하지 말고, 어족보호·어업개발·어업자원조사 문제 등 실제 문제를 토의하자고 제안했다. 그리고 이 같은 내용을 담아 「日韓漁業協定要綱」을 제출했다. 이 안은 1차 회담 당시 제출된 안과 핵심은 같았다. 공해 자유항해원칙을 존중하며, 연안국의 공해상 관할권을 인정하지 않는다는 것이다. 또한 특별 고려사항으로 네 가지 점이 제시되었다. 저인망어업 금지 구역 설정, 양국의 동일 수역 내 어업분쟁 방지 또는 처리 조치, 영해 침범 방지 조치, 어업 조정 조치 등을 고려할 수 있다는 것이다.[118] 한 연구는 이 안이야말로 한일 간 어업능력 격차를 바로잡을 방안을 제시한 것으로 앞으로 한일어업 문제 해결의 방향을 제시했다고 평가했다.[119] 그러나 네 가지 고려사항은 얼핏 평화선과 같은 기능을 고려한 것처럼 보이지만 실제 내용은 완전히 다른 것이다. 일본의 평화선에 대한 입

---

118) 외무부 정무국, 1960, 앞의 책, 407~414쪽.
119) 藤井賢二, 앞의 논문, 132~133쪽.

장이 바뀌지 않았을 뿐 아니라 공동의 '과학적 조사'를 토대로 협의해나가자는 것도 협정 체결 전에는 평화선 수역 내에서 일본도 정상적인 조업을 지속해야 한다는 주장이다. 양국 간 어업 격차를 줄일 실질적 방안이 전제되지 않는다면 이런 주장은 아무런 효과가 없는 것이다.

이에 대해 한국도 기존의 입장을 재강조한 「韓日漁業條約要綱」을 제출했다. 한국은 평화선 내 어업관할권을 주장하는 특수한 사정으로 어족 감소, 과거와 현재 한국만이 이 수역 내에서 어류 보존 조치 및 개발 실적을 가지고 있다는 점, 어업능력의 열세를 들었다.[120]

한국과 일본의 평화선에 대한 입장은 확고했다. 일본은 공해상 자유 항해원칙에 의거해 상호 보호수단 강구를 위한 연구의 필요성을 주장했지만, 한국은 인접 수역에서 어업에 관한 연안국가의 관할권 개념은 국제적으로 인정됨으로 어떤 양보도 할 수 없다는 견해였다.[121]

또한 일본은 평화선과 미국 트루먼선언의 취지가 다르다는 점을 집중적으로 거론하였다. 트루먼선언은 다른 이해 관계국과의 협의를 대전제로 하고 있지만, 평화선은 주권 행사를 통한 영해 확장을 도모하는 한국만의 일방적 조치라는 것이다. 그러나 한국은 이미 평화선은 주권 행사가 아닌 어업관할권 행사라는 점을 강조해왔을 뿐 아니라 이 수역에서 한국만이 보존과 개발 실적을 가지고 있기 때문에 이해 관계국은 한국뿐이고, 따라서 일방적 조치가 아니라는 점을 거듭 강조했다. 결국 2차 한일회담의 어업협상에서도 평화선을 둘러싼 양국의 의견 대립만이 확인된 채 성과 없이 종료되었다.

3차 한일회담(1953. 10. 6~10. 2 1)에서도 평화선 논쟁은 계속되었다. 일본 측 대표 구보타(久保田貫一郎)는 일본 측 입장을 다음과 같이 정리했다. 첫

---
120) 외무부 정무국, 1960, 앞의 책, 116~124쪽, 415~417쪽.
121) Shunichi Matemoto to Korean Diplomatic Mission in Japan, 1952. 4. 25, RG 84, Japan, Tokyo Embassy, Classified General Records, 1952, Box. 1.

째 평화선은 국제법상 불합리한 조치이며, 둘째 미국의 트루먼선언은 타국의 이해관계를 존중하고 협의하에 어족자원 보존 조치를 취한 것인 반면, 평화선은 선박 나포 등의 주권을 행사할 뿐 아니라 일국의 일방적 조치라는 점에서 오히려 중남미 각국의 주권선언과 유사하며, 셋째 양국의 충분한 과학적 조사를 기초로 규제가 필요하며, 협정 체결 전까지 일본의 평화선 내 어로는 당연한 권리라는 것이다. 김용식(金溶植) 대표도 한국의 입장을 전달하였는데, 첫째 일본은 준비 부족을 이유로 어업협상에 응하지 않았으며, 둘째 공해상 항해 자유를 보장한다는 점에서 평화선과 트루먼선언은 같으며, 셋째 평화선은 무제한 어업 용인으로 발생할 분쟁을 방지하는 데 공헌하며, 넷째 이 수역은 한국만이 보존 조치를 취해온 수역이기 때문에 일방적 조치가 아니며, 다섯째 영해 확장이 아닌 어업관할권 설정임을 강조했다.[122] 그러나 3차 회담의 어업협상은 시작과 동시에 중단되기에 이르렀다. 한국에 대한 식민지배가 정당했다는 구보타의 '망언' 때문에 3차 회담은 제대로 시작도 해보지 못한 채 결렬되어버렸기 때문이다. 이후 한일 간 평화선을 둘러싼 분쟁은 최고조에 달했고, 양국은 무력 사용을 불사할 정도의 상황으로까지 치닫게 되었다.

이처럼 한일회담 회의장에서 한국과 일본이 평화선의 필요성과 국제법적 합법성을 놓고 격돌하고 있을 때, 해상에서는 한국정부가 평화선을 침범한 일본 어선을 불법 침범행위로 나포하고 어부들을 억류하기 시작했다. 한국의 대일어업정책이 일본 어선 나포와 어부 억류라는 강경정책으로 전환될 것이라는 점은 예견된 일이었다. 맥아더선을 둘러싼 한일 간 분쟁이 지속하여 온 데다 한일예비회담에서도 일본 측의 준비가 부족하다는 이유 때문에 어업협상이 전혀 이루어지지 못했기 때문이다. 일본이 어업협상에 나서지 않는 한 한국이 자국의 어업을 보호할 실질적인 수단은 없었다. 따라서 맥아더선이 폐지되면 일본 어선들의 불법조업이 증가할 것이 예상되

---

122) 외무부 정무국, 1960, 앞의 책, 148~150쪽, 152~153쪽.

는 상황에서 이를 제지할 즉각적이고 강력한 수단이 필요했다. 바로 일본 어선의 나포와 어부 억류 조치였다. 이 조치는 일본의 즉각적인 반응을 끌어낼 것이 분명했기 때문이다.

이에 일본은 순시선 파견계획으로 대응하였다. 대일평화조약 발효로 어업제한이 풀리게 된 일본은 1952년 5월 23일 내각에서 '나포사건 대책 및 어선 보호대책'을 결정했다. 이에 따라 해상보안청 순시선과 수산청 순시선이 협력해 순시경계를 강화하고, 평화선 해역에는 성어기에 들어서는 9월 20일 이후 실시하게 되었다.[123] 이에 대해 9월 19일 손원일(孫元一) 해군참모장은 일본의 순시선 파견계획을 비난했고, 9월 26일 일본정부에 항의 구상서를 전달했다. 그리고 9월 25일 부산에서는 해양침범규탄국민대회가 개최되기에 이르렀다. 클라크(Mark W. Clark) 유엔군사령관조차 양국의 평화선을 둘러싼 분쟁에 우려를 표시할 정도였다. 특히 일본의 순시선 파견 계획은 한국전쟁 수행뿐 아니라 한일관계에도 부정적 영향을 미칠 것이라고 우려를 표명하였다. 그러나 머피(Robert Murphy) 주일 미국대사는 이 문제는 한일 간 협상문제로 미국이 논쟁에 끼어들어서는 안 된다고 주장함으로써 일본의 입장을 거들었다.[124]

이제 한국과 일본 간에는 평화선을 둘러싸고 무력충돌 위험성마저 감지될 정도로 위기감이 고조되기 시작했다. 그러자 미국은 서둘러 중재에 나섰다. 특히 일본이 순시선 파견계획을 공표하고 이에 대해 한국이 강력히 반발하자 한국이 전시일 때 중요한 동맹국 간의 충돌은 불리한 결과만을 가져온다고 판단했기 때문이다. 이 문제에 미국이 개입해서는 안 된다는 견해를 견지했던 머피 주일 미 대사도 일본에 순시선 파견 중지를 요청하고 나섰다. 일본 어선은 미 해군이 보호해줄 것이라고 약속하고 일본정부

---

123) 鹿島平和研究所 編, 앞의 책, 52쪽.
124) Murphy to Alexis Johnson, 1952. 9. 22, RG 84, Japan, Tokyo Embassy, Classified General Records, 1952, Box. 1.

의 동의를 받아냈다. 그리고 클라크선이 선포되었다.

1952년 9월 27일 유엔군사령부 이름으로 한국 연안에 대한 '방위수역(Sea Defense Zone)', 이른바 '클라크선(Clark Line)'이 선포되었다. 이때는 1952년 1월에 평화선이 선포된 후 4월에 1차 한일회담 어업협상이 성과 없이 끝나고 맥아더선은 폐지되었으며 대일평화조약이 발효되어 일본이 주권을 회복 한 이후였다. 무엇보다 한일 간 평화선 분쟁이 고조되던 때였다. 유엔군사령관 클라크장군은 9월 29일 클라크선 선포 사실과 그 내용을 한국정부에 통보했다. 이 선은 한국 해안에 대한 공격을 방지하고, 유엔군 해상로의 안전을 확보하며, 밀수품 도입과 적의 밀입국을 방지하고자 설정되었다는 것이다. 또한 정해진 수역 내로는 어떤 선박도 통과할 수 없고, 퇴거명령에 불응하는 선박은 부산으로 나포될 것이며, 이 같은 임무는 한국해군이 담당하도록 명시하였다.[125] 이로써 클라크선은 맥아더선, 평화선과 비교해보면 그 범위는 축소되었으나 유사한 기능을 하게 된 것이다.

이에 따라 한국정부는 금지 수역을 침범하는 어선들을 처벌하고자 1952년 10월 4일 긴급명령 제12호로 '포획심판령'을 공포하고, 대통령령 제77호로 부산에 포획심판소를 설치하여 포획어선의 재판을 합법화하였다. 그리고 한국 해군은 10월 5일 0시를 기해 평화선 내에서 발견되는 모든 외국선박을 나포한다는 명령을 발하였다.[126]

일본은 클라크선이 평화선과 똑같이 일본 어선의 어로를 금지한다는 사실에 민감하게 반응했다. 일본은 만약 클라크선 내 조업이 금지된다면 1,753척 약 3만 2,000 명의 어부들이 타격을 받을 것이고, 연간 75억 엔의 어획 손실이 발생할 것으로 추정하였다.[127] 따라서 일본 외무성은 1952년 10

---

125) Chief, U. S. Naval Advisory Group, Republic of Korea Navy to Chief of Naval Operations, Republic of Korea Navy, 「Sea Defense Zone in Waters Contiguous to Korea」, 1952. 9. 28,『유엔군사령부의 해상방위봉쇄선(클라크선 : Clark Line) 설정 및 폐지, 1952~53』, 외교사료관.
126) 해군총참모장 孫元一이 국방장관에게, 「해상방위봉쇄선 설정의 건」, 1952. 9. 30, 위와 같음.
127) 日韓漁業協議會, 1968『日韓漁業對策運動史』, 44~45쪽.

월 17일 클라크선 내에서 일본 어선의 조업 자유를 보장할 것, 유엔군 당국으로부터 권한이 부여되지 않았을 때는 한국 해군의 臨檢權 행사를 금지할 것 등의 내용을 주일 미국대사관에 전달했다. 그러나 일본의 요구는 거절된 채 10월 20일 주일 미 대사관은 동 수역 내 일본 어선의 조업을 금지한다고 구두 통고했다.[128] 이에 대해 일본은 클라크선은 국제법상 불법이라고 주장하고 평화선과의 유사성에 대해 의혹을 제기했다. 평화선과 클라크선은 지역적·시기적으로 유사하며, 공해상 일정구역에 대한 관할권을 주장하고, 한국 해군이 클라크선 경계에 나서고 있으며, 일본 어선의 출어를 금지한다는 점에서 놀랍도록 유사하다는 것이다. 심지어 한국은 '戰時'가 아닌 '平時'라고 주장함으로써, 클라크선은 국제법상 전시조치로 볼 수 없다고까지 주장했다. 북한과 중공은 유엔에서 승인받지 못했기 때문에 한국전쟁은 국가 간 전쟁이라고 볼 수 없다는 것이다. 따라서 클라크선은 국제법상 불법이며 이런 점에서도 평화선과 유사하다는 것이다.[129] 그러나 한국은 분명 전시였고, 유엔 결의에 따라 유엔군이 참전하고 있는 전쟁 중이었다. 일본의 논리대로 클라크선을 폐지하거나 일본의 조업을 허가해 줄 수 없는 상황이었다. 따라서 일본은 한국 수산물 수입 금지, 출어 감행 등의 대책을 모색하기 시작했다.

미국은 한일 양국에 클라크선은 평화선과는 무관하며 평화선을 반대하는 미국의 정책은 변화가 없다는 점을 강조했다.[130] 그러나 클라크선은 평화선을 둘러싼 한일 간 분쟁을 예방하기 위한 목적도 가지고 있었다. 전쟁이 한창일 때 가장 중요한 두 우방국이 무력충돌하게 되면 전쟁 수행에도

---

128) 김용식 주일공사가 외무부장관에게, 「國聯軍防衛水域 문제에 대한 그 후의 동향에 관한 건」, 1952. 10. 24, 위와 같음. 일본은 주일 미 대사관의 출어금지 통고를 받은 이후에도 출어 허가를 거듭 요청하였고, 출어할 수 있다는 미국 측 회신을 받았다는 등의 언론 보도가 나오기도 했다. 이에 대해 유엔군사령부는 클라크선은 변경되지 않았으며 변경을 고려하고 있지 않다고 언명함으로써 일본의 기대를 일축했다(日韓漁業協議會, 위의 책, 53쪽;『연합신문』1952. 11. 16).
129) 國會圖書館 調査立法考査局, 앞의 책, 2~5쪽.
130) American Embassy, Pusan to the Ministry for Foreign Affairs of the Republic of Korea, 1952. 9. 29, 『유엔군사령부의 해상방위봉쇄선(클라크선 : Clark Line) 설정 및 폐지, 1952~53』, 외교사료관.

큰 지장을 가져올 뿐 아니라 공산진영에도 좋은 선전거리를 던져주게 되기 때문이었다. 그렇다고 미국이 한국의 입장을 지지한 것은 아니었다. 다만 이로써 미국의 개입으로 평화선 수역에서 한일 간 직접 충돌은 일시 금지되었다.

그러나 클라크선이 선포로 한일 간 어업분쟁이 완전히 중지된 것은 아니었다. 클라크선 설정되었음에도 불법 조업에 나선 일본 어선들이 있었다. 결국 1953년 2월 14일 일본어선 第一大邦丸이 불법 조업을 하다가 한국 순찰선의 총격으로 어부 1명이 사망한 사건이 발생했다. 주일대표부 김용식 공사는 일본의 항의에 대해 구두성명을 통해 일본 선박이 평화선, 클라크선, 한국 영해선을 모두 침범했다고 반박했다. 일본 어선이 停船 명령에 응하지 않고 도주하기 시작하자 순찰선이 합법적으로 발포하였고, 불행히도 일본 어부 1명이 사망하였다는 것이다.[131] 2월 24일에는 한국정부 대변인이 한층 강경한 성명을 발표하였다. 즉, 인명 손실은 유감이나 일본 어선들의 불법적인 조업으로 발생한 사건에 대한 책임은 일본정부와 업자들이 져야 한다는 것이다. 일본정부가 자국 어선의 불법 조업을 사주 혹은 묵인하였다면 그 책임은 일본정부에 있는 것이고, 정부의 지시를 거부하고 불법 조업을 강행했다면 업자 자신이 책임져야 할 문제라는 것이다.[132]

이 사건에 대해 일본에서는 '고의적인 사격' 운운하며 평화선의 불법성을 비난하는 여론이 들끓었다. 오카자키(岡崎勝男) 외무대신은 이 문제가 협상을 통해 평화적으로 해결되기를 바란다고 언명하였으나 여론은 가라앉지 않았다. 일본 의회에서는 미국으로부터 대여받은 프리깃(frigate)함을 평화선 수역으로 파견하여 일본 어선들을 보호하자는 의견도 제시되었다. 또한 일본 해안경비대가 경비선의 무장계획을 발표하는 등 일본 내에서도 강력한 대응조치가 모색되었다.[133]

---

131) 『동아일보』 1953. 2. 23.
132) 『조선일보』 1953. 2. 26.
133) 『동아일보』 1953. 2. 26.

그러나 한국정부의 태도도 단호했다. 공보처의 사건 진상 발표에 이어 2월 27일 내무부장관은 평화선 수역을 통행하는 모든 선박은 한국의 법과 지시를 지킬 것을 다시 한번 강조했다. 특히 한국은 전시이기 때문에 군사상, 경제상 엄중한 해상경비가 필수적임을 강조했다. 공산주의자들이 해상을 통해 침투를 시도하다 적발된 사례를 제시하면서 앞으로 한국은 평화선 수역 경계를 한층 강화할 것임을 천명했다.[134] 한일 간 어업격차 해소를 위한 실질적 방안과 어업협정에 대한 진지한 모색이 이루어지지 않는 한 大邦丸 사건은 예견된 사건이었다.

이런 가운데 1953년 휴전협정이 체결되자 8월 27일 클라크선도 폐지되었다. 이번에는 한국이 즉각 반발하였다. 한국은 봉쇄선의 폐지는 시기상조이며, 봉쇄선의 유지 권한을 한국 해군에게 이관하고 유엔군사령부는 조속히 필요한 선박을 한국 해군에 제공하여 방위 책임을 맡기도록 요구했다.[135] 클라크 장군은 이 같은 요구를 거부했다.

한국은 클라크선 폐지 직후인 1953년 9월 8일을 기해 평화선 내 일본 어선의 전면적 퇴거를 요구했다. 이때는 청어 조업기로 수백 척의 일본어선이 평화선 해역에서 조업 중이었다.[136] 일본은 즉각 항의했지만 상황을 타개할 묘수를 찾지 못했다. 뒤이어 한국은 9월 9일 법률 제295호로 수산업법을 제정 공포하여 일본 어선에 대한 처벌을 강화하였다. 12월 12일에는 법률 제298호로 어업자원보호법이 제정 공포되었다. 이 법은 어업관할수역을 설정하고, 이 수역에서의 어업활동은 주무 장관의 허가를 받아야 하며, 위반자는 3년 이하의 징역 · 금고, 50만 환의 벌금, 어선 · 어구 · 採捕物 · 양식물 및 그 제품 몰수 등을 골자로 하고 있었다.[137] 한국은 일련의 법률

---

134) 『조선일보』 1953. 2. 28.
135) 외무부차관이 주일공사에게, 「크라크선 폐지에 대한 항의의 건」, 1953. 9. 2, 『유엔군사령부의 해상방위봉쇄선(클라크선 : Clark Line) 설정 및 폐지, 1952~53』, 외교사료관.
136) 石丸和人 · 松本博一 · 山本剛士, 앞의 책, 302쪽.
137) 수산업법과 어업자원보호법 전문은 법제처 종합법령종합센터에서 검색 이용할수 있다.

제정을 통해 불법 월선하는 일본 어선과 어부들의 나포·억류조치를 더욱 강화함으로써 對日공세를 강화해나갔다.

이제 한일 간 어업분쟁은 무력충돌 위험성과 양국 국민의 감정 대립으로까지 번져나갔다. 일본 순시선 문제와 유엔군사령부에 고용된 일본인의 한국 입국 시 체포 위협 등에 대한 소식은 일본인들에게 한일 간 차이를 해결하기는 매우 어렵다는 인식과 함께 보복심리를 조장하였다.[138] 국민 여론 악화에 따라 일본정부도 對韓 강경책을 구사하기 시작했다.

일본의 대응은 무력 사용, 주일 한국대표 추방 및 한국과 관계 단절, 對美 압력, 시위 동원 등이었다. 이 중 일본이 평화선 문제 해결 방법으로 '무력'을 생각하고 있었다는 점을 주목해야 한다. 당시 일본에는 무장한 순시선을 평화선 수역으로 파견해 일본 어선을 보호하도록 하자는 여론이 지배적이었다. 이 같은 무장 순시선 파견계획을 일본의 재무장 문제로 연관시키려는 움직임도 나타났다. 그리고 미국이 평화선은 불법이라고 선언했음에도 불구하고 불법적인 한국의 나포행위를 적극적으로 제어하지 않는다는 비판여론도 일어났다. 1953년 10월 일본은 평화선 수역에 무장함을 파견하고, 나포 문제가 해결되지 않는다면 주일 한국대표를 추방하겠다며 비판의 수위를 높였다. 또한 평화선 문제에 미국이 적극적으로 개입하도록 압박하였다.[139]

앨리슨(John Allison) 주일 미 대사는 미 국무부가 나서 미국이 평화선의 합법성을 인정하지 않는다는 점을 명백히 밝히고, 한국의 나포행위도 지지하지 않는다는 의사를 표명해달라고 요청했다.[140] 그는 일본정부는 현재 상황이 개선되지 않는다면 재일조선인들의 모든 특권 박탈, 일본 입국비자 거절, 어류·쌀 등의 한국 구매 중지, 일본어선 보호를 위한 프리깃함 파견

---

138) Murphy to Secretary of State, Pusan Embassy, 1952. 10. 2, RG 84, Japan, Tokyo Embassy, Classified General Records, 1952, Box. 1.
139) Allison to Secretary of State, 1953. 10. 20, RG 84, Japan, Tokyo Embassy, Classified General Records, 1952, Box. 23.
140) Allison to Secretary of State, 1953. 10. 20, RG 84, Japan, Tokyo Embassy, Classified General Records, 1952, Box. 23.

등을 구상하고 있다고 국무부에 보고했다.[141] 특히 일본 국회의원들과 어업관련 단체들은 한국에 대한 보복조치로 주일대표부 김용식 공사를 추방하도록 정부를 압박하고 있었다. 그러나 무엇보다도 앨리슨이 강조한 것은 일본정부와 여론을 진정시켜 미일관계가 악화되지 않도록 해야 한다는 점이었다. 미국은 일본과의 동맹을 최우선 정책으로 삼고 있었기 때문에 평화선 문제로 미일관계가 영향을 받아서는 안 되기 때문이었다. 그가 가장 우려한 것은 미국에 대한 일본의 비난이 점점 고조되는 상황이었다.

일본의 對美 압박의 핵심은 미국이 평화선의 불법성을 적극적으로 지적하고, 한국 해군의 나포행위를 통제하라는 것이었다. 이는 일본이 한일관계에서 키워드가 미국이라는 것을 전제로 평화선 문제에서 자국의 입장을 지지해 달라고 요구하는 것이었다. 일본이 무력사용 위협과 더불어 대미 압력을 병행한 것은 미국이 현재의 상황을 묵인하고 있다고 생각했기 때문이다.

한편 大日本水産會는 평화선 문제에 적극 대처하기 위해 1953년 9월 15일 '日韓漁業對策本部'를 조직했다. 대책본부는 한일 간 우호관계 수립과 '李라인' 철폐를 기본방침으로 설정하였다.[142] 이제 일본정부와 민간단체가 평화선 철폐를 목표로 적극적으로 나선 것이다. 이후 대책본부는 일본정부를 상대로 억류자들의 조속한 귀환 추진을 청원·압박함과 동시에 나포 실태와 억류자들의 수용실태 등을 선전하고 국민운동 전개와 여론 환기에 주력하였다.

그러나 이 시기 나포를 둘러싼 한일 간 분쟁이 고조된 데에는 일본의 책임이 컸다.

---

141) Allison to Secretary of Satate, 1953.10.21, RG 84, Japan, Tokyo Embassy, Classified General Records, 1952, Box. 23.
142) 日韓漁業協議會, 앞의 책, 84~87쪽. 일본 내에서 평화선에 대한 반대여론은 특히 1953년 10월 3차 한일회담 결렬 직후 고조되었다. 10월 말부터 11월 초까지 全國漁港大會, 日韓漁業問題解決促進國民大會가 개최되거나, 衆議院과 參議院에서 평화선 철폐 결의안 등이 통과되었고, 대책본부는 평화선의 불법성을 지적한 선전 소책자를 日文과 英文 등으로 발간하였다.

■ 표 3-2 ■ 일본 어선과 어부의 나포·억류 통계[143]

연도	선박				어부		
	나포		송환	미송환	억류	송환	사망
	한국	일본	일본	일본	한국	일본	일본
1947	9	7	6	1		81	81	0
1948	18	15	10	5		202	202	0
1949	10	14	14	0		154	151	3
1950	9	13	13	0		165	165	0
1951	37*	43	42	1		497	497	0
1952		10	5	5		132	131	1
1953		47	2	45		585	584	1
1954	33	34	6	28	444	454	453	1
1955	29	30	1	29	490	498	496	2
1956	18	19	3	15	218	235	235	0
1957	10	12	2	10	98	121	121	0
1958	9	9	0	9	93	93	93	0
1959	9	10	2	8	91	100	100	0
1960	6	6	0	5	49	52	52	0
1961	15	15	11	4	152	152	152	0
1962	15	15	4	11	116	116	116	0
1963	16	16	13	3	127	147	147	0
1964		9	7	1		99	99	0
1965		1	1	0		7	7	0
합계		325**	142	180		3,890	3,882	8

* 1951년 4월 8일 현재 통계임.
** 일본 어선 중 3척은 침몰됨.
[출전] 외무부 정무국, 1954『평화선의 이론』, 57·76쪽; 민주공화당 선전부, 1964『韓日 國交 正常化 問題-韓日會談에 관한 선전자료 보완판(一)』, 72쪽; 鹿島平和研究所編·吉澤淸次郞 監修, 1973『日本外交史 28-講和後の外交(Ⅰ) 對列國關係(上)』, 鹿島研究所出版會, 27·56쪽.

위 표를 보면 맥아더선이 설정된 1947~1951년 사이 이 선을 침범한 일본 어선 수는 약 90여 척에 달하고 있다. 1965년까지 전체 나포 어선 수의 약 1/3에 가까운 수치이다. 특히 대일평화조약 체결로 맥아더선 폐지가 기정사실로 된 1951년에 일본 어선의 나포 건수는 급증하고 있다. 특히 1951년과 1953년의 나포 숫자가 가장 많다. 이때는 한국에서 한창 전쟁이 치열하

---
143) 양국의 통계에는 약간씩 차이가 나며 한국의 통계를 확인하지 못한 경우 빈칸으로 남겨놓았다.

게 전개되던 때이다. 1952년의 나포 건수가 현저히 줄어든 것은 클라크선 선포로 일본 어선의 조업이 통제되었기 때문일 것이다. 그런데 1953년 휴전협정 체결 직후 클라크선이 폐지되자 일본 어선들은 아무런 제한 없이 평화선을 넘기 시작했다. 1954, 1955년의 나포 건수 증가가 이를 말해주고 있다.

일본은 맥아더선과 클라크선이 폐지되었기 때문에 더는 평화선 수역에서 일본의 어로활동이 제한받을 근거가 없다고 주장했지만, 맥아더선과 클라크선조차도 침범했다는 사실에 대해서는 아무런 해명을 하지 않았다.

일본 어선들은 매월 평균 300여 척이 월선했는데, 평화선 선포 이래 연평균 대략 25척 정도가 나포되었기 때문에 나포 비율은 0.7%를 밑도는 수준이었다. 일본은 자국 어선의 나포에 대해 온 나라가 들썩일 정도로 민감하게 반응하고 항의했지만, 실제 나포 비율은 미미한 수치였다. 이 수치는 역으로 한국이 일본 선박을 거의 단속하지 못하는 실정이었다는 것을 증명해 주고 있다. 가장 큰 이유는 한국 경비정이 일본 어선의 성능을 따라잡을 수 없었기 때문이었다. 또한 일본 어선들은 지그재그로 항해하거나 연막 발생 장치로 연막을 치고, 바다 위에 밧줄을 던져 스크루(screw)에 감기게 하는 방법 등으로 한국 경비정의 추격을 따돌렸다.[144] 이 같은 일본 어선들의 대규모 월선과 미미한 나포 비율은 어업보호수역 설정의 필요성을 반증해주는 것인 동시에 평화선 수역 내에서 일본 어선들의 무분별한 남획이 성행하고 있었다는 점을 보여준다.

한편 일본 어선은 한국뿐 아니라 소련, 대만, 중공 등에 의해서도 나포되었다. 이들 국가는 어구 침범, 스파이 혐의, 영해 침범, 연안 어업 방해 등으로 일본 어선들을 나포·억류하였고, 그 수는 매년 증가하는 추세였다.[145] 일본 어선의 남획과 불법 어로활동은 한국을 비롯한 주변 국가들의 골칫거리였다.

---

143) 민주공화당 선전부, 앞의 책, 72~73쪽.
145) 1952년 현재 일본 어선의 나포상황을 보면 소련에 151척, 중공에 77척, 대만에 44척 등이 나포되었고, 일부 선박과 선원들이 억류 중이다[日本水産廳 編, 1952, 『水産業の現況』, (日韓漁業協議會, 앞의 책, 57쪽에서 재인용)].

나포문제로 한일 간 분쟁이 고조되자 미국은 참관인 파견을 통해 중재에 나섰다. 미 국무부가 참관인 파견을 결정한 것은 한일 양국의 요청과 양국 주재 미국대사의 판단을 수용한 결과였다. 이는 사실상 한일관계 개선에 미국의 개입과 중재가 필요하다는 사실을 인정한 셈이다. 특히 어업전문가를 파견하겠다는 것은 평화선 문제의 심각성을 인정하고 이에 대한 중재를 하겠다는 것을 의미했다. 단 미국은 중재에 나서는 전제조건으로 한국에 일본 선박과 선원에 대한 나포를 중지하고 억류 어부를 석방하도록 권고했다. 그리고 일본에는 反韓 여론을 가라앉히도록 모든 방법을 마련하고 일본 선박이 평화선 수역으로 들어가지 않도록 자제할 것을 강조했다.[146] 그러나 이때 미국의 참관인 파견은 1950년대 한일관계에 미국이 직접 개입을 시도한 유일한 사례였으나 성과를 거두지 못했다.

미국이 평화선 문제에 적극적인 개입의사를 밝힌 것은 이 시기 일본 내에서 미국에 대한 비판여론이 고조되었기 때문이기도 하였다. 일본의 對美 비판여론은 자유당 강경파 의원들이 주도하고 있었는데 이들은 미국의 소극적 자세를 비판하고 나섰다. 이들은 독도문제나 어업문제보다 더 큰 문제는 미일관계라고 주장하였다. 미국이 한일 간 논쟁에 대해 적절한 조치를 취하지 않음으로써 미일관계가 악화하였고, 극우와 극좌파들이 이 상황을 이용하고 있다고 주장했다. 그리고 한국의 나포 행위는 일본에 대한 '침략 사례이며, 일본 주권을 침해하는 행위라고 비난하였다.[147] 이런 주장은 자유당 내뿐 아니라 일본 여론의 대세로 자리 잡고 있었다. 문제는 왜 미국이 한일 간 갈등에 대해 아무런 입장을 취하지 않느냐는 데 있었다. 결국 한국에 대한 일본의 반감은 한국의 나포행위를 묵인하는 미국에게도 돌려지고 있었던 것이다.

---

146) Secretary of State to Tokyo Embassy, 1953. 10. 27, RG 84, Japan, Tokyo Embassy, Classified General Records, 1952, Box. 23.
147) Memorandum of Conversation, 1953. 11. 16, RG 84, Japan, Tokyo Embassy, Classified General Records, 1952, Box. 23.

이같이 일본 내 반한감정과 반미감정이 점차 고조되자 요시다 총리는 무력사용 가능성을 표명했다. 요시다는 對馬島에 정박 중인 프리깃함을 방문한 자리에서 평화선 문제를 해결하는 데 무력사용을 적극적으로 고려하고 있다고 언명했다.[148] 평화선 문제를 해결하는 데 프리깃함과 경비대를 사용할 수도 있다는 경고였다. 그러나 미국의 반대로 실행하기는 어려웠다. 미국은 동북아시아의 중요한 동맹국인 한국과 일본이 무력충돌 위험성까지 치닫는 것을 결코 바라지 않았다. 또한 對韓 압력을 행사하는 문제도 한국의 반발을 주의 깊게 고려해야 했다. 하지만 일본은 무력사용 가능성을 포기하지 않았다. 1954년 1월 요시다는 평화선 문제는 일본의 '국력'이 실질적으로 신장하여야만 해결 가능하다고 언명하였다.[149] 변영태(卞榮泰) 외무장관은 요시다의 연설은 일본이 한국에 무력을 사용할 것이라는 의미로 해석되며, 재무장에 대한 열의를 고조시키고자 한국과의 회담을 이용하고 있다고 맹비난하였다.[150] 이 같은 일본의 무력사용 위협이 계속되자 일본이 자국의 재무장 문제를 제기하기 위한 방편으로 평화선 문제를 이용하고 있다는 의혹이 제기되었다.

일본 내 反韓감정은 대규모 항의 집회로도 이어졌다. 1953년 11월 18일 약 1,500여 명의 시위대가 모여 일본 어선에 대한 한국의 공격에 항의하는 집회를 개최했다. 시위대는 대부분 대학생으로 이들은 우익의 후원과 지시를 받아 李라인 철폐, 어부와 선박 송환, 손해 배상, 한국인 공산주의자와 불법 행위자들의 추방, 이승만을 타도할 친일한국인 조직 등을 주장하였다. 이들은 주일 미 대사관으로 진출해 당시 방일 중이던 닉슨 부통령에게 일본의 이익 수호를 방해하는 군비 해체에 대한 미국의 책임을 상기시키는

---

148) Allison to Department of State, 1953. 11. 18, RG 84, Japan, Tokyo Embassy, Classified General Records, 1952, Box. 23.
149) Memorandum of Conversation, 1954. 1. 19, RG 84, Japan, Tokyo Embassy, Classified General Records, 1953~1955, Box. 13.
150) Briggs to Department of State, 1954. 1. 26, RG 84, Japan, Tokyo Embassy, Classified General Records, 1953~1955, Box. 13.

청원서를 제출하였다.[151] 11월 13~16일 닉슨 부통령의 방일 기간에 일본의 자유당, 수산 관계자들도 청원 형태로 미국에 압력을 가하고 있었다.

일본은 평화선 문제 해결에 대해 두 가지 노선을 병행하였다. 요시다 총리를 비롯한 해상보안청, 수산청 등은 무력충돌까지 불사하겠다는 초강경책을 주장했다. 반면 외무성은 교섭을 통한 해결책을 강조했다. 강경여론과는 별개로 현실적으로 평화선 문제를 해결할 수 있는 수단이 부재하다는 사실을 인정하고 있었다. 오카자키 외무대신은 1953년 2월 25일 중의원 외무위원회에서 평화선 문제 해결은 양국의 논점을 공표해 국제여론에 묻는 방법도 있지만, 강한 인내심으로 상대방을 이해시키는 이외에는 방법이 없다고 시인하였다. 한국이 평화선 설정이 어민을 보호하고 어족을 보호하기 위한 목적이라고 주장하고 있는 것에 대해서도 대안이 있으며 대화가 구체적으로 되면 해결방법도 있을 것이라고 발언하였다.[152] 평화선 문제 해결은 한일 양국 간 '협상' 이외에 현실적인 수단을 마련하기가 어려웠던 것이다. 일본은 強·溫 이중전략을 구사해 한국을 압박했지만 효과를 거두지 못하고 오히려 한국의 對日 경계심을 고조시켜 강경책을 구사하게 하였다.

한편 평화선 선포를 계기로 한일 간에는 어업문제와 더불어 독도영유권을 둘러싼 논쟁이 본격화되었다.[153] 일본은 1905년 시마네현(島根縣) 고시로 독도를 불법 병합할 당시 한국이 이의를 제기하지 않았다는 이유로 독도 영유권을 주장했다. 그리고 이 주장을 미국도 받아들여 1951년 8월 러스크 극동담당 국무차관보는 양유찬 주미대사에게 이 같은 사실을 통보했다. 그러나 1905년은 일본이 조선 전체를 식민지화하는 과정이었기 때문에 한국정부로부터 항의가 없었다는 이유로 일본의 불법적인 행위가 합법화될

---

151) Allison to Department of State(1953. 11. 19), RG 84, Japan, Tokyo Embassy, Classified General Records, 1952, Box. 23.
152) 鹿島平和硏究所 編, 앞의 책, 55쪽.
153) 한일 간 독도 영유권을 둘러싼 외교문서 논쟁은 다음을 참조할 것. 신용하 편저, 2000 『독도영유권자료의 탐구』 제3권, 독도연구보전협회.

수는 없다고 반박되었다. 또한 제국주의 침략에 맞서 한국정부가 항의를 했어야 한다는 주장은 합리적인 법적 고려를 초과하는 것으로, 항의의 의사표시를 언제까지 해야 한다는 국제법상의 시간적 제한은 확립되지 않았기 때문에 이는 구체적 사정에 따라 결정될 문제라는 것이다.[154]

  1952년 새해 벽두 한국의 평화선 선포로 한일 간 어업분쟁은 본격적으로 시작되었다. 그러나 앞서 살펴본 대로 평화선 선포는 한국으로서는 자국의 어업을 보호하기 위한 자구책이었을 뿐 아니라 대일협상 수단이었다. 1차 한일회담 개최를 앞두고 있었지만 이미 예비회담을 통해 일본의 성의 있는 협상태도를 기대하기 어렵다는 것을 확인한 상태였다. 또한 선박반환 문제 협의과정에서 일본이 미군정 법령 33호의 귀속재산 문제를 협상카드로 사용할 가능성도 암시된 상태였다. 그리고 1차 회담에서 일본이 對韓청구권을 주장해 한국을 압박하였고, 청구권 논쟁을 계속하면서 어업협상은 진행되지 못했다. 일본이 어업협상의 기회를 스스로 봉쇄한 셈이었다. 일본은 평화선은 공해상의 자유항해원칙을 위반한 것이라고 반발했지만, 자국 선박과 어부들의 나포·억류 조치에 대응할 실질적인 수단을 갖지 못하였다. 그래서 미국을 압박해 한국을 제어하고자 하였으나 효과를 거두지 못했다. 그러나 1953년 10월 구보타 발언으로 한일회담이 결렬된 후 장기간 중단상태가 계속되면서 일본의 여론은 억류 어부들의 석방문제에 맞추어졌다. 자국민을 보호하지 못하는 일본정부에 대한 비판 여론이 높아지자 일본정부는 한국을 상대로 억류자 석방 교섭에 나서게 되었다. 결국 한일회담 초기 일본은 스스로 어업협상의 여지를 축소해버림으로써 이후 억류 어부문제를 사회문제로 만든 셈이다.

---

[154] 이한기, 1967 「The Minquiers and Ecrehos case의 연구 -독도문제에 관련된 '실효적 점유'의 원칙에 대한 비판적 고찰을 중심으로-」『서울대학교 법학』 Vol. 9, No. 1, 35쪽.

3. 청구권 논쟁과 한일회담 결렬

1) 對日청구권과 對韓청구권 논쟁

한일회담에서 가장 쟁점이 된 의제는 청구권 문제였다. 2차대전 전후 처리과정에서 배상(reparation)은 전쟁으로 발생한 피해를 전쟁 도발국이 물어주는 것으로, 보상(compensation)은 민간피해에 대한 손실을 회복시켜주는 것으로 정의되었다. 반면 한일 간 쟁점이 된 청구권의 '청구(claim)' 개념은 피해대상과 범위, 손실을 회복시켜줘야 할 주체 등을 명시하지 않은 '특별한' 개념으로 정의되었다.[155] 대일평화조약 4조 (b)항은 미 군정청이 한국 소재 일본재산을 한국정부에 이양한 것은 합법적이었다고 추인함과 동시에 '청구'의 문제는 한일 간 협의를 통해 해결하도록 규정하였다. 이로써 한일 간의 길고도 지루한 '청구권' 공방이 시작되었다.

II장에서 살펴본 대로 한국이 대일배상 문제에 대한 대비책을 세우기 시작한 것은 정부수립 이전부터로 대일평화조약 체결 과정과 맞물려 있었다. 애초 한국은 대일강화회의 참가를 목표로 연합국 지위 획득과 대일배상 문제에 대해 집중적으로 대비책을 세웠다. 그러나 미국이 대일정책을 변경하여 배상 포기 쪽으로 방향을 선회하게 되면서 대일배상 문제도 난관에 부딪히게 되었다. 미국은 가혹한 대일배상 정책을 실시하면 일본경제에 악영향을 끼쳐 일본을 재건시키고 부활시키려는 미국의 정책에 차질을 빚을 것으로 결론지었다.

1952년 2월 15일 1차 한일회담이 개최되자 양국은 청구권 문제를 먼저 협의한다는 데 의견을 같이했다. 한국은 청구권문제, 어업문제, 해저전선문제, 교통항해 문제, 기본관계 수립 문제 순으로 의제 순서를 결정하자고

---

155) 오오타 오사무, 2001 「한일청구권 교섭 연구」 고려대 사학과 박사학위논문, 9~11쪽.

제안했다. 이에 일본은 기본관계 수립과 청구권, 어업협정 순으로 하자고 제안했다. 한국이 제안한 나머지 2개 항은 간단히 해결할 수 있는 문제로 양국의 회담대표 숫자가 제한적이고 회담 장소도 여의치 않다는 이유를 들어 협의를 미룰 것을 제안하자 한국도 이에 동의했다. 일본은 1차 회담에 맞추어 기본관계 수립안과 어업협정안을 준비해왔다. 한국은 청구권문제에 대한 일본 측 안도 제출하여 달라고 요구하였으나, 청구권 문제는 한국이 먼저 제출하는 것이 좋겠다는 일본의 제안을 받아들였다.[156] 의제 선정에서 재일조선인 문제와 선박문제는 거론되지 않았지만 의제에서 빠진 것은 아니었다. 한국의 주장을 받아들여 이 두 문제는 이미 한일예비회담에서부터 분과위원회를 조직해 협의를 해왔기 때문에 결과를 본회의에서 보고받고 합의되지 않은 문제만 협의하기로 하였다.

한국은 1952년 2월 21일 합의한 대로「韓日間 財産 및 請求權 協定 要綱」을 제출했다.

1. 한국으로부터 가져온 고서적, 미술품, 골동품, 기타 국보 지도원판 및 地金과 地銀을 반환할 것
2. 1945년 8월 9일 현재 일본정부의 對조선총독부 채무를 변제할 것
3. 1945년 8월 9일 이후 한국으로부터 이체 또는 송금된 金員을 반환할 것
4. 1945년 8월 9일 현재 한국에 본사(점) 또는 주사무소가 있는 법인의 재일 재산을 반환할 것
5. 한국 법인 또는 한국 자연인의 일본국 또는 일본국민에 대한 일본 국채, 공채, 일본은행권, 피징용 한인 미수금, 기타 청구권을 변제할 것
6. 한국법인 또는 한국자연인 소유의 일본법인의 주식 또는 기타 증권을 법적으로 證定할 것

---

[156]「제2차 회의록」, 1952. 2. 16,『제1차 한일회담(1952. 2. 15~4. 21) 본회의 회의록 : 제1-15차』, 외교사료관.

7. 전기 제 재산 또는 청구권에서 生한 제 과실을 반환할 것
8. 전기 반환 및 결제는 협정 성립 후 즉시 개시하여 늦어도 6개월 이내에 종료할 것[157]

이 청구권 요강은 해방 직후부터 수렴되어온 대일배상요구안을 기초로 하고 있다. 기본적으로 배상의 성격을 최대한으로 약화시키면서 영토의 분리 내지 독립으로부터 생겨난 재정적, 민사적인 채권·채무의 청산에 초점을 맞추었다.[158] 즉, 배상 요구가 아닌 '원상회복(restitution)'의 성격을 지닌 것이었다.[159] 그리고 그것을 금액으로 환산할 시 한국이 추산한 바에 따르면 총 22억 달러였다.[160]

그러나 뜻밖에도 일본은 한국의 요구안을 맞받아 3월 6일 「財産 請求權 處理에 관한 日韓間 협정의 기본요강」을 제출해 패전 전까지 在韓 일본재산에 대한 청구를 요구하였다.[161] 패전 당시인 1945년 8월 15일 현재 한국에 가지고 있었던 재산을 702억 5,600만 엔으로 추산하였다.[162] 당시 1달러 대 15엔으로 환산하면 46억 8,300만 달러에 달하는 금액이었다. 일본은 이 중 공유재산 32만 9,000엔을 제외하더라도 나머지 사유재산은 반환받아야 한다고 주장하였다.[163] 비록 양국 모두 추산치이긴 했으나 일본의 대한청구권은 한국의 대일청구권 금액의 두 배에 달했다. 일본의 주장은 대일평

---

157) 외무부 정무국(1960), 앞의 책, 331~332쪽.
158) 이원덕, 1996 『한일 과거사 처리의 원점-일본의 전후처리 외교와 한일회담』, 서울대출판부, 51~52쪽.
159) 김용식, 1994, 앞의 책, 117쪽.
160) 石丸和人·松本博一·山本剛士, 앞의 책, 312쪽. 그런데 한국은 8개 항목만을 제시하였고 그 액수는 제시하지 않았다(김용식, 위의 책, 116쪽). 한편, 1956년 5월 9일 일본은 필리핀에 5억 5천만 달러의 배상을 하기로 합의했다. 이때 이승만은 필리핀 배상문제가 타결된 지금이 배상문제를 해결할 좋은 기회라고 생각했고, 순전히 개인적 생각으로 한국의 대일배상액으로 8억 달러를 요구해야 한다고 지적했다(「이승만 대통령이 김용식 공사에게 보낸 전문」, 1956. 5. 8, 『제4차 한일회담 예비교섭, 1956~58(V. 1 경무대와 주일대표부간의 교환공문, 1956~57)』, 외교사료관).
161) 외무부 정무국(1960), 위의 책, 333~336쪽.
162) 在外資産調査會議, 1945 『在外財産評價額推計』(石丸和人·松本博一·山本剛士, 위의 책, 321쪽에서 재인용).
163) 石丸和人·松本博一·山本剛士, 위의 책, 311~312쪽.

화조약 제4조 (b)항은 사유재산 몰수까지를 의미한 것이 아니어서 在韓사유재산 몰수는 국제법 위반이므로 한국은 이 재산을 일본에 반환해야 한다는 것이었다. 또한 原권리자의 권리가 침해된 경우에는 해당 국가 또는 국민에게 현상 회복 또는 보상 책임이 있다고 주장했다.[164]

대일평화조약 제4조 (b)항에서 일본이 인정한 미군의 조치는 점령군으로서 미군이 전시 국제법에 따라 적법하게 실시한 한도의 조치이며, 사유재산을 몰수한다는 것은 전시 국제법에서 인정하지 않는 것이기 때문에, 샌프란시스코조약에서 인정한 한도에는 들어가지 않는다. 또한 군령 33호도 일본재산을 완전하게 몰수한 것으로 해석할 수 없으며, 전시 국제법에서 인정된 한도 내에서 적국 사유재산 관리 조치로 볼 수 있기 때문에 원 권리자의 보상청구권은 여전히 남아있다고 해석할 수 있다.[165]

위의 논리대로라면 한국은 미 군정청으로부터 양도받은 일본인 사유재산을 원상대로 반환하거나 배상해야 한다. 여기서 문제가 된 것이 대일평화조약 4조 (b)항의 적용범위이다.

일본은 미군정법령 33호를 인정하는 것은 대일평화조약 4조 (b)항에 의한 것이라고 주장했다. 이 조문을 인정한다는 것은 미군정이 행한 제반 조치의 효력을 승인하는 것을 의미하지만 한국에 있는 유체재산(physical assets)에 대한 청구권은 일본에 있다고 주장했다. 즉, "국제법 제 원칙에 재한 미군정부에 합법적으로 허락한 유체재산의 처분에 대해서는 此를 인정하되 허락되지 않은 범위에 대해서까지 그 처분을 인정한다는 것은 아닌바 此에 대해서는 원상회복 또는 그 소유권을 확인해달라는 것"이라고 설명했다. 일본은 그렇다고 미군정법령 33호가 국제법을 위반한 것은 아니며, 귀

---

164) 외무부 정무국(1960), 앞의 책, 63쪽; 鹿島平和研究所 編, 앞의 책, 46~47쪽.
165) 石丸和人・松本博一・山本剛士, 앞의 책, 313쪽.

속재산 중 사유재산에 대해 미군정이 관리자로서 권리를 가졌던 것은 정당하지만 여전히 원 권리자의 소유권은 의연히 존속된다고 강조했다. 또한 일본 사유재산에 피해가 발생한 경우는 전쟁과 같이 어쩔 수 없이 기인한 경우 등 피해 이유를 따져 보상 반환을 요구할 것이라고 설명했다.[166] 일본의 사유재산 중 피해가 발생하였으면 이에 대한 손해배상까지도 요구하겠다는 것이다.

한국은 일본이 대일평화조약 4조 (b)항을 멋대로 해석하고 있다고 반박했다. 그리고 1952년 3월 25일 양유찬 주미대사 겸 한일회담 한국 수석대표는 대일평화조약 4조 (b)항과 재한일본국 및 일본인 재산에 대한 미 군정청의 관련 지시에 대한 미국의 공식 해석을 요청하였다.

한편으로 양유찬 대표는 1952년 4월 4일 일본의 근거 없는 對韓청구권 주장을 비판하고 성의있는 자세를 요구하는 성명을 발표했다. 이에 대해 일본 대표 마쓰모토는 청구권 문제에 대한 일본 측의 법률적 견해에 한국이 크게 반발하는 것에 유감을 표시했다. 그리고 한일회담은 절대로 급하게 진행해서는 안 된다고 생각하며 요시다 총리도 이 점을 당부했다고 덧붙였다. 따라서 자신은 절대로 '거래'할 생각이 없다고 못 박았다.[167] 한국과 일본이 청구권에 대한 법률적 견해로 팽팽히 대립하고 누구도 양보할 생각이 없는 가운데 양유찬의 성명에 대해 일본대표단은 두 가지 문서를 제출해 재차 반박에 나섰다. 「일본 측 제안 설명 개요」와 「양국의 차이점」이라는 문서를 통해 일본은 대일평화조약 4조 (b)항의 구속력은 사유재산에 대한 포괄적 몰수를 의미하지 않는다는 점을 다시 강조하였다. 더욱이 한국이 주장하는 재한 일본 재산의 형성과정이 불법적이었다는 데 대해 국내법, 국제법상으로도 정당하게 취득한 재산이라고 주장했다.[168] 청구권

---

166) 주일대표부 김용식공사가 외무장관에게, 「제4차 한일 정식회의 경과보고의 건」, 1952. 3. 27 , 『제1차 한일회담(1952. 2. 15~4. 21) 본회의 회의록 : 제1-15차』, 외교사료관.
167) 주일대표부 김용식공사가 외무장관에게, 「한일회 본회의 제5차회의 경과보고 건」, 1952. 4. 9, 『제1차 한일회담(1952. 2. 15~4. 21) 본회의 회의록 : 제1-15차』, 외교사료관.

을 둘러싼 법적 해석문제가 식민통치에 대한 합법성 문제로까지 번지고 있음을 알 수 있다. 이는 결국 청구권 문제가 단순히 '액수'의 문제가 아니라 한일 과거사에 뿌리를 둔 문제였기 때문이다. 이런 상황에서 귀추가 주목된 것은 미국의 견해였다.

한국의 유권해석 요청을 받은 미국은 1952년 4월 28일 대일평화조약이 발효되는 날까지 한 달이 넘도록 회신하지 않다가 다음날인 4월 29일에야 회신하였다. 대일평화조약 4조 (b)항과 주한 미군정청의 관련 지시 및 법령에 따라 한국 관할 내 일본국 및 일본인의 모든 권리·권위·권익이 상실되었으므로, 그러한 자산과 이해관계에 대해 일본은 청구 요구를 할 수 없다는 것이었다. 그러나 일본의 대한청구권 문제는 한일 양국이 특별협정에 따라 적절히 처리할 것을 권고했다.[169] 이것은 조약 해석과 무관했고 상호 양보에 의한 정치적 타협을 요구한 미국의 궁여지책이었다.[170] 결국 미국은 대일평화조약의 본질을 훼손하지 않으면서도 한일 간에 모호한 입장을 취함으로써 오히려 분쟁을 고조시켰다.

한국과 일본은 미국의 해석을 각각 자국에 유리한 내용과 방식으로 이용했다. 한국은 미국이 일본의 청구권 주장을 근거 없는 것으로 판단했고 한국의 입장을 지지한다고 주장했다. 반면 일본은 미국으로부터 각서를 공식적으로 전달받지는 못했으나,[171] 한국의 반응이 일본 언론을 통해 전해지자 극히 민감하게 반응하면서 미국에 공식 입장 천명을 요청하고 나섰다. 외견상 이 각서는 한국의 입장을 강화시켜주는 반면 일본에는 과도한 간섭과 편파로 받아들여졌기 때문이다. 미국은 자신들이 명백하게 한국의 입장

---

168) 「양유찬의 4월 4일 자 성명에 담긴 합법적 주장에 대한 일본대표단의 입장」, 『제1차 한일회담 (1952. 2. 15~4. 21) 본회의 회의록 : 제1-15차』, 외교사료관.
169) John Allison to Yang Yu Chan, 1952. 4. 29, Korea-Seoul Embassy, Classified General Records, 1953-55, Box. 4.
170) 이종원, 앞의 논문, 169쪽.
171) 이 각서는 1952년 5월 15일 주미일본대사관에 전달되었는데, 일본은 1960년 3월 9일 4차 한일회담에 가서야 이를 공표했다(石丸和人·松本博一·山本剛士, 앞의 책, 314쪽).

을 지지한 것이 아니라는 점을 강조하였고, 한국이 미국의 입장을 유리하게 선전하는 것에 대해서도 불편한 심경을 내비쳤지만 적극적으로 제지하지는 않았다.[172] 그러나 미국은 이 각서를 통해 일본의 대한청구권과 한국의 대일청구권이 상쇄되는 쪽을 기대했다. 이는 일본의 의도이기도 했다. 미국도 애초부터 일본의 대한청구권 주장이 실질적인 在韓재산 반환을 목표로 한 것이 아니라 한국의 '과도한' 대일청구권과의 상쇄를 목표로 하였다는 점을 분명하게 인지하고 있었다.[173]

미국의 청구권 각서에 대해 일본이 반발하는 가운데 주일 미 대사관은 현 단계에서 한일교섭에 대한 미국의 직접적이고 공식적인 논평은 바람직하지 않다는 의견을 피력하였다.[174] 한국이 미국 각서를 이용해 한일협상에서 '전승국'처럼 행동하고, '한국의 강력한 무기'로 이용되고 있다는 일본의 비난을 고려한 것이었다.[175] 일본은 한 발 더 나아가 첫째, 미국정부는 한일협상에서 제기된 모든 현안은 양국이 해결해야 한다는 태도를 시종일관 견지해야 하며, 둘째 미국은 대일평화조약 4조에 따라 한일협상에 편견을 줄 어떤 행동도 취해선 안 되며, 셋째 미국은 조만간 만족한 결과에 도달하기를 희망한다는 선에서 공식 견해 표명을 자제해야 한다고 요구하였다.[176] 평화선 문제에 미국의 강력한 개입을 요청했던 것과는 사뭇 다른 태도이다. 평화선 문제에서는 미국을 통해 對韓압력을 행사하려고 했던 일본이 청구권문제에서는 '양국 협상'이라는 점을 강조하며 미국의 개입을 반대하고 있는 것이다.

---

172) Secretary of State to Tokyo Embassy, 1952. 5. 9, RG 84, Japan, Tokyo Embassy, Classified General Records, 1952, Box. 1.
173) Tokyo Embassy to Department of State, Pusan Embassy, 1952. 5. 12, RG 84, Japan, Tokyo Embassy, Classified General Records, 1952, Box. 1.
174) Tokyo Embassy to Department of State, Pusan Embassy, 1952. 5. 12, RG 84, Japan, Tokyo Embassy, Classified General Records, 1952, Box. 1.
175) Murphy to Department of State, 1952. 5. 16, RG 84, Japan, Tokyo Embassy, Classified General Records, 1952, Box. 1.
176) Murphy to Department of State, 1952. 5. 17, RG 84, Japan, Tokyo Embassy, Classified General Records, 1952, Box. 1.

이처럼 청구권 문제를 둘러싼 한국, 일본, 미국의 입장은 근본적인 차이가 있었다. 한국은 설사 일본의 대한청구권이 교섭 목적으로 제출된 것이라 하더라도 이 문제는 일본과 '협상'할 성질의 문제가 아니라는 견해였다. 상호협상의 문제가 아니라 '귀속재산 문제'라고 보았다.[177] 장기간의 식민통치 기간에 발생한 인적·물적 피해에 대해 일본이 당연히 배상할 의무가 있다고 생각했기 때문이다. 미국은 대일평화조약을 근거로 일본의 대한청구권은 근거가 없지만 양국 청구권이 상쇄되는 것이 바람직하다는 견해를 취했다. 반면 일본은 대일평화조약에 따라 일본의 배상책임이 면제된 것을 전제로 한국의 '과도한' 배상요구를 사전에 차단하고자 하였다. 따라서 최대목표는 대한청구권과 대일청구권이 완전히 상쇄되는 것이며, 최소 목표는 부분 상쇄를 통해 대일청구권을 최소화시키는 것이었다. 일본이 제시한 대한청구권 주장은 실제로 청구를 받을 목적이라기보다는 일종의 협상카드로 제기된 것이었다.[178]

결과적으로 대일평화조약 조문 해석을 둘러싸고 한국, 일본, 미국은 이승만정권기 내내 줄다리기를 했다고 해도 과언이 아니다. 이 조문 해석을 둘러싼 한일 간 갈등은 회담이 결렬로 이어진 직접적 원인이 되었다. 따라서 이 지루한 공방전에는 미국의 책임도 컸다. 미국이 일본의 부활과 재건을 동아시아정책의 핵심으로 결정하고, 대일배상 포기정책을 채택하였기 때문이다. 미국은 한국의 '과도한' 대일청구가 일본 경제에 부담을 줄 가능성이 크기 때문에 이를 방지해야 한다는 견해를 견지한 것이다. 대일평화조약 4조 (b)항에 대한 미국의 유권해석이 한일 간 갈등의 불씨가 된 것은 당연한 이치였다. 애초 조문대로라면 일본의 대한청구권은 성립되지 않는 것

---

177) Secretary of State to Tokyo Embassy, 1952. 6. 3, RG 84, Japan, Tokyo Embassy, Classified General Records, 1952, Box. 1.
178) 일본의 한 연구서는 이 같은 일본의 의도를 다음과 같이 설명하고 있다. 일본 외무성은 "관계 조약을 솔직히 읽어보면 일본 주장에 무리가 있으며, 결코 미국의 주장을 '억지로' 떠안은 것은 아니다."라고 평가하며, 그렇지만 무리한 주장을 한 의도는 "일본의 애초 해석은 한국의 일방적인 거액 요구를 완화할 목적이었다."라는 것이다(石丸和人·松本博一·山本剛士, 앞의 책, 315~316쪽).

이었다. 그런데 일본은 한국의 대일청구권과의 상쇄를 목적으로 대한청구권을 주장했고 미국도 이를 묵인한 것이다.

1차 한일회담은 일본의 대한청구권 주장으로 난항을 거듭하였다. 결국 1952년 4월 25일 일본 수석대표 마쓰모토(松本俊一)가 김용식 교체수석대표에게 교섭 불가를 통보함으로써 회담은 결렬되었다. 1952년 5월 14, 16일 오카자키 일본 외무대신은 일본이 회담을 결렬시킨 이유에 대해 일본 중의원과 참의원 외무위원회에서 각각 그 경위를 다음과 같이 설명했다.

> 재산 및 청구권 문제는 평화조약 제4조 (a)항에 따라 양국 간 특별 협정으로 해결하는 동시에 4조 (b)항에 의하면 우리나라는 조선 내에서 우리나라 및 국민이 가지고 있던 재산에 대한 미군정의 처분의 효력을 '승인'한다고 되어 있다. 여기서 문제는 이 '승인'이 日韓 서로 의견이 다르다는 점이다.
> 한국은 일본의 조선 영유를 불법이라고 전제하고 불법적인 영유로 축적된 일본 재산은 모두 비합법적인 성질을 가지며, 따라서 미군정 명령 제33호 및 美韓협정으로 모두 한국의 자산이 되었고, 일본은 이미 어떤 권리도 갖지 못하며 오히려 한국은 연합국과 함께 일본에 배상과 유사한 종류의 요구를 할 수 있다는 견해를 밝혔다.
> 이에 대해 우리는 한국의 이 같은 주장은 국제법상으로나 역사적으로 문제가 되며, 제4조 (b)항의 의미도 각 조문과 같이 일반 국제법의 원칙, 通則에 따라 해결되어야 할 것으로, 미군정이 점령군으로서 일본의 사유재산에 대해 적산 관리적 처분을 한 경우에도 그 재산의 원래 권리는 있으며, 매각에 따라 발생한 대금은 우리 측에서 청구할 수 있다고 주장하였다.[179]

오카자키 외무대신은 한국이 마치 '전승국'처럼 대일평화조약을 해석하

---

179) 鹿島平和硏究所 編, 앞의 책, 46~47쪽.

는 것이 한일회담을 어렵게 만들었다고 주장하고 있다. 그러나 오카자키는 두 가지 논리를 교묘하게 섞어놓고 있다. 하나는 대일평화조약은 합법적이며, 일본은 이를 충실히 이행한다는 것을 천명하고 있다. 다른 하나는 한국이 일본의 식민지배를 불법이라고 규정하고 있다는 지적이다. 오카자키는 마치 한국이 일본의 식민지배가 불법이기 때문에 그 기간에 한국에서 축적한 일본의 모든 재산도 불법 축적물로 몰수 대상이 되어야 한다고 주장한 것이 회담 결렬 사유인 것처럼 말하고 있다. 그러나 문제가 되고 있는 귀속재산 문제는 일본이 인정한 대일평화조약에 따르면 공유재산이건 사유재산이건 귀속조치는 정당한 조치로 승인받았다는 점을 일본은 애써 외면하려하고 있었다. 한일 간 청구권 문제의 쟁점은 바로 미군정청의 이 같은 조치가 정당했는가 여부였다. 일본은 평화조약이 이 같은 조치를 승인했고 이를 인정한다고 하면서도 사유재산 처리문제에 대해서는 평화조약의 규정력을 인정하지 않았다. 미군정은 일본의 공·사유재산을 모두 적산으로 귀속시켰고 대한민국 정부에 양도했다. 그리고 평화조약은 이 같은 미군정의 조치를 그대로 승인했다. 한국에 소재한 일본재산을 공·사유재산으로 구분하지도 않았다. 따라서 오카자키의 이 같은 왜곡은 일본의 對韓청구권이 근거 없음을 은폐하고, 회담 결렬의 책임을 한국에 돌리려는 의도였다. 대일평화조약은 승전국과 패전국 간의 강화조약이었고, 미군정청의 귀속재산에 관한 조치는 정당하다고 승인해준 강화조약 조문은 패전국이 지불해야 할 최소한의 대가를 명시한 것이었다. 식민지배에 대한 '보복의 부과'가 아니었던 것이다.

일본은 1952년 12월 청구권 문제에 대해 새로운 협상카드를 제시했다. 한국인의 우편환·연금 등에 대해서는 지불할 의사가 있으며, 일부 한국 문화재를 반환할 의사를 비춘 것이다.[180] 그러나 이것은 한국이 요구한 대

---

180) Murphy to Department of State, 1952. 12. 3, RG 84, Japan, Tokyo Embassy, Classified General Records, 1952, Box. 1.

한청구권 포기는 아니었다.

한편, 1차 회담 결렬 후 한국의 평화선 고수와 일본 어선 나포 경고에 일본이 순시선 파견계획으로 맞대응함으로써 가을 성어기를 앞둔 평화선 수역에는 긴장감이 돌았다. 이같이 양국의 갈등이 고조됨으로써 회담 재개는 점점 어려워지고 있었다. 이때 돌파구가 된 것은 이승만의 방일이었다.

1953년 1월 이승만 대통령은 클라크 유엔군사령관의 초청으로 세 번째 일본 방문에 나섰다. 한국은 대통령의 방일은 클라크 장군 초청에 의한 '비정치적 방문'임을 강조했지만, 이승만이 클라크와 한국군 증원문제, 태평양동맹 결성문제 등을 협의할 것으로 관측되었다. 또한, 이승만 대통령과 요시다 총리 간의 회담 가능성이 제기되면서 한일관계 진전에도 좋은 계기가 될 것이라는 관측이 제기되었다.[181] 그러나 이승만은 방일 계획을 발표하기 약 3주일 전쯤 국무회의에서 10개 항목에 달하는 일제 침략 죄상 조사를 지시했다. 희생된 애국지사, 기본 인권 부정 및 종교의 자유박탈, 각종 회사 탄압사례, 각종 지하자원과 농산물 착취 기록, 강제징병과 강제징용 기록 등을 조사토록 특명을 내렸다.[182] 이렇게 조사·수집된 자료의 용도는 공표되지 않았으나 방일을 앞둔 시점이었기 때문에 주목을 끌었다.

이승만의 방일을 둘러싸고 한국, 일본, 미국은 각각 다른 관점을 보여주었다. 한국은 이승만의 방일이 순전히 개인적인 방문임을 강조했다. 반면 일본 언론들은 이승만의 방일은 한일회담의 교착상태 타개가 목적이라고 보도했다. 그러나 '李라인' 선포, 유엔군에 일본 특파원 파견 거절, 對日구매조달 거부 등에서도 나타났듯이 과거 한일협상의 주된 장애는 이승만의 '일본 공포증'이라고 보도하기도 했다.[183] 애치슨 미 국무장관은 협상 재개 움직임을 환영하며 이승만의 방일에 기대를 표시했다. 그는 일본에는

---

181) 『서울신문』 1953. 1. 3.
182) 『서울신문』 1953. 1. 5.
183) Tokyo Embassy to Department of State, 1953. 1. 1, RG 84, Korea-Seoul Embassy, Classified General Records, 1953~1955, Box. 4.

관대함을, 일본과 특히 한국 언론에는 상대방에 대한 신랄한 논평과 비난 기사를 삼가하도록 요청하였다.[184] 이렇게 이승만은 국내외의 주목을 받으면서 1월 5일 클라크 장군 전용기 편으로 일본으로 향했다.

이승만은 김용식 주일대표부 공사를 통해 일본 도착 성명을 발표했다. 자신의 방문이 클라크 장군 초청에 의한 '개인적 방문'임을 다시 한번 강조하면서도, 여러 경로를 통해 관측된 요시다와의 회동 가능성을 암시하였다.

나로서는 누구에게나 偏感을 갖인 바 없으며 한일 양국관계에 관한 사정을 듣고자 하는 이나 또는 어떠한 문제를 명백히 알고 싶어 하는 사람이면 누구든지 기꺼이 맞나볼 생각이다.(중략)
이 자리에서 솔직하게 말하고 싶은 것은 한국은 역사상 침략자가 되어 본 일이 없으며 더욱 일본에 대하여 국제적인 부정을 행하였다고 비난할 수는 없는 것이다. 내가 이런 말을 하는 것은 어떤 사람을 비방할려는 것이 아니며 만일 일본이 우리와 손을 잡고 일할려고 드는 한 우리는 언제나 일본과 만날 용의가 있다는 것을 알릴려는 데 있는 것이다.[185]

이승만은 일본이 한국을 침략한 역사를 상기시키고, 한일관계 개선을 위해서는 일본의 '진심 어린 성의'가 관건이라고 강조하였다. 한국은 관계개선에 대해 충분히 성의가 있으니 일본도 이에 호응하라는 내용이었다. 그리고 다시 한번 한일회담 재개 교섭을 위해 방문했다는 언론 보도는 부인했으나 요시다와의 회동 가능성은 열어두었다.

방문 성격을 둘러싼 논란 속에서 1953년 1월 6일 이승만 대통령과 요시다 총리가 클라크 유엔군사령관과 머피 주일 미 대사가 참석한 가운데 회

---

184) Secretary of State to Tokyo Embassy, 1953. 1. 19, RG 84, Korea-Seoul Embassy, Classified General Records, 1953~1955, Box. 4.
185)「이대통령 동경 도착 후 성명서를 발표」, 1953. 1. 7,『이승만대통령문서철』, 국가기록원.

담하였다. 이승만은 평화선 문제와 관련해 빈곤한 한국의 경제상황과 어업의존도 등을 역설하며 그 필요성을 강조하였다. 동시에 일본이 더 큰 국가로서 공산주의 침략에 맞서 투쟁하고 있는 한국에 대해 보다 관대한 태도를 보여야 한다고 역설하였다. 그리고 한일회담 재개 의사를 전달했다. 반면 요시다는 시종일관 친절하고 진심 어린 태도를 보였지만 입을 굳게 다물고 말없이 일관하였다.[186] 요시다가 모든 문제의 해결책은 인내가 핵심임을 말없이 웅변적으로 보여주었다는 것이 머피 대사의 관찰 결과이다. 머피 대사의 말대로라면 한국과 일본의 양측 수뇌가 보여준 태도는 한일회담에서 한국은 적극성을 보인 반면 일본은 소극적으로 지연전술을 쓰는 양국 협상태도와도 유사했다.

이승만과 요시다 회동에 대해 일본 언론들은 한일협상 재개와 타결 가능성의 징조로 대대적으로 보도하였다. 『每日新聞』 1월 7일자는 이승만의 방일로 상호 이해가 돈독해졌으나, 대한청구권·李라인·재일조선인 문제 등에 대해 양측이 기존 입장을 철회하거나 포기하기 전에는 해결이 쉽지 않다고 보도했다. 특히 청구권 문제는 비록 일본의 청구권 주장이 합법적으로 정당하지만 정부가 너무 완고하게 입장을 고수하지 말고 한국의 오해를 풀어주고자 모든 노력을 기울여야 한다고 주문하였다. 한국에서 '친일딱지'는 '정치적 죽음'을 의미한다는 점을 고려할 것도 주문했다. 따라서 이전의 요구사항과 '체면'을 접고 새로운 접근을 시도하라고 요청했다. 반면 『朝日新聞』은 클라크가 이승만과 요시다 면담을 주선한 주요 동기는 반공산주의 진영의 결속을 위한 것이라고 논평했다. 따라서 이번 방일은 일본, 한국, 필리핀, 대만을 반공동맹으로 결속시키려는 첫 번째 시도라고 추측하였다.[187]

한편, 이승만은 방일 중 한일 어업문제 해결을 위해 일본 어업계 대표들

---

186) Murphy to Department of State, 1953. 1. 7, RG 84, Korea-Seoul Embassy, Classified General Records, 1953~1955, Box. 4.
187) Murphy to Department of State, 1953. 1. 7, RG 84, Korea-Seoul Embassy, Classified General Records, 1953~1955, Box. 4.

과 면담하고 싶다는 의사를 표명했다. 이는 일본 어업계의 면담 요청에 대한 응낙이었다. 그리고 방일 도착 성명에서 밝힌 대로 한국은 한일관계 개선을 위해 '누구라도' 만날 용의가 있다는 점을 보여주는 것이었다. 이에 따라 주일대표부는 공식적으로 일본의 어업관련 대표자들을 한국으로 초청해 이승만 대통령과 어업문제를 협의하도록 준비해나갔다.

이승만의 방일을 전후해 한국과 일본은 다소 흥분상태에 휩싸였다. 한국 대통령의 방일이 가지는 정치적 함의에 대한 해석과 시점 때문이었다. 실제로 한일관계 또는 한일회담에 대해 그동안 비교적 무관심했던 일본 언론들이 이승만의 방일에 대해 보인 보도태도는 다소 이례적이었고 과잉 보도 양상을 보이기까지 했다. 이승만이 요시다에게 회담재개 요청을 했다는 소문, 과거 식민지배에 대한 사과를 요구하자 요시다가 일부 군국주의자들의 책임이라고 답했다는 소문 등이 보도되기도 했으나 모두 사실이 아닌 것으로 판명되었다. 심지어 일부 신문은 한국의 대일태도가 완화되었다고 성급한 논평을 내기도 하였다. 『朝日新聞』과 『每日新聞』의 부산특파원들은 한일회담이 3월경 서울에서 열릴 것으로 예상했다. 이들은 이승만 귀국 후 부산의 분위기가 변했다고 강조하면서 한국 언론도 반일 논조를 누그러뜨렸을 뿐 아니라 여태까지 적대적이었던 정부 관리들도 일본 특파원들에게 놀라울 만큼 우호적 태도를 보이고 있다고 전했다.[188] 2차 한일회담이 4월에 재개되었기 때문에 이 같은 보도내용이 완전히 틀린 것은 아니었지만, 한국과 일본의 인식과 정책에 변화가 나타난 것은 아니었다.

이승만의 방일은 양국의 현안에 대한 기존 입장을 바꾸거나 타협의 여지를 넓히는 등의 성과를 거두지는 못했다. 애초부터 이 방문은 한일관계 개선을 목표로 한 것이 아니라 미국의 압력으로 이루어졌기 때문이었다. 미국은 1951년 9월 대일평화조약 체결과 동시에 미일안전보장조약을 체결했

---

188) Murphy to Department of State, 1953. 1. 12, RG 84, Korea-Seoul Embassy, Classified General Records, 1953~1955, Box. 4.

다. 이에 앞서 호주·뉴질랜드와 태평양안전보장조약(ANZUS)을 체결했고, 필리핀과도 상호방위조약을 체결했다. 이런 아시아 태평양 지역의 집단안보조약은 일본의 부활에 대한 아시아 관련 국가들의 의혹과 불안을 없애줌과 동시에 이 지역에 대한 미국의 방위공약을 천명한 것이었다. 반면 한국은 미국을 상대로 확고한 방위공약을 요청했지만 당시까지 성과를 얻지 못하고 있었다. 미국은 한국전쟁 발발 즉시 파병을 단행했지만 확고한 방위공약을 선언하지는 않았다. 태평양동맹 결성 실패, 대일평화조약에서의 배제, 미국의 아시아 태평양지역 방위조약 체결 대상국가에서의 제외 등 이승만의 목표는 모두 성과를 얻지 못했다. 이제 남은 것은 미국을 상대로 개별 방위조약을 체결하는 것뿐이었다. 따라서 3차 방일은 휴전이 기정사실화되어 가는 가운데 한국군 증원문제 등 對美 요구를 관철하기 위한 수단이었다.

 이승만은 일본의 對韓 인식이나 정책이 변화될 것이라고는 기대하지 않았다. 일본 또한 對韓인식과 정책이 변하지 않았음을 보여주었다. 요시다는 머피 주일대사와의 면담에서 이승만이 우호적 태도를 보였지만 이것이 '李라인' 같은 문제에 대해 보다 합리적인 태도로의 변화를 의미하는 것인지 의심하였다. 오히려 한국이 완고한 태도를 고치지 않는 한 한일 관계개선은 어려울 것이라고 역설했다. 다만, 머피 대사가 제안한 대로 일본이 적어도 이 단계에서 전술적으로 전향적인 행동을 취해야 한다는 데는 동의하였다.[189] 요시다는 외교 분야는 직접 챙길 만큼 전문가로 자임했고, 이승만 또한 외교만큼은 직접 관장했다. 그러나 두 사람 모두 상대국에 대한 불신이 깊었다. 이승만은 일본이 과거 침략사에 대해 제대로 반성하지 않을뿐더러 장차 또다시 침략을 기도할지 모른다고 생각했다. 반면 요시다의 최우선 관심사는 일본의 '재건'이었다. 정치·경제·군사적인 '재건'이었다. 따라

---

[189] Murphy to Department of State, 1953. 1. 21, RG 84, Korea-Seoul Embassy, Classified General Records, 1953~1955, Box. 4.

서 끊임없이 일본의 '과거'와 미래에 대해 '의혹'을 제기하는 한국이 탐탁지 않을 수밖에 없었다. 결과적으로 1953년 1월 이승만의 방일은 양국의 입장과 이해관계에서는 차이를 보였지만, 한일회담이 재개되는 계기가 되었다.

1953년 1월 27일 오쿠무라(奧村) 차관은 김용식 주일대표부 공사를 방문해 한일협상 재개를 공식 제안하면서 예비협상을 제안했다. 김용식은 즉각 동의하였다. 이에 대해 일본 언론은 양국이 청구권을 포기할 것이며, 만약 한국이 '李라인'을 폐기하면 在韓 일본인 사유재산도 포기할 용의가 있다는 일본 외무성의 입장을 보도하였다. 그러나 대장성은 청구권문제에 대한 외무성의 비밀협상설에 불쾌감을 표시하며 기존 입장을 고수하였다.[190]

그러나 일본이 한일협상 재개를 제안한 것은 선거를 앞둔 상황에서 나온 국내 선거용이었다. 4월 19일과 24일에 각각 중의원, 참의원 총선거를 앞두고 일본정부가 한일협상에 대해 노력조차 하지 않는다는 인상을 주는 것은 정치적으로 득이 되지 않았다. 또한 온건하지만 지속적인 미국의 압력도 무시할 수 없었다.[191] 한국과 미국은 일본이 회담재개를 서두르는 것이 선거를 앞두고 현 정권이 한일협상에 관심이 없다는 인상을 주지 않으려 한다는 의도임을 알고 있었다.[192]

이렇게 애초부터 2차 회담은 한국과 일본 모두에게 절박하지 않았다. 전년도 1차 회담이 청구권문제로 결렬된 후 이 문제에 대한 양측의 입장은 달라지지 않았다. 일본정부는 총선을 앞두고 한일협상에 관심이 있다는 인상을 주고자 정치적 고려를 하고 있었다. 오카자키 외상은 1월 25일 자유당대회에서 이승만의 방일로 조성된 낙관적 분위기를 고려해 회담 재개를 위해 노력하고 있다고 발언하였다.[193]

---

190) Murphy to Department of State, 1953. 1. 28, RG 84, Korea-Seoul Embassy, Classified General Records, 1953~1955, Box. 4;『동아일보』1953. 1. 29.
191) Murphy to Department of State, 1953. 3. 27, RG 84, Korea-Seoul Embassy, Classified General Records, 1953~1955, Box. 4.
192) Tokyo Embassy to Department of State, 1953. 4. 7; Briggs to Secretary of State, 1953. 4. 8, RG 84, Korea-Seoul Embassy, Classified General Records, 1953~1955, Box. 4.

한편, 이승만은 1953년 휴전협정 체결에 대한 협력 대가로 한미상호방위조약 체결을 강력히 요구했다. 이승만이 한미상호방위조약 체결을 요구한 것은 공산주의의 위협에 대처하기 위함과 동시에 일본의 팽창주의에 대한 경계 때문이기도 했다. 이승만은 일본이 미국의 경제・군사적 원조를 통해 재건되면 한국에 대한 팽창주의적 야욕을 드러낼 가능성이 매우 농후하다고 인식하고 있었다.[194] 그러나 아이젠하워 미 대통령은 진행 중인 휴전협상에 미칠 악영향과 예상되는 의회의 반대 등을 이유로 거절했다. 특히 미군부는 한국에 대한 군사적 공약의 확대는 대소 전면전 발발 시 한국으로부터 즉시 철수를 규정했던 당시 미국의 기본전략과 모순된다는 이유로 강력히 반대했다. 그러나 클라크 유엔군사령관 등 현지 미국 관리들은 현실적 판단을 근거로 조약의 핵심이라고 할 수 있는 미국의 자동개입조항에 중요한 유보조항을 다는 선에서 방위조약 체결을 권고했다.[195] 결국, 1953년 10월 한미상호방위조약이 정식으로 조인되었다. 비록 이 조약은 미국의 자동적 군사개입을 보장하지는 않았지만, 이승만이 요구해온 대로 미국이 항상 한국의 안전을 보장한다는 공식선언이었다. 이로써 1949년 태평양동맹 결성을 통해 미국의 항상적인 방위공약을 얻어내려던 이승만의 구상은 개별 방위조약 체결로 소기의 목적을 달성하게 되었다. 이승만이 세 번째 방일을 감행하고라도 얻고 싶었던 것은 바로 이것이었다.

1차 한일회담이 결렬되고 약 1년 만인 1953년 4월 15일 2차 한일회담이 재개되었다. 그러나 이렇게 재개된 2차 회담은 일본의 소극적 태도와 협상 기피로 진전이 없었다.[196] 일본은 여전히 준비부족을 이유로 들었다. 그리고 1차 회담 당시 쟁점이 되었던 청구권과 어업문제에서도 진전이 없었다.

---

193) 『동아일보』 1953. 1. 27.
194) 차상철, 2002 「이승만과 한미상호방위조약」 『한국과 한국전쟁』, 연세대학교출판부, 267~268쪽.
195) 이종원, 1996 『東アジア冷戰と韓美日關係』, 東京大學出版會, 44~45쪽.
196) 일본은 '교섭' 형식으로 회의를 진행할 생각이었고, 수석대표가 된 구보타에 대해서도 '일본정부대표'나 '전권대표'로 임명하지 않았다. 정부・전권 대표는 회담이 조인될 때에 정식으로 임명한다는 구상이었고, 대표단원에도 '대표' '隨員'의 명칭을 쓰지 않았다(鹿島平和硏究所 編, 앞의 책, 61쪽).

특히 어업협상 과정에서 일본은 평화선의 영해 확장설과 일방적 조치설의 근거로 평화선과 미국 트루먼선언의 취지가 다르다는 점을 집중적으로 거론하였다. 트루먼선언은 어업관할권과 타 이해 관계국과의 협의를 대전제로 하고 있지만, 평화선은 주권 행사를 통한 영해 확장 등 한국만의 일방적 조치라는 것이다. 그러나 한국은 이미 평화선은 주권 행사가 아닌 어업관할권의 행사라는 점을 강조해왔을 뿐 아니라 이 수역에서 한국만이 보존과 개발 실적을 가지고 있기 때문에 이해 관계국은 한국뿐이고, 따라서 일방적 조치가 아니라는 점을 거듭 강조했다. 결국, 2차 한일회담의 어업협상도 평화선을 둘러싼 양국의 의견 대립만이 확인된 채 성과 없이 끝났다. 재산 및 청구권위원회는 3차 회의 이후 개최되지 않았다.[197]

한편, 2차 한일회담이 진행되고 있을 때 미 국무부는 1953년 7월 16일 한일회담에 관한 정보보고서를 작성했는데, 이때까지의 한일관계와 양국의 입장을 명확하게 정리했다.[198] 2차 한일회담이 끝나기 직전에 작성된 이 보고서를 통해 한국과 일본이 한일회담에 대해 어떤 인식과 정책을 고려하고 있는지를 파악할 수 있다. 이에 따르면 한국은 지리적 근접성, 반공주의적 정치지향성, 한일 경제의 상보성을 인식하여 한일관계 개선을 염두에 두고 있었다. 그러나 일본의 위협으로부터 한국을 지켜줄 키워드가 미국이라고 생각하고 더 많은 경제적·군사적 지원 보장을 요구하였다. 또한 한국의 대일태도는 이승만에 의해 형성·통제되고 있었다.

반면 일본정부는 한국문제를 심각하게 생각했지만 시급하다고 여기지는 않았다. 그러나 일본도 기본적으로 미국의 압력, 한국과의 갈등이 경제 재건과 극동국가들과의 관계개선에 미칠 악영향, 한국에 대한 전략적 중요성과 한국 분단 등의 이유로 한일관계 개선이 필요하다고 인식하고 있었다.

---

197) 외무부 정무국(1960), 앞의 책, 141쪽.
198) 「Intelligence Report No. 6287; 한일협상과 관계 개선 전망」, 1953. 7. 16, RG 84, Korea-Seoul Embassy, Classified General Records, 1953~1955, Box. 4.

그러나 이런 필요성이 불리한 조건을 감수하고라도 관계를 개선케 할 강제요소는 아니었다. 오히려 일본은 회담 지연을 통해 이승만보다 덜 완고하고 타협적인 지도자 출현을 희망했을 수도 있다고 적고 있다. 또 한 가지 지적하는 것은 일본의 협상태도이다. 일본은 과거 식민지배 역사, 재일조선인에 대한 뿌리 깊은 편견, 기술력・생활수준・잠재적 군사력・국제적 지위 등에서 한국에 대한 우월감을 가지고 있다고 지적했다. 이 보고서는 결론적으로 온건한 한국 지도자의 출현, 미국의 對韓 공약의 강화, 한국전쟁 휴전으로 말미암은 일본의 반공동맹의 필요성 인지, 특히 일본에 대한 미국의 압력은 협상 타결을 촉진시킬 것이라고 하였다.

이 보고서가 작성된 시점은 2차 회담이 결렬되기 직전으로 한일관계에 대한 미국의 인식과 전망을 보여준다. 우선 한일관계 개선은 정치・군사적 반공동맹 형성, 경제협력체계 형성을 목표로 하고 있었다는 점을 알 수 있다. 이를 위해서 한국은 일본과의 경제협력 필요성을, 일본은 한국의 對共 보루 역할을 적극 평가해야 했다. 한국과 일본이 미국의 동아시아정책 속에서 어떻게 역할을 분담하고 있었는지 알 수 있는 대목이다. 다음으로 알 수 있는 것은 양국의 관계개선을 가로막는 두 가지 장애요소들이다. 첫째는 한국과 일본은 모두 상대국보다는 미국을 목표로 움직이고 있었다는 점이다. 둘째는 이승만의 완고한 對日태도와 일본의 對韓 우월의식이다. 이 두 가지는 이 시기 한일관계 개선을 지연시키고 있는 정서적 요인으로 지적되었다. 그러나 이 보고서에서 주목할 것은 일본이 이승만보다는 좀 더 온건한 지도자의 출현을 기대하고 있다는 분석과 미국 일각에서도 이를 고려하고 있었다는 점이다.

1~2차 한일회담은 청구권 문제와 어업분쟁 등으로 진전되지 못한 채 결렬되었다. 또한 양국의 협상전략 차이도 협상진행을 가로막았다. 한국은 예비회담부터 현안의 일괄협상과 타결을 주장하였다. 반면 일본은 현안 분리 협상・타결전략을 갖고 있었다. 즉, 청구권 문제나 평화선 문제와 같이

한일 양국의 이해관계와 입장이 첨예하게 대립하는 현안은 뒤로 미루고 타결 가능성이 큰 재일조선인 법적지위 문제, 선박반환 문제 등을 먼저 협상하자는 것이었다. 일본의 현안 분리 협상전략은 미국의 지지를 받았다. 그러나 결론적으로 한일 간 현안들은 별개의 문제들이 아니었다. 과거사 청산이라는 대전제로부터 시작하지 않고서는 어느 것도 해결의 실마리를 찾기는 어려웠다.

2) '구보타 발언'과 회담 결렬

청구권 문제는 본질적으로 과거사 인식의 문제였다. 즉 '청구'의 기준과 대상이 과거사를 어떻게 인식하느냐에 따라 달라지는 문제였다. 청구권 문제는 1차 회담에서 양측이 각각 대일청구권과 대한청구권을 주장한 이래 전면적으로 제기되지 않다가 1953년 3차 회담에서 일본 대표 구보타의 '발언'으로 폭발하게 되었다.

2차 회담 휴회 이후 3차 회담이 재개되기 전까지 한일 간 어업분쟁은 점점 고조되는 양상을 보였다. 특히 그동안 임시로 한일어업분쟁의 경계선 역할을 해오던 클라크선이 1953년 8월 27일 해제됨으로써 가을 어획기를 앞두고 양국의 분쟁도 높아질 전망이었다. 이에 일본이 먼저 나서서 외무성은 9월 24일 어업문제를 최우선으로 협의하자며 회담 재개를 요청하는 각서(Aide Memoire)를 전달했다. 한국이 계속 '이승만라인'을 근거로 자국 선박을 나포하고 있기 때문에 어업문제 해결이 최긴급 사안이라고 주장했다. 이를 위해 어업협정 제안을 준비할 것이며 한국이 동의한다면 양국의 어업단체 대표들을 포함해 협상할 수도 있다고 적극적인 태도를 보였다.[199] 한국은 '일본의 성의를 기대하며' 회담 재개에 동의했다. 이렇게 해서 1953년 10월 6일

---

199) 주일대표부 김용식 공사가 외무장관에게, 「한일회담 재개요청에 관한 건」, 1953. 9. 29, 『제3차 한일회담(1953. 10. 6~21) 본회의 회의록 및 1-3차 한일회담 결렬경위, 1953. 10~12』, 외교사료관.

3차 한일회담이 개최되었는데, 불과 보름여 만인 10월 21일 결렬되었다. 일본 측 대표 구보타 간이치로(久保田貫一郎) 발언이 원인이었다.

3차 한일회담이 재개되자 한국 측 수석대표 양유찬은 '개인자격'으로 회담 성공을 위한 전제조건을 밝혔다. 한국이 일본의 對共방위선 역할을 하고 있다는 점을 전제로 한일회담 성공의 전제조건은 일본의 대한청구권 포기에 있다고 강조했다.[200] 비록 개인의견이라고 밝혔지만 그가 한국 측 수석대표였고 이승만의 측근인사였기 때문에 한국은 대한청구권 포기를 협상 타결의 기본 전제로 삼고 있었음을 알 수 있다.

일본은 평화선 수역에서의 자국 어선나포 문제로 신경이 곤두서있는데다 여론의 압박이 점점 심해지는 상황에서 어업문제를 최우선 의제로 삼을 것을 강력히 주장했다. 구보타는 한국 측의 현안에 관한 주장에 대해 조목조목 비판을 가했고, 이에 대응해 한국 측의 반론이 이어졌다.[201] 우선 구보타는 한국이 일방적으로 '李라인'을 선포하고 강제집행하여 어선을 나포하고 재판하는 것은 한일회담에 앞서 기선을 제압하기 위한 목적이었다고 비판했다. 또한 트루먼선언은 영해 확장을 목적으로 한 것이 아닌 데 비해 평화선은 한국의 주권행사 조치로 국제법 선례에 어긋나는 것이라고 강조했다. 그리고 양유찬 대표가 개인의견임을 내세워 대한청구권 요구를 포기할 것을 권고하였지만 철회하지 않을 것이라고 못 박았다. 특히 일본은 전쟁 중 동남아시아에서 약탈하고 파괴한 것에 대해 배상할 계획이지만, 한국에서는 그런 일을 한 사실이 없다고 주장했다. 구보타 망언의 기본적 인식이 이미 드러난 것이다. 그리고 일본이 일부 선박을 반환하는 것은 연합국최고사령부의 명령이나 한국의 요구를 수용한 때문이 아니라 한국의 경제부흥을 위한 일본의 '선의' 표시라는 점도 강조했다. 이에 한국 측은 평화

---

200) 「제1차 회의록」, 1953. 10. 6, 『제3차 한일회담(1953. 10. 6~21) 본회의 회의록 및 1-3차 한일회담 결렬경위, 1953. 10~12』, 외교사료관.
201) 「제1차 회의록」, 1953. 10. 6, 『제3차 한일회담(1953. 10. 6~21) 본회의 회의록 및 1-3차 한일회담 결렬경위, 1953. 10~12』, 외교사료관.

선은 주권행사가 아니며 어족 보호를 주목적으로 한 것이므로 트루먼선언의 정신과 일치한다고 주장했다. 또한 대한민국만이 한반도의 유일 합법정부이기 때문에 북한 소재 일본 재산에 대한 청구권도 주장했다. 그러나 구보타는 38선 이북에는 미군정 법령 33호가 적용되지 않으며 유엔 결의의 취지는 유엔 감시하 선거가 실시된 지역에서만 대한민국이 유일한 합법정부라는 의미라고 반박했다.

이상의 구보타 발언을 곰곰이 들여다보면 한일협정 타결 당시 일본의 논리와 놀라운 정도로 똑같다는 것을 알 수 있다. 선박반환 문제로 설명되었으나 청구권문제를 경제협력 문제로 처리하려는 점이나 유엔 결의에 대한 해석을 근거로 '두 개의 조선'을 상정하고 있다는 점에서 말이다.

이런 가운데 1953년 10월 15일 재산청구분과위원회 회의에 구보타 대표가 참석하였다. 이 회의에서 홍진기와 구보타 간에 논쟁이 벌어졌다. 청구권 문제를 놓고 논쟁 중 한국은 일본의 청구권 상호포기 제안을 거절하고, 다만 일본 점령으로 입은 손해에 대한 배상만은 철회할 용의가 있으니 다른 합법적 청구권은 지급하라고 요구했다. 이에 구보타가 일본 점령으로 한국은 많은 측면에서 득을 보았다고 응수함으로써 문제가 시작됐다.

구보타는 카이로선언의 한국의 '노예상태' 운운 문구는 戰時 수사학에 불과하며, 한국이 일본에 배상책임을 묻고 일본재산을 몰수한 것은 개인적으로 국제법상 異見이 있을 수 있다고 말했다. 이 과정에서 구보타는 일본이 한국을 '합병'하지 않았다면 다른 나라가 한국을 점령하여 한민족은 더욱 비참한 상태에 놓였을 것이라고 발언했다.[202] 김용식은 사태가 중대하다고 판단해 당시 유엔 참석 관계로 동경에 체류 중이던 변영태 외무장관에게 사태의 전말을 보고했다.[203] 그리고 10월 20일 본회의에서는 김용식과

---

202) 「주일대표부 보고서」, 1953. 10. 23, RG 84, Korea-Seoul Embassy, Classified General Records, 1953~1955, Box. 4.
203) 김용식, 앞의 책, 201~202쪽.

구보타 간에 구보타 발언을 둘러싼 공방이 이어졌다. 김용식은 구보타가 발언한 내용에 대해 견해를 발표하고 취소를 요구했다. 그러나 구보타는 의견이 대립한다고 상대방의 의견만을 철회하라는 것은 국제회의 관례상 있을 수 없는 일이라며 수용하지 않았다. 다음은 구보타 발언에 대한 양측의 공방 내용이다.

표 3-3 구보타 발언을 둘러싼 한일간 공방내용

한국이 제시한 구보타 발언 내용	구보타 답변 내용
(1) 한국이 강화조약 발효 전에 독립한 것은 국제법 위반이다.	· 종래의 국제법의 관례로 보아 이례라고 말한 것이다. 따라서 적극적으로 국제법 위반인지 여부에 대한 답변은 보류한다. · 일본이 한국의 독립을 승인한 일자는 대일평화조약 발효일이다.
(2) 일본 패전과 동시에 在韓日人을 전부 철수시킨 것은 국제법 위반이다.	· 이런 말을 한 일이 절대로 없다. 한국 측 기록을 삭제해달라.
(3) 在韓 일본 사유재산 몰수는 국제법 위반이다.	· 점령지역에서 官有재산을 몰수하는 것은 별문제이나, 사유재산은 존중되어야 한다는 것이 국제법상의 원칙이다. 따라서 주한미군정 법령 33호를 일본 해석대로 하지 않고 한국 해석대로 해석한다면 국제법 위반이다.
(4) 포츠담선언에 인용된 카이로선언의 '한민족이 노예상태'에 있다는 문구는 戰時 흥분상태에서 작성된 것이다.	· 일본이 포츠담 선언을 수락한 것은 선언문 문장의 법률적 효과를 수락한 것이다. 따라서 기타의 문구에 관한 해석에는 다른 해석이 생길 수 있다.
(5) 일본의 한국 식민통치가 한민족에게 은혜를 주었다.	· 이런 문제는 건설적이 아니라 언급하고 싶지 않다. 일본의 한국 통치가 한민족에 은혜를 베풀었다는 문제에 관하여는 긍정도 부정도 할 수 없다.

[출전] 「제3차 회의록」 1953. 10. 20, 「제3차 한일회담 본회의 회의록 및 1-3차 한일회담 결렬경위」 1953. 10~12; 외무부 정무국, 「한일회담약기」, 155~157쪽.

(1)항의 국제법 위반 운운에 대해서 구보타는 '위반'이라고 명시하는 대신 '이례(exception)'라는 표현을 사용했다. 이에 대해 시모다 다케조우(下田武三) 외무성 조약국장도 구보타 발언에 힘을 보탰다. 일본이 카이로선언과 포츠담선언을 수락하고 항복문서에 서명했을 때는 민법상 '미성년자'와 같은 지위였다는 것이다. 따라서 일본이 연합국의 점령상태에 있는

동안에는 한국의 독립을 승인할 자격이 없었고, 대일평화조약 발효에 따라 주권을 회복한 후에야 한국의 독립을 승인할 수 있었다고 주장했다. 그러나 사태 수습을 위해 한발 물러서 2차대전 이후 종래의 국제법에 이례가 되는 사례가 많이 발생했으며, 한국이 대일평화조약 발효 전에 독립한 것도 그런 사례 중 하나라고 지적했다. 다만, 한국의 독립은 당시 세계정세에 따라 이루어진 것으로 법적으로 국제법 위반은 아니라고 설명했다. 그러나 구보타는 시모다의 이 같은 견해에 대해 답변을 회피했다. 심지어 구보타는 (4)항에 대해서 현재라면 연합국이 그런 문구는 사용하지 않았을 것이라고 주장했다. 구보타는 자신의 발언은 자발적으로 특별한 의도를 갖고 말했다기보다 한국 측 질문에 끌려들어가 발언한 것에 불과하다고 변명했다. 그러나 자신의 발언은 개인자격으로 말한 것이 아니라 정부 훈령을 받은 것은 아니지만 공적 자격으로 말한 것이라고 못 박았다.

10월 21일 본회의에서도 구보타는 기존의 주장을 굽히지 않았다. 이 회의에서 한국은 구보타에게 5개 항의 발언을 철회함과 동시에 잘못을 시인하라고 요구했다. 요구가 받아들여지지 않으면 더 이상의 회담 진행은 불가능하다고 통보하였다. 그러나 구보타는 일본의 한일회담 타결을 위한 열의를 설명하고, 자신의 발언을 철회할 생각은 추호도 없으며 잘못됐다고 생각하지 않는다고 주장하였다. 오히려 그는 한국의 철회와 사과 요구에 대해 李라인 선포, 어선 나포 등을 들어 한국의 그동안의 협상태도를 비난했다. 그리고 국제회의에서 일국의 대표로서 발언한 것을 철회하라는 것은 있을 수 없으며, 발언내용이 잘못되었다고 생각하지 않는다고 못 박았다. 따라서 한국이 회담을 진행하지 못한다면 유감이나 회담이 결렬되어도 할 수 없다고 주장하였다.[204]

---

[204] 「제5차 회의록」, 1953. 10. 21, 『제3차 한일회담(1953. 10. 6~21) 본회의 회의록 및 1-3차 한일회담 결렬경위, 1953. 10~12』, 외교사료관. 한편, 구보타는 1953년 10월 27일 참의원 수산위원회에 참석하여 자신의 발언에 대해 재차 강변했다. (1) 한국의 독립은 일본에서 보면 이례적이며, 국제법 위반 여부의 문제가 아니다, (2) 재한일본인의 송환은 국제법 위반이 아니라고 할 수 없다, (3) 재산청

결국 1953년 10월 21일 주일대표부 김용식 공사는 일본 수석대표 구보타가 5개 항의 '망언'을 철회하지 않음으로써 더 이상의 회담 지속은 불가능하다는 성명을 발표했다. 같은 날 일본 외무성 대변인도 장문의 성명을 발표했다. 한국이 고의로 비공식 분과위원회 회의에서의 일본 대표의 '사소한' 말 몇 마디로 회담을 결렬시켰다고 비난하였다. 일본은 회담의 경위와 한국이 불법적인 李라인을 설정하여 지속적으로 일본 어선을 나포하고, 어부들을 체포했음에도 일본정부는 인내하면서 한일관계 개선을 위해 노력했다는 사실을 강조하였다. 따라서 회담 결렬의 책임은 전적으로 한국에 있다고 비난하였다. 심지어 일본은 한국이 회담 결렬을 미리 계획한 것으로 생각된다고 비난하였다.[205]

한국 외무부에서 작성한 3차 한일회담 결렬 경위를 보면 1차 한일회담은 '결렬(break off)', 2차 한일회담은 '휴회(adjournment)', 3차 한일회담은 '결렬'로 표현되어 있다. 1차 회담은 청구권문제가 원인이었고, 3차 회담은 구보타 발언 때문이었다. 2차 회담은 일본이 휴전회담이 진행되는 정치상황이 자신들에게 유리하게 작용되도록 회담 연기를 주장한 때문에 휴회되었다고 적고 있다.[206]

구보타 발언으로 한일회담이 결렬됨과 동시에 평화선을 둘러싼 긴장도 고조되었다. 10월 21일 일본 어업상사들은 정부에 평화선 수역과 중국 동부해안에서 안전한 조업을 할 수 있도록 450톤 급 이상 해안경비선 24척을 동원해달라고 요청했다. 또한 이들이 평화선 수역에서 '무력으로' 조업할 것을 결의하였다고 전해졌다.[207] 이에 따라 10월 23일 국무회의에서 이승

구권에 대한 일본의 해석은 미군정이 국제법을 위반했다는 것은 아니다, (4) 카이로선언은 전쟁 중 흥분상태에서 작성된 것이다, (5) 조선 36년간 통치는 나쁜 측면뿐 아니라 좋은 측면도 있다. 한국은 나쁜 측면만을 말했기 때문에 나는 좋은 점도 말했을 뿐이다라고 말했다(鹿島平和研究所 編, 앞의 책, 65쪽).

205) Tokyo Embassy(Berger) to Department of State, 1953. 10. 28, RG 84, Korea-Seoul Embassy, Classified General Records, 1953~1955, Box. 4.
206) 「1-3차 한일회담 결렬경위」『제3차 한일회담(1953. 10. 6~21) 본회의 회의록 및 1-3차 한일회담 결렬경위, 1953. 10~12』, 외교사료관.

만은 평화선 경계를 더욱 강화할 것을 내무부에 지시했다.[208]

결국 '구보타 사태'는 청구권 문제를 둘러싼 한일 간 인식 차이가 역사인식의 차이에서 비롯되었음을 극명하게 보여준 사례였다. 일본정부는 한국의 격렬한 비난에 직면해서도 구보타 발언이 문제라고 인식하지 않았다. 오히려 구보타 발언을 지지했을 뿐 아니라 한국의 철회요구도 단호히 거절했다. 그러나 한일회담이 결렬되고 장기간 중단상태에 빠져들자 애초 입장에서 한발 물러나 단지 구보타의 개인적 의견일 뿐 일본정부의 공식입장은 아니라고 주장했다. 1953년 11월 1일 오카자키 외무대신은 중의원 외무위원회에서 구보타 발언은 개인적 의견이며 일본정부의 의견은 아니라고 한 발 물러서는 태도를 보였다.[209] 일본정부가 구보타 발언을 개인적 의견으로 축소시키며 공식적으로 언급한 것은 처음이었다.

그러나 구보타의 발언은 단지 개인의 의견이라고 할 수 없었다. 왜냐하면 그는 국가 간 외교협상에 나선 일국의 수석대표였다. 따라서 공식회담에서 그의 발언 한 마디 한 마디는 일본 수석대표로서 하는 발언일 수밖에 없었다. 구보타는 2차 회담부터 일본 측 대표를 맡았다.[210] 그는 전문 외교관이었다. 때문에 외교협상장에서 경솔하게 개인의 의견을 피력한다거나, 특히 한일관계의 특수성을 잘 아는 외교관으로서 식민지배에 대해 개인적 의견을 아무런 이유나 의도 없이 표명했다고는 보기 어렵다. 또한 구보타 자신이 개인이 아닌 수석대표로서 발언했다는 점을 재차 강조했고, 일본정부도 실질적으로 이를 적극적으로 부정하지 않았다.

---

207) 『동아일보』 1953. 10. 23.
208) 『동아일보』 1953. 10. 24.
209) 김용식, 앞의 책, 208~209쪽.
210) 구보타는 1902년생으로 東京商科大學을 졸업한 후, 1924년 외무고시에 합격하였다. 이후 프랑스 대사관, 외무성 조약국 등을 거쳐 러시아대사관 등지에서 근무하였다. 1938년 외무성 유럽·아시아국 1과에 근무한 후 1939년 하얼빈 총영사로 부임했다. 1943년 외무성 정치국 3과 과장을 역임하고, 1944년 인도차이나 대사로 재임 중 패전을 맞았다. 1946년 조약국에서 다시 일을 시작한 후, 1949년 의회 외무위원회(상임위원회) 전문가로 임명되었다(「한일회담 진행보고서」, 1953. 6. 2, RG 84, Korea-Seoul Embassy, CGR 1953~55, Box. 4).

구보타 발언의 핵심은 두 가지였다. 한국에 대한 식민지배는 국제법상 합법이었다는 것이다. 따라서 일본으로서는 한국에 배상 책임과 의무가 없다는 것이다. 한국과 일본은 각각 이 발언을 놓고 서로 다른 인식을 보였다. 일본은 개인의 의견일 뿐이며, 발언 내용 그 자체로서는 크게 문제가 될 것이 없다는 태도였다. 오히려 사소한 말 몇 마디로 회담을 결렬시킨 한국의 고의성을 의심했다. 한국은 구보타 발언이 일개 개인의 발언이 아닌 일본이 한국에 대해 갖고 있는 본질적인 인식을 드러낸 것으로 보고 강력히 반발했다. 그동안 일본의 앞으로의 동향에 대해 의구심이 들고 있던 차에 구보타 발언은 확실한 사례였다. 따라서 한국은 일본정부에 이 발언의 공식철회를 요구했다.

구보타 발언이 지닌 또 한 가지 본질적인 문제는 이와 유사한 내용의 발언이 한일회담 과정을 통해 되풀이되었다는 점이다. 그리고 이는 현재에도 되풀이되고 있다. 결국 구보타 발언은 일본의 대한 우월의식, 과거사에 대한 정당화에서 비롯된 것이었다.

한일회담이 14년여라는 긴 시간을 끌게 된 것은 식민지배 청산을 둘러싼 인식 차이와 갈등 때문이었다. 과거 청산을 요구하는 한국과 그 자체를 정당하다고 인식하는 일본의 대립 때문이었다. 일본에는 "조선문제에 관한 일본의 교섭담당자 중에는 고집불통의 무반성적인 타입의 사람도 있었다. 초기에 특히 그랬다."라고 한다. 또한 일본인 대부분도 한국인을 "자주적인 대등자로 보는 것은 거의 불가능하다."라고 생각했다. 따라서 이승만정권 시대 "일본정부는 정치적으로나 경제적으로도 양보할 의무를 거의 느끼지 않았다."라고 한다.[211] 이 같은 평가는 이승만정권기 일본 대표들이 보여준 인식과 태도를 통해 충분히 확인된다. 구보타도 이 범주에 속한다.

일본정부가 식민지배를 정당하게 생각한 것은 패전 직후부터였다. 1949

---

211) 石丸和人・松本博一・山本剛士, 앞의 책, 304쪽.

년 12월 3일자 「할양지에 관한 경제적 재정적 사정 처리에 관한 진술」에서 일본은 조선, 대만, 만주, 사할린 등 구식민지에 대한 일체의 권리는 "국제법, 국제관례상 보통이라고 인식되는 방식으로 취득한 것이며, 세계 각국과도 오랫동안 일본 영토로 승인받아왔다."라고 주장했다.

일본의 이 지역에 대한 시정은 결코 소위 식민지에 대한 착취 정치로 인정할 수 없다. 오히려 이 지역은 일본 영토가 된 당시는 어느 모로나 가장 낙후된 지역이었고, 각 지역의 경제적·사회적·문화적 향상과 근대화는 전적으로 일본의 공헌에 의한 것이라는 것은 이미 공평한 세계의 식자—원주민을 포함해서—의 인식이다. 그리고 일본이 이 지역을 개발할 때 매년 국고보다 지역비율에 대한 다액의 보조금을 주고, 또 현지인에게는 축적자본이 없어서 다액의 공채 및 사채를 누차 내지에서 모집해서 자금을 주입하여 실제로 다수의 내지회사가 자기의 시설을 현지에 설립한 것으로, 한마디로 일본의 이 지역 통치는 '자가 부담'한 것이라고 할 수 있다. 현지인의 소득 향상, 생활수준의 상승도 일본 영유 이래의 일이며, 따라서 경제적 사회적 분야에 한해 간간이 들려온 일본의 식민지 착취 운운 설은 정치적 선전 내지 실정을 모르는 데서 기인한 상상론에 불과하다.[212]

일본의 식민지배로 한국이 발전했다는 인식은 한일교섭을 통해 한결같이 나타났다. 이런 對韓인식은 식민 지배를 받기 이전의 한국은 가장 낙후된 지역 중 하나였지만, 이후 눈부신 근대화가 이루어졌다는 자화자찬이었다. 위에서 보듯 이것은 일본이 대규모로 자본을 투자해 회사를 설립하여 소득을 향상시키고 생활수준을 상승시켜 경제적 번영을 이루었다는 선전과 '식민지 착취' 운운은 정치적 모략일 뿐 전연 근거가 없다고 일축하는 데서 알 수

---

[212] 石丸和人·松本博一·山本剛士, 앞의 책, 304~305쪽.

있다. 이런 논리라면 한국이 일본의 식민 지배를 받은 것은 오히려 '행운'이었다고 말해야 합당할 것이다. 구보타 발언은 대표적 사례 중 하나일 뿐이다.

4차 한일회담의 일본 측 수석대표 사와다 렌조우(澤田廉三)가 1958년 6월 11일 동경에서 열린 '朝鮮懇話會'에서 발언한 내용도 같은 기조이다.

> 日淸, 日露전쟁은 일본을 위협하는 세력이 朝鮮半島에 진출해와서 이를 압록강 밖으로 쫓아낸 전쟁이었다. 우리는 세 번 일어서 38도선을 압록강 밖으로 밀어내지 않으면 선조와 선배에 대해 변명할 수 없다. 이것은 일본외교의 임무이다. 日韓 양국에 걸친 목전의 제 현안 해결도 당연하고 38도선을 북으로 밀어붙이는 노력을 해야 한다. 그러나 그렇다고 해서 군대가 적은 일본은 무기를 갖고 38도선을 북으로 밀어붙일 수는 없지만, 외교와 정치로 38도선이 있어도 죽일 수 있다. 38도선은 한국의 운명선이자 일본의 운명선이다.[213]

사와다는 청일전쟁과 러일전쟁은 모두 제국주의 열강 간의 패권다툼이 아니라 일본을 위협하는 세력으로부터 자국을 지켜내려는 방위전쟁이었다고 강변했다. 따라서 근대 이래 일본 외교의 최우선 임무 중 하나는 한국의 38도 선에서 일본의 위협세력을 저지하는 것이었다고 피력했다.[214] 그의 발언대로라면 38선은 압록강까지 밀어 붙여져야 선조가 벌인 청일전쟁과 러일전쟁의 참뜻을 이어받을 수 있게 된다. 사와다의 발언은 일본 국회에서조차 문제가 되었다. 사와다는 자신의 38선 북진 발언은 단지 유엔의 해결책이 시행된다면 38선이 소멸할 것이라는 의미였다고 한발 물러섰고, 결국 철회하기에 이르렀다.[215] 결국 이 38선 발언은 일본 국회 내에서 사회당과 공산당의 집중적인 공격을 받은 끝에 취소되었지만 그 의미와 파장은

---

213) 石丸和人·松本博一·山本剛士, 위의 책, 306쪽.
214) 다카사키 소우지 저·김영진 역, 1988 『검증 한일회담』, 청수서원, 102~103쪽.
215) 「김유택이 이승만 대통령에게 보낸 보고서」, 1958. 6. 30, 『제4차 한일회담 교섭 및 훈령, 1958~60』, 외교사료관.

간단치 않았다. 또 다른 구보타였기 때문이다.

그러나 1965년 1월 7일 7차 회담 수석대표 다카스기 신이치(高杉晋一)의 발언은 이전의 '망언'들을 무색케 할 정도였다. 그는 한일회담 대표 취임 초 외무성 기자회견 석상에서 20년 만 더 한국을 식민지배했더라면 좋았을 것이라고 말했다.

① 日韓문제는 지금 최종 고비에 와있는데, 이 교섭은 보다 배짱을 세워 大局的 입장에서 추진하지 않으면 안된다. 일본은 차제에 형이 된 기분으로 임하지 않으면 안된다.
② 일본이 조선에 대한 과거의 통치에 대해 사과하라는 이야기도 있다고 하지만 일본으로서도 할 말이 없는 것은 아니다. 일본의 국민감정으로 보아 그런 이야기는 할 수가 없는 말이다. 일본은 분명히 조선을 지배했다. 그러나 일본은 좋은 일을 하려고, 조선을 보다 낫게 하려고 한 일이었다. 지금 한국에는 산에 나무가 하나도 없다고 한다. 이런 것은 조선이 일본으로부터 떨어진 때문이라고 할 수도 있다. 20년쯤 더 일본과 상종했더라면 그렇게 되지 않았을지도 모른다. 일본의 노력은 결국 전쟁으로 좌절되었지만 20년쯤 더 조선을 가지고 있었더라면 좋았을 것이다. 대만의 경우는 성공했다고 볼 수 있지 않은가? 일본이 사과해야 한다는 이야기는 마땅한 말이 아니다. 일본은 조선에 공장, 가옥, 살림 등을 모두 그냥 두고 왔다. 創氏改名만 해도 그것은 조선인을 동화하여 일본인과 같이 취급하려고 취하여진 조처였으며 나쁜 짓이었다고만 할 수 없다. 과거를 따지자면 한국에 할 말이 없을 수 없겠지만 이쪽에서도 할 말은 있다. 따라서 과거를 들추는 것은 좋지 못하다. 일본은 차제에 친척이 된 기분으로 이야기를 결말내야 할 것이다. 일본으로서는 한국이 60만의 大軍을 가지고 북조선으로부터의 침략을 막고 있다는 사실을 높이 평가하고, 이에 감사하지 않으면 안된다. 과거를 따지고 있다가는 회담은 앞으로 또 10년을 끌더라도 타결되

기는 힘들것이다. 어떻게 국교를 터 나가나 구체적으로 작정해 나가는 일이 남아 있을 뿐이다.[216]

애초 일본 언론들은 이 발언을 보도하지 않았다. 다카스기의 회견석상에 참석한 외무성 직원이 기자단에게 요청해 이 발언은 '보도하지 않는 것(off the record)'으로 처리되었기 때문이었다. 그런데 1월 10일 공산당 기관지 『赤旗』가 1면으로 보도했다. 그러자 한국 언론들이 이 기사내용을 상세하게 보도하기 시작했다.[217] 사태가 확산되자 1월 18일 다카스기는 주일 한국특파원들을 불러 회견을 자청하여 이 같은 발언은 사실무근이라고 주장하였다. 그리고 사견임을 전제로 식민지배로 아직도 한국 국민이 상처받고 있기 때문에 책임을 느끼며, 앞으로 교섭이나 한일관계에서 행동으로 사과해야 할 것이라고 덧붙였다. 또한 『赤旗』와 북한 『노동신문』에 보도된 사실을 들어 한일회담을 파괴하기 위한 공산당의 공작이라고 강변하였다.[218] 그리고 한국 외무부 대변인도 다카스기 발언내용을 부인했다. 그러나 다카스기는 미쓰비시 출신의 재계인으로 일본 지도층을 대표하는 인물이었다. 따라서 그의 발언은 대동아공영에 대한 망상을 버리지 못하는 일본 지도층의 인식을 보여준 것으로 지목되었다.[219]

한일 간 인식 차이는 이처럼 노골적인 경우도 있지만 미묘한 어조를 통해 드러나기도 했다. 일본의 한 연구서에는 구보타 사태를 다음과 같이 평가했다. 즉, 일본 주장은 하나하나 세세한 사실, 혹은 법적 해석 면에서는 타당한 것도 있다고 할 수 있지만 36년 동안 '피통치 민족'의 비극에 슬퍼하지 않고 한국 국민의 감정을 건드렸다는 것이다. 따라서 한국이 구보타 발언에 분노하여 회담 속개를 거부한 것도 그들로서는 당연한 것이며 '구식

---

216) 『동아일보』 1965. 1. 19.
217) 石丸和人・松本博一・山本剛士, 앞의 책, 308쪽.
218) 『동아일보』 1965. 1. 19.
219) 『경향신문』 1965. 1. 20.

민국'에 대한 반성과 관용의 정신을 결여한 채 오만하게 군것은 미숙했다는 것이다.[220] 이 같은 평가는 분명 구보타 발언을 문제 삼고는 있지만, 그의 경솔하고 노골적인 발언이 한국 국민의 '감정'을 건드렸다고 함으로써 이 문제의 본질을 축소하거나 외면하고 있다.

구보타 발언 이래 일본의 일련의 '망언'들은 일본의 식민지지배에 대한 인식을 극명하게 보여주는 것이었다. 반성할 것이 없는 과거, 그리고 한국을 공산주의 방파제로 보는 인식은 失言이 아닌 오히려 한일교섭에 임하는 일본정부의 기본입장이었다. 그러나 또 한 가지 주목할 것은 구보타 발언부터 다카스기 발언에 이르기까지 일본의 '망언'에 대한 한국정부의 대응이다. 구보타 발언과 다카스기 발언에 대한 이승만정권과 박정희정권의 인식과 대응태도는 한일회담이 왜 1965년에 타결될 수 있었는지를 함축적으로 보여준다. 1953년 구보타 발언이 있고 난 후 이승만정권은 한일회담을 중단했다. 그 뒤 이 발언의 취소를 둘러싸고 4년 반가량 한일협상은 중단되었고, 결국 일본이 이 발언을 취소함으로써 회담이 재개되었다. 반면 박정희정권 시기 벌어진 다카스기의 망언은 구보타 망언을 훨씬 압도하는 수준이었다. 그럼에도 박정희정권은 한일회담 타결을 위해 일본과 공모해 다카스기 발언을 마치 일본 공산당의 모략인 것처럼 은폐하였다.

구보타 사태로 3차 회담은 결렬되었다. 이제 한일회담 재개는 한국이 요구하는 구보타 발언과 대한청구권 철회가 필수적인 전제조건이 되었다. 이 두 문제의 철회를 둘러싼 한일 간 갈등은 1950년대 중후반 주요 교섭 현안이 되었다. 한편으로 한일 어업분쟁의 고조로 한국에는 억류된 일본 어부들이 증가하고 있었고, 일본에는 대응책으로 억류해놓은 재일조선인들이 상당수에 달했다. 결국, 국내 여론에 밀려 일본정부가 억류자들의 상호 석방을 제안함으로써 이 문제가 한일회담 재개 교섭과정에서 새로운 화두가 되었다.

---

220) 渡邊昭夫, 1985 『戰後日本の對外政策』, 有斐閣, 170쪽.

IV
한일회담의 교착과 재개교섭(1953~1957)
: 억류자석방논쟁

한일회담의 교착과 재개교섭(1953~1957)
: 억류자석방논쟁

1. 한일회담 재개교섭

1) 한일 양국의 협상 재개 모색

한국과 일본은 3차 회담 결렬 후 회담 재개를 위한 긴 교섭을 시작했다. 한국은 이 기간을 4차 한일회담 예비교섭 기간으로 부르고 있다. 이 기간에 한일 양국은 한국이 요구한 일본의 對韓청구권과 구보타 발언 철회를 회담 재개의 전제조건으로 할 것인지를 놓고 교섭을 진행하였다. 이 두 문제는 한일협상에서 가장 중요한 핵심사항이자 쟁점사항이기도 했다. 또한 양국의 역사인식이 내재해 있었기 때문에 일본의 '철회' 여부는 중요했다. 한편 3차 회담 결렬 후 미국은 한일 양국에 회담을 재개하라고 강력히 요구했다.

1953년 10월 3차 한일회담이 구보타 발언으로 결렬된 후 한국 내 반일여론은 들끓었다. 구보타 발언은 그동안 한국국민이 갖고 있던 일본에 대한 의구심을 뒷받침해주는 증거로 받아들여졌다. 일본 내에서도 한국에 대한 비난 여론이 고조되었다. 특히 평화선 문제에 대한 비난이 거셌다. 한편으로 양국은 미국의 주선으로 한일회담 재개를 모색하였으나 실질적인 진전은 이루어지지 않았다. 평화선 문제로 한국과 협상이 필요했던 일본과 달리 한국은 구보타 발언이라는 충격 속에서 굳이 일본과 협상에 나서야 할 이유가 없었던 것이다. 섣부른 행동은 국민의 반발만을 불러올 수도 있었다.

3차 회담이 결렬된 후 일본에서도 對韓 강경여론이 고조되었다. 앨리슨(John M. Allison) 주일 미국대사도 본국정부에 한국에 대한 강경책을 권고하고 나섰다. 그러나 미 국무부는 강경책이 가져올 여파를 우려했다. 그래서 일본의 거센 비판과 압력에 직면해 미국이 선택한 카드는 어업전문가를 포함한 옵서버의 파견이었다.[1] 한일문제에 미국의 개입과 중재가 필요하다는 사실을 인정한 것이다.

앨리슨은 국무부에 한일회담 재개를 위한 의견과 권고사항을 다음과 같이 전달했다.

 첫째, 최소한 한국은 억류 중인 일본 어부들을 위한 구호선 입항을 허가하고 이들을 석방한다.

 둘째, 미국은 일본에 오카자키 외상 또는 요시다 총리 이름으로 1952년 4월 국무부가 양유찬 주미대사에게 보낸 각서에 따라 일본은 상호 청구권을 포기할 용의가 있고, 추가로 퇴역군인 연금 지급, 전시 징용 임금 반환, 다른 청구 요구에 응할 준비가 되어 있으며, 회담 재개를 희망한다는 성명을 발표토록 한다.

 셋째, 미국은 요시다에게 더 나은 미래를 위해 불행한 과거관계에 대해 언급하고, 독립을 위해 싸운 이승만과 한국인들의 용기를 축하하고, 한국인들의 고통에 공감을 표하는 성명을 발표토록 설득하며, 이것이 이승만이 원하는 사과이다.

 넷째, 회담 재개 시 한국은 일본 어선에 대한 나포를 중지하다고 확약하고, 일

---

[1] Secretary of State to Tokyo Embassy, 1953. 10. 27, RG 84, Japan, Tokyo Embassy, Classified Generals Records, 1952, Box. 23.

본은 회담 중 논쟁 수역에 일본 선박이 들어가지 못하도록 한다는 확약을 받아야 한다.[2]

앨리슨의 의견 중 일본으로 하여금 과거사를 언급하도록 한다는 것은 지금까지의 한일회담 경과를 놓고 볼 때 놀라운 제안이었다. 이후 양국이 합의한 한일회담 재개조건과 거의 흡사한 내용이기도 하다. 그러나 그의 의견과 권고는 한국보다는 일본의 이해관계에 가깝다는 것도 알 수 있다. 그는 어업문제는 평화선을 인정하지 않되 한국 어업의 열세를 인정하여 일본이 협력해 문제 수역에서 양국의 어로활동이 동등해질 수 있도록 노력할 것, 청구권은 양국 모두 포기하되 추가로 일본은 퇴역군인 연금, 징용자 임금 반환 등 제한적 범위에서 한국에 지급하고, 일본 공공박물관의 한국 문화재를 반환하도록 노력할 것, 선박문제는 최소한으로 1951년 SCAPIN을 이행하도록 할 것, 재일조선인의 국적과 처우문제는 1951~1952년 회담에서 임시로 합의한 초안에 따라 협정을 체결하도록 권고했다. 또한, 미국의 옵서버는 양국이 회담과 무관한 과거사 문제로 현안을 토의조차 못 하는 상황이 벌어지지 않도록 하고, 평화선의 합법성 문제와 카이로선언의 '노예상태'의 의미 논쟁과 같은 폭발성 이슈가 토의되지 않도록 조치해야 한다고 주장하였다. 특히 이승만이 비타협적으로 나올 경우 평화선을 경계하고 있는 한국 해군력을 박탈할 것을 주장하였다.

앨리슨은 현지 주재 미국대사관의 한국에 대한 인식, 한일문제를 바라보는 시각, 미국의 역할에 대한 인식을 잘 보여주고 있다. 그는 한일관계에서 과거사 문제가 지닌 폭발성을 인지하고는 있지만 이것이 관계 개선을 가로막아서는 안 된다고 생각했다. 한일관계에서 과거사를 '청산'하는 것이 왜, 얼마만큼 중요한지에는 관심을 기울이지 않았다. 미국이 옵서버를 파견한

---

2) Allison to Department of State, 1953. 10. 29, RG 84, Japan, Tokyo Embassy, Classified General Records 1952, Box. 23.

다면 옵서버의 역할은 바로 과거사 문제가 쟁점이 되지 않도록 제지하고 조절하는 것이 되어야 한다고 주장했다. 그리고 앨리슨은 한일관계 개선이 지체되는 이유는 이승만의 비타협적이고 비이성적인 반일감정 때문이며, 불법적인 평화선이 더욱 문제를 악화시킨다고 생각했다. 필요하다면 한국에 대한 강경책을 구사해야 한다고 권고하고 있었다는 점도 주목해야 한다.

이때 일본정부는 훨씬 더 강경한 對韓정책을 구상하고 있었다. 요시다 총리는 한국에 대한 강력한 보복조치를 지시할 예정이었다. 그 내용은 주일대표부 공사와 수행원 추방과 일본 내 한국 사무실 폐쇄, 해상경비대에 일본선박 보호 명령, 약 500명의 일본 어부들이 석방될 때까지 동일 숫자의 재일조선인 구금 등이었다.[3] 요시다의 강경책은 릿지웨이(Matthew Bunker Ridgway) 유엔군사령관과 앨리슨 주일대사의 만류로 보류되었다.[4]

미국은 앨리슨 대사와 요시다 총리의 對韓강경책 권고와 구상에 반대했다. 덜레스 국무장관은 이승만에게 최후통첩을 할 필요가 있거나 있게 되면, 이것은 한일문제라기보다는 한미관계 문제가 될 것이라고 지적했다. 앨리슨이 주일대사로서 한일관계라는 숲속의 한 그루 나무만 주목하고 있다면 국무부는 미묘한 문제들을 가진 하나의 숲을 보고 있다는 점에서 차이가 있다는 점도 지적하였다. 따라서 이승만에게 최후통첩보다는 협상을 통해 해결할 수 있도록 노력하라고 지시했다.[5] 덜레스의 이런 지시는 한국과 일본이 비록 정책의 우선순위는 다를지라도 한국도 미국의 중요한 동맹국 중 하나라는 사실을 일깨우고 있다. 또한 미국이 양국을 적절히 관리하고 있기 때문에 양국관계가 최악으로 치닫는 것을 방지할 수 있다는 것을 전제하고 있다. 그리고 국무부는 한일관계를 중재할 참관인을 선정

---

3) Allison to Department of State, 1953. 10. 30, RG 84, Japan, Tokyo Embassy, Classified General Records 1952, Box. 23.
4) Allison to Secretary of State, 1953. 10. 31, RG 84, Japan, Tokyo Embassy, Classified General Records 1952, Box. 23.
5) Secretary of State to Allison, 1953. 12. 2, RG 84, Japan, Tokyo Embassy, Classified General Records 1952, Box. 23.

하고자 적절할 인물을 물색하기 시작했다. 그리고 한일 간 최대 현안인 어업문제를 중재하기 위한 어업전문가로 해링턴(William Herrington)을 선발했다.

이와 같은 앨리슨 대사와 요시다 총리의 對韓 강경정책 구상은 일본 여론의 압력 때문이기도 했다. 평화선 수역에서 계속되는 일본 어선과 어부들에 대한 나포와 억류 조치로 해당 지역과 수산업계의 한국에 대한 비난 여론이 고조되었고 이는 정치권으로 비화하였다. 또한 한국에 대한 비난은 자국 정부의 무능함에 대한 비난뿐 아니라 한국을 통제하지 못하는 미국에 대한 비난으로 이어졌다. 이들은 미국이 앞으로도 한일 간 논쟁에 적절한 조치를 취하지 않는다면 미일관계마저 위태로워질 것이라고 경고했다.

만약 미국이 이들의 요구를 수용한다면 미국은 한국이 더 이상 나포를 하지 못하도록 강제조치를 취해야 한다. 앨리슨의 주장처럼 한국의 해군력을 박탈하거나 통제하는 것도 방법이 될 수 있을 것이다. 또한 평화선은 국제법 위반이라는 견해를 강력하게 재천명하고 어업수역의 즉각적 공개, 어부와 선박의 석방 및 나포 방지를 위해 한국에게 특단의 조치를 취해야 한다.

그러나 한국의 對日정책 또한 확고했다. 일본은 평화선을 인정하고 對韓 청구권과 구보타 발언을 취소하라는 것이었다. 1953년 11월 17일 이승만 대통령과 변영태 외무장관은 주한 미국대사관의 본드(Niles W. Bond)와 한일회담 참관인으로 국무부가 파견한 해링턴을 면담했다. 이 자리에서는 주로 평화선 문제가 협의되었다. 이승만은 평화선은 어업권, 안보문제와 결부되는 것으로 별개일 수 없는 문제라고 단언하였다. 또한 평화선은 궁극적으로는 한국에 대한 일본의 침공을 저지할 필요성 때문에라도 유지되어야 한다고 강조했다. 변영태는 일본의 협상목표가 '바람직하지 못한' 재일조선인을 추방, 통상조약을 통한 한국 경제에 침투, 평화선 폐지 등이라고 단언했다. 또한 일본에 소재한 한국미술품 반환 문제는 상대적으로 다른 현안보다 중요성은 떨어지지만 한국민의 반일정서와 일본의 성의를 요구하는 의미가 있는 것이라고 덧붙였다.[6] 그리고 이 자리에서 이승만과 변영태는 일본이 거론하고 있는 對韓통상 단교조치나 무력동원 가능성 경고 등은 對韓 압박수단으로 효용성이 없다는 사실을 재확인시켜주었다. 한일 간 통상협정을 통한 경제적 득실은 미국이 한국의 재건 책임을 지는 한 상대적으로 비중이 작았다. 또한 한국 해군과 해안경비대에 대한 위협조치도 미국이 양국 간 충돌을 원하지 않기 때문에 걱정할 이유가 없었던 것이다. 한국은 일본과 미국이 한국을 통제하거나 압박할 수 있다고 생각한 수단들이 유효하지 않다는 점을 강조하면서 기존의 대일정책을 변경할 의사가 없다는 점을 분명하게 밝힌 셈이다. 이는 다른 의미로 한국이 한일관계에서 굳이 양보 내지 타협을 해가면서 해결해야 할 현안이 없었다는 점을 반증한다. 브릭스(Ellis O. Briggs) 주한 미국대사는 한국이 평화선에 대한 태도를 바꾸지 않으면 평화선은 불법이라는 미국의 입장을 공표하고, 평화선 해역에서 활동 중인 한국해군 등에 대한 병참지원 중단을 권고하고 있었지만 실효성은 의문시되었다.

한국과 일본이 각각 강경한 입장을 고수하고 있는 가운데 한국·일본·미국 3국은 한일회담 결렬에 따른 부담감 속에서 회담 재개를 목적으로 공동성명을 발표하는 문제를 논의하기 시작했다. 한국은 일본의 강경책과 비판 여론에 맞서 협상 재개의 전제조건을 고수하고 있었다. 이 전제조건이 수용된다면 한국은 언제든 한일협상을 재개할 용의가 있다고 밝혔고 협상이 재개되면 억류 중인 일본 어부의 처리 문제도 협의할 생각이었다.[7] 미국은 공동성명서에 한국은 억류 중인 일본 어부들을 즉각 석방하며, 일본은 조속히 일본정부가 소유한 한국의 국보와 서적을 반환한다는 내용을 담자고 제안했다. 또한 미국이 양국으로부터 현안 해결을 위한 중재자 파견

---

6) Briggs to Department of State, 1953. 11. 18, RG 84, Japan, Tokyo Embassy, Classified General Records 1952, Box. 23.
7) Briggs to Department of State, 1953. 11. 9, RG 84, Japan, Tokyo Embassy, Classified General Records 1952, Box. 23.

을 요청받은 사실을 명기하자고 제안했다. 동시에 미국은 일본을 대신해 일본은 對韓청구권 요구를 포기할 용의가 있으며, 협상을 통한 어업문제 해결을 기대한다는 내용을 한국에 전달할 것을 계획했다. 그러나 만약 이 승만이 이 제안을 거절하면 미국은 즉시 평화선을 인정하지 않는다는 점, 한국 해군 등에 대한 지원 철회 등을 통보할 계획을 구상했다.[8] 이렇게 3국 은 한일회담을 재개하려는 방안으로 공동성명을 준비한다는 데 합의하고 초안 작성에 돌입했다. 그러나 일본이 작성한 초안 내용은 이전의 입장과 크게 다르지 않았다. 청구권 문제는 한일 양국의 상호포기가 이 문제를 해결하는 최상의 공평한 방법이라는 점, 일부 한국인들의 연금·체납임금 등을 지급할 용의가 있다는 점, 또한 일본 소유 일부 한국미술품을 반환할 용의가 있다는 내용이었다.[9] 일본은 구보타 발언에 대해 철회할 의사를 부분적으로 표시했지만 청구권문제에서는 여전히 기존입장을 고수했다. 구보타 발언에 대해서는 한일회담이 재개되면 간접적인 '사과'를 포함하는 성명을 발표할 의사를 표명했다. 즉, 구보타 발언으로 양측 대표단 사이에 오해가 생겨 회담이 결렬된 것은 유감이며, 문제의 발언은 개인적이고 비공식적인 즉흥 발언이었다는 것이다.[10] 미국은 이 정도 수준이 일본이 할 수 있는 최대한으로 일본의 국내 정서상 구보타 발언에 대한 노골적인 사과나 부인은 정치적으로 불가능하다고 판단하였다. 그러나 한국의 생각은 달랐다.

주한 미 대사관의 본드 참사관은 변영태 외무장관에게 일본 측 성명 초안을 비공식적으로 전달했다. 본드는 청구권 문제 같은 고도로 복잡한 문제는 협상과정을 통해 해결하자는 일본의 입장을 전달하였다. 그러나 일본 측 성명 초안에 대한 이승만의 반응은 부정적이었다. 변영태는 본드에게 이승만

---

8) Briggs to Secretary of State, 1953. 10. 31, RG 84, Korea-Seoul Embassy, Classified General Records 1953~1955, Box. 4.
9) Allison to Secretary of State, Seoul Embassy, 1953. 11. 6, RG 84, Japan, Tokyo Embassy, Classified General Records 1952, Box. 23.
11) Tokyo Embassy(Berger) to Department of State, 1953. 11. 18, RG 84, Japan, Tokyo Embassy, Classified General Records 1952, Box. 23.

의 '불가'를 알리며 그와 같은 조건으로는 협상을 재개할 수 없다고 하였다. 이승만은 일본 측 성명 초안은 '너무나 비우호적'이며, '모든 문단에 함정'이 있는 '애매하고' '표리가 있는' 성명이라고 비난한 것으로 알려졌다.[11]

이승만의 협상재개 '불가' 통보는 즉각 전달되었다. 그러자 한일협상 재개에 공을 들이고 있던 브릭스 주한 미국대사는 이승만을 격렬하게 비난했다. 그는 이승만은 신뢰할 수 없는 사람으로 휴전협상 과정에서도 번번이 합의와 약속을 저버렸다고 비난했다.[12] 브릭스의 이승만에 대한 비난은 외국주재 외교사절이 지켜야 할 정도를 뛰어넘는 것이었다. 특히 이승만의 한일관계에 대한 태도에 대해 브릭스는 진저리를 내고 있었다. 앨리슨 주일 미국대사의 반응도 마찬가지였다. 일본 측 성명 초안에 대한 이승만의 태도는 유감이나 놀랄 일도 아니며 이승만의 주장은 언제나 그랬듯이 비현실적인 것으로 간주하였다. 한일관계에서 미국의 역할과 비중이 컸다는 사실은 말할 필요도 없다. 따라서 한국과 일본 주재 미국대사관의 영향력도 클 수밖에 없었다. 그러나 불행히도 이들의 한국과 이승만에 대한 인식은 그다지 호의적이지 못했다. 경우에 따라서는 '내정간섭'이라고 할 정도로 '고압적'인 태도를 보이기도 했다.

그러나 이승만이 일본 측 초안을 거절할 것은 그동안 한국이 견지해온 대일정책을 놓고 보자면 예상 가능한 일이었다. 일본 측 성명 초안에서 문제가 된 부분은 구보타 발언과 청구권에 관한 것이었다. 첫째, 구보타 발언에 대해 일본은 "청구권분과위원회에 옵서버로 참석한 일본 측 수석대표의 비공식적이고 즉흥적인 언급으로 오해가 야기되었다는 점에서 유감"이라는 문구를 사용했고, 한국은 이 문장을 수용할 수 없다고 답했다. 둘째, "모든 기록에 대한 세심한 조사가 일본 측 수석대표가 정확하게 이런 발언

---

11) Briggs to Department of State, 1953. 12. 18, RG 84, Japan, Tokyo Embassy, Classified General Records 1952, Box. 23.
12) Briggs to Department of State, 1953. 12. 19, RG 84, Japan, Tokyo Embassy, Classified General Records 1952, Box. 23.

들을 하지 않았다는 것을 보여줄 것으로 믿는다."라는 문장도 외교적 부인이며 애매한 설명이므로 수용을 거부했다. 셋째, "문제의 합법적 미묘성" 등의 표현은 양보적 문구로 삭제를 요구했다. 넷째, "일본 측 기록에서는 수석대표가 재한 일본인 철수는 국제법 위반이라고 말한 것을 찾을 수 없다."라는 문장에 대해서도 이의를 제기했다. 다섯째, 대한청구권 철회를 명시하지 않은 점을 지적하고 "일본은 서명하고 비준한 평화조약의 모든 조항을 실행할 것이며, 재한 일본인 재산 청구를 다시는 하지 않을 것이다."라고 수정하라고 요청했다. 여섯째, 식민통치 중 건물과 철도 건설이 일본인뿐 아니라 한국인에게도 유익했지만, 이런 것들이 한국인들의 독립 상실을 보상해주지 못하며, 때때로 학대받고 고통받았다는 것을 인정한다는 문구에 대해서도 이의를 제기했다. 구보타 발언과 다를 바가 없다는 이유였다.[13] 일본 측 초안에 따르면 일본은 구보타 발언을 비공식적이고 즉흥적인 언급 때문에 발생한 '오해'로 간주하고 있다. 대한청구권도 철회를 명시하지 않고 상호 포기를 주장하고 있다. 한국의 핵심 요구 두 가지를 모두 거절하고 있는 셈이다. 또한 식민통치가 한국인에게 미친 고통을 이해한다는 문구를 삽입함으로써 앨리슨 주일대사가 권고한 대로 따르고 있으나 이것도 한국이 요구하는 과거사에 대한 반성과는 거리가 멀었다. 따라서 이승만이 일본 측 초안을 수용하지 않으리라는 것은 애초부터 분명했다.

이처럼 3국 간에 이견이 해소되지 않아 한일회담 재개 돌파구는 좀처럼 열리지 않았다. 그 이유는 3차 회담 결렬 이후 한국과 일본에 회담을 재개할 특별한 이유가 없었기 때문이다. 예비회담으로부터 3차 회담까지는 한국과 일본, 미국이 각각 회담에 응해야 할 이유가 있었다. 한국은 대일평화조약에 참가하지 못함으로써 한일 간 현안 해결을 위한 협상테이블이 필요했다. 일본은 재일조선인 문제를 조속히 처리해야 했고, 미국의 협상 압력

---

13) 외무장관이 김용식 공사에게, 「일본측 초안에 대한 한국의 입장」, 1953. 12. 30, 『제3차 한일회담 (1953. 10. 6~21) 본회의 회의록 및 1-3차 한일회담 결렬경위, 1953. 10~12』, 외교사료관.

을 무시할 수 없었다. 미국은 일본을 주축으로 한 동북아시아정책을 위해 한일관계 개선을 서둘러야 했다. 무엇보다도 한국전쟁 때문에라도 한미일 간 반공블록이 형성·유지되어야 할 필요성이 최우선적으로 고려되었다. 그러나 1953년 7월 휴전이 이루어지고 한국은 미국과 방위조약을 체결함으로써 가장 시급한 안보공약을 확보하였다. 일본 또한 한국전쟁을 통해 경제적 부흥의 발판을 마련할 수 있었다. 양국이 관계 개선을 서둘러야 할 이유가 거의 없는 상황이었다.

이와 같은 상황에서 한일회담 재개교섭은 고위급이 아닌 실무자선의 협의로 계속되었다. 유태하(柳泰夏) 주일참사관과 다케우치 외무성 한국담당, 램(Richard H. Lamb) 주일 미국대사관 2등 서기관이 주로 협상 상대였다. 이들은 구보타 발언에 대해 일본의 사과 표명을 전제로 그 수위를 놓고 협의했다. 덜레스 미 국무장관은 주일 미 대사관에 구보타 발언은 경솔한 개인적 견해 표현이며, 이 때문에 야기된 오해에 대해 유감으로 생각하며 이는 일본정부의 입장이 아니라는 간단한 한두 문장의 의사표시 가능성을 타진해 보도록 지시했다.[14] 이 정도의 '사과' 수준은 이미 일본이 한국에 제안한 정도의 수준이었다. 구보타 발언은 개인적 의견일 뿐이라는 것이다. 이는 한국이 문제 삼는 본질과는 동떨어진 것이었다. 미국은 애초부터 구보타 발언의 역사적이고 정치적 의미에는 관심을 두지 않았다. 다만, 한일회담 재개의 걸림돌이 되는 구보타 발언에 대해 일본이 몇 마디 사과의 말만 하면 문제될 것이 없다고 생각했다. 그리고 그 이상을 요구하는 것은 일본에 '항복'을 요구하는 형국이 될 것으로 생각했다.

일본은 덜레스 장관의 제안을 수용했다. 다만 '사과' 성명을 한일회담 개막 전에 발표할 수는 없고, 회담 개막 연설로 할 것이라고 주장했다.[15] 반

---

14) Dulles to Tokyo Embassy, 1954. 1. 19, RG 84, Japan, Tokyo Embassy, Classified General Records, 1953~955, Box. 13.
15) Allison to Department of State, 1954. 1. 26, RG 84, Japan, Tokyo Embassy, Classified General Records, 1953~1955, Box. 13.

면 한국은 성명의 내용에 불만을 표시했다. 구보타 발언 철회가 명료하지 않으며, 또한 '오해(misunderstanding)'라는 용어 사용에도 이의를 제기했다. 회담 개막연설로 하겠다는 일본의 제안도 수용할 수 없다고 통보했다. 우선 일본의 구보타 발언에 대한 사과 성명은 재개되는 한일회담 개막연설이 아니라 회담 재개 전에 발표하라고 요구했다. 또한 구보타 발언의 각각의 내용에 대해 취소하도록 요구했다. 여기에다 다음과 같은 내용을 포함해 일본이 서면으로 약속하고 이것을 미국에 통지할 것도 요구했다.

> 일본은 보호조약과 합방조약 같은 한일 간의 모든 불공정한 조약이 무효임을 인정한다. 일본은 주한미군정청의 한국 소재 일본인 재산 처리에 관한 조치의 정당성을 인정하며, 그것에 대한 청구 요구를 결코 반복하지 않을 것이다. 일본은 양국의 평화 유지에 중요하다는 점에서 한국의 어업선을 존중할 것이며 침범을 자제할 것이다. 일본 총리 요시다는 평화선을 해결하고자 무력 사용을 함축한 최근의 성명을 철회해야 하며 앞으로 유사한 언급을 자제해야 할 것이다.[16]

그러나 일본은 한국의 제안을 거절했다. 구보타 발언 중 카이로선언에 대한 부분은 일본정부의 공식입장은 아니지만, 일본 국민의 정서상 정부가 명료하게 부정할 수 없다는 것이다. 또한 한국이 대일청구권을 포기하는데 동의하지 않는 한 대한청구권 포기를 명확하게 언명할 수 없다는 것이다. 다음으로 요시다의 발언은 누구도 이 발언이 한국에 대한 '위협'을 의미한다고 생각하지 않으며, 스스로 발언을 철회할 가능성은 거의 희박하다고 하였을 뿐 다른 문제에 대해서는 언급하지 않았다.[17] 구보타 발언 중 문제가 된 한국의 '노예상태' 운운 또는 일본의 식민 지배로 한국인들이 혜택을

---

16) Bond to Department of State, 1954. 1. 28, RG 84, Japan, Tokyo Embassy, Classified General Records, 1953~1955, Box. 13.
17) Allison to Secretary of State, 1954. 1. 31, RG 84, Japan, Tokyo Embassy, Classified General Records, 1953~1955, Box. 13.

받았다는 내용을 정부가 나서서 부인하는 것은 스스로 자국의 과거 역사를 부정하는 것이기 때문에 거절할 수밖에 없었다. 결국 구보타 발언에 대해 일본정부가 '사과'를 하겠다는 것은 발언 내용에 대한 것이 아니라 외교 대표로서의 부적절한 처신에 대한 사과를 의미하는 것이었다. 그리고 일본정부는 부인하지만 요시다의 무력 동원 가능성에 대한 발언은 분명 한국에는 '위협'으로 받아들여질 수밖에 없었다.

일본은 한국의 제안을 거부하는 대신 새로운 수정제안을 내놓았다. 요약하면 "한국과 관계 개선은 일본 대외정책의 목표 중 하나이며, 양국 간 협조는 극동의 안보와 안정을 위해 본질적이라는 데 의견을 같이한다. 일본은 한국의 반공투쟁에 감사하며 이것이 일본의 안보에도 공헌한다는 점을 자각하고 있다. 1953년 10월 회담이 양측의 오해(misunderstanding)로 결렬된 것은 유감이다."라는 내용이었다.[18] 한국은 일본의 수정 제안도 거절했다. 변영태 외무장관은 일본의 수정 성명에 대해 "우리는 일본의 칭찬을 바라지 않는다."라며 거절했다.[19] 여전히 일본정부는 구보타 발언은 상호 '오해'에서 비롯된 것이라고 주장하며 구보타 발언에 내재한 과거사 문제에 애써 눈을 돌리려 하고 있었다.

미국은 한국이 일본의 수정제안조차 거절하자 비협조적이라며 불쾌감을 감추지 않았다. 미국과 일본의 거듭된 호의를 한국이 수용하지 않는다는 식이었다. 이에 따라 덜레스는 이승만에게 요시다와의 회동과 일본의 제안을 수용하라는 뜻을 전달하도록 지시했다. 또한 한국이 계속 미국이 일본 편향적이라고 암시하는 데 불쾌감을 표시하고, 미국은 한일 간 친선으로 반공전선이 확대되기를 기대하고 있다는 점을 강조하도록 하였다. 덜레스는 이 서한을 통해 한국의 재건을 위해서는 일본에서의 역외조달정책이 가장 경제적

---

18) Allison to Secretary of State, 1954. 2. 9, RG 84, Japan, Tokyo Embassy, Classified General Records, 1953~1955, Box. 13.
19) Bond to Department of State, 1954. 2. 10, RG 84, Japan, Tokyo Embassy, Classified General Records, 1953~1955, Box. 13.

인 정책이며, 미국은 현재도 그리고 앞으로도 일본이 한국을 정치·군사·경제적으로 지배하지 못하도록 할 것이라고 강조했다. 특히 한국과 일본의 주미대사관은 한국으로 하여금 일본 측 제안을 수락하도록 노력할 것을 강조했다.[20] 덜레스는 이승만의 계속적인 반일태도를 비판함으로써 한국을 압박하는 동시에 한국의 우려를 누그러뜨리려는 노력도 기울이고 있었다. 이승만이 가장 비판하고 경계했던 것이 일본에서의 역외조달과 일본의 팽창주의적 경향이었다. 덜레스는 역외조달정책은 변경할 뜻이 없음을 분명히 함과 동시에 일본의 팽창주의는 결코 허용하지 않을 것이라고 확언했다. 그러나 이승만은 덜레스의 전문 내용을 전달받고도 대일입장을 바꾸지 않았다.

1954년 5월 일본은 다시 한번 약간 수정을 가한 새로운 제안을 내놓았다. 오카자키 외무대신은 한국이 다음과 같은 성명에 동의한다면 회담을 재개할 용의가 있다고 발표했다.

> 1953년 10월 16일 일본 수석대표의 비공식적이고 즉흥적 발언이 오해를 불러일으킨 점은 유감이다. 발언은 일본정부의 공식 입장을 반영한 것이 아니므로 철회한다.
>
> 일본정부는 진심으로 양국 간 협상이 조속히 재개되길 바라며, 1951년 9월 8일 샌프란시스코에서 일본이 서명한 평화조약 조문에 따를 것임을 선언했다.
>
> 단, 한국은 다음의 사항에 대해 비밀을 유지해주어야 한다. 성명 초안은 상호 양보의 정신으로 한일 양국의 이해를 바탕으로 일본정부가 수용할 것이며, 청구권 문제에 대한 양국의 이전의 합법적 입장을 고수하지 않을 것이다. 일본정부는 연금, 미불임금, 유사한 범주의 것 등 특정 종류의 지급을 준비하고 있다. 일본정부는 소유하고 있는 한국의 다수 미술품을 한국에 반환할 준비가 되어 있다.[21]

---

20) Secretary of State to Seoul Embassy, Tokyo Embassy, 1954. 3. 15, RG 84, Japan, Tokyo Embassy, Classified General Records, 1953~1955, Box. 13.
21) Allison to Department of State, 1954. 5. 29, RG 84, Korea-Seoul Embassy, Classified General Records, 1953~1955, Box. 4.

그러나 일본은 구보타 발언은 철회했지만, 청구권 문제에서는 상호 포기를 여전히 주장하고 있다. 이에 대해 브릭스 주한 미국대사는 약간의 수정을 가했다. "청구권 문제에 대해 새로운 접근"을 할 것이며, "일본정부는 소유하고 있는 한국의 모든 미술품들을 한국에 반환할 준비가 되어 있다."라는 내용이었다.[22] 일본의 수정안이 청구권의 상호포기를 유지하고 있었던 데 반해 브릭스의 수정안은 '상호포기' 대신 '새로운 접근'이라는 표현을 사용했다. 이는 한국의 대일청구권 요구를 완전히 포기시킬 수 없다는 점을 전제로 하였을지 모른다.

그런데 브릭스 대사는 1954년 5월 한국이 그동안의 협상재개 원칙을 바꾸었다며 더 이상의 중재를 중단할 것이라고 경고했다. 브릭스는 1953년 10월 3차 회담 결렬 이후 구보타 발언 철회를 회담 재개 조건으로 내건 한국이 이제 와서 평화선 인정과 청구권 우선 해결을 주장하고 있다고 비난하였다. 브릭스는 이 같은 한국의 협상 원칙 수정에 대해 분개했다. 그는 구보타 발언 사과 수위를 놓고 적극적인 중재에 나섰고, 일본의 수정 제안이 나오는 등 협상 재개 분위기가 고조되려는 찰나 태도를 바꾼 한국을 도저히 이해할 수 없었다. 그리고 한국의 태도 변화는 이승만의 비합리적인 인식과 태도 때문이라고 생각했다. 브릭스는 한국의 완고한 對日감정이 이승만의 反日적대감에서 기인한다고 생각했다. 이승만의 일본에 대한 공포심, 즉 40여 년간의 한국 지배와 다시금 성장하고 있는 일본이 한국을 침략할 것이라는 인식이 이승만의 관점을 왜곡시키고, 정책 전반에 걸쳐 그를 눈멀게 하고 있다고 보았다.[23] 브릭스는 한국이 일본의 구보타 발언 철회를 기초로 즉각 협상재개에 나서야 한다고 주장했다.

그러나 한국은 브릭스 대사의 주장대로 협상 재개 원칙을 바꾼 것은 아

---

22) Briggs to Department of State, 1954. 5. 31, RG 84, Korea-Seoul Embassy, Classified General Records, 1953~1955, Box. 4.
23) Briggs to Department of State, 1954. 9. 28, RG 84, Korea-Seoul Embassy, Classified General Records, 1953~1955, Box. 4.

니었다. 3차 회담 결렬 직후부터 한국은 일본의 對韓청구권과 구보타 발언 철회를 회담 재개의 전제조건으로 요구했다. 또한 평화선 문제에 대해서도 일본이 불법적인 어로작업을 중단하면 어업협정 체결을 위한 협상에 나설 용의가 있다는 뜻을 견지해왔다. 브릭스 대사는 일본이 구보타 발언에 대해 '사과' 의사를 표명했음에도 불구하고 한국이 회담재개에 응하지 않는 다고 비판하였지만 이는 사실과 달랐다.

 결국, 미국은 1954년 10월 한국과 일본에 대한 그동안의 중재 노력이 모두 허사였음을 시인했다. 이승만의 완고하고 비합리적 태도가 일본과의 협상을 불가능하게 만든 것으로 지목되었다. 일본과 협상하도록 한국을 설득해온 미국의 지속적인 압력은 효과가 없었고, 오히려 이것은 한국의 강력한 교섭무기가 되고 말았다는 것이다. 따라서 덜레스 미 국무장관은 당분간 한일협상 재개를 위한 노력을 중단하라고 지시했다.[24] 미국이 한일관계 개선을 통해 기대한 것은 세 가지였다. 첫째 북동아시아에서 군사적인 효용성 증대, 둘째 한일 간 어업문제 해결, 셋째 일본에서의 역외조달 문제였다. 그러나 현재 상황에서 세 가지 목표는 굳이 한일관계 개선을 통하지 않더라도 문제가 없다고 판단한 것이다. 우선, 군사적 측면에서 한일관계 조기 정상화가 동아시아와 양국 상황에 큰 영향을 미칠 것인지의 여부가 불확실했다. 왜냐하면 당시 공산주의를 억제하고 있었던 것은 한일 양국이 아니라 미국의 힘이었기 때문이다. 어업문제도 일본은 가까운 시기에 문제가 해결될 것으로 생각하지 않으며, 對日조달 문제는 한일관계 문제와 별개로 처리될 수 있었기 때문이다. 따라서 미국은 한국이 직접 요청하거나 도움을 호소하지 않는 한 한일협상에 대한 관심 표명을 자제하기로 하였다. 그리고 한국의 경제적 이해, 극동아시아 국가들과 일본과의 관계개선, 중국국민당의 압력 등이 한국을 압박하는 가장 효과적인 수단이 될 것으로 예상했다.

---

24) Dulles to Seoul Embassy, 1954. 10. 8, RG 84, Korea-Seoul Embassy, Classified General Records, 1953~1955, Box. 4.

미국은 한국의 對日협상태도가 한일협상을 어렵게 만든 주요인이었다고 비난하고 있었지만, 이런 이유로 미국이 한일협상에 대한 중재를 중단한 것은 아니다. 실제적인 이유는 현재처럼 한국과 일본이 극단적 대립으로 치닫는 위험을 감수하고서라도 양국관계를 개선할 필요성이 없었기 때문이었다. 이것은 다른 한편으로 전후 한일관계 개선의 필요성과 목표를 분명하게 보여주고 있다. 미국에게 한일관계 개선은 북동아시아의 반공정책을 확고하고 안정적으로 유지하기 위한 정책 수단이었다. 미국이 중재를 중단한 후 1950년대 후반 다시금 한일문제에 대해 중재하기 시작한 것은 공산권의 평화공세와 미국의 경제상황 악화 등 정세 변화 때문이었다. 특히 경제적인 측면에서 미국은 더 이상 한국에 무상원조를 제공할 수 없게 되었기 때문에 새로운 자금원이 마련되지 않는다면 그동안 원조경제로 지탱되어온 한국 경제는 심각한 곤란에 처할 수밖에 없었다. 따라서 경제부흥으로 자본력과 기술력을 갖추고 새로운 시장개척에 나서려던 일본이 미국을 대신할 적임자로 떠올랐다.

한국은 중재 중단이라는 미국의 결정에 대해 형식적이나마 입장 완화를 표명했다. 한일관계 악화가 미국의 對韓정책에도 영향을 미치고 있다는 판단 때문이었다. 그래서 이승만은 공개적인 이목을 끌지 않는 방식으로 일본과 관계 개선 가능성을 모색하는 데 동의하였다. 그리고 비공식 중재자로 헐(John E. Hull) 장군이나 앨리슨 주일 미 대사가 나서주기를 기대하였다.[25] 이에 따라 1954년 10월 21일 유태하 주일참사관은 일본에 협상 재개를 제안했다. 일본은 한국이 협상재개에 동의하면 구보타 발언을 공식적으로 철회하고 대일평화조약을 준수하며, 양국은 청구권문제에 대한 이전의 '합법적' 입장을 포기한다는 등의 제안내용을 되풀이하였다.[26] 그런데 일

---

25) Briggs to Secretary of State, 1954. 10. 11, RG 84, Korea-Seoul Embassy, Classified General Records, 1953~1955, Box. 4.
26) Tokyo Embassy to Department of State, 1954. 10. 28, RG 84, Korea-Seoul Embassy, Classified General Records, 1953~1955, Box. 4; 주목할 점은 일본이 이 당시 對韓청구권 금액을 8억 달러 정도

본은 여전히 청구권의 상호포기를 원칙으로 내세웠지만, 협의과정을 통해 대한 청구권을 포기할 수도 있다고 하면서 이 문제에 대한 비공식 비밀협상을 제안했다. 그리고 비공식 비밀협상에서 협의 결과에 따라서는 본회담에서 대한청구권 주장을 포기할 수도 있다고 암시했다. 일본의 대한청구권 주장이 애초부터 교섭 수단으로 구상되고 활용되었다는 것을 보여주는 대목이다. 한국의 청구권 주장을 일정 정도 봉쇄함과 동시에 '과다한' 액수 청구를 사전에 차단하려는 의도가 들어있었던 것이다. 그러나 10월 29일 유태하는 나카가와와의 면담에서 일본의 역제안을 거절하였다. 이승만이 청구권문제에 대한 비공식 예비협상에 동의하지 않을 것이라는 이유였다.[27] 회담 후 나카가와는 현재 한일 간 간극이 너무 커서 적어도 제3자의 참관인이 협상과정에 참가하는 것이 필요하다며 주일 미국 대사관에 미국의 중재를 요청하였다.[28]

2) 일본의 對韓청구권과 '구보타 발언' 철회

일본에서는 1954년 12월 요시다 내각이 총사직하고, 제1차 하토야마(鳩山一郎) 내각이 성립되었다. 하토야마 총리는 취임 후 한일관계에 대해 진지한 노력을 기울일 것을 천명하였다. 양국의 친선관계 수립이 아시아의 평화를 위해 불가결한 요건이며, 상호 원만한 이해를 도모하자는 취지를 표명하였다.[29] 뒤이어 12월 11일 시게미쓰 마모루(重光葵) 외무대신은 일본의 신외교정책을 발표했다. 이에 따르면 일본은 미국과의 항구적인 협력

로 추산하고 있었다는 점이다. 한편 『讀賣新聞』에서는 일본의 대한청구권 금액이 120억 원이라고 보도한 바 있다(『동아일보』 1955. 7. 9).
27) Tokyo Embassy to Department of State, 1954. 10. 28, RG 84, Korea-Seoul Embassy, Classified General Records, 1953~1955, Box. 4.
28) Tokyo Embassy to Department of State, 1954. 11. 3, RG 84, Korea-Seoul Embassy, Classified General Records, 1953~1955, Box. 4.
29) 이원덕, 1996 『한일 과거사 처리의 원점-일본의 전투처리 외교와 한일회담』, 서울대출판부, 81~82쪽.

관계를 통해 안전과 안보를 확보하는 데 주력하며, 아시아 국가들에 대한 배상문제를 적극적으로 해결해나가고 이들 국가에 기술과 기타 원조 제공을 열망하고, 소련과 중공 등 공산권과의 관계개선을 도모할 계획이었다.[30]

한국은 일단 하토야마의 對韓 관계개선 성명에 대해 환영을 표시했다. 그리고 김용식 주일공사는 시게미쓰 신임 일본 외무대신을 만나 한일협상 정식 재개를 위한 비밀협상을 위해 양측이 대표를 임명하자고 제안했다. 이에 시게미쓰도 동의하여 양측은 각각 김용식 주일공사와 다니 마사유키 (谷正之) 외무성 고문을 대표로 임명하였다.[31] 김용식과 다니 간에는 1955년 1월 말부터 3월 말까지 7차례에 걸쳐 비공식 회담이 이루어졌다.

한국은 한일회담 재개를 위한 교섭이 다시 시작되자 미국이 보증하는 한일불가침조약 체결을 제안했다. 이 제안은 김용식과 다니의 비공식 협상에서 주요 안건으로 다루어졌다. 한국은 일본에 대한 의혹으로부터 벗어날 필요가 있고, 양국 간 현안을 해결할 분위기를 만들기 위해서라도 불가침조약이 필요하다고 생각했다. 한국의 제안에 대해 다니는 미국의 보증은 마치 남학생들의 움직임을 감시하는 '선생'과 같은 역할을 할 것이지만, 제일 큰 문제는 일본정부가 의회를 설득하는 것이라는 의견을 내놓았다. 대신 불가침을 약속하는 내용의 선언을 기초해보겠다는 구상을 밝혔다.[32] 한국과 일본은 불가침조약 체결 문제를 놓고 미국의 의견을 요청했으나 미국은 반대의사를 전달해왔다. 미국은 한미상호방위조약으로 이미 다른 나라의 침략으로부터 한국의 방위를 보장한 상태이고, 북동아시아 국가들과도 장기 상호방위조약을 체결하고 있기 때문에 그 필요성이 없다는 이유였다.

---

30) 『동아일보』 1954. 12. 12~13.
31) Allison to Secretary of State, 1955. 1. 26, RG 84, Japan, Tokyo Embassy, Classified General Records, 1953~1955, Box. 14.
32) Allison to Secretary of State, 1955. 2. 2, RG 84, Japan, Tokyo Embassy, Classified General Records, 1953~1955, Box. 14.

일본도 대일평화조약에 서명함으로써 그에 상응하는 의무를 받아들이고 있다는 점이 강조되었다. 다만, 한일불가침조약을 보증해줄 수는 없지만 유엔헌장과 대일평화조약·한미상호방위조약·미일안보조약에 등에 나타나있는 미국의 이해관계를 재인용하는 선에서의 선언 또는 각서 정도는 고려할 수 있다는 뜻을 전달했다.[33]

일본은 국무부의 제안에 동의하고 다니는 한·미·일 3국의 합동선언문 초안을 제안했다.

> 1. 3국은 국제적 평화와 안보, 정의를 위협하지 않고 타국의 영토보전과 정치적 독립에 대한 위협과 무력사용을 억제하고, 또는 유엔 목적과 배치되는 방식을 억제하는 평화적 수단을 포함한 국제적 협의를 통해 해결할 것을 약속한다.
> 2. 3국은 생활수준 향상, 경제적 진보 촉진, 사회 복리 증진이 극동지역의 평화와 안정을 보위하는 핵심 요소라는 것을 인정하며 경제적·사회적·문화적 분야에서 협력을 지속시킬 것임을 선언한다.[34]

브릭스 주한대사와 앨리슨 주일대사는 다니의 초안에 동의를 표시했다. 덜레스도 다니 초안에 기초한 3국 성명 또는 선언에 미국 참가를 승인했다.[35] 그런데 이때까지 한국은 다니의 초안을 보지 못한 상태였다.

김용식은 다니 초안을 검토한 끝에 '경제적 협력(cooperation)'을 '존중(respect)'으로 수정하여 달라고 요구했다. 다니는 김용식이 말은 안 했지만, 한국과 일본과의 경제 '협력'은 일본의 '지배'를 의미하는 것으로 생각하

---

33) Department of State to Tokyo Embassy, Seoul Embassy, 1955. 2. 4, RG 84, Japan, Tokyo Embassy, Classified General Records, 1953~1955, Box. 14.
34) Allison to Department of State, 1955. 2. 9, RG 84, Japan, Tokyo Embassy, Classified General Records, 1953~1955, Box. 14.
35) Robertson(FE) to Secretary of State, 1955. 2. 12, RG 84, Japan, Tokyo Embassy, Classified General Records, 1953~1955, Box. 14.

는 것 같다고 토로했다.[36] 김용식과 다니, 그리고 주일 미국 대사관은 3국 공동선언 초안을 계속 검토했지만, 3자 모두 이 공동선언이 한일관계 개선에 공헌할 것으로 생각하지는 않았다. 앞서 살펴본 대로 미국은 굳이 이 같은 불가침선언이 필요하다고 생각하지 않았고, 일본은 미국이 원한다면 선언에 동참하는 것에 개의치 않겠다는 태도였다. 그렇다면 한국은 왜 불가침조약을 들고 나온 것일까? 김용식이 말한 대로 한국의 대일 의혹을 불식시키기 위한 상징성을 갖는 것은 분명하다. 그러나 더 중요한 대목은 이 조약을 미국이 보증해줘야 한다는 점이다.

그런데 진전을 보이는 듯했던 한일관계는 1955년 2월부터 하토야마 내각이 소련과의 국교회복 교섭과 중공에 대한 접근을 시작함으로써 또다시 난관에 부딪혔다. 공산권과의 관계 개선은 하토야마 총리의 공약 사항이기도 했다. 그리고 2월 25일에는 북한의 남일(南日) 외상이 일본에 경제·문화 교류를 제안하였다. 이로써 일본의 對공산권 접근은 급물살을 타는 듯했다. 북한의 제안을 받은 일본은 같은 날 외무성 정보문화국장 이름으로 "받아들일 생각이 없다."라고 발표했지만 하토야마 총리는 3월 26일 중의원 예산위원회에서 "전체 국가, 민족과 할 수 있는 한 우호관계를 증진시키고 싶다."라고 발언함으로써 북한과의 관계 개선 의사를 표명했다.[37] 하토야마의 발언은 김용식과 다니 간의 비밀협상으로 조성되고 있던 한일간의 대화 분위기를 경색시켰고 두 사람 간의 비밀협상도 중단되기에 이르렀다.

일본은 북한과의 관계개선에 대해 이중적인 태도를 보였고 이 같은 태도는 한국의 의혹과 반발을 불러일으켰다. 북한의 제안에 대해 하토야마는 적극성을 보였지만, 외무성은 소극성을 보이거나 이를 부인하는 태도를 보였다. 외무성은 북한의 제안에 대해 "고려할 생각이 없다."라는 뜻을 분명

---

36) Parsons to Secretary of State, 1955. 3. 1, RG 84, Japan, Tokyo Embassy, Classified General Records, 1953~1955, Box. 14.
37) 鹿島平和硏究所 編, 앞의 책, 67쪽.

히 밝혔다. 한국과 관계 개선을 위한 협상이 진행 중이지만, 북한과의 친선은 '두 개의 한국' 문제가 국제적 수준에 놓일 때까지 '논외' 문제라는 것이다. 일부에서는 북한의 제안을 현재의 한일협상에 대한 방해 시도 등으로 분석하기도 했다.[38]

한국은 이 같은 일본의 이중적 태도를 비난하였다. 일본과 북한의 관계 개선은 남북관계에도 중대한 영향을 미치기 때문이었다. 변영태 외무장관은 1955년 4월 6일 일본의 이중외교를 비난하고, 일본 민간인의 북한 방문과 무역거래 허용은 일본의 용공정책을 의미한다고 비판했다. 4월 29일 양유찬 주미대사는 일본의 對北 접근은 한국에 대한 '모욕'으로 對日 禁輸조치도 불사하겠다는 강경한 성명을 발표했다.[39] 그러나 한국의 반발에도 불구하고 북한과 일본 간에 어로협정이 체결되었다는 소식이 전해졌다. 5월 28일 갈홍기 공보실장은 일본뿐 아니라 미국도 비판하는 성명을 발표했다. 갈홍기는 일본의 容共정책은 과거 역사가 증명하듯이 침략적이고 이중 인격적인 측면을 반영한 것이라고 했다. 또한 미국이 일본을 아시아 반공세력의 일익으로 만들려는 정책이 현명하지 못했고, 對日 인식의 결여를 보여주는 증거라고 비판했다.[40] 미국의 아시아정책과 對日 정책이 잘못된 것이라고 비판한 것이다. 이는 그동안 한일관계에서 미국이 보여준 일본 편향 정책에 대한 한국의 반발이 정당했음을 지적한 것이기도 했다.

그러나 일본 외무성은 어로협정 체결에 대해 아는 바가 없다고 부인하였다. 이 어로협정은 민간 차원에서 체결된 것으로 알려졌으며, 협정문 사본이 AP통신과 주일 미 대사관에 입수된 것으로 전해졌다.[41] 그러나 한국은 일본이 민간무역업자를 내세워 일본정부의 책임을 회피하고 있다고 반발

---

38) Parsons to Secretary of State, 1955. 2. 26, RG 84, Japan, Tokyo Embassy, Classified General Records, 1953~1955, Box. 14.
39) 『동아일보』 1955. 5. 1.
40) 『동아일보』 1955. 5. 30.
41) 『동아일보』 1955. 6. 1.

했다. 그리고 5월 30일 애국단체총연합회 주최로 '일제 용공정책 분쇄 국민대회'가 개최되었다. 이날 집회에는 시민과 학생들이 참가해, "일제의 군국주의 재기를 분쇄하자!", "일본의 용공정책은 전 자유진영에 대한 배반이다."라는 등의 플래카드를 들고 시가행진을 한 후 종료되었다.[42)]

이렇게 한국의 반일 분위기가 고조되는 가운데 이승만은 하토야마의 대북접근에 대해 주일공사 소환 등 강경한 태도를 보였다. 이때는 필리핀 주재 미국대사관의 레이시(William S. B. Lacy)가 참사관에서 대사로 일약 승진해 한국대사로 부임해온 때이기도 하다. 이승만은 레이시 대사의 부임에 의혹의 눈초리를 보내고 있었다. 레이시는 정치공작에 능한 사람으로 알려져 있었기 때문이다. 5월 27일 이승만은 패트릿지(Earle E. Partridge) 장군, 레이시 주한 미국대사와의 오찬 석상에서 일본의 對韓정책을 비난하면서 조만간 주일공사를 소환할 것이라고 통보했다. 레이시는 이승만이 또다시 '장광설'을 늘어놓기 전에 앨리슨 주일 미 대사를 6월 중 방한토록 하여 이 문제를 협의할 것을 주장했다. 이에 대해 이승만은 앨리슨에 대한 신뢰를 표시하면서, 그는 다른 미국 관리들과 달리 일본의 교활함에 넘어가지 않는다며 방한계획에 찬성했다.

이승만이 주일대표 소환을 언급한 것은 처음 있는 일이었다. 일본이 평화선을 둘러싼 분쟁과정에서 주일대표부 폐쇄와 대표 추방을 언급한 적은 있었지만, 한국이 대표 소환을 언급한 것은 처음이었다. 이에 대해 앨리슨 주일 미국대사는 미국 동맹국들 간의 통일전선이 가장 중요한 마당에 한일 간의 공공연한 적대는 미국의 입장을 약화시킬 것이라고 우려를 표시했다. 그리고 이승만이 일본과 관계 단절이라는 돌이킬 수 없는 결정을 하지 못하도록 미국이 중재에 나설 것을 권고하였다. 미국이 이승만의 좌절감에 동정을 표하고, 일본에 대한 불신과 의혹을 이해하고 존중한다는 표시를

---

42) 『동아일보』 1955. 5. 30, 5. 31.

보여줄 것을 권고했다. 나아가 한국의 성급하고 일방적인 행동은 한미 양측에 모두 불리하다는 것, 극동 지역 방위시스템을 위태롭게 한다는 것을 이승만에게 이해시킬 것도 아울러 권고했다.[43] 미 국무부도 주일대표 소환 같은 극단적 조치는 저지해야 한다는 데 의견을 모았다.

그러나 한국의 對日 강경여론과 이승만의 강경태도는 쉽게 가라앉지 않았다. 이승만은 6월 2일 지리산 충혼각 제막식에 보낸 추도사에서 일본의 재침략을 막도록 국민은 총궐기하라고 거듭 요구했다. 일본이 한국 재산의 85%에 달하는 청구권을 주장하고, 한일문제는 일본의 병력이 강해지면 저절로 해결된다고 공공연히 언명하는 등 미국을 등에 업고 한국에 대한 재침략을 기도하고 있다는 것이다.[44]

한국의 강력한 반일 기류에 직면한 하토야마는 6월 6일 중의원 예산위원회에 참석하여 북한과의 관계 개선 문제에 대해 한 발짝 물러서는 듯했다. 일본은 '두 개의 조선'을 고려하지 않고 있으며, 남한과 북한 중 협상 상대 선택은 '현실문제'에 의존할 것이라고 말했다.[45] 그러나 그의 발언은 사태를 진정시키는 데 충분하지 않았다. 한국이 일본과의 친선관계 수립 노력을 거의 포기했고, 하토야마 정권 대신 일본에 반공정권이 수립되어 '성의'를 보이지 않는 한 관계 개선은 거의 불가능할 만큼 사태가 심각하다는 논평까지 나오는 상황이었다.[46] 6월 15일에는 이형근(李亨根) 연합참모본부 총장까지 나서 미국의 對日군사원조가 최근 일본의 '배신행위'에 비추어 위험천만한 일임을 경고하였다. 이형근은 하토야마 총리가 남한과 북한 중 누구를 승인할 것인지는 사태발전 여하에 달렸다고 발언한 것은 한국이 재차 공산주의자들의 침략을 받기를 원하는 것으로 밖에 이해할 수 없다고

---

43) Allison to Department of State, 1955. 5. 30, RG 84, Japan, Tokyo Embassy, Classified General Records, 1953~1955, Box. 14.
44) 『동아일보』 1955. 6. 4.
45) 『동아일보』 1955. 6. 8.
46) 『동아일보』 1955. 6. 12.

못박았다.[47] 이처럼 한국군 최고지휘자까지 나서 강력히 반발하고 나서는 등 사태는 점점 악화되었다.

한국의 강경 분위기가 고조되자 6월 17일 하토야마는 김용식을 불러 자신은 한일협상 재개를 희망하고 있으며 북한과의 통상협정 체결은 모두 낭설이라고 강조했다.[48] 그리고 6월 22일에는 참의원 본회의에 참석해 "한국과의 국교 조정에 노력하고 있고, 북한과의 경제문화교류는 찬성할 수 없다."라고 발표했다.[49] 불과 며칠 사이에 하토야마의 대북관계 개선에 대한 입장과 의지는 한국의 반발에 부딪혀 개선 가능성마저 부인하는 쪽으로 변했다. 관계 장관까지 나서 북한과의 관계 개선 가능성을 부인하는 성명이 잇달았지만 상황은 호전되지 않았다.

이런 가운데 1955년 6월 27일부터 30일까지 앨리슨 주일 미 대사가 비공식적으로 한국을 방문했다. 6월 28일 앨리슨은 변영태 외무장관, 김용식 주일공사, 레이시 주한대사 등이 참석한 가운데 이승만과 회담했다. 이 자리에서 구보타 발언을 포함해, 특히 일본의 대한청구권 문제에 대한 이승만의 오해를 푸는 일과 일본의 한국 쌀 구매 문제 등이 논의되었다.[50] 특히 앨리슨은 이승만의 '오해'와 '의혹'을 풀어주는 데 집중했다. 앨리슨은 미국과 연합국들은 일본의 대한청구권 주장을 지지하지 않으며, 이승만이 우려하는 일본제국주의 부활과 한국에 대한 재침략 가능성은 터무니없는 생각이라고 설명했다. 그리고 자신이 동경으로 돌아가서 구보타 발언과 대한청구권 주장을 철회하는 문제에 대해 일본 고위층에 한국의 입장을 전달하겠다고 약속했다.[51] 그러나 앨리슨 대사와 레이시 대사가 이승만 대통령과의 면담 후에 내린 결론은 이승만은 어떤 현안이든 일본과 협정을 체결할 생

---

47) 『동아일보』 1955. 6. 15.
48) 『동아일보』 1955. 6. 19.
49) 鹿島平和硏究所 編, 앞의 책, 67쪽.
50) 『동아일보』 1955. 6. 30.
51) Lacy to Department of State, 1955. 6. 29, RG 84, Japan, Tokyo Embassy, Classified General Records, 1953~1955, Box. 14.

각이 없다는 것이었다. 설사 앨리슨이 일본을 설득해 구보타 발언을 철회하게 해도, 이승만은 또 다른 핑계를 찾을 것이라는 결론을 내렸다. 그러나 과연 당시 한일관계가 교착상태를 벗어나지 못했던 가장 큰 원인이 이승만의 완고한 반일태도 때문인가는 의문을 제기해봐야 한다.

한국은 한일회담 결렬원인은 대한청구권 요구와 구보타 발언 때문이라고 보았다. 따라서 일본이 회담 재개를 위한 필수 전제조건으로 두 가지 요구를 철회해야 하는 것은 한국으로서는 양보할 수 없는 문제였다. 일본과의 과거사 청산을 위한 최소한이자 필수적인 조건이었기 때문이다. 그런데 미국과 일본의 관계자들은 이승만의 비타협적인 反日 인식과 태도가 한일협상의 재개와 타결을 가로막고 있다고 생각하고 있었다. 그러나 이 당시 한국의 대일 강경정책이 단지 이승만 대통령 한 사람의 완고함과 비합리성에 기인한 것만은 아니었다.

앨리슨 대사의 방한 결과 한일회담 재개를 위한 우호적인 분위기 형성이 기대되었지만 진전은 없었다. 앨리슨 대사는 이승만과의 면담 결과를 일본 정부에 전달하였다. 그러나 7월 6일 하토야마 총리는 기자단 회견을 통해 대한청구권을 포기할 의사가 없다고 강조했다. 또한 구보타 발언이 현재 문제가 되는 것 같지 않으며, '疑意'가 있다는 말은 들은 적이 없다고 하였다.[52] 대한청구권과 구보타 발언에 대해 철회 의사가 없다는 뜻을 분명히 밝힌 셈이다. 주일 미국대사까지 나서 양국 관계를 조정해보려 했으나 양국의 태도는 완강했다. 한국은 회담 재개조건을 수정할 뜻이 없었고, 더구나 일본이 공산권에 접근하는 것을 일종의 배신이자 한국에 대한 위협이라고 생각했다. 반면, 일본은 이미 청구권의 상호포기와 구보타 발언에 대한 사과 의사를 표명한 상태이며, 북한과의 관계 개선문제도 충분히 해명했다고 생각했다.

이런 가운데 시선을 끄는 기사 하나가 7월 7일자 『讀賣新聞』에 실렸다.

---

52) 『동아일보』 1955. 7. 8.

평론가 나카보 요사쿠(中保與作)가 청구권과 평화선 문제 해결방향을 제시한 기사였다.

> (1) 한국 재산을 소유하고 있는 일본인에 대하여는 일본(정부)이 보상조치를 강구하고, 120억 원의 재산청구권은 철회하되, 한국 在日재산권, 청구권과 상쇄를 하자는 것과 같은 야비한 말은 그만두고 현재 年年 7억 내지 10억 불의 미국 원조로 재건하는 한국과 무역을 증강하면 1년 안에 그만한 이윤은 떠오른다.
> (2) 과거에 한일회담이 실패한 것은 현안에 관련하여 과도하게 법 이론만으로 대하고 정치적, 대국적인 현실적인 수단은 쓰지 않은 것이다. 평화선 문제, 기타가 이와 같은 수단으로 취급되면 그 해결이 곤란한 것이 아니다.[53]

나카보의 주장은 일본이 대국적으로 한국에 양보하라는 것이다. 지금 對韓청구권을 포기하고 한일협정이 체결되면 더 큰 이익을 확보할 수 있기 때문이다. 즉, 對韓 수출과 한국의 경제개발에 일본이 참여한다면 對韓청구권을 뛰어넘는 이윤을 확보할 수 있다는 것이다. 평화선 문제도 국제법적인 법리 논쟁보다는 정치적으로 해결할 것을 권고하고 있다. 그러나 나카보와 같은 생각이 일본 내에 광범위하게 수용되기에는 아직 시기상조였다.

이처럼 일본의 對北 관계 개선 움직임으로 한일관계가 급속도로 냉각된 가운데 일본은 새로운 제안을 내놓았다. 오오무라(大村)수용소에 억류 중인 재일조선인 석방을 제안한 것이다. 이는 부산수용소에 억류 중인 일본 어부들의 송환을 염두에 둔 것이었다. 일본이 억류자 상호석방을 제안한 것은 국내 여론의 압박 때문이었다. 한일회담이 결렬되고 지속적인 일본 어선들의 불법 월선으로 억류자들은 점점 증가하고 있었다. 이에 따라 어

---

53)『동아일보』1955. 7. 9. 나카보 요사쿠는 1906년 9월 1일 창간된 통감부 및 총독부의 기관지였던『京城日報』의 부사장으로 재직했다.

업을 주업으로 하는 지역에서는 억류자 문제가 민원 대상이 되었고, 여론의 압박도 강도를 더해가고 있었다. 따라서 일본으로서는 억류 어부들을 조속히 송환받을 필요가 있었다. 그동안 한국의 일본 어부 억류 조치를 '인질외교'로 비난해왔던 일본으로서는 방침을 바꿔야 했다.

그러나 한국은 일본의 상호석방 제안을 분명하게 거절했다. 재일조선인과 일본 어부들의 억류는 차원이 다른 문제라는 입장이었다. 일본 어부들은 한국 수역을 침범한 불법행위를 한 사람들이지만 오오무라수용소에 억류된 재일조선인 중에는 일본이 불법으로 억류 중인 사람들도 있다는 설명이었다. 불법체류 중인 한국인 외에도 2차대전 전부터 거주해온 재일조선인조차 불법적으로 억류하고 있었기 때문이다. 그래서 한국은 이들을 무조건 즉각 석방하여 달라고 요구해오고 있었다. 그러나 일본은 그들 대다수가 상습적인 범죄자로 석방하면 일본 국내 안보를 위협할 것이라며 거부해오고 있었다. 바람직하지 않은 외국인 추방은 주권국가의 권리라는 것이다.[54] 앞서 살펴본 대로 일본의 재일조선인에 대한 인식과 정책은 전후부터 지속하여 온 것이다. 재일조선인 문제에도 과거사 문제가 개재되어 있음에도 이들은 하루빨리 추방되어야 할 대상일 뿐이었다. 비록 본격적인 협의 주제가 되지는 못했지만 이 시기 상호 억류자 석방문제는 오랫동안 결렬상태에 빠진 한일협상 재개를 위한 새로운 계기가 되어가고 있었다. 그리고 이 문제는 평화선을 둘러싼 한일 간의 갈등을 진정시키려는 목적도 가지게 되었다.

1955년은 구보타 발언으로 한일회담이 결렬된 이래 한일 간 갈등이 최고조에 도달한 시기이다. 양국의 갈등이 독도문제와 평화선 문제 등으로 고조되기 시작해 일본의 대북관계 개선 움직임으로 최고조에 도달했다. 그리고 구보타 발언을 철회할 의사를 표명하기 시작하면서 새로운 국면이 시작

---

54) Allison to Department of State, 1955. 12. 11, RG 84, Japan, Tokyo Embassy, Classified General Records, 1953~1955, Box. 14.

된 시기였다.

2. 억류자 상호석방과 한일합의서 조인

1) 평화선 수역 내 갈등 고조

평화선을 둘러싼 한일 간의 갈등은 수그러들지 않았고 오히려 1954~1955년에는 무력충돌 위험성이 점차 높아졌다. 특히 일본 내 對韓 강경여론은 수그러들지 않고 더욱 고조되는 양상을 보였다. 1954년 1월 요시다 총리의 가고시마 연설로 한국과의 갈등은 증폭되었다. 요시다는 평화선 문제는 일본의 '국력'이 실질적으로 신장되어야만 해결 가능하다고 언명하였다.[55] 일본 총리가 한국에 대해 '무력' 사용 가능성을 언급하자 당연히 한국은 반발했다. 그러나 일본의 무력사용 위협은 계속되었다.

야마구치(山口伝) 해상보안청 장관은 1954년 2월 4일 중의원 수산위원회에서 평화선 문제에 대한 해상보안청의 대처방안을 언급하였다. 해상보안청은 상시로 6척의 순시선으로 평화선 수역에 대한 초계활동을 계속하고 있다고 밝혔다. 순시선은 수산청 감시선과 협력해서 조업 어선이 한국의 영해에 들어가지 않도록 하려고 탐지기와 레이더를 이용해서 한국의 감시선과 함선의 동정 파악에 노력하고 있다고 덧붙였다. 일본 순시선은 만약 나포 위험성이 발생하면 어선에 경고를 발해 대피시키고, 나포 시에는 현장으로 출동해 한국 함선과 직접 교섭해서 구출할 계획이었다.[56] 1955년 8월 25일에는 일본 방위청장 스나타 시게마사(砂田重政)가 요코스카 해군

---

55) Memorandum of Conversation, 1954. 1. 19, RG 84, Japan, Tokyo Embassy, Classified General Records, 1953~1955, Box. 13.
56) 鹿島平和硏究所 編, 앞의 책, 55~57쪽.

기지를 방문한 자리에서 평화선 문제를 언급했다. 그는 평화선 문제는 기본적으로 일본의 군사력 약화에서 기인하는 것이므로 "힘에는 힘으로 대항해야 한다."라고 강조하였다.[57] 일본군 최고수뇌부가 평화선 문제를 '힘으로' 해결하겠다는 의지를 강력히 천명한 것은 두 가지 의도가 있었을 것이다. 하나는 한국에 대한 강도 높은 압박이었다. 다른 하나는 일본 내부적으로 한일문제에 대한 강경파의 발언이었을 가능성이 있다. 뒤에서 살펴보겠지만 일본정부 내에서는 한일문제의 해결원칙과 방향을 놓고 온건파와 강경파 간에 의견 대립이 존재했다. 일본 방위청장의 발언은 주일 미국대사관에서조차 일본 고위관리가 한국과의 어업분쟁에 대해 '이렇게 퉁명스럽게 말한 것'은 처음이라고 논평할 만큼 유례없이 노골적이고 강력한 것이었다.

한편으로 일본은 무력동원 계획뿐만 아니라 외교채널을 통한 여론조작을 시도하기도 했다. 그것은 다름 아닌 한국정부가 나포된 일본어선을 공매할 것이라는 소문 유포였다. 주미 일본대사관은 한국이 나포한 일본 선박을 공매한다는 소문에 대해 미 국무부에 문의했다. 이에 대해 국무부는 이들 선박의 처분에 관한 어떤 정보도 받은 바 없으며, 이는 단지 소문일 뿐이며 공매에는 일본선박은 포함되지 않을 것으로 생각한다고 밝혔다. 이에 한국 법무장관은 3월 13일 기자회견에서 나포된 일본선박 공매계획은 '근거 없는' 것이라고 반박하였다.[58] 하지만 이 같은 소문이 나포 어부 문제로 여론이 심상치 않던 일본 국민에게 어떻게 받아들여질지는 명백했다. 이처럼 일본에서 평화선 문제 해결에 대해 요시다 총리를 비롯해 해상보안청, 수산청 등은 무력충돌까지를 불사하겠다는 초강경책을 언급했다. 반면 외무성은 교섭을 통한 해결책을 강조하고 있었다.

---

57) Tokyo Embassy to Department of State, 1955. 9. 1, RG 84, Japan, Tokyo Embassy, Classified General Records, 1953~1955, Box. 14.
58) Briggs to Tokyo Embassy, 1954. 3. 15, RG 84, Japan, Tokyo Embassy, Classified General Records, 1953~1955, Box. 13.

나카가와(中川) 외무성 아시아국장은 1955년 7월 15일 중의원 외무위원회에서 평화선 문제를 국제사법재판소에 제소할 생각은 없다고 강조했다. 이 문제는 외교교섭으로 해결하는 것이 실제적이며 상당한 시간이 소요될 것으로 전망했다.[59] 일본 일각에서는 평화선 문제를 국제사법재판소 등 국제기구에 제소해야 한다는 목소리가 높아지고 있었지만, 사실 이것은 상대국인 한국이 받아들이지 않으면 제소할 수 없어서 실효성이 없었다. 뒤에 한국이 재일조선인 북송문제를 국제사법재판소에 회부하자고 제안했지만 일본이 거절한 것도 같은 사례이다.

그러나 일본군 수뇌부의 강경정책에 대한 발언은 계속되었다. 1955년 10월 27일 統合幕僚會議 의장 하야시 게이조(林敬三) 장군은 평화선과 독도 문제에 무력 사용을 해야 한다고 주장함으로써 일본이 무력수단도 포기하지 않았음을 보여주었다. 하야시는 독도문제가 외교적 수단만으로 해결할 수 없는 단계에 이르렀고, 일본 군대는 무력행동을 지지하고 있다고 하였다. 물론 지금은 '靜觀政策(wait and see)'을 따르고 있지만 일본군은 언제든지 행동을 취할 준비가 되어 있으며, 해상자위대(Maritime Self-Defense Force, MSDF)는 충분한 전력을 갖추고 있다고 공언하였다. 그는 이승만이 독도문제를 일으켰고 이승만의 대일정책은 양국 국민의 번영 대신 개인적 원한을 앞세우고 있다고 비난하였다.[60] 일본의 고위 관료가 이승만 대통령을 직접 비난하거나 한국의 대일정책을 대놓고 비난한 것은 유례없는 일이었다. 따라서 한국의 반응도 즉각적이고 강경했다.

한국 연합참모본부는 1955년 11월 17일 평화선을 침범하는 일본 어선은 격침하겠다는 성명을 발표하였다. "필요에 따라서는 평화선을 침범하는 일본어선에 대하여 발포·침몰시키겠다."라는 강력한 경고성명이었다.[61]

---

59) 鹿島平和硏究所 編, 앞의 책, 57쪽.
60) Tokyo Embassy to NA, 1955. 12. 1, RG 59, Decimal File, 694.95B Series 1955~1959.
61) 『동아일보』 1955. 11. 18.

일본은 즉각 주일대표부에 항의하는 한편, 평화선 내에서 조업 중인 일본 어선들에 조업 중지령을 내렸다. 일본 언론은 "17일 이래의 退避令이 철저함인지 한때 바다의 '銀座'라고 불려온 제주도 남방 고등어 어장에서는 아주 어선의 그림자가 사라지고 말았다."라고 보도할 정도였다.[62] 평화선이 선포된 이후 처음으로 이 수역에서 일본어업이 일시 중지된 것이다. 연합참모본부의 격침 경고는 자국 어선의 월선을 내버려두는 일본정부에 대한 경고였고, 무력사용 위협에 대해 강력한 대응을 천명한 것이었다.

이에 일본 외무성은 심각한 우려를 표명함과 동시에 주일대표부에 이 성명의 사실 여부와 한국정부의 공식입장을 확인해왔다.[63] 특히 일본은 이 경고성명이 한국 군 최고수뇌부에서 나왔다는 사실에 놀라움을 표시했다. 일본의 반발은 외교채널을 통해서도 이루어졌다. 11월 18일 김용식 공사는 일본 외무성을 방문해 외무차관과 이 문제에 대해 협의했다. 일본은 연합참모본부의 성명에 '중대한 관심'을 갖고 있다고 말했다. 동시에 실제로 일본 어선 격침 시에는 한일관계에 중대한 영향을 미칠 것이라는 구두항의를 전달했다. 이에 김용식 공사는 일본의 주장을 다음과 같이 반박했다.

1. 일본은 대일평화조약으로 한국과 어업협정을 맺기로 되어있으면서도 다른 나라와 어업협정을 맺으면서 한국과의 협정체결은 이를 거부하는 태도를 취하여 왔다는 것
2. 1952년 2월 魚族을 보호하는 동시에 한일 양국 간의 불필요한 분쟁을 방지하기 위하여 평화선이 설정되었음에도 불구하고 일본은 이를 무시하여 한국이 전쟁으로 말미암아 어선 건조 등 한국 어업이 완전한 건설을 이루지 못하고 있을 때 일본 어선으로 하여금 평화선을 빈번히 침범하여 왔다는 점

---

62) 『동아일보』 1955. 11. 23.
63) Allison to Department of State, 1955. 11. 18, RG 84, Japan, Tokyo Embassy, Classified General Records, 1953~1955, Box. 14.

3. 한국은 아직도 공산 측과 전쟁상태에 있으며 휴전으로 일시적으로는 전쟁 행위를 하고 있지는 않으나 공산분자가 密船으로 침입하는 경향이 많아 이를 방비해야 된다는 점
4. 한국은 이상의 사실에 비추어 평화선을 유지하여야 된다는 점
5. 따라서 일본은 평화선을 존중하여 양국 간의 불필요한 분쟁이 발생 안되도록 하여야 된다는 점[64]

김용식은 평화선 수역에서 분쟁이 빈번하게 일어나는 것은 일본의 책임임을 강조했다. 즉, 대일평화조약에 따르면 일본은 관련 국가들과 어업협정을 체결하게 되어 있음에도, 한국의 협상 제안을 거절한 사실을 지적했다. 일본은 처음에는 준비부족을 이유로 협상에 나서지 않았고, 평화선이 선포된 이후에는 평화선의 불법성을 주장할 뿐 협상을 위한 성의는 보이지 않았다. 더구나 1952년 평화선 선포 이래 1955년경까지 평화선 수역을 침범한 일본 어선은 점점 증가했다. 그리고 일본은 자국 어선을 보호하고 억류 어부를 석방시키기 위해 무력 사용 가능성을 모색했다. 한국 연합참모본부의 격침 경고 성명은 이런 가운데 취해진 조치였다. 그러나 경고성명이 발표된 다음날인 11월 18일에도 일본 어선 2척이 평화선을 침범하여 한국 경비정이 추격하는 사태가 벌어졌다.

이에 11월 18일 시게미쓰(重光葵) 외무대신은 평화선 문제를 유엔에 제소할 뜻을 비쳤다. 같은 날 주미 일본대사는 국무부 극동담당 차관보 로버트슨(Walter B. Robertson)을 방문해 한국의 격침 경고 성명에 대한 일본의 우려를 전달했다. 이에 미 국무부는 왜 이 시점에서 이 같은 경고 성명이 나오게 되었는지 보고할 것을 지시하는 한편, 미국이 제공한 장비가 미국이 인정하지 않는 공해상에서 미국의 동맹국에 적대적으로 사용되는 것에

---

[64] 『동아일보』 1955. 11. 20.

대한 경고를 한국에 전달하도록 지시했다.[65] 이에 대해 주한 미국 대사관은 연합참모본부의 성명은 이승만의 견해를 반영한 것으로 현재의 국면을 타개할 목적이 있다고 보고했다. 또한 이 성명이 '일본 선박과 침범 선박'에 대해서만 발포한다고 지목함으로써 북한과 일본과의 왕래를 저지할 목적을 공공연히 표시한 것은 아니라고 회신했다.[66]

1955년 11월 일본의 무력 위협과 이에 대응한 한국의 격침 경고로 한일 간 갈등은 최고조에 달했다. 11월 29일 이형근 연합참모본부 의장은 UP와의 회견에서 일본어선에 대한 발포가 한일 간에 小 전쟁을 유발할지도 모른다는 질문에 대해 한국은 전쟁을 개시하지 않을 것이며 전쟁을 바라지 않는다고 답변하였다. 11월 30일 『讀賣新聞』에는 일본 어업관계자들이 대형 선단을 편성해 평화선을 강행 돌파할 것이라는 기사가 게재되었다. 일본정부는 이 대형 선단을 비무장 순시선이 호위토록 할 계획으로 알려졌다.[67] 일본은 정부와 민간이 합동하여 평화선 수역에서 조업을 강행할 예정이었다. 일본 순시선이 비무장으로 일본 선단을 호위하겠다는 발표에 대해 12월 4일 한국 해군은 일본 포함이 평화선을 침범하는 경우 즉각 격퇴하겠다고 발표했다.[68]

이제 평화선 분쟁은 한일 양국의 민간 차원으로까지 번져갔다. 1955년 12월 1일 부산에서는 '평화선사수 전국어민총궐기대회'가 열렸다. 2만여명의 수산단체 관계자와 일반시민들이 참석한 가운데 민족의 생명선인 평화선을 사수하고, 미국은 對韓원조자금으로 일본상품을 구매하지 말라는 플래카드가 내걸렸다. 이 같은 궐기대회는 7일 인천·포항, 11일 여수 등에서도 개최되었다.[69] 한국정부도 평화선 사수를 위해 '방법을 가리지 않겠

---

65) Secretary of State to Seoul Embassy, 1955. 11. 21, RG 84, Japan, Tokyo Embassy, Classified General Records, 1953~1955, Box. 14.
66) Seoul Embassy to Department of State, 1955. 11. 22, RG 84, Japan, Tokyo Embassy, Classified General Records, 1953~1955, Box. 14.
67) 『동아일보』 1955. 12. 1.
68) 『동아일보』 1955. 12. 6.

다.'라는 강경한 태도를 거듭 천명하였다. 조정환(曺正煥) 외무장관 서리는 12월 3일 생명선이며 국방선인 평화선을 사수하는 것은 國是이며 국민의 애국적 책임이라고 강조하였다.[70] 한국과 일본이 한 치도 물러서지 않고 팽팽히 맞서는 가운데 일본에서도 反韓 시위가 일어났다.

일본에서는 12월 5일 서부지역 어업대표 250명과 동부지역 어부 300명이 연합하여 동경에서 '李라인배격행동대회'를 개최했다. 이들은 억류 어부 즉각 석방, 한국과 경제관계 단절, 李라인 철폐 및 李라인 항해 선박 무장 보호, 나포 어부 가족에 대한 재정 지원과 李라인으로 받은 손해배상 등 네 가지 사항을 결의했다.[71] 시위대는 일본 외무대신을 방문해 한일 간 어업문제 해결을 촉구했다. 이들은 다음날인 12월 6일에는 주일 미국대사관을 방문해 일본어부들은 오랫동안 참아왔으나 더는 참을 수 없고, 미국만이 한국의 약탈행위를 중지시킬 수 있다고 청원하였다. 이에 대해 앨리슨 주일대사는 한국정부에 사태의 심각성을 전달할 것을 약속했다.[72] 12월 5일 시위가 벌어진 날 시게미쓰 외무대신은 미국에 한일어업 분쟁을 중재하여 달라고 강력히 요청했다. 미국이 직접적이건 간접적이건 중재역할을 해야 어업분쟁을 해결할 수 있다는 것이다.

그러나 사태는 전격적으로 바뀌었다. 12월 8일 일본의 모든 신문은 평화선에 대한 의회의 질의내용을 톱기사로 다루었다. 이날 일본 의회에서는 평화선과 관련해 무력을 사용하는 문제, 독도 문제 등이 집중적으로 거론되었다. 이 자리에서 하토야마 총리는 평화선 문제 해결에 무력을 사용하지 않겠다고 밝혔다.[73] 이로써 1955년 평화선 문제로 양국 간 무력충돌로

---

(69) 『동아일보』 1955. 12. 3, 12. 7, 12. 17.
(70) 『동아일보』 1955. 12. 4.
71) Allison to Department of State, 1955. 12. 6, RG 84, Japan, Tokyo Embassy, Classified General Records, 1953~1955, Box. 14; 日韓漁業協議會, 1968『日韓漁業對策運動史』, 180~181쪽.
72) Allison to Department of State, 1955. 12. 6, RG 84, Japan, Tokyo Embassy, Classified General Records, 1953~1955, Box. 14; 『동아일보』 1955. 12. 7.
73) Allison to Department of State, 1955. 12. 8, RG 84, Japan, Tokyo Embassy, Classified General Records, 1953~1955, Box. 14.

까지 치달은 위기국면은 최악의 상태를 피할 수 있게 되었다. 그리고 일본은 새로운 해결책으로 첫째 미국과 협조 강화 모색, 둘째 억류된 일본 어부 석방을 촉진하고자 오오무라(大村)수용소에 억류 중인 한국인들의 처리에 대한 '정치적 고려', 셋째 평화선을 포함해 모든 현안에 대한 협상 재개 등을 제안했다.[74] 일본은 이제 자국의 어선과 어부들이 나포, 억류되는 상황을 두고 볼 수 없는 상황에 부닥치게 된 것이다. 일본 수산업계를 비롯한 어민들이 정부를 압박하기 시작했기 때문이다. 평화선의 불법성을 따지기에 앞서 억류된 자국민들이 송환되지 않는다면 빗발치는 여론을 감당하기 어렵게 될 것이다. 그래서 한국을 상대로 무력동원 시위를 해보았으나 오히려 한국을 자극하는 결과를 가져왔다. 따라서 강경입장에서 한발 물러서 자국 내 여론을 완화하고 재일조선인 문제를 동시에 해결할 방안으로 억류자들의 상호석방을 '정치적'으로 고려하기 시작했다. 그리고 이 문제를 해결하고자 한일회담도 재개할 뜻을 표명했다.

일본의 강력한 중재 요청을 받고 있던 미국으로서도 양국 간 어업분쟁에 개입하기는 쉽지 않았다. 이미 이 시기 미국은 한일관계에 대한 적극적인 개입과 중재를 중단한 상태였고, 단지 한일 양국이 무력 충돌을 하지 않는 선에서의 개입과 중재만을 하고 있었다. 미국은 일본의 무력사용 위협을 자제시켰고, 평화선 문제는 미국의 중재 여부와 상관없이 해결할 수 없다고 판단했다. 따라서 덜레스 국무장관은 근본적 해결이 어렵다면 억류 어부와 오오무라수용소 억류자들의 교환과 선박 석방, 한국 수역에서 일본 어선의 숫자를 자발적으로 제한하는 등의 조치를 현실적 타결책으로 권고

---

76) Allison to Department of State, 1955. 12. 8, RG 84, Japan, Tokyo Embassy, Classified General Records, 1953~1955, Box. 14. 12월 6일 日韓問題閣僚懇談會에서 이 같은 방침이 결정되었지만, 일본정부 내에서도 이견이 존재했다. 외무성은 한국의 요구를 어느 정도 수용하는 선에서 교섭의 조기 타결을 희망한 반면 법무성과 경찰청은 무고한 어부들과 밀입국자와 악질범죄자인 재일교포를 교환할 수 없으며, 이들을 한국 측 요구대로 일본 국내로 석방하면 치안문제가 발생한다고 적극적으로 반대했다(日韓漁業協議會, 앞의 책, 190쪽). 이후 이 같은 일본 내 의견대립은 억류자 상호석방과 회담 재개 합의 도출을 지연시켰다.

하고 나섰다.[75]

　일본과 미국은 평화선 문제와 억류자들의 문제를 연동시켜 해결하자는 데 의견을 모으고 있었다. 하토야마 총리는 이 문제를 정치적으로 고려할 필요성을 역설했고, 덜레스 국무장관도 이것이 현실적인 타결책이 될 것이라고 강조했다. 1955년 12월 9일 시게미쓰 외무대신은 법무대신이 한일관계 개선을 위해 억류 중인 재일조선인 석방에 동의했다고 발표했다. 그리고 이것은 평화선 문제를 해결하려는 조치임을 분명히 밝혔다. 단, 1955년 11월 16일 김용식 공사와 하나무라 시로우(花村四郎) 법무대신은 합의한 조건을 前例로 삼지 않는다는 조건을 붙였다.

　1955년 11월 16일 김용식 주일대표부 공사와 하나무라 법무대신이 상호 억류자 석방에 합의한 적이 있었다. 합의 사항은 세 가지였다. 첫째, 오오무라수용소에 억류 중인 수용자 중 약 400명의 戰前부터 일본에 거주해온 재일조선인를 석방하고, 둘째 약 200명의 부산수용소에 수용 중인 형기를 만료한 일본 어부들을 석방하며, 셋째 약 1,500~1,600명의 단순 밀항한 한국인은 한국이 전부 수용한다는 내용이었다. 그러나 일본 법무대신이 기자회견 석상에서 이 합의사항을 부인함으로써 무위에 그친 바 있었다.[76]

　일본이 평화선 문제와 억류자 상호석방 문제를 연계해서 협상을 시도하기 시작하자 주일 미 대사관도 적극적으로 지지하고 나섰다. 특히 앨리슨 주일대사는 나포중지, 억류자 상호석방 등을 한국이 수용하도록 미국이 '강력한 조치'를 취해야 한다는 점을 강조했다.[77] 그러나 한국은 일본의 재일조선인 억류자 석방제안에 대해 분명한 거부의사를 밝혔다.

　한국은 평화선 문제와 억류자 문제의 연동 해결이라는 덜레스 국무장관

---

75) Dulles to Seoul Embassy, Tokyo Embassy, 1955. 12. 8, RG 84, Japan, Tokyo Embassy, Classified General Records, 1953~1955, Box. 14.
76) 『동아일보』 1955. 11. 18.
77) Tokyo Embassy to Department of State, 1955. 12. 11, RG 84, Japan, Tokyo Embassy, Classified General Records, 1953~1955, Box. 14.

의 견해에 대해 문제를 제기했다. 덜레스는 한국이 일반적으로 공해라고 간주하는 해역에 대해 주권을 행사하려 한다고 비판했는데, 이러한 평화선에 대한 잘못된 인식을 바로잡아 주어야 한다는 의견이 제기되었다. 또한 일본어선의 평화선 침범은 힘을 적게 들이고 어로 행위를 하는 것이며, 후일 재침략의 편리를 도모하기 위한 불순한 복선으로 비난받았다.[78] 그리고 12월 10일 조정환 외무장관 서리도 평화선 문제에 대한 한국의 입장을 다시 한번 천명했다. 즉, 평화선은 어떠한 '절충'이나 '타협'도 할 수 없는 성질이며, 오오무라수용소에 억류 중인 재일조선인과 평화선 침범으로 억류 중인 일본어부들의 교환문제는 아무런 관련이 없다는 것이었다.[79] 오오무라수용소에 억류된 재일조선인은 일본이 불법·합법적인 이유로 구금 중이지만, 억류 중인 일본 어부들은 평화선을 침범한 범죄자들이라는 것이 이유였다. 한국은 재일조선인 중 戰前부터 일본에 거주해온 사람들은 일본이 강제로 끌고 간 사람들이기 때문에 이들을 불법 밀항자들과 똑같이 범죄자로 취급해 강제추방 하는 것은 불법이라는 입장이었다. 하지만 일본은 재일조선인들을 억류시키고 있는 것은 한국이라고 주장했다. 패전 직후 일본은 이들의 송환을 희망했으나, 한국이 계속 거부하는 바람에 억류상태가 계속되고 있다는 주장이었다. 또한 재일조선인 대다수를 잠재적인 범죄자로 인식하고 이들을 석방할 경우 일본의 국내 안보를 위협할 것이며, 따라서 '바람직하지 않은' 외국인 추방은 주권국가의 권리라고 주장했다.[80] 이렇듯 상호석방 문제에는 양국 간 평화선에 대한 인식, 재일조선인의 법적 지위 및 처우에 대한 인식 차이가 개재되어 있었다.

평화선을 둘러싼 한일 간의 갈등이 고조된 데는 일본의 책임이 컸다. 해방 이래 어업금지선인 맥아더선이 설정되자 원양어업의 길이 막힌 일본 어

---

78) 「평화선에 대한 인식을 교정시키라」 『평화일보』 1955. 12. 9.
79) 『동아일보』 1955. 12. 11.
80) Tokyo Embassy to Department of State, 1955. 12. 11, RG 84, Japan, Tokyo Embassy, Classified General Records, 1953~1955, Box. 14.

선들이 대거 한국 수역으로 몰려들기 시작했다. 한국에 비해 월등히 수준이 높았던 일본 어업력에 밀려 한국 어민들은 연안어장을 거의 잠식당하다시피 하였다. 일본은 식량 확보라는 미명으로 연합국최고사령부에 동해와 황해의 어업수역 확대를 진정했다. 그러나 동해와 황해는 한국 어업계의 생명선이기도 했다. 문제는 연합국최고사령부나 일본정부가 일본 어선들의 불법 어로활동을 저지하지 않았다는 것이다. 또한 일본은 한일예비회담 당시에는 한국의 어업협상 제안에 대해 준비부족을 이유로 응하지 않았다. 그리고 한국이 평화선을 선포하자 '일방적 조치'라며 반발했다. 하지만 평화선 선포로 일본 어선 나포 수가 증가하자 한일 간 현안 중 어업문제 해결을 당면 우선 과제로 설정하게 되었다.[81] 그리고 억류자 상호석방을 새로운 협상책으로 제시하기에 이르렀다. 이로써 평화선을 둘러싼 한일 간의 대립은 결과적으로 상호 억류자의 증가로 이어졌고 이를 해결하기 위한 교섭이 진행되기 시작했다.

한편, 한국은 평화선 문제와 재일조선인 문제는 별개라는 방침이었지만, 두 문제의 연동 해결을 완전히 무시할 수는 없었다. 우선 1953년 구보타 발언으로 3차 한일회담이 중단된 후 미국은 한일 간 중재를 중단하기에 이르렀다. 문제는 미국이 이런 결정을 내리면서 가장 큰 이유로 이승만의 완고하고 비합리적 對日태도를 지적했다는 점이다.[82] 한일협상의 가장 큰 장애 요소는 이승만의 對日협상 태도라는 것이다. 따라서 한국은 중재 중단이라는 미국의 결정에 대해 對日입장 완화를 표명해야 했다. 한일관계 악화가 미국의 對韓정책에도 영향을 미치고 있다는 판단 때문이었다. 그리고 하토야마 정권이 한일관계에 대해 진지한 노력을 기울일 것을 천명하는 등 관계 개선에 열의를 보였다는 점도 분위기 개선에 도움이 되었다. 또한 하토

---
81) 渡邊昭夫, 1985『戰後日本の對外政策』有斐閣, 168쪽.
82) Dulles to Seoul Embassy, 1954. 10. 8, RG 84, Korea-Seoul Embassy, Classified General Records, 1953~1955, Box.4.

야마 정권이 對공산권 유화정책을 통해 북한과의 관계 개선을 시도하고 있는 상황을 저지하기 위해서라도 대일관계 개선에 나서야 했다. 하토야마는 '두 개의 조선'을 고려하고 있지 않다고 거듭 천명했지만, 북한과의 관계 개선 방침 또한 포기하지 않았다. 따라서 한국은 주일공사 소환 등 강경한 태도를 취함과 동시에 한일관계를 개선하기 위한 실질적인 행동을 취할 필요가 있었다. 그리고 현실적으로 일본 어부들을 계속 억류해둔다는 것도 한국으로서는 부담스러운 일이었다. 따라서 평화선 문제와 재일조선인 문제는 별개라는 방침을 전제로 이 두 문제를 정치적으로 고려할 필요가 있었다.

2) 재일조선인과 일본 어부의 상호석방 교섭

한국은 재일조선인 송환문제에 대해 이들을 선별적으로 수용하겠다는 입장을 가지고 있었다. 일본이 요구해온 강제추방 대상자로 선별된 재일조선인의 무조건적인 송환 수용에 대해서는 한일예비회담 개최 이래 계속 거부해왔다. 일본이 선별한 강제 추방자 중에는 戰前부터 일본에 거주해온 재일조선인들도 포함되어 있었기 때문이다. 한국은 이들에게는 영주권을 부여해야 한다고 주장해왔다. 일본정부는 이들 강제추방 대상자들을 오오무라수용소에 수용하고 있었고 그 숫자는 계속 증가했다. 1953년 12월 현재 수용소에 억류된 재일조선인들은 660명에 달했다. 그 후 한국은 불법 입국자의 송환수용을 거부하였고, 오오무라수용소 수용인원은 천명에 이르렀다.[83] 그 사이 한국은 조건부로 수용자 중 戰前 거주자들을 석방하는 경우 불법입국자들의 송환을 수용하기도 했다. 그러나 이런 조치는 임시적이었다.

---
83) 鹿島平和硏究所 編, 앞의 책, 58~59쪽. 1956년 4월경에는 약 1,400명이 오오무라수용소에 수용되어 있었다(『경향신문』 1956. 4. 4).

한편, 일본 어부들은 부산 괴정동의 외국인수용소에 수용되어 있었다. 서양식과 일본식을 절충한 11개 동의 건물에 약 7, 80명씩이 수용되었고, 매일 1인당 5홉(쌀과 보리)의 양식과 부식물이 배급되었다.[84] 억류 어부들로 조직된 한국억류선원협의회가 1958년에 발행한 「한국억류생활실태보고서」에는 부산수용소에 억류된 자국 어부들이 열악한 환경에서 살고 있다고 주장했으나, 국제적십자사의 실태 보고서는 이와 달랐다. 1955년 5월 일본적십자사의 요청으로 국제적십자사는 오오무라수용소와 부산수용소를 시찰하였다. 시찰 결과 부산수용소의 대우가 오오무라수용소에 비해 나쁘지 않으며, 일본인 억류 어부들은 송환 여부를 두고 정신적으로는 약간 불안 증세를 보이나 물질적으로는 나쁘지 않은 상태라고 평가했다.[85] 일본 어부들은 어업자원보호법에 따라 재판을 받고 반년에서 1년 정도의 형을 복역해야 했다. 초기에는 특사 명목으로 비교적 조기 석방되어 귀국을 허가받았다. 그러나 한일관계가 악화하면서 1954년 7월부터는 형기를 마친 사람도 부산외국인수용소에 수용되었다. 이는 일본정부가 다수의 재일조선인를 부당하게 억류한 것에 대한 대응 조치였다.[86]

그러나 억류자들의 석방문제는 한일관계가 최악으로 치닫는 가운데서도 합의점을 찾아가고 있었다. 1955년 11월 김용식 공사와 하나무라 시로우(花村四郞) 법무대신은 이 문제에 대해 합의했다. 김용식 공사가 신문에 발표한 합의내용은 다음과 같았다.

① 일본은 1945년 8월 이전에 일본에 입국하여 억류되어 있는 한인들을 석방한다.
② 한국은 한국에 억류되어 있는 일본 어부 중 형기를 마친 어부는 석방한다.

---

84) 『동아일보』 1957. 7. 2
85) 日韓漁業協議會, 앞의 책, 133~134쪽, 198~202쪽.
86) 鹿島平和硏究所 編, 앞의 책, 67~68쪽.

③ 한국은 1945년 8월 이후 일본에 입국하여 수용소에 억류되어 있는 사람의 강제 송환은 수락한다.[87]

①항과 ②항은 한국의 주장이 수용된 결과였고, ③항은 일본의 주장이 부분적으로 반영된 것이었다. 그러나 김용식 공사의 발표에 반발해 일본 외무성은 법무대신은 국가를 대표하는 입장에 있지 않으며 외무성에 통고 없이 법무대신과 협정한 것은 국제관례에 어긋난다는 비난 성명을 발표했다. 외무성이 반대하고 나선 데는 두 가지 이유가 있었다. 하나는 합의 내용 중 부산에 수용된 일본 어부 중 형기를 마친 사람만 석방한다는 것은 평화선을 인정하는 결과로 해석될 수 있다는 것이었다. 또한 오오무라수용소에 수용된 재일조선인들은 범죄자들로 강제퇴거 처분을 받았기 때문에 이들을 일본 국내로 석방한다는 것은 치안 불안 요소가 될 수 있다는 것이었다.[88] 다른 한 가지 이유는 일본정부 내부의 의견 조율이 완전히 이루어지지 않았기 때문이다. 이 문제를 담당하는 외무성과 법무성 간에 충분한 의견 조율이 이루어지지 않았을 가능성이 있고, 한일문제에 대한 강경파와 온건파 간의 의견 조율도 끝나지 않았기 때문일 것이다. 결국 이때의 합의는 일본 법무대신의 부적절한 처신으로 간주되어 무효가 되었다. 이 문제가 다시금 합의된 것은 다음해의 일이었다.

1956년에 들어서자 일본은 한일협상에 적극적인 태도를 보이기 시작했다. 1955년 12월 하토야먀 총리가 평화선 문제에 무력을 사용하지 않을 것이라고 공개적으로 성명하고, 억류자 문제를 정치적으로 처리할 것을 제안한 이후이다. 일본은 무엇보다 일본 어부들의 석방문제에 최우선적인 관심을 나타내고 이 문제를 해결하려고 하였다. 1월 나카가와 외무성 아시아국

---

87) 김용식, 1994 『새벽의 약속 : 김용식외교 33년』, 김영사, 231쪽.
88) 김용식, 위의 책, 232~233쪽. 하나무라 법무대신은 그 직후 단행된 하토야먀 3차 내각에서 제외되었다.

장은 앨리슨 주일대사를 만나 일본은 현재 한국과 모든 문제를 해결할 강력한 의지가 갖췄다고 말했다. 또한 일본은 국내적 어려움에도 불구하고 재한일본인 재산청구를 포기할 준비가 되어 있으며, 한국도 일본에 대한 청구권 요구를 '합리적' 입장에서 제기할 것을 주장했다.[89] 일본이 그동안 청구권 문제에 대해서 상호 포기를 주장해왔던 것에 비추어보면 입장의 변화였다. 한국이 회담 재개 전제조건으로 요구한 대한청구권과 구보타 발언 철회라는 두 가지 조건을 모두 충족시키는 변화였다. 일본은 구보타 발언은 '개인적 발언'일 뿐 일본정부의 입장이 아니라는 선에서 정리한 바 있었다. 따라서 일본은 구보타 발언은 이 정도 선이 최대한 성의를 표시한 것으로 생각했기 때문에 남은 문제는 대한청구권 철회뿐이었다.

 1955년 1~3월 김용식 주일공사와 다니 외무성 고문의 회담재개를 위한 비밀협상에서 다니는 대한청구권을 철회하고, 과도하지 않은 범위에서 한국에 청구금을 제공할 용의를 표명한 적이 있었다. 다니의 이 같은 제안은 일본이 청구권문제에 대해 보여준 가장 적극적인 견해 표명이었다. 그러나 일본의 對北 접근으로 한일관계가 악화하면서 일본은 대한청구권을 포기할 의사가 없다는 점을 분명히 하였다. 그리고 양국 간 무력충돌 위기로까지 갈등이 심해지는 과정에서 대한청구권과 구보타 발언철회 문제는 더 이상의 진전을 보지 못했다. 따라서 1956년 새해 벽두 나카가와 국장과 앨리슨 대사와의 면담내용은 일본의 입장 변화를 분명하게 시사하는 것이었다. 그리고 그 결과는 억류자 상호석방 문제에 대한 합의로 나타났다.

 1956년 4월 2일 김용식 공사와 시게미쓰 외무대신은 억류자 상호석방 문제에 대해 다음과 같이 합의하였다.

 1. 일본은 2차대전 이전에 일본에 입국한 오오무라수용소의 한국인 억류자들

---

[89] Allison Ambassador(Tokyo) to the Secretary of State, 1956. 1. 26, RG 84, Japan-Tokyo Embassy, Classified General Records, 1956~1958, Box. 41.

을 일본 내로 석방할 것이다.
2. 한국은 복역을 완료한 일 어부들을 석방할 것이며, 2차대전 후 불법적으로 일본에 입국한 한국인 추방자들을 받아들일 것이다.
3. 석방된 한국인 억류자들이 일본에 잔류하든 한국으로 돌아오는 것은 그들의 자유의사에 맡길 것이다.
4. 한국인 억류자 석방을 위한 절차는 양국의 실무단에서 토의되고 결정될 것이다.[90]

1955년 합의사항과 크게 달라진 것은 없다. 협의 과정에서 한국이 복역을 마친 일본 어부들만 석방하겠다고 하자 일본은 전원 석방을 요구했다. 그러나 김용식은 형기를 마치지 못한 사람들의 처리문제는 사법부 소관사항임을 들어 거절했다. 논의 결과 이상과 같은 합의사항을 공식 발표하기에 이르렀다. 당시 오오무라수용소에는 약 1,400명의 재일조선인이 억류되어 있었는데 이상의 합의에 따라 이 중 400여 명이 석방될 예정이었다. 이들은 戰前부터 일본에 거주해온 사람들이었다. 그리고 부산에 억류 중인 700여 명의 일본어부 중 복역을 완료한 200명이 우선 석방될 예정이었다.[91]

그런데 한국정부는 이 같은 합의에 대해 만족하지 않았다. 4월 5일 정부는 암호전문을 통해 "외교관은 주재국과 교섭할 권한을 가지고 있으나 최종 합의 전에 정부의 승인을 받아야 한다. 귀하가 제시하고 합의한 조건(formula)이 한국에 관한 최종안으로 이해돼서는 안 된다."라고 했다.[92] 김용식 공사의 거듭된 재고 요청에도 회신을 하지 않던 정부는 10일이 지난 후 이승만 대통령 이름으로 합의사항을 인정한다는 서신을 전달했다. 일본 여론의 반발을 듣고 나서 취해진 조치였다.

---

90) 김용식 공사가 경무대에, 「억류자문제에 관한 4월 2일 협정에 관한 설명」 『제4차 한일회담 예비교섭, 1956~58(V. 1 경무대와 주일대표부간의 교환공문, 1956~57)』, 외교사료관.
91) 『경향신문』 1956. 4. 4.
92) 김용식, 앞의 책, 239쪽.

한국은 일본의 적극적인 입장 변화가 의미하는 바에 대해 반신반의했다. 그래서 한일 간 교섭이 재개되자 이승만은 김용식 주일공사에게 세세한 부분까지 지침을 내렸다. 특히 이승만은 예비교섭 재개를 승인하고 4월 2일의 합의에 대해서도 받아들였지만, 여전히 한일관계의 장래에 대해 우려했다. 특히 그는 1954년 미국이 자신의 대일 태도를 문제 삼으며 한일관계 중재를 중지한 후 미국의 중재 문제를 고민하고 있었다. 미국은 일본이 대한청구권 주장을 철회할 것이고 대일평화조약을 결코 위반하지 않을 것임을 알면서도 일본을 설득하거나 압박하지 않았다고 생각하고 있었기 때문이다.[93] 그러나 이승만은 대한청구권과 구보타 발언을 철회한다면 일본과 교섭을 재개해도 좋으며, 예비교섭을 계속하는 것이 중요하다고 지시했다. 단, 공식 한일회담은 구보타 발언과 대한청구권이 철회될 때까지 재개해서는 안 된다는 전제조건을 달았다.[94] 평화선 문제에 대해서는 기존의 입장처럼 일본의 평화선 인정을 요구했다. 만약 일본이 평화선에 동의한다면 일본 어부 나포는 더 이상 발생하지 않을 것이며 억류 어부도 즉각 석방될 것이라고 말했다. 그리고 1945년 이후 일본에 불법 입국한 사람은 송환받을 방침이지만, 이들의 모든 범죄혐의가 제시되어야 한다는 점을 강조했다. 한국인의 추방에 대한 결정권은 한국이 가졌다는 점을 강조하기 위해서였다. 억류자 상호석방 문제에 대해서는 재일조선인의 억류와 일본 어부들에 대한 억류는 다른 문제라고 생각했다. 마지막으로 일본의 친선사절단 방한 제안에 대해서는 거절했다. 친선은 한국의 최소한의 요구가 수용되어야 가능한 것이지 친선사절단의 방한이 친선을 만들어낼 수는 없다고 분명히 못 박았다.[95]

---

93) 「이승만 대통령이 김용식 공사에게 보낸 전문」, 1956. 3. 28, 『제4차 한일회담 예비교섭, 1956~58(V. 1 경무대와 주일대표부간의 교환공문, 1956~57)』, 외교사료관.
94) 「이승만 대통령이 김용식 공사에게 보낸 전문(전화 구술)」, 1956. 4. 4, 『제4차 한일회담 예비교섭, 1956~58(V. 1 경무대와 주일대표부간의 교환공문, 1956~57)』, 외교사료관.
95) 이승만 대통령이 김용식 주일공사에게 보낸 일련의 전문 참조. 1956. 4. 4, 4. 5, 4. 12, 『제4차 한일회담 예비교섭, 1956~58(V. 1 경무대와 주일대표부간의 교환공문, 1956~57)』, 외교사료관.

한편, 4월 2일 억류자 상호석방에 관한 양국 합의내용에 대해 일본에서는 1955년과 반대로 이번에는 법무성이 반대하고 나섰다. 법무성은 오오무라수용소에서 석방되는 모든 한국인은 한국으로 송환되어야 한다는 뜻을 고수했다. 이들은 일본의 치안에 심각한 위협이 되기 때문에 모두 한국으로 돌려보내야 한다는 것이다. 그리고 일본 언론도 시게미쓰 외무대신이 한국에 '일방적인 양보'를 했다는 논평 기사를 게재했다. 또한 합의가 이루어진 때는 일본 국회가 휴회 중일 때였기 때문에 시게미쓰 외무대신은 의회의 공세에도 시달려야 했다.[96] 외무성과 법무성의 의견이 대립하였고, 외무성 내에서도 이견이 존재했다. 시게미쓰 외무대신과 나카가와 아시아국국장은 어떻게 해서든지 조기에 억류자 문제를 해결하려고 생각하고 있었다. 또한 대한청구권 문제에서도 1952년 미 국무부 각서를 수용할 생각이 있었다.[97] 그러나 다른 한쪽에서는 억류자 상호석방에 관한 합의는 일본의 일방적인 양보만을 규정하고 있으며, 평화선을 인정하는 결과를 빚을 것이라고 반대 목소리가 높았다. 외무성이 법무성과 의회, 언론에 포위된 형국이 연출되고 있었다.

그리고 상호석방 협정에 따라 4월 20일과 25일 억류자 문제 실무위원회가 개최되었는데, 이때 일본의 입장 변화가 감지되었다. 4월 2일의 협정과 달리 오오무라수용소에 억류 중인 戰前에 입국한 재일조선인의 석방을 거부한 것이다. 이들도 추방하는 것이 기본정책이라는 입장을 고수한 것이다. 일본의 입장 변화는 4월 2일 합의가 주권을 포기한 처사이며, 한국에 대한 지나친 양보라는 법무성과 언론의 비난여론 때문이었다. 이 같은 여론은 의회의 지지를 받고 있었다.[98] 한국은 즉각 반발했다. 이승만은 서한

---

[96] 김용식 공사가 경무대에, 「억류자 문제에 관한 4월 2일 협정에 관한 일본 내 반응에 관한 특별보고」, 1956. 4. 19, 『제4차 한일회담 예비교섭, 1956~58(V. 1 경무대와 주일대표부간의 교환공문, 1956~57)』, 외교사료관.
[97] 「김용식 주일대표부 공사의 보고 No. 41」, 1956. 8. 23, 『제4차 한일회담 예비교섭, 1956~58(V. 1 경무대와 주일대표부간의 교환공문, 1956~57)』, 외교사료관.
[98] 「김용식 공사가 경무대와 외무장관에게 보낸 전문」, 1956. 4. 26, 『제4차 한일회담 예비교섭, 1956~

을 통해 일본이 한일협상에 성의가 없다는 것을 확실히 보여준 사례라며 강력히 대응할 것을 주문했다. 그는 일본 외교관들의 이중성을 폭로하고 한국과 협상하는 일본정부의 대표가 누구인지 알 수 없고, 2개의 일본정부가 있는 것으로 생각된다는 메시지를 전달하도록 지시했다.[99]

한편, 이승만은 억류자 상호석방 문제에 대한 양국 협의가 시작되자 새로운 요구를 추가했다. 일본에 망명 중인 특정 한국인들의 강제송환을 요구한 것이다. 특히 장면 국무총리 비서실장으로 재직 중 국제공산당 사건으로 일본으로 망명한 선우종원의 송환을 강력히 요구했다. 이승만은 선우종원을 비롯한 반정부인사들은 범죄자로서 일본에 불법입국한 자들이라며 송환을 요구했으나, 일본은 한국과 송환법이 체결되지 않았다는 이유로 이들의 송환을 거부했다. 일본은 이승만이 이들의 송환을 일본 어부들의 석방문제와 연계시키고 있다고 비난했다.[100]

이런 가운데 억류자 석방문제는 1956년 7월 일부 재일조선인들의 북송계획으로 합의조차도 무산될 위기에 처했다. 재일조선인 48명이 북한 송환을 신청한 것이다.[101] 한국은 일본정부가 이들의 북한 송환을 허가하지 못하도록 미국에 중재를 요청하였으나 실패했다. 일본정부는 범죄자가 아닌 이들이 일본을 떠나는 것을 막을 아무런 근거가 없다고 주장하였다.

1956년 들어 한일회담 재개를 위한 분위기가 조성되어 가는 와중에 터진 북송문제는 한일관계에 새로운 악재임에 틀림없었다. 그러나 일본은 이 문

58(Ⅴ. 1 경무대와 주일대표부간의 교환공문, 1956~57)』, 외교사료관.
99)「이승만이 김용식 공사에게 보낸 전문」, 1956. 5. 1,『제4차 한일회담 예비교섭, 1956~58(Ⅴ. 1 경무대와 주일대표부간의 교환공문, 1956~57)』, 외교사료관.
100)「이승만이 김용식 공사에게 보낸 전문」, 1956. 4. 19, 5. 1,『제4차 한일회담 예비교섭, 1956~58(Ⅴ. 1 경무대와 주일대표부간의 교환공문, 1956~57)』, 외교사료관. 선우종원에 따르면 1955년 가을 법무성 출입국관리국장이 찾아와 피신을 권고했다고 한다. 한국의 집요한 송환 요구에 더 이상 자신을 감싸주기 어렵다는 것이었다. 그러나 법무성의 조언대로 일본으로 귀화한 것처럼 소문을 내 강제송환 위기를 벗어났다고 회고하고 있다(선우종원, 1998『격랑 80년』, 인물연구소, 226~228쪽). 그는 반 이승만파로 인식되어 주일대표부의 감시를 받아 교포 사회에서도 처신하기가 쉽지 않았다. 이승만이 그의 송환을 집요하게 요구한 것도 그가 반 이승만, 친 장면 인물이었기 때문이다.
101) Dulles to Seoul Embassy, 1956. 9. 12, RG 84, Korea-Seoul Embassy, Classified General Records, 1956~1963, Box. 2.

제를 한일 간의 현안과는 별개이자 일본의 국내 안보와 직결되는 문제라고 주장했다. 일본은 戰後부터 한결같이 재일조선인들을 어떤 형태로든지 국외로 추방 또는 송환시키려는 정책을 고수해왔다. 따라서 일부 재일조선인들의 자발적인 북한 송환 요청은 '개인 移轉의 자유'라는 원칙에 비추어 하등 문제가 없을 뿐 아니라 일본의 정책과도 일치했다.

결국, 한국의 반대에도 1956년 12월 8일 북송을 원하는 48명 중 20명이 일본적십자사의 도움으로 노르웨이 선박편으로 북한으로 출발하였다.[102] 주일대표부와 한국 외무부는 일본정부에 강력히 항의했다. 그러나 이는 시작에 불과했다. 한일협상 재개를 가로막고 있던 장애들이 하나둘씩 제거되는 과정에서 재일조선인의 '북한 송환' 문제라는 새로운 장애물의 등장을 예고한 것이었다. 그리고 이는 뒤에서 살펴보겠지만 4차 회담 재개 직후 현실로 나타났다.

3) 한일합의서 조인

1957년 1월 김용식 공사는 이승만에게 일본 측 비망록 초안을 전달했다. 비망록 초안은 첫째 구보타 발언은 일본정부의 공식 입장으로 제출된 것이 아니므로 철회하며, 둘째 일본정부는 평화조약 4조에 대한 미국의 유권해석을 수용할 것이며, 따라서 前 在韓일본재산에 대한 청구를 포기할 것이며 이를 공식각서로 제출할 용의와 공개성명할 용의도 있고, 셋째 오오무라수용소에 억류 중인 재일조선인를 석방할 용의가 있으며, 이들을 지원할 필요성을 고려할 용의도 있으며, 넷째 비망록이 효력을 발생하자마자 한국은 형이 만료된 어부를 송환하고, 불법입국자 입국을 허용한다는 내용이었다.[103] 이에 따르면 일본은 對韓청구권을 포기하고, 구보타 발언을 철회했

---

102) Seoul Embassy to Department of State, 1956. 12. 11, RG 84, Korea-Seoul Embassy, Classified General Records, 1956~1963, Box. 2.

다. 그리고 억류자 상호석방에 관한 1956년 4월 2일자 합의서 시행을 정식으로 제안했다.

1956년 12월 하토야마 내각에 이어 이시바시 내각이 들어섰다. 이시바시(石橋湛山) 총리는 구보타 발언과 대한청구권 철회를 시사한 바 있었고, 신임 기시(岸信介) 외무대신도 일본의 과거 입장과 무관하게 두 문제에 대한 철회를 약속했다. 또한 일본정부와 국민은 부산에 억류 중인 일본 어부들의 귀환 문제에 깊은 관심을 두고 있었기 때문에 이 문제가 해결되지 않으면 어떤 현안도 해결할 수 없다고 강조했다.[104] 일본의 새로운 비망록 초안은 새로운 내각의 정책 방향을 반영한 것임을 알 수 있다. 일본의 신 내각은 우선 억류자를 상호 석방한 후에 여타 현안에 관한 협의를 하자는 방침을 명확히 했다. 반면 한국은 한일 간 현안에 대한 일괄 협의와 해결이 필요하다는 견해였다. 그러나 한국은 일본 신 내각이 구보타 발언과 대한청구권을 철회한다는 제안에는 환영의 뜻을 표시했다.

이승만은 오오무라수용소에서 석방된 사람들에 대한 원조를 명확히 공약하고, 在韓 일본의 모든 권리와 재산을 포기한다는 것을 서면으로 받아낼 수 있는지를 타진하도록 지시했다. 이에 대해 김용식은 다음과 같은 의견을 전달했다. 우선 재일조선인 석방자들에 대해 일본은 서면으로 "이들에 대한 지원 필요성을 고려할 것임"이라고 표현할 것이며, 그 이상의 공약은 불가능하므로 이 정도가 적당하다는 의견을 제시했다. 또한 회담이 재개되면 일본은 재일조선인들의 거주권을 인정할 것이며, 한국 귀국 시 재산 휴대를 허용하고, 일본은 '억류 자제' 약속 후 한국인들의 억류를 '사실상 중지'할 것으로 생각한다고 덧붙였다. 대한청구권과 구보타 발언 철회 문제와 관련해서 일본정부는 두 가지 문제를 '효과적으로 언급한' 구상서

---
105) Dowling to Department of State, 1957. 1. 25, RG 84, Korea-Seoul Embassy, Classified General Records, 1956~1958, Box. 1.
106) 「김용식 공사가 이승만대통령에게 보낸 전문」, 1957. 1. 10, 『제4차 한일회담 예비교섭, 1956~58(Ⅴ. 1 경무대와 주일대표부간의 교환공문, 1956~57)』, 외교사료관.

를 보내고 공표할 용의가 있다고 하였다.[105] 마침내 이승만이 일본 측 비망록을 수용함으로써 한일회담은 재개될 가능성이 크게 높아졌다. 또한, 억류 중인 재일조선인과 일본 어부들의 상호석방 문제에 대해서도 이미 몇 차례 협의와 합의를 거쳤기 때문에 실무적인 수준의 절차만이 남아있었다. 이런 가운데 1957년 2월 25일 기시(岸信介)내각이 성립되었다. 기시는 총리이자 7월까지는 외무대신도 겸임했는데, 그는 한일관계에 있어서만큼은 역대 총리 중 가장 적극적인 의사를 갖고 있었다.

조만간 한일회담이 정식으로 개최될 것이라는 기대감이 높아진 가운데 한일 양국은 회담 재개에 관한 각서 및 의정서 초안 작성에 들어갔다. 한일 양국이 제출하고 교환할 관련 문서는 대한청구권과 구보타 발언 철회와 관련한 일본의 구상서(Note Verbal), 한국미술품 반환에 대한 일본의 통지서(notification), 억류자 문제에 관한 비망록과 부속 합의서(memorandum and attached understanding), 공식회담에서 토의할 의제에 관한 합의서(agreed minutes) 등이었다.[106]

한편 일본에 새로운 내각이 수립되어 기시 총리의 적극적인 한일협상에 대한 의지 표명과 더불어 한국 측 협상 진용에도 변화가 생겼다. 주일대표부의 김용식 공사가 프랑스 공사로 전임되고, 1957년 5월 16일 김용식을 대신해 김유택(金裕澤)이 주일대표부 대사로, 유태하는 공사로 승진·임명되었다. 인사이동 후 한일 간 교섭은 김유택 대사와 오노(大野勝己) 차관, 유태하 공사와 나카가와 아시아국장, 미야케(三宅喜一郞) 참사관 사이에 진행되었다.

1957년 6월 11일 김유택과 기시 회담에 이어 유태하와 외무성 관료들과 협의가 진행되었다. 이때 기시는 교착상태 타개를 위한 최종 양보 내용을

---

105) Dowling to Department of State, 1957. 2. 8, RG 84, Korea-Seoul Embassy, Classified General Records, 1956~1958, Box. 1.
106) 「경무대에서 미국대사의 논평과 관련해」, 1957. 3. 20, 『제4차 한일회담 예비교섭, 1956~58(V. 1 경무대와 주일대표부간의 교환공문, 1956~57)』, 외교사료관.

통보했다. 억류자 문제는 일본이 한국의 주장을 수용해 일본 어부 중 "복역을 완료한 사람"이라는 구절을 포함하는 것에 동의하되, 이것이 평화선을 인정하는 의미는 아니라는 '단서조항'을 부가해야 한다고 주장했다. 김유택은 이에 동의하였다. 다음으로 청구권 문제와 미국의 각서 해석 문제에 대해 일본은 두 가지 대안을 제시했다. 첫째 일본은 미국의 해석에 기초해 협상한다는 성명을 발표하며, 한국은 일본 측 성명을 '인정'하지만 한국이 미국의 해석으로 힘을 얻었다는 것을 특별히 언급하지 않는다. 둘째 한국이 미국의 해석을 '수용'하는 것은 또한 청구권을 '상호 포기'한다는 의미가 아니라는 단서조항을 달고 일본은 한국의 청구권 요구에 대해 '진심을 가지고' 협의에 임한다는 것이다.[107] 그리고 기시는 자신의 결정은 외무성의 반발을 무릅쓴 정치적 결단임을 거듭 강조했다.[108] 이것은 더 이상의 양보는 없다는 통고이기도 했다. 결국 억류자 문제는 한국의 주장대로 되었다. 일본 어부들 중 '복역을 완료한 사람'만 석방한다는 구절을 합의서에 포함하기로 양국이 동의한 것이다. 이날의 한일 간 합의에 따라 양측은 관련 문서 작성에 들어갔다. 한일회담 재개에 앞서 양국이 교환할 문서는 모두 7가지였다. 강제퇴거 처분 한인과 억류 일본 어부에 관한 각서, 부속 양해사항, 합의의사록, 일본 측 구상서, 한국 측 구상서, 한일회담 재개에 관한 각서, 구두각서, 공동성명서 등이었다.[109] 그리고 한일회담이 앞으로 90일 이내에 재개될 것이라는 관측도 나왔다.

이렇게 기시 총리가 직접 한일협상 문제를 챙기고 나선 데는 미국 방문을 앞두고 어떻게든 성과를 내기 위해서였다. 기시는 6월 16일 미국을 방문할 계획이었기 때문에 출발에 앞서 한일협상의 성과를 원하고 있었다. 미

---

107) MacArthur to Department of State, 1957. 6. 12, RG 84, Korea-Seoul Embassy, Classified General Records, 1956~1958, Box. 1.
108) 『경향신문』 1956. 6. 13.
109) 「한일회담 재개에 수반하는 교환문서에 관한 건」, 1957. 6. 14, 『제4차 한일회담 예비교섭, 1956~58(V. 2 1957)』, 외교사료관.

국도 적절한 시점에 청구권 문제에 대한 각서를 양국에 전달하는 데 동의했다. 그러나 기시의 기대와는 달리 한일 양국은 그의 방미 전에 억류자 석방과 회담 재개에 합의하지 못했다. 청구권문제에 대한 최종조율이 남아있었기 때문이다.

한국은 6월 21일 일본 측 초안에 대해 수정사항을 전달했다. 만약 일본이 이 두 가지 점을 수용한다면 협정에 서명할 것이라고 덧붙였다. 그중 평화조약 4조에 대한 미국의 해석을 근거로 대한청구권을 철회하되, 이 조치는 전적으로 한국의 대일청구권 요구와는 아무 관련이 없다는 점을 부연하라고 요구했다. 즉, "미국의 성명은 청구권의 상호 포기를 의미하지 않으며", "어쨌든 대일청구권은 영향을 받지 않는다."라는 구절을 삽입하여 달라고 요구한 것이다.[110] 한국은 대일평화조약 4조에 대한 미국의 해석에서 대일청구권을 철저히 분리하여 달라고 요구한 것이다. 이는 두 가지 의미로 해석할 수 있다. 하나는 일본의 대한청구권이 애초부터 근거가 없다는 점을 다시 한번 확인시킨다는 것이다. 특히 대한청구권과 대일청구권의 상호 포기에 대해서는 일절 여지를 남겨두어서는 안 된다는 것이다. 또 하나는 한국의 대일청구권은 당연하다는 점을 재강조하는 것이다.

그러나 일본은 청구권문제에 대한 한국 측 수정제안을 받아들이지 않는 대신 새로운 제안을 내놓았다. 청구권 문제에 관한 조항 앞뒤에 "그 경우에 일본은 진심을 가지고 그 같은 한국의 청구권문제 해결을 위한 협상에 반대하지 않는다."라는 문구를 넣어 강조하는 것으로 변경하자는 제안이었다.[111] 한국은 일본의 새로운 제안을 즉각 거절했다. 한국이 요구한 수정안의 본질에 대해서는 어떤 중요한 수정도 이루어지지 않은 제안이었기 때문이다.[112]

---

110) Dowling to the Secretary of State, 1957. 6. 28, RG 84, Korea-Seoul Embassy, Classified General Records, 1956~1958, Box. 1.
111) 「김유택 대사가 외무부에 보낸 전문」, 1957. 8. 22, 『제4차 한일회담 예비교섭, 1956~58(V. 1 경무대와 주일대표부간의 교환공문, 1956~57)』, 외교사료관.
112) 「김유택의 보고(1957. 8. 22)에 대한 외무부의 입장」, 『제4차 한일회담 예비교섭, 1956~58(V. 1 경무대와 주일대표부간의 교환공문, 1956~57)』, 외교사료관.

그러나 일본의 태도도 완강했다. "공정하고 공평한 해결을 위해서" "일본은 진심으로 한국의 청구권문제 해결을 위한 협의에 반대하지 않는다."라는 문구를 삽입해주는 것이 일본이 할 수 있는 최대한의 양보라고 못 박았다. 그리고 또 다른 제안을 내놓았다. "비록 미국의 비망록이 어쨌든 한국의 청구권에 영향을 미치지 않더라도 그것의 해결에는 영향을 미친다."라는 문구였다.[113] 일본은 비록 미국의 청구권 각서를 수용해 대한청구권은 포기하지만, 이 문서가 한국의 과도한 대일청구권 요구를 방지하는 데 쓰여야 한다는 생각은 포기하지 않았다. 이때 일본은 대일청구권 금액이 어느 정도 될 것인지 촉각을 곤두세우고 있었다. 한국은 청구권 수치를 결코 언급한 적이 없었지만 일본의 탐색은 계속됐다. 1953년 회담에서 한국이 제출한 청구권 목록은 대략 100만 달러로 추산된다는 등, 소문에 따르면 약 500만 달러 또는 800만 달러라는데 계산 내용을 알려달라고 요구했다. 그리고 대장대신 이치마다(一万田尙登)는 한국이 요구한 청구권 액수에 공포를 표시할 정도였다. 그는 평생을 재정전문가로 보낸 사람이었다.[114] 이런 일본의 반응에 오히려 한국이 이런 소문의 수치에 대한 근거를 요구할 정도였다. 한 가지 분명한 것은 일본이 미국의 청구권 각서를 놓고 한국과 팽팽한 의견대립을 하는 것은 대한청구권의 액수 때문이었다. 그러나 청구권 각서는 한국으로서도 중요한 문제였다. 한국은 일본이 주장하는 대로 대일청구권과 대한청구권이 상호 연관되어 있다는 논리를 수용할 수 없었다. 일본의 주장대로라면 청구권 문제는 단순히 재산에 관한 문제로만 축소되어 '액수'를 조정하는 일만 남게 되기 때문이다. 그러나 한국이 요구하는 대일청구권은 단순한 피해보상과 배상만을 의미하는 것이 아니라 일본

---

113) 유태하가 이승만 대통령에게, 「또 다른 일본의 제안」, 1957. 9. 9, 『제4차 한일회담 예비교섭, 1956~58(V. 1 경무대와 주일대표부간의 교환공문, 1956~57)』, 외교사료관.
114) 유태하가 이승만 대통령에게, 「또 다른 일본의 제안」, 1957. 9. 9; 유태하가 이승만 대통령에게, 「한일문제」, 1957. 9. 10; 「유태하가 이승만 대통령에게 보낸 전문」, 1957. 9. 12, 『제4차 한일회담 예비교섭, 1956~58(V. 1 경무대와 주일대표부간의 교환공문, 1956~57)』, 외교사료관.

식민지배의 불법성을 지적하고 그 과정에서 자행된 침탈행위에 대한 보상과 배상을 요구한다는 의미가 있었다. 따라서 미국의 각서를 청구권의 상호 포기나 상호 연관되어 있다는 식의 논리로 해석하는 것을 받아들일 수 없었다. 그래서 1957년 6월 기시 총리까지 나선 결과 한일회담 재개조건에 대한 합의서를 서명 직전에 보류시켜가며 수정제안을 한 것이다.

한국이 평화조약 4조에 대한 미국의 해석 가운데 대일청구권을 철저하게 분리시켜, 대한청구권을 다시 한번 '확실하게 인정'할 것을 요구한다고 알려지자 일본 내에서는 비판여론이 일어났다. 또다시 회담 재개가 지연된다면 한국의 선의가 의심스럽다는 반응과 함께 일본의 양보에도 계속 한국이 '인질'로 일본 어부들을 이용하는 것을 더는 용납해선 안 된다는 분위기였다. 기시의 발언도 이런 분위기를 뒷받침했다. 자신이 한일관계 정상화를 위해 노력하는 가장 주된 이유 중 하나는 부산에 억류 중인 일본 어부들 때문이라고 했다. 그는 일본정부로서는 할 수 있는 만큼 양보하고 동의했음에도 불구하고 한국은 계속 추가 양보만을 일방적으로 고집하고 있다고 비판했다.[115] 일본 어부들은 형이 만료된 후에도 계속 억류되어 있어 일본 내 여론은 들끓고 있었다. 한국은 일본이 평화선 문제 해결을 위해 공공연히 무력 사용 가능성을 공언하며 위협하고 재일조선인들을 억류시키자 대응조치로 이들을 송환시키지 않고 있었던 것이다.

한일 양국이 협상을 마무리 짓지 못하는 가운데 한국 외무부는 「한일관계에 대한 한국의 입장과 일본의 對아시아정책」이라는 보고서를 작성했다.[116] 이 보고서는 현재까지의 한일관계를 개관하고 각 현안에 대한 한국의 입장을 정리하는 한편 일본이 한국을 포함한 아시아에 대해 어떤 구상을 하고 있는지 비판적으로 검토하고 있다. 청구권 문제에 대해서는 일본

---

115) MacArthur to Department of State, 1957. 9. 20, RG 84, Korea-Seoul Embassy, Classified General Records, 1956~1958, Box. 1.
116) 외무부, 「한일관계에 대한 한국의 입장과 일본의 對아시아정책」, 1957. 9. 1, 『제4차 한일회담 예비교섭, 1956~58(V. 3 1958. 1-4)』, 외교사료관.

의 목적은 단 한 가지로 대일청구권과 대한청구권의 상쇄라고 명시했다. 평화선에 대해서는 다섯 가지의 이유를 들어 그 정당성을 강조했다. 첫째, 한국 어업은 한국인에게 동물성 단백질의 85%를 제공하고 70만 명이 어업에 종사하는 한국 경제의 핵심적 분야이다. 그러나 한국의 어업 도구와 방법은 단순하며 해방 후에는 어업자원 개발과 보호 문제에 직면하게 되었다. 둘째, 대일평화조약 체결로 맥아더선이 폐지되었지만 일본은 한일예비회담에서 어업 협상에 응하지 않았기 때문에 평화선은 필요했다. 셋째, 평화선은 합법적이고 정치적으로 정당하다. 왜냐하면 세계의 어업자원이 유한해지면서 어업자원 보호는 모든 국가들의 보편적 임무가 되어 더이상 지켜지지 않게 되었다. 남아메리카국가와 모로코, 시리아, 아이슬란드 등이 고전적인 3마일 영해권을 넘어 관할권을 확대시키고 있는 것이 그 사례다. 또한 평화선은 트루먼선언과 같은 국제관례에 따른 것이다. 공해상의 어업규범의 필요성은 점차 국제회의의 결론으로 도출되고 있는 상황이라는 것도 주목해야 한다. 더구나 평화선은 논쟁을 넘어 정치적이고 실제적인 고려로 더욱 정당화되고 있다. 평화선은 한일관계의 특수한 역사적이고 정치적인 산물이기 때문이다. 넷째, 평화선은 복합적인 목적이 있다. 한국의 어업 보호와 한일 간의 평화, 해상방위선의 역할도 갖고 있기 때문이다. 다섯째, 일본의 태도 변화가 중요하다. 일본은 강대국에는 원칙 적용을 회피하고, 약소국에는 공해 자유를 주장하는 이중적인 태도를 보이고 있다. 다음으로 재일조선인 문제에 대한 진단에서는 일본이 재일조선인를 북한으로 송환하려는 움직임에 신경을 곤두세우고 있다.

또한 이 보고서는 회담 재개를 위한 협상 쟁점을 검토하고 있다. 한국은 1957년 봄부터 협상 재개를 위해 노력해 왔고, 지금까지 17개월간 예비회담을 개최해왔으나 근 1년 동안은 성과가 없었다고 진단하고 있다. 한국은 즉각적인 공식회담 재개가 필요하다고 생각하지만, 일본은 억류자 석방문제가 현안 협상의 필수 전제요소라고 주장해오고 있기 때문이다. 그러나 가장 큰 쟁점은 청구권 문제에 관한 이 각서문제로 일본은 미국의 각서는 양국이 무조건 받아들여야 한다고 주장한다. 이런 주장은 한국의 대일청구권 일부가 이 각서에 근거해 상쇄되어야 한다고 생각하기 때문이다.

이와 같이 한일관계를 진단한 보고서는 일본의 아시아정책에 대한 비판적 견해를 내놓고 있다. 일본의 아시아 외교의 본질은 평화애호국가로 위장해 민주국가와 공산국가 간의 대립과 갈등을 통해 힘을 축적하는 것이라고 한다. 미국의 자본, 아시아의 자원, 일본의 기술과 수단이라는 삼위일체를 통해 아시아의 경제개발을 촉진하려 하지만, 이것은 과거 아시아 공영권의 새로운 이름에 불과하다고 비판하고 있다. 보고서는 일본의 구상을 다음과 같이 밝히고 있다. 일본은 미국의 비용으로 한국전쟁을 통해 산업을 재건하여 이미 아시아시장의 거대한 부분을 차지하기 시작했다. 일본은 아시아의 대변인을 자처하며 새로운 식민제국 건설을 꿈꾸고 있다. 따라서 일본의 아시아외교는 '경제침투'를 의미하며, 특히 동남아시아 지역이 중심대상으로 떠오르고 있다. 이것이 기시 대외정책의 주요목표인 것이다. 그 일환으로 필리핀, 버마, 인도네시아, 베트남과의 배상협정을 경제침투의 발판으로 삼고 있다. 배상액 대부분을 일본 상품 형태로 지급하거나 서비스 형태로 제공하는 것이 그 증거이다. 이러한 일본의 정책을 뒷받침해주는 것이 미국이다. 미국은 군사적·경제적으로 강력한 일본이 공산침략에 대한 강력한 억지력으로 작용할 것이라는 전제로 대일원조를 해왔다. 그러나 미국은 이러한 대일정책이 내포하고 있는 위험성을 인지하지 못하고 있으며, 알게 모르게 일본의 아시아 지배야욕을 부추기고 있다. 특히 이 같은 잘못된 정책은 소수의 영향력 있는 미국인들의 도움과 방조로 가능했는데, 이들은 현재 일본의 공격성과 군사주의·친공산주의 경향에 대해 눈을 감고 있다. 이들은 일본을 '아시아의 경제적 짜르'로 만들려고 구상하고 있다. 따라서 미국의 아시아정책이 성공하려면 유럽의 나토와 같은 집단안보체제가 필요하다. 현재 미국은 한국, 일본, 대만, 필리핀, 엔저스(ANZUS) 등

아시아 태평양지역에서 방위동맹을 구축하고 있으나 각각이 연결되지 않고 '미국'만을 공통요소로 갖고 있다. 특히 동남아시아조약기구(SEATO)는 한국, 대만, 베트남 등 지역 내 가장 강력한 군사력을 배제하고 있다. 문제는 일본이다. 아시아 국가들은 일본이 주도적 역할을 한다면 방위조약을 체결하려 하지 않기 때문이다. 따라서 미국은 아시아의 방위와 경제시스템의 핵심은 '평등'이라는 사실을 인정해야 한다. 그래서 아시아의 집단방위시스템은 對共, 對日 방어시스템이어야 한다.

외무부 보고서의 핵심은 강력한 대일 경계심이라고 할 수 있다. 특히 미국의 대일원조가 한국을 포함한 아시아 국가들의 요구와 달리 또다시 일본의 침략성을 부활시키고 있다는 비판은 신랄하다. 이런 인식은 이승만이 그동안 보여준 대일인식과도 일치하는 것이다. 그러나 무엇보다 중요한 지적은 아시아의 평화와 번영의 핵심은 '평등'이라는 사실이다. 보고서가 작성된 1957년 9월은 한일 양국이 회담 재개를 위한 막바지 협상을 하고 있던 때였다.

청구권문제에 관한 미국의 각서 수용 문제에 대한 양국의 입장 변화가 없는 가운데서도 양국의 실무진은 이 문제를 정치적으로 타결하기 위한 협의와 모색을 계속해나갔다. 그 결과 김동조 외무차관은 대통령에게 미국의 청구권 각서를 조건 없이 수용하고, 한일 간 교환각서를 추가 문구 삽입 없이 수용하도록 권고했다. 마침내 1957년 11월 13일 이승만은 김동조가 배석한 가운데 다울링(Walter C. Dowling) 주 미 대사와의 대담 자리에서 미국의 각서를 조건 없이 수용한다고 말했다. 그러나 다른 한편으로 일본이 한국이 요구하는 '사소한' 수정 몇 가지를 수용한다면 합의서에 서명하도록 주일대표부에 지시하였다. 한국의 대일청구권 요구는 유효하다는 점을 어떤 식으로든 문서로 만들라는 것이었다. 또한 억류자와 문화재 반환에 대한 보다 명시적인 일본의 양보를 요구하였다.[117]

---

117) Dowling to Department of State, 1957. 11. 13, RG 84, Korea-Seoul Embassy, Classified General Records, 1956~1958, Box. 1.

한국이 미국의 평화조약 4조에 대한 해석을 조건 없이 수용한다고 했음에도 불구하고, 새로운 수정요구를 제시한 것은 일본 측 협상 채널의 혼선 때문이기도 했다. 일본 외무성의 확고한 거부입장과 달리 유태하가 접촉하는 비공식 협상에서는 한국의 요구를 수용했기 때문이다. 유태하는 기시의 최측근 인사인 다나카(田中龍夫)[118]와 비공식 접촉을 꾸준히 해오고 있었다. 다나카는 유태하에게 청구권에 대한 한국의 새로운 추가 표현에 대해 수용할 의사를 표명한 바 있었다. 그는 이 문제는 실무선에서 해결하는 것은 불가능하며 오직 한 가지 방법은 정치적 해결뿐이라는 의견을 내놓기도 했다.[119] 이 같은 다나카의 발언에 대해 오노 외무차관은 다나카는 협상 권한이 없을 뿐더러 일본정부를 대표하는 입장도 아니라고 비판했다. 이 같은 협상 채널의 혼선은 1950년대 후반 한일 양국이 공식 협상 이외에 비공식 협상을 선호하면서 발생한 것이었다.

한일 간 합의가 성사 직전 상태에서 답보를 거듭하자 주한 미 대사관이 중재에 나섰다. 문제는 이승만이 미국의 청구권 각서를 수용한다는 훈령을 주일대표부에 보냈으나 실행되지 않고 있다는 점이었다. 주한 미 대사관은 이기붕을 통해 만약 한일협상이 실패한다면 한국의 미숙한 외교는 국제 외교가에서 웃음거리가 될 것이라고 압박했다. 그러나 이승만은 주일대표부에 또 다른 지시를 내려놓고 있었다. 기시 총리의 서면 약속을 받아내라는 것이었다. 한국이 청구권에 대한 미국의 유권해석을 조건 없이 수용하는 대신 억류자 문제와 문화재 반환문제 등에 대해서는 한국의 제안을 그대로 수용한다는 내용의 서한용이었다. 일본이 지금까지의 공약사항을 책임 있

---

[118] 다나카는 기시 총리의 최측근 인물로 1954년 말 한국을 비밀리에 방문한 적이 있다고 한다. 당시 하토야마 이치로와 민주당을 만들어 간사장을 맡고 있던 기시의 명으로 한일문제를 전담하게 되고, 일본 공직자로는 최초로 한국을 방문했다고 한다. 이때 그의 방한을 주선한 사람이 다름 아닌 유태하였다고 한다. 그는 1927~1929년 일본 수상을 지낸 다나카 기이치(田中義一) 육군대장의 손자였다(이도형, 1987『흑막』, 조선일보사, 93쪽).
[119] 유태하가 이승만에게, 「한일문제」, 1957. 9. 10,『제4차 한일회담 예비교섭, 1956~58(V. 1 경무대와 주일대표부간의 교환공문, 1956~57)』, 외교사료관.

게 이행할 것이라는 뜻으로 총리가 서명한 개인 서한 형태로라도 문서를 받고자 한 것이다.[120] 이 문제는 양국이 한일회담 재개 합의서에 서명한 후 기시의 최측근 인사였던 야쓰기 가즈오의 방한으로 실행되었다고 볼 수 있다. 기시는 자신의 정책과 구상을 가장 잘 아는 야쓰기에게 친서 원본을 주어 이승만에게 전달하겠다고 밝혀왔다. 친서에 담길 내용은 한국의 독립에 대한 경의 표시, 한일회담이 재개되면 조기 타결을 위해 최선을 다할 것이라는 것이었다.[121]

마침내 1957년 12월 29일 김유택 대사와 후지야마(藤山愛一郎) 외무대신은 조건 없이 청구권에 대한 미국의 해석을 수용하는 데 동의하고, 일본은 억류자와 문화재에 관한 한국의 최종 입장에 동의하였다.[122] 미국도 양국 외무부에 12월 31일자로 청구권 해석에 대한 미국의 구상서를 동시에 전달하기로 하였다.[123] 이로써 1953년 10월 3차 회담을 끝으로 결렬되어 중단되었던 한일회담이 공식 재개되기에 이르렀다.

한국과 일본은 1957년 12월 31일 합의서에 조인했다. 합의서는 공동성명서와 각각 양측의 구상서, 양해각서, 각서로 구성되었다. 일본 측 구상서는 1953년 10월 15일 일본 수석대표 구보타 간이치로 발언을 철회하며, 1957년 12월 31일자 '한일 청구권 해결에 관한 대일평화조약 제4조 해석에 대한 미국 견해 각서'에 따라 1952년 3월 6일의 대한재산청구권 요구를 철회한다는 내용이었다. 한국 측 구상서는 일본의 구상서를 접수한다는 내용이었다. 양해각서는 억류자 상호석방에 관한 것으로 일본은 戰前부터 일본에 거주해온 한국인으로 일본 내 외국인수용소에 억류 중인 자를 석방하며,

---
120) 「조정환 외무장관이 김유택 주일대사에게 보낸 전문」, 1957. 12. 22, 『제4차 한일회담 예비교섭, 1956~58(V.1 경무대와 주일대표부간의 교환공문, 1956~57)』, 외교사료관.
121) 「일본국 수상 岸信介의 서한에 관한 건」, 1958. 1. 3; 「기시 수상이 이승만 대통령에게 보내는 서한」, 1958. 1. 8, 『제4차 한일회담 예비교섭, 1956~58(V. 3 1958. 1~4)』, 외교사료관.
122) 『경향신문』 1957. 12. 31.
123) MacArthur to Department of State, 1957. 12. 30, RG 84, Korea-Seoul Embassy, Classified General Records, 1956~1958, Box. 1.

한국은 형기를 만료하고 한국 내 외국인수용소에 억류 중인 일본인 어부를 송환한다는 내용이었다. 그리고 한국은 2차대전 종결 후 불법 입국한 한국인의 송환을 받아들인다는 내용을 포함했다. 마지막으로 1958년 3월 1일 동경에서 한일회담을 재개한다는 각서에 서명했다.[124] 이날 발표한 공동성명서의 내용은 다음과 같았다.

> 1957년 12월 31일자 주일대한민국대표부 수석 김유택 대사와 일본국 외무대신 후지야마 아이이찌로 간에 개최된 회담에서 일본정부는 제2차 세계대전 종결 이전부터 일본에 거주하여온 한국인으로서 일본 외국인수용소에 억류되어 있는 한국인을 석방할 것이며, 또한 대한민국정부는 한국 내 외국인수용소에 억류되어 있는 일본인 어부를 송환하고, 또한 제2차 세계대전 종결 후의 한국인 불법입국자의 송환을 받아들이기로 합의를 보았다.
>
> 동시에 일본정부는 1953년 10월 15일 일본 수석대표 구보다 간이찌로가 행한 발언을 철회하며, 또한 1952년 3월 6일 일본 대표단이 행한 한국 내 재산에 대한 청구를 1957년 12월 31일 자 미국정부 각서에 의거하여 철회할 것을 대한민국 정부에게 통고하였다.
>
> 그 결과 대한민국과 일본 간의 전면적 회담을 1958년 3월 1일 동경에서 재개하기로 합의하였다.
>
> 1957년 12월 31일
대한민국대표부 수석 대사 김유택
일본국 외무대신 후지야마 아이이찌로

이상의 합의내용은 합의서 서명 후 언론에 공표될 예정이었다. 일본 외무성은 추가로 언론에 공표하지 않을 세 가지 비밀 양해사항을 전달했다.

---

[124] 「제4차 한일회담 재개 합의문서」, 1957. 12. 31, 『제4차 한일회담 예비교섭,1956~58(V.2 1957)』, 외교사료관.

재일조선인 처리에 있어 전체적인 협상이 만족할 만한 결론에 이를 때까지 일본정부는 2차대전 이전 거주자들의 억류를 자제할 것이며 이들의 정착을 돕기 위한 원조의 필요성을 고려할 것이라는 내용과 합의각서에 따라 한 달 반 이내에 억류자 석방을 위한 조치를 완료할 것이며 한국도 일본인 억류자들을 위해 같은 조치를 취할 것이라는 내용, 한국 미술품 반환에 관한 내용이었다. 일본은 이 세 가지 내용을 여론의 반발을 의식해 비밀로 해달라고 요청했다. 한국도 청구권에 대한 미국의 각서를 언론에 공표하지 말 것을 강력하게 요청했다.[125] 그리고 한일합의서에 따라 재개될 4차 회담에서는 비교적 해결이 쉬울 것으로 예상되는 재일조선인 문제와 문화재 반환문제를 우선 토의하기로 결정하였다.[126]

1953년 10월 구보타 발언으로 3차 한일회담이 결렬된 후 계속된 회담 중단상태는 1957년 12월 한일 간 합의각서 서명으로 끝나게 되었다. 한국은 회담 재개 조건으로 요구해온 일본의 대한청구권과 구보타 발언 철회 요구를 모두 관철했다. 일본은 두 가지를 철회하는 대신 억류 중인 재일조선인과 일본 어부들의 상호 석방 요구를 관철했다.

합의서에 서명한 후 후지야마 외무대신은 미국 국무장관, 국무차관, 다울링 주한 미 대사에게 기시 총리의 감사인사를 전달했다. 그리고 조만간 억류 어부들이 송환되면 이것은 다가올 선거에서 기시정권의 중요한 업적이 될 것이라고 평가하였다.[127] 일본 어부 억류문제는 국내정치의 최대 이슈였기 때문에 선거에서 호재가 될 것은 분명했다. 일본정부가 억류자 문제에 관심을 집중한 것은 바로 이런 이유 때문이었다. 이처럼 일본정부는 억류자 석방 결정이 합의사항 중 가장 중요한 의의를 갖는 것으로 평가했

---

125) MacArthur to Department of State, 1957. 12. 31, RG 84, Korea-Seoul Embassy, Classified General Records, 1956~1958, Box. 1.
126) 외무부 정무국, 1960 『한일회담약기』, 209~210쪽.
127) MacArthur to Department of State, 1957. 12. 30, RG 84, Korea-Seoul Embassy, Classified General Records, 1956~1958, Box. 1.

다. 반면 한국은 구보타 발언과 대한청구권을 철회시켰다는 것에 의의를 두었다.

한국과 일본은 1957년 12월 합의서에 따라 상호 억류자 석방을 위한 사무연락회의를 1958년 1~2월에 9차례 개최했다. 한국은 1957년 12월 31일 현재 형기를 만료하고 부산 외국인수용소에 수용되어 있는 일본인 어부를 1958년 2월 14일까지 3회에 걸쳐 한국선박으로 일본으로 송환할 계획을 수립했다.[128] 1958년 1월 19일 일본도 오오무라수용소의 474명의 재일조선인 억류자를 약 70명씩 몇 개 그룹으로 나누어 석방한다고 통지해왔다. 이들에 대한 석방조치는 2월 15일 완료될 예정이었다.[129] 양국은 1958년 2월 중순까지 억류자의 석방과 송환을 완료할 계획이었다.

양국 교섭에 기초해 2월 11일까지 오오무라수용소에 수용된 재일조선인 474명이 가석방되었다. 이들은 법무대신으로부터 특별 체류허가를 받았다. 이어 일본에 불법 입국한 한국인들 중 2월 20일 249명, 3월 3일 251명이 한국으로 송환되었다. 한국도 1월 30일 300명, 2월 27일 200명의 일본 어부들을 본국으로 송환했다.[130] 그러나 한국은 복역을 완료하지 못한 422명에 대해서는 석방일을 확정하지 않았다. 이에 대해 일본은 한국이 합의를 어겼다고 강력히 반발하며, 한국이 협상력을 높이고자 어부들을 정치적 인질로 억류하고 있다고 비난했다.[131] 그러나 1957년 한일합의서에는 형기를 마친 어부들만을 일본으로 송환하기로 되어 있었다.

일본은 한국이 합의를 어기고 일본 어부들을 송환하지 않고 있다는 이유로 1958년 3월 1일 재개하기로 한 한일회담을 연기시켰다. 그리고 회담 재

---

128) 외무부, 「한일예비교섭 종결에 있어서 조인된 협정을 시행하는데 관한 정부방침의 요강안」, 1958. 1. 10, 『제4차 한일회담 예비교섭, 1956~58(V. 3 1958. 1~4)』, 외교사료관.
129) 「김유택 대사가 이승만 대통령에게 보내는 전문」, 1958. 1. 16, 『제4차 한일회담 예비교섭, 1956~58(V. 3 1958. 1~4)』, 외교사료관.
130) 『경향신문』 1958. 3. 1.
131) MacArthur to Department of State, 1958. 2. 28, RG 84, Korea-Seoul Embassy, Classified General Records, 1956~1958, Box. 1.

개 지연의 책임을 모두 한국에 돌렸다. 한국은 4차 회담 재개에 맞춰 그 준비를 위해 2월 중순부터 외무부 직원들이 밤샘 근무를 하고 있었다. 2월 27일 모든 준비를 완료하고, 임병직(林炳稷) 대표는 기자회견을 통해 일본과 원만한 해결책을 찾기를 희망한다고 언명했다. 그런데 일본은 오오무라수용소에 억류 중인 재일조선인 중 희망자를 북한으로 송환할 계획을 하고 있었다. 한국은 일본의 이런 구상에 반대한다는 뜻을 누차 표명해오고 있었다. 그런데 일본이 회담을 연기시킨 것은 회담 재개일이 '3·1절'이었기 때문이었다고 한다. 한국이 이 날짜를 선택한 것도 대대적인 3·1절 기념식을 통해 일본과의 협상에서 기선을 제압하기 위해서였다고 한다.[132]

한국은 일본의 돌연한 태도 변화에 대표단의 출발을 중단시켰다. 그리고 이승만은 일본 어부의 석방을 즉각 중단시키는 등 강경한 대응을 주문했다. 2월 28일 외무부는 일본의 회담 연기를 비판하는 성명을 발표했다. 일본은 1957년 12월 합의서에 서명한 후 지금까지 3차례나 합의사항을 위반했다는 내용이었다. 첫 번째 위반은 합의의사록을 무시하고 미국의 청구권문제에 대한 각서를 언론에 공표했고, 두 번째는 합의각서를 위반해 약 100명의 재일조선인의 송환을 거부했으며, 세 번째는 3월 1일 회담 재개를 약속한 합의각서를 위반했다는 것이다.[133] 일본은 100명의 재일조선인이 북한 송환을 희망하고 있다는 이유로 송환을 요구하는 한국의 요구를 거부하고 있었다.

그러나 어렵사리 회담 재개에 합의한 마당에 한국과 일본 중 누구라도 먼저 합의를 깨는 것은 부담스러운 일이었다. 따라서 한국은 유태하를 통해 야쓰기 가즈오(矢次一夫)에게 일본의 태도에 대해 항의하고, 이승만의 마음을 풀 수 있도록 방안을 마련하였다. 야쓰기는 기시를 만나 한국의 입장을 설명하고 결단을 요구했다. 야쓰기는 일본의 태도 돌변이 법무성과

---

132) 김동조, 1986 『회상 30년, 한일회담』 중앙일보사, 112~113쪽; 김유택, 1977 『회상 65년』, 합동통신사, 301쪽.
133) 『경향신문』 1958. 3. 1.

외무성 강경파들의 주장 때문이라고 설명했다. 결국 야쓰기는 기시에게 이승만의 83회 생일을 축하하는 친서를 보내도록 권고했고, 회담 재개를 바라고 있던 기시는 이를 받아들였다.[134]

반면 일본과 미국은 4차 회담 재개가 늦어진 것은 한국에 책임이 있다고 비판했다. 유태하와 야쓰기의 비공식 통로를 통한 협상결과에 문제가 있었다는 것이다. 이 협상과정에서 유태하는 방한 예정인 야쓰기에게 '선물'로 남은 어부들의 송환일을 확정, 전달해주겠다고 제안했다고 한다. 그러나 기시는 어부 송환은 조건 없이 이루어져야 한다고 거절했다.[135] 맥아더(Douglas MacArthur II) 주일 미 대사는 유태하의 이중외교가 문제를 더욱 복잡하게 만들고 있다고 비판하였다. 유태하와 야쓰기 간의 비공식 협상을 통해 한일관계가 지극히 '정치적'으로 움직인 것은 문제였다. 역으로 비공식 협상을 통해 오랫동안 결렬상태에 빠져있던 한일관계가 돌파구를 찾은 것 또한 사실이었다. 하지만 일본이 회담 재개를 연기한 이면에는 외무성과 법무성 내의 강·온파 실무 관료, 정부와 의회 사이의 '파워게임'이 작용했을 수도 있다. 회담 재개가 지연된 것은 강경한 對韓政策을 주문하고 주도했던 실무관료들의 완강한 저항 때문이었을 가능성이 크다.

1958년 3월 1일 4차 회담 재개일을 넘기고서야 3월 20일 유태하 공사를 만난 이타가키 아시아국국장은 4월 1일 4차 회담을 재개하자고 제안했다. 이를 위해 한국은 나머지 422명의 일본 어부들을 두 그룹으로 나누어 각각 4월 10일과 4월 말에 석방한다고 발표하여 달라고 요구했다. 유태하는 이 제안을 거절했다. 4월 1일 회담 재개에는 동의하지만 억류 어부 석방문제는 양국이 "4월 말에 해결하도록 노력" 한다는 정도에서 합의하자고 주장하였다.[136]

---

134) 김동조, 앞의 책, 113~114쪽; 『경향신문』 1958. 4. 3.
135) MacArthur to Department of State, 1958. 3. 6, RG 84, Korea-Seoul Embassy, Classified General Records, 1956~1958, Box. 1.
136) MacArthur to Department of State, 1958. 3. 25, RG 84, Korea-Seoul Embassy, Classified General Records, 1956~1958, Box. 1.

한국의 주장에 대해 일본은 한국이 일본 어부들의 석방 대가로 북송을 요구하는 재일조선인의 송환을 요구할 것으로 확신하였다.

3월 27일에는 유태하가 기시를 방문해 장시간 협의를 가졌다. 유태하가 이승만의 83회 생일을 축하하는 기시의 축하메시지를 들고가 이승만에게 전달하고 동경으로 귀환한 후였다. 이승만은 3월 28일 AP 통신원과의 회견에서 기시에 대한 신뢰와 4월 초 회담 재개 의사를 표시했다.[137] 이런 일련의 조치에 뒤이어 4월 15일에 한일회담이 재개된다는 공동성명이 발표되었다.

4차 한일회담 재개가 확정되자 형기를 마치지 못한 일본 어부들의 석방문제에 대한 합의도 이루어졌다. 4월 10일 다나카와 유태하의 비공식 협상 결과 한국은 300명의 일본 어부들을 4월 17일 송환하고, 나머지 122명은 4월 말에 송환할 것이라고 발표되었다.[138]

1957년 12월 31일 현재 부산 외국인수용소에는 총 922명의 일본 어부들이 수용되어 있었다. 오오무라수용소에는 불법입국자 1,259명과 1945년 이전 입국자 474명이 억류되어 있었다. 일본은 이 중 약 100여 명이 북한행을 원한다고 통보해 한국의 거센 항의를 받았다.[139] 1958년 3월 한국이 이에 대한 항의로 일본 어부들의 석방을 잠깐 보류한 적도 있었지만, 그 이후 나머지 422명의 일본 어부들을 일본으로 송환되었다. 오오무라수용소에 억류되었던 한국인들도 474명은 일본 내로 석방되었고, 불법 체류 중 체포된 한국인들은 국내로 송환되었다.

평화선을 둘러싸고 시작된 한일 간 분쟁은 1950년대 중반 상호 억류자 석방문제로 타협이 시도되었다. 비록 평화선 선포에 대해 미국과 일본은 불법이라고 주장했지만, 한일 간 협상과정에서 평화선은 한국의 협상수단

---

139) Dowling to Department of State, 1958. 3. 20, RG 84, Korea-Seoul Embassy, Classified General Records, 1956~1958, Box. 1.
140) 鹿島平和硏究所 編, 앞의 책, 73쪽.
141) 「억류자 상호석방문제에 대한 경과」, RG 84, Korea-Seoul Embassy, Classified General Records, 1956~1963, Box. 8. 이 문서의 일자는 불분명한데, 내용상 1958년 2월 13일 이후 문서일 가능성이 크다.

으로 유효했다. 실제로 한일교섭과정에서 상대적으로 협상수단이 전혀 없었던 한국으로선 평화선 침범행위에 대한 제재를 통해 일본을 협상테이블로 끌어낼 수 있었다. 자국 억류자들이 증가하자 일본 여론은 이 문제해결을 촉구했고 일본정부는 억류자 문제를 최우선적으로 해결하고자 회담 재개를 위한 갖가지 제안을 하기에 이른 것이다.

한편, 일본은 한국이 일본 어부들을 억류하고 있는 것을 빗대어 '인질외교'라고 비난했다. 그러나 오히려 한국은 일본이 전전부터 거주해온 한국인들을 불법 입국한 한국인들과 구분하지 않고 수용소에 억류하고 있는 것이 '인질외교'라고 비난했다. 이처럼 상호 '인질외교'를 비난했던 양국은 1957년 12월 31일 억류자 상호석방 문제를 포함해 4차 한일회담 재개조건에 합의했다. 이로써 오랫동안 양국에 억류되어 있던 사람들이 1958년 석방되기에 이르렀다. 따라서 4차 한일회담은 순조롭게 진행될 것으로 보였다. 그러나 일본은 재일조선인 추방정책에 대한 고삐를 늦추지 않았다. 한국과 억류자 상호석방에 합의하고 이를 실행하는 한편으로 북한과의 교섭을 통해 재일조선인 북송을 추진하기 시작한 것이다.

V

제4차 한일회담의 재개와 중단(1958~1960)
: 재일조선인 북한송환문제

제4차 한일회담의 재개와 중단(1958~1960)
: 재일조선인 북한송환문제

1. 한일회담 재개

1) 회담 재개와 일본특사의 방한

 한국과 일본은 4차 한일회담 재개를 앞두고 각각 대표단 구성에 들어갔다. 한국은 수석대표에 임병직, 교체대표에 김유택 주일대사, 대표단에 주일공사 유태하, 국회의원 장경근, 법무장관 이호, 주일대표부 참사관 최규하, 대표단과는 별개로 동경 총영사 이재항, 1등서기관 진필식, 외무부 조약국장 문철순, 아시아국장 강영규, 문화재 전문가인 교육부 황수영을 임명하고 필요에 따라 전문가들을 추가할 계획이었다.[1] 일본은 수석대표에 이노우에 다카지로, 부수석에 오쿠마 와타에루를 임명할 계획이라고 밝혔다. 이들이 발탁된 이유는 외무성 내에서 "가장 인내심이 많은 사람들"이기 때문이라고 덧붙였다.[2] 그러나 일본은 한국이 임병직 유엔대사를 수석대표로

---

1) Dowling to Department of State, 1958. 2. 26, RG 84, Korea-Seoul Embassy, Classified General Records, 1956~1958, Box. 1.
2) 오쿠마는 당시 49세로 1931년에 외무성에 들어와 중국, 미국, 태국 등지에서 근무한 경력을 갖고 있었다. 그는 경험상 한일협상에서 평화선 문제 등을 전문적으로 다룰 수 있을 것으로 기대되었다

임명하자 당초 계획을 바꿔 대표를 바꾸었다. 사와다 렌조우(澤田廉三)는 임병직과 함께 유엔에서 같이 근무하여 안면이 있었다. 일본이 임병직과 친분 있는 사와다로 대표를 변경한 것은 일종의 '성의' 표시로 받아들여졌다.

한일회담 재개에 적극적으로 나선 쪽은 일본의 기시정권이었다. 기시정권은 戰前 수준으로 회복한 일본경제를 배경으로 아시아외교에 적극적으로 나서기 시작했다. 기시 총리가 한일회담 재개와 관계 개선을 위해 성의와 열의를 보여준 대표적인 사례는 자신의 최측근인 야쓰기 가즈오(矢次一夫)를 개인특사로 한국에 보낸 일이었다. 일본은 그동안에도 몇 차례 정상회담과 특사 파견을 제안한 바 있었지만, 그때마다 한국은 시기상조 또는 불필요성을 들어 거부했었다. 일본은 한일문제를 고위급의 정치적 결단으로 해결하려 한 것이다. 1958년 1월 이승만은 AFP통신 기자와의 회견에서도 정상회담에서 모든 문제가 해결될 수 있다고 생각하는 것은 우스운 일이라며 가능성을 일축했다.[3] 따라서 이승만이 야쓰기 특사의 방한 요청을 수락한 것은 이례적인 일이었다.

야쓰기의 방한은 전후 일본의 특사가 공식적으로 한국을 방문한 최초의 사례였다. 야쓰기는 이 방한을 전후해 일본 내 親韓 인맥의 대표격이 되었다.[4] 그러나 기시 총리가 패전 후 최초로 한국에 특사를 보내면서 과거 전력으로 논란의 여지가 많았던 민간인인 야쓰기를 보냈다는 것은 의미심장하다. 당시 야쓰기는 군국주의자, 팽창주의자로 평가받고 있었다. 그는 일

(MacArthur to Department of State, 1958. 2. 21, RG 84, Korea-Seoul Embassy, Classified General Records, 1956~1958, Box. 1).

3) 외무부 방교국, 1958「한일회담에 관한 AFP통신 기자 질문에 대한 리대통령 각하의 답변」, 1958. 1. 8, 『4291년도 주요 국내 외교성명 및 연설집-추가분』, 13~14쪽.

4) 야쓰기는 1899년 佐賀縣에서 태어나 부두노동자로 일했다. 1921년 노동사정조사소를 설립하여 노동분규 해결의 명수로 이름을 날렸다. 1933년 국책연구회를 설립했으나 戰後에 추방되었다가 1953년에 재건했다. 그 후 '日華協力委員會' '日韓協力委員會' 등의 설립에 참여하여 중추적 역할을 수행했다. 야쓰기는 기시가 만주시절 경영책을 놓고 군부와 대립했을 때 배후에서 중재해 준 인연으로 친밀한 관계를 맺었다고 한다. 또한 기시가 A급 전범으로 수감되었을 때 그의 가족을 돌봐준 사람도 야쓰기였다고 한다. 야쓰기는 일본의 막후인물들, 즉 도야마(頭山滿), 후쿠자와(福澤諭吉) 등의 흉내를 냈고 우익・국가주의자・壯士・浪人 등등이 뒤범벅인 괴짜로 통했다고 한다(矢次一夫, 1973『わが浪人外交を語る』, 東洋經濟新報社 참조; 박실, 1979『韓國外交秘史』, 기린원, 325쪽).

본의 정보·군 관계자들과 밀접한 관계를 맺고 있었고, 기시의 전폭적인 신임을 받고 있었다. 일본은 한국이 야쓰기가 반공주의자라는 점에 관심을 둘 것이며 그 점에서 신뢰할 것으로 기대했다. 그러나 외무성 내에서는 야쓰기 같은 사람이 한일협상에 등장한 것에 대해 비판적인 시각도 존재했다.[5] 야쓰기의 경력이 대변하듯 외교협상이 정치적으로 타결될 가능성과 공식 협상보다는 비공식 협상과 인맥들이 활용되는 것에 대한 우려 때문이었다. 이 같은 우려는 야쓰기의 경력과 한일협상 과정에서 그의 역할을 보면 어느 정도 사실이었음을 확인할 수 있다. 또한 야쓰기는 "이미 행정관료가 다루기에는 너무나 벅차고 최고정치인의 판단과 결심을 요구하는 단계에 이르렀다."[6]고 판단하여 자신이 한일협상에 나섰다고 함으로써 이 같은 우려를 뒷받침하였다.

야쓰기의 한국 측 협상상대는 유태하였다. 유태하는 주일대표부 참사관으로 부임한 이래 이승만 대통령의 신망을 얻어 주일대표부 내 실세가 되었다. 그는 장택상의 생질로 1945년 이승만이 환국한 후 돈암장에서 기거했다. 이승만 내외가 그를 평해 "머리 좋고 기지가 넘쳐 흐르며 판단력이 빠르고 부지런한 사람"이라고 할 정도로 신임을 얻었다. 그 뒤 1948년 11월 외무부 비서실 인사과장직을 맡은 후, 1949년 4월에는 총무과장, 8월에는 이사관으로 승진해 외무부 비서실장을 맡았다. 그리고 1950년 7월 주일대표부 참사관으로 부임하게 됨으로써 한일관계에 본격적으로 등장하게 된다. 이후 이승만의 절대적 신임 속에서 1957년에는 주일대표부 공사로 승진했고, 1959년에는 대사로 승진했다.[7] 이 과정에서 유태하는 누구도 따를

---

5) Memorandum of Conversation, 1958. 1. 8, RG 84, Korea-Seoul Embassy, Classified General Records, 1956~1958, Box. 1.
6) 다카사키 소지 저·김영진 역, 1998 『검증 한일회담』, 청수서원, 99~100쪽.
7) 유태하는 1910년 1월 15일 경북 안동군 풍천면 하회동에서 태어났다. 1925년 일본으로 건너가 와세다대학 전문부에 진학했으나 1932년 1월 치안유지법 위반으로 퇴학당한 것으로 알려졌다(이도형, 1987 『흑막』, 조선일보사, 61~63쪽; 서울신문 특별취재팀, 1984 『韓國外交秘錄』, 서울신문사, 353~356쪽 ; 박실, 1984. 6 「서울·동경 30년의 밀담」, 『정경문화』).

수 없는 인맥을 구축하게 되었고, 한일협상의 막후 실세가 되었다. 한일인맥의 대표적 인물인 야쓰기와 연결된 것은 1956년 가을이었다. 일본방위청 항공막료장 우에무라(上村建太郎)의 주선으로 처음 만난 두 사람은 유태하가 4·19혁명으로 주일대사직에서 물러날 때까지 "365일에 400회 이상" 만났다고 할 정도로 두터운 관계를 유지했다.[8] 야쓰기의 방한은 바로 두 사람의 협력관계가 만들어낸 성과였다.

야쓰기가 방한 특사로 임명된 것을 두고 한국에서도 논란이 일었다. 그가 군국주의자이고 극우주의자라는 점 때문이었다. 그러나 야쓰기는 기시 총리의 최측근 인사였기 때문에 그의 방한은 기시 총리를 대신한 것으로 이해될 수 있었다.[9]

1958년 5월 19일 야쓰기는 한국을 방문해 이승만대통령에게 기시 총리의 친서를 전달했다.[10] 친서의 내용은 알려지지 않았지만, 기시가 한일관계 개선에 열의와 성의가 있다는 내용이었을 것이다. 야쓰기는 이승만이 "내 시대에 한일 상호 간 증오의 감정을 끝내고 싶다. 이번에는 기시를 상대로 양국관계를 개선하는 문제에 큰 대처를 보고 싶다고 생각한다."라고 기시정권에 대한 호감을 표시했다고 회고했다.[11] 그리고 출국에 앞선 기자회견에서 야쓰기는 한국의 대일감정을 의식해 몸을 최대한 낮추었다.

기시 총리는 과거 일본군국주의자들이 한국에 범했던 과오를 유감으로 생각하고 있습니다. (중략) 한편 이 대통령은 일본정치가 중에서 특히 기시 총리를

---

8) 다카사키 소지, 앞의 책, 100쪽.
9) 당시 일본의 정계·재계는 기시가 이끄는 滿洲閥 인맥에 의해 좌우되고 있었다. 이들 만주인맥은 한국·대만로비스트이기도 했다. 기시를 정점으로 시이나 에쓰사부로(椎名悅三郎), 이시이 미쓰지로(石井光次郎), 야쓰기 가즈오, 고다마 요시오(兒玉譽士夫) 등이 만주인맥의 중심인물이었다. 나아가 이들과 종횡으로 연결을 맺고 있는 舊만주국의 관리 및 관동군 출신 등이 포진해 있었다(정경모, 1991 「박정권-권력부상에서 비극적 종말까지」『역사비평』28호, 216쪽; 박진희, 2002, 「한일국교수립과정에서 '韓·日인맥'의 형성과 역할」『역사문제연구』제9호, 143~144쪽).
10) 『경향신문』1958. 5. 20.
11) 矢次一夫, 앞의 책, 44쪽.

신임하고 있으며, 또한 앞으로 한·일 양국 관계는 총리의 성의에 달려있다는 견해를 표명했습니다. 총리는 이토 히로부미와 우연히도 동향인 까닭에 그의 선배인 이토가 저지른 과오를 씻기 위해 노력해야겠다고 마음먹고 있습니다.[12]

야쓰기의 방한은 성공적이었다. 이승만은 야쓰기 방한 후 기시를 '아주 괜찮은' 사람으로 평가했고, 이후 한국정부는 기시 인맥을 주요 협상자로 삼게 되었다. 또한 야쓰기의 방한은 재개된 한일회담의 분위기를 고조시키는 데도 일조했다.

4차 한일회담 재개를 전후해 한일관계에는 주목할 만한 두 가지 현상이 나타났다. 하나는 3차 한일회담이 결렬된 후 주일대표부와 일본 외무성의 협상 이외에 유태하와 야쓰기와 같은 비공식적인 협상통로가 존재했다는 것이다. 그리고 이 막후 협상의 비중이 중대하고 있었다. 다른 하나는 한국과 일본 내 실무부서에서는 공식 통로가 아닌 비공식 통로를 통해 한일교섭이 이루어지는 것에 대해 비판적인 견해가 있었고, 때때로 갈등을 드러내곤 했다는 점이다. 이런 비공식 통로를 통한 협상방식은 점점 영향력을 키워 한일협상이 중요한 국면을 맞을 때마다 더욱 중요해졌다. 그러나 막후 교섭 과정의 은밀성과 비공개성 때문에 많은 논란을 불러일으켰고, 외교정책의 수립과 집행에도 잘못된 전례를 만들게 되었다. 특히 5·16쿠테타 직후 박정희(朴正熙)는 막후 라인을 통해 한일교섭을 지속했고, 결과적으로 김종필(金鍾必)이 막후 라인을 통해 한일협정을 타결시킴으로써 한국에는 두고두고 문젯거리가 되었다.

4차 회담이 재개된 직후 기시는 덜레스 국무장관에게 한일관계에 대한 입장을 전달했다. 그는 재일조선인 억류문제와 일본 어부의 억류문제는 아무런 논리적 관계가 없으며 전적으로 별개의 문제라고 강조했다. 그렇지만

---

12) 김동조,「金東祚 회고록 - 秘話 내가 겪은 한국외교 (8)」『문화일보』1999. 8. 7;『경향신문』1959. 5. 22(석간).

일본정부는 일본 어부 석방을 위해 완전히 무관한 두 개의 문제를 결합시켜 해결하기로 결정하였다는 것이다. 그러나 만약 한국이 계속 비합리적 요구를 한다면 회담은 다시 난관에 봉착할 것이므로, 미국이 이 문제에 대해 우호적이고 공정한 원조를 해주기를 바란다는 내용이었다.[13] 기시는 억류자 상호석방 문제가 일본의 양보와 정치적 결단으로 이루어진 결과라는 점을 미국에 상기시키고 있었다. 비록 일본 어부 석방을 위해 재일조선인에게 석방조치를 할 수밖에 없었지만 재일조선인 문제는 별개의 문제라고 강조한 데는 이유가 있었다. 일본이 북한과의 교섭을 통해 재일조선인의 북한 송환을 추진하기 시작했기 때문이다.

2) 분과위원회 구성과 현안 절충

마침내 1958년 4월 15일 제4차 한일회담이 재개되었다.[14] 이날 일본은 오오무라수용소에 수용된 251명의 불법 입국자들을 추가로 석방했고 이들은 선박편으로 부산에 도착하였다. 주일대표부도 이날 추가로 300명의 일본 어부들이 부산에서 배를 타 일본에 송환될 것이라고 확인해주었다. 그리고 다음날인 16일에는 동경 국립박물관 소장 한국 미술품 106점이 주일대표부에 반환되었다.[15] 이렇게 4차 회담은 억류자들의 상호석방과 일부 한국 미술품이 반환되는 우호적인 분위기 속에서 시작되었다.

4차 회담이 재개되자 한일 양국은 3차 회담까지의 협의 결과를 토대로 각 현안에 대한 입장을 절충해나갔다. 그러나 한국과 일본은 예비회담 이래 3차에 걸쳐 공식회담을 진행해왔지만 그 성과는 없었다고 해도 과언이

---

13) MacArthur to Department of State, 1958. 5. 9, RG 84, Korea-Seoul Embassy, Classified General Records, 1956~1958, Box. 1.
14) 「1차 회의」, 1958. 4. 15, 『제4차 한일회담 본회의 회의록 제1-15차, 1958. 4. 15-1960. 4. 15』, 외교사료관.
15) MacArthur to Department of State, 1958. 4. 23, RG 84, Korea-Seoul Embassy, Classified General Records, 1956~1958, Box. 1.

아니다. 대한청구권, 평화선, 구보타 발언 등이 협상 자체를 불가능하게 만들었기 때문이다. 따라서 한일 간에 현안들이 본격적으로 협의되기 시작한 것은 4차 회담부터라고 할 수 있다. 그리고 4차 회담을 통해 현안들의 타결 가능성이 나타나기 시작했다.

4차 한일회담에서는 기본관계 회복, 청구권, 평화선과 어업문제, 재일조선인의 처우와 지위, 선박반환 문제 등 5개 의제를 선정해 협의하기로 하였다. 일본은 이들 의제를 각각 5개 분과위원회에서 협의할 것을 제안했지만, 한국은 선박반환 문제와 청구권 문제를 함께 다루자고 제안하였다. 그 결과 선박 소유권과 청구권 문제를 하나의 위원회로 통합해 소분과위원회로 구분하여 협의하자는 한국 측 제안이 수용됐다. 그러나 위원회의 명칭을 둘러싸고 한국은 '한국청구권위원회', 일본은 '청구권위원회'를 각각 주장하였다.[16] 그 결과 재일조선인 법적지위위원회, 한국청구권위원회(청구권소위원회, 선박소위원회), 어업 및 평화선위원회, 문화재위원회가 설치되었다.[17] 한국은 선박과 문화재 인도문제를 우선 해결하려 했고, 일본은 어업문제 해결에 중점을 두고 회담에 임하였다.

한국은 4차 한일회담 협상과정에서 대표단이 지켜야 할 일반적 규칙을 정했는데 요약하면 다음과 같다.

1. 회담에서는 어떤 의제라도 정부의 궁극적 목표를 명확히 할 것. 공식, 비공식 면담에서 불필요한 대화를 삼갈 것
2. 어떤 의제에서건 일본의 실제 의도와 동향을 통찰해내는 데 최선을 다해야 함. 조급하게 우리 입장을 표시하지 말 것. 일본이 먼저 말하게 하고 좋

---

16) MacArthur to Department of State, 1958. 5. 1, RG 84, Korea-Seoul Embassy, Classified General Records, 1956~1958, Box. 1.
17) 외무부 정무국 아주과, 『제6차 한일회담 관계자료 : 한일회담의 개관 및 제문제』, 75~76쪽. '어업 및 평화선위원회'의 경우 일본은 '평화선'이라는 어구에 특별히 인용부호를 붙여줄 것을 강력히 주장했다고 한다.

은 청취자로 앉아있을 것
3. 의식적이건 무의식적이건 적절한 의제에 대한 지연술 또는 일탈에 빠지지 말 것
4. 협상자들은 정부의 지침을 따를 것. 동시에 정부에 권고할 수 있음
5. 주일대표부를 포함한 우리 협상단은 협상 자료를 조사하는 데 계속 노력해야 함. 특히 청구권 문제[18]

　그리고 각 분과위원회에서 지켜져야 할 정부의 정책을 제시했다. 우선 재일조선인 법적지위위원회에서는 戰前부터 거주한 재일조선인에게는 예외 없이 대한민국 국적을 인정하고 일본 영주권을 보장해준다는 점을 관철해야 한다고 강조했다. 한국청구권위원회에서는 미술품 반환에 대한 만족할 만한 해결책이 타결된 이후 나머지 청구권 문제를 토의하도록 하였다. 미술품 반환과 관련해서는 분과위원회가 개막되면 즉시 일본에 한국미술품에 대한 전체 목록을 요구하도록 지시했다. 그리고 일본이 한국에 반환할 최종 목록을 제출해 우리 측 확인이 끝나기 전까지는 일본이 소유하고 있는 한국미술품에 대한 우리 측 목록은 제시하지 않아야 했다. 그러나 무엇보다도 협상단이 명심해야 할 사항은 일본정부 소유 미술품뿐만 아니라 개인이나 단체 소장품도 반환받아야 한다는 것이었다. 한국 대표단은 이러한 방침에 따라 각 분과위원회에서 협상에 나섰다.
　그러나 결론적으로 1958년 12월 20일 본회담이 휴회될 때까지 각 분과위원회는 토의단계에도 진입하지 못했다는 것이 한국 측 평가다. 문화재나 선박반환 문제 같은 덜 복잡한 문제는 쉽게 해결될 것이라는 한국의 예상이 빗나갔기 때문이다. 일본이 어업과 평화선 문제 협상을 유리하게 이끌고자 여타 분과위원회에서 지연전술을 사용했기 때문이다. 일본은 기본 정

---

18)「4차 한일회담에서 협상을 위한 안내 지침」, 1958. 5. 20,『제4차 한일회담 교섭 및 훈령, 1958~60』, 외교사료관.

책이 결정되지 않았다거나 국내법상 어려움과 여론의 비판을 이유로 들었다. 여기에 1958년 6월 말에 대두한 북송을 요구하는 한국인 억류자 문제도 회담을 지연시킨 요인이었다. 이 문제로 본회담은 9월 말까지 3개월간 마비상태에 빠졌다.[19] 이렇듯 4차 회담은 어렵게 재개되었지만 양국의 견해 차이가 컸기 때문에 각 분과위원회의 협의과정도 순탄하지 못했다.

재일조선인 법적지위위원회는 각각 유태하 공사와 가쓰노 야스스케(勝野安助)를 대표로 1958년 5월 19일 첫 회의를 개최하여 북송문제로 회담이 중단될 때까지 총 22차례 개최되었다. 위원회에서는 재일조선인의 국적문제, 강제퇴거 문제, 영주권 문제 등을 집중 협의했다.

일본은 1958년 7월 재일조선인의 강제퇴거 문제에 대해 출입국관리령에 따라 아래와 같은 퇴거기준을 제시했다.

1. 법정에서 유죄 선고를 받은 자
2. 유죄 선고를 받지 않았더라도 密賣淫에 종사하는 자
3. 불법입국에 협조한 자
4. 나병환자 및 정신 이상자
5. 출입국관리령에 위반된 불법 체재자
6. 일본정부의 전복과 국가이익의 손상을 기도한 자[20]

이 중 1, 2, 3, 5항은 불법행위자들을 대상으로 하고 있다. 반면 4항의 나병환자 및 정신 이상자는 비인도적인 조항이었다. 그리고 6항의 내용은 너무나 포괄적이어서 일본의 자의적인 판단을 조장하는 조항이었다. 따라서 만약 이대로 한국이 재일조선인의 강제퇴거조항에 동의한다면 대다수의

---

19) 「4차 한일회담의 8개월간의 협상 개관(1958. 4. 15~12. 20)」『제4차 한일회담 본회의 회의록, 제1-15차, 1958. 4. 15~60. 4. 15』, 외교사료관.
20) 외무부 정무국, 1960 『한일회담약기』, 214~215쪽(이하 '외무부 정무국(1960)'으로 표기).

재일조선인은 6항의 적용을 피할 수 없게 될 것이었다. 결국 일본은 재일조선인 문제에서 국내법의 범위를 넘어설 생각이 없다는 것을 분명히 보여준 것이다. 한국이 전전 입국자들과 후손들에게게만은 특별한 지위와 처우를 요구한 것을 정면으로 거절한 셈이다. 따라서 한국은 전전부터 거주해온 재일조선인의 특수사정을 고려하지 않고 일반 외국인과 동일한 기준으로 퇴거시켜서는 안 된다고 주장하였다. 일본의 기준대로라면 전전부터 거주해 온 재일조선인의 영주권이 무의미해지는 것이었다. 따라서 한국은 강제 퇴거 시에는 사전에 양국 간 협의를 거쳐야 한다고 주장했다. 한국은 기본적으로 재일조선인은 대한민국 국적을 갖되 전전 입국자와 후손들에 대해서는 영주권을 보장해줘야 한다는 견해였다.

이 같은 내용을 담아 한국은 1958년 10월 20일 초안을 제출했다. 한국 측 제안의 요지는 다음과 같았다.

1. 재일한인의 국적을 규정하는 동시 양국정부는 재일한인이 대한민국의 국민임을 확인한다.
2. '재일한인'이라 함은 세계 제2차대전 종결 이전부터 동 협정 발효 시까지 계속하여 일본에 거주하는 한국인과 그들의 자손으로 할 것
3. 동 협정 발효 후 2년 이내에 영주권을 신청하는 한국인에 대하여는 일본정부는 하등의 심사도 하지 않고 또 수수료도 받지 않고 무조건으로 영주권을 부여할 것
4. 영주권을 부여받은 재일한인은 재산 및 직업 등에 관하여 일반 외국인에게 인정되지 않은 제 특권을 향유할 수 있다.
5. 귀국하는 한인에 대하여는 통관세 및 수수료 기타 부과금을 과하지 않으며 반출하는 자산과 송금에 대하여 아무런 제한도 가하지 않는다.[21]

---

21) 외무부 정무국(1960), 앞의 책, 215~216쪽.

그러나 일본의 공식 견해는 부정적이었다. 첫째 국적문제는 국제법에 의하면 국내문제로 국가 간 협정으로 국적을 확인하는 것은 적당하지 않다며 반대했다. 그러나 재일조선인이 대한민국 국민이라는 한국 측 견해에는 반대하지 않는다고 덧붙였다. 한국은 1차 한일회담 당시에는 일본이 먼저 국적 확인의 필요성을 역설하다 지금 태도를 바꾼 것은 북한을 자극하지 않으려는 이유 때문이라고 비판했다. 둘째, 일본은 재일조선인의 자손들에까지 특별한 지위와 처우를 부여할 수는 없다고 한국 측 제안을 거부했다. 셋째, 재일조선인의 영주권 문제와 강제퇴거 문제는 별도로 따로따로 취급할 수 없다고 주장했다. 일본은 미리 합의된 규칙에 따라 강제퇴거 권리를 유보한다는 조건하에서만 영주권을 부여할 용의가 있다고 밝혔다. 넷째, 재일조선인은 대일평화조약 발효와 동시에 일본국적을 상실하고 외국인이 되었기 때문에 외국인이 가질 수 없는 재산권에 대한 특권을 줄 수 없다고 했다. 그동안 일본법에 따라 외국인은 가질 수 없는 광산권을 가지고 있던 재일조선인들은 평화조약 발효 후 3년 내에 이 권리를 처분하라는 조치를 받았다. 마지막으로 송환되는 한국인에게 3년이라는 제한된 기간 내에만 부동산 반출과 송금에 관한 특권을 인정할 것이며, 송금은 일본이 그 금액을 제한할 수 있어야 할 것이라고 제안했다.[22]

그리고 한국은 귀국하는 재일조선인의 재산 휴대 문제에 대해 귀국희망자들에 대해서는 일본정부가 1세대당 2,500불을 보상금으로 지급하여 달라고 요구했다. 일본은 1,500불을 지급하되, 미국이 먼저 보상금을 한국에 지급해주면 국교가 정상화된 후 일본정부가 미국정부에 청산할 것을 제의했다.[23] 그러나 이 제의는 미국의 거절로 실현되지 못했다.

이미 다른 의제보다 예비회담과 1차 한일회담에서 잠정적인 합의에 도

---

22) 「제4차 한일회담 대표에 대한 설명자료」, 1959. 8. 11, 『제4차 한일회담 교섭 및 훈령, 1958~60』, 외교사료관.
23) 외무부 정무국(1960), 앞의 책, 223쪽.

달했던 재일조선인 문제였지만, 일본은 처음부터 새로 시작하는 자세로 임했다. 이는 회담을 지연시키는 원인이 되었다.

선박소위원회는 1958년 6월 6일부터 12월 18일까지 24차례 회의를 개최하였다. 한국은 미군정법령 33호에 기반을 둔 SCAPIN 2168호에 따라 선박 반환을 요구했다. 한국 置籍의 선박과 1945년 8월 9일 이후 한국 수역에 있었던 선박이 그 대상이었다. 그러나 일본은 이 같은 반환 요구를 거부했다. SCAPIN은 대일평화조약 발효로 더 이상 유효하지 않기 때문에 일본은 이 법에 구속될 의무가 없다고 주장했다. 또한 SCAPIN은 당시 일본정부와 연합국최고사령부와의 관계를 규정하는 것이지 제3자가 그 구속력에 개입할 권리가 없다고 강조했다. 더구나 일본은 대일평화조약 실행 전에 매각된 재산에 대한 연합국의 실제적 처분을 인정했기 때문에 더 이상 그런 것들을 넘겨야 할 의무는 없다고 답변했다.[24] 일본은 이런 이유를 대며 한국이 요청한 선박 목록 제출을 거부했고, 한국이 제출한 청구대상 선박 360척 중 근거가 확실한 31척의 선박 목록도 '참조용'으로만 접수한다고 못 박고 협의는 거절했다.

선박분과위원회의 쟁점은 협상대상 선박을 정하는 것으로 해당 선박의 기원과 범위가 문제였다. 한국은 1) 일본이 이 범주 분류로 인정한 선박 2) 우리가 정확히 소재를 아는 선박 3) 일본에 있으나 소재를 모르는 선박 4) 1945년 8월 9일 이후 일본으로 옮겨진 것으로 추정되는 선박 5) 한국 수역에 있지 않으나 그 소재를 모르는 선박으로 목록 범위를 구분했다. 그리고 이 같은 구분에 대해서는 철저한 보안을 요구했다.[25] 일본은 한국의 요구는 들어줄 수 없으며, 최대한 양보를 한다면 1945년 8월 9일 현재 한국에 등록된 선박은 반환할 수도 있다는 입장이었다.[26] 그러나 이것도 반환이

---

24) 「4차 한일회담의 8개월간의 협상 개관(1958. 4. 15~12. 20)」『제4차 한일회담 본회의 회의록, 제1-15차, 1958. 4. 15~60. 4. 15』, 외교사료관.
25) 「4차 한일회담에서 협상을 위한 안내 지침」, 1958. 5. 20, 『제4차 한일회담 교섭 및 훈령, 1958-60』, 외교사료관.

아닌 '기증'의 방식을 모색했다.[27] 한국은 SCAPIN 이행을 요구했고 일본은 주권 회복으로 더 이상 SCAPIN에 구속될 의무가 없다는 입장이기 때문에 선박문제에 대한 협의도 난항을 거듭했다.

한국 置籍의 선박반환 문제는 미군정 법령 2호 · 33호 · SCAPIN 2168호 · 韓美 재정 및 재산에 관한 협정 · 대일평화조약 4조 (b)항과 관련되어 있었다. 한국은 이 법령들에 따라 선반반환을 요구했다. 반면 일본은 SCAPIN은 평화조약 발효로 무효가 되었기 때문에 일본이 이행할 의무가 없다고 주장했다. 또한 在韓재산의 처분을 인정한 것은 韓美 간의 '처분'을 인정한 것이지, 법적인 소유권마저 인정한 것은 아니라며 한국의 요구를 일축했다. 여기서 쟁점이 되는 것은 미군정 법령 33호의 유효성 문제이자 대일평화조약 4조 (b)항의 해석 문제였다. 그러나 이미 일본이 대일평화조약 4조 (b)항에 대한 미국의 해석을 수용했고, 대한청구권 요구를 철회하였기 때문에 새삼 문제가 될 것은 아니었다. 또한 애초 4차 회담 재개 후 각 분과위원회 구성문제를 놓고 협의할 때 한국은 선박 반환 문제도 광의의 '청구권'에 속하므로 청구권문제와 통합하여 분과위원회를 구성하자고 제안했고 일본도 이 요구를 받아들였다. 따라서 한국은 일본의 성의 있는 협상자세를 거듭 요구했다.

한국은 31척의 한국 置籍 선박 목록을 제출하며 만약 일본이 성의 있는 자세로 在日 한국 선박의 실태를 조사해서 서면으로 제출한다면 선박 문제를 좀 더 합리적으로 신속히 해결할 용의가 있다고 제안했다. 이에 대해 일본은 한국 선박의 명부를 갖고 있지 않지만 한국이 선박문제에 대한 의견을 서면으로 제출한다면 검토 결과를 서면으로 제출하겠다는 의사를 표시했다.[28] 그러나 선박문제도 4차 회담의 휴회, 중단 등으로 더 이상의 진전

---

27) 「제4차 한일회담 대표에 대한 설명자료」, 1959. 8. 11, 『제4차 한일회담 교섭 및 훈령, 1958-60』, 외교사료관.
28) 외무부 정무국(1960), 앞의 책 229~230쪽.

을 보지 못했다.

문화재위원회는 1958년 6월 4일부터 12월 13일까지 12차례 회의를 개최했지만 큰 성과를 거두지 못했다. 반환 문화재의 목록 논의뿐 아니라 반환 원칙조차 합의되지 못했다. 일본 측 대표단이 정부 지시가 없다거나 기본 원칙이 수립되지 않았다는 이유로 협의조차 하려 들지 않았기 때문이다.[29] 한국은 4차 회담 재개 교섭과정에서 특히 일본에 소재한 한국 문화재 반환에 큰 관심을 표명했다. 일본은 회담 재개 직전 106점의 문화재 목록을 제출했고, 회담 재개일인 1958년 4월 15일 추가로 489점의 목록을 제출한 바 있었다. 이 중 106점의 문화재가 4월 16일 한국에 반환되었다. 그러나 한국은 1905년 통감부가 설치된 이래 한국에서 반출해간 모든 고서적, 미술품, 문화적 귀중품, 지도 원판 등 역사적 기념물의 목록 제출과 반환을 요구했다. 일본은 해당 문화재가 개인 소유는 반환할 수 없으나 일본정부가 소유 또는 소장하고 있는 문화재는 고려해 볼 수 있는 대상이라는 견해를 밝혔다. 또한 이 문제는 양국 고위층 회담에서 제기하는 것이 문제 해결에 도움이 될 것이라는 의견도 덧붙였다.[30] 일본이 이처럼 소극적으로 나온 데는 문화재 반환 문제가 일본의 여론을 들끓게 할 우려가 컸고 이것이 현실로 나타났기 때문이다. 일본정부가 한일회담 재개 직후 106점의 문화재를 한국에 반환했고 489점의 목록을 건네줬다는 사실이 알려지자 의회의 추궁이 시작되었다.

1958년 6월 24일 중의원 예산분과위원회에서 사회당 의원들은 한일 양국 간 비밀협정에 대해 집중 추궁했다. 사회당 의원에 따르면 한일 양국은 3개의 비밀협정을 체결한 것으로 알려졌다. 첫째 미국의 청구권에 관한 공식 견해는 발표치 않으며, 둘째 재산청구권은 한국에만 한하고, 셋째 1910년부터 1945년까지 한국에서 가져간 문화재를 반환한다는 협정이다. 특히

---
29) 국성하, 2005 「한일회담 문화재 반환협상 연구」 『한국독립운동사연구』 25, 375~376쪽.
30) 외무부 정무국(1960), 앞의 책, 234~235쪽.

문화재 반환문제에 대해서는 증여인지 반환인지 인도인지 그 형식을 추궁했다. 이에 대해 후지야마 외무대신은 한일비밀협정은 없으며, 문화재는 '증여'한 것이라고 답했다.[31] 이날의 쟁점은 일본이 4차 한일회담을 재개하려고 한국에 너무나 많은 양보를 했다는 것과 재개 후에도 계속 한국에 끌려다니고 있다는 것이었다. 그리고 일본정부가 우려했던 대로 한국에 문화재를 반환한 사실이 가장 쟁점이 되었다. 야당의원들이 문화재 반환문제에 반발하고 나선 것은 '반환'은 일본의 불법적 행위를 인정한다는 의미를 담고 있었기 때문이다.

1957년 12월 31일 양국이 합의서에 서명했을 당시 일본은 문화재 반환에도 합의한 상태였다. 그러나 이 사실은 일본의 요청으로 비밀에 부쳐졌다. 일본이 국내 반발을 의식해 다른 합의사항들과 함께 공개하지 않은 것이다. 합의서에 따라 일본은 4차 회담 재개 다음날인 1958년 4월 16일 주일대표부에 106점을 전달했다. 일본은 '기증'이라고 주장했지만 한국은 우리 소유물에 대한 '권리'라고 주장했다.[32]

일본정부가 의회의 공세에 시달리게 되자 문화재 반환문제는 더 이상 협의가 진전되지 못했다. 일본은 추가로 489점의 목록을 제출했으나 반환 여부에 대해서는 언급하지 않았다. 한국은 협상 촉진을 위해 11월 1,000점의 목록을 제출했으나 일본의 반응은 없었다. 일본은 문화재 문제에 관한 기본 정책이 아직 결정되지 않아서 한국이 제출한 목록은 자료 또는 참조용으로만 접수한다고 못 박았다.[33] 일본은 1957년 합의서에 따라 국내의 반발을 감수하고 106점의 문화재를 반환한 것으로 합의사항을 이행했다고

---

31) 「주일대표부가 외무장관에게 보낸 전문」, 1958. 6. 26, 『제4차 한일회담 교섭 및 훈령, 1958~60』, 외교사료관.
32) 「1958년 7월 11일 외무부 관리와 언론 인터뷰 내용」『제4차 한일회담 교섭 및 훈령, 1958~60』, 외교사료관.
33) 외무장관이 임병직 수석대표에게, 「제4차 한일회담 진행에 관한 건」, 1958. 11. 4; 외무장관이 해외 각 공관장에게, 「한일회담의 최근 진전 상황에 관한 자료 송부의 건」, 1958. 12. 13, 『제4차 한일회담 교섭 및 훈령, 1958~60』, 외교사료관.

생각했다. 그러나 한국이 생각하는 합의사항으로서의 문화재 반환은 훨씬 방대했다. 한국이 반환을 요구할 대상의 문화재는 1905년 이후 한국에서 실어 내간 모든 고전책과 좁은 의미의 미술품, 골동품, 국보를 의미했다. 이것은 일본정부 소유와 일본의 개인 또는 단체 소유물도 대상으로 한 것이었다. 한국은 고전책의 경우 12,489권의 반환을 요구했는데, 이 중 6,471권은 일본정부 소유였고 6,018책은 개인 소유였다.[34] 그러나 일본은 기본 방침이 수립되지 않았다는 이유로 협의에 응하지 않았을 뿐 아니라 개인 소유 문화재는 반환할 수 없다고 주장했다. 일본이 이처럼 특히 문화재 소위원회에 소극적인 데는 또 다른 이유가 있었다. 한국은 문화재와 선박반환 문제 등 비교적 합의에 이르기 쉬운 문제부터 해결하고 어업문제와 청구권문제 등 비교적 복잡하고 해결에 상당한 시일이 걸릴 것으로 예상되는 문제는 뒤로 미루자는 생각이었다. 그러나 일본은 어업 및 평화선 문제에 관심을 두고 이 문제가 자국에 유리하게 타결되어야만 다른 문제 토의에도 나서겠다는 방침이었다. 따라서 일본은 문화재와 선박문제 위원회에서 지연작전을 썼는데, 특히 문화재 소위원회서 두드러졌다. 일본은 첫째 국내정국이 불안정해 정부의 기본방침이 결정되지 않았고, 둘째 국내법 규정상 한국 요구에 응하기 곤란하며, 셋째로 국내 여론에 비추어 한국 요구에 응하기 곤란하다고 이유를 설명했다.[35] 일본의 방침은 분명했다. 개인 소유 문화재 반환은 불가능하지만 정부 소유 문화재는 경우에 따라 반환할 수도 있다는 것이다. 단, 다른 분과위원회, 그중에서도 어업 및 평화선위원회에서 소득이 있을 때만 협의한다는 것이었다.

어업 및 평화선위원회는 장경근(張暻根)과 오오쿠마 와타루(大隈渡)를 대표로 1958년 10월 2일 1차 회의가 열렸다. 이전까지 평화선의 법리논쟁만을 내세웠던 일본은 4차 회담에서는 본격적으로 어업협상에 나서기 시작했다.

---

34) 「4차 한일회담」, 1959. 1. 29, 『제4차 한일회담 교섭 및 훈령, 1958~60』, 외교사료관.
35) 「제4차 한일회담 대표에 대한 설명자료」, 1959. 8. 11, 『제4차 한일회담 교섭 및 훈령, 1958~60』, 외교사료관.

일본은 「日韓漁業協定要綱」을 통해 어업협상의 원칙과 방침을 제출했다.

1. 국제법상 또는 국제 관례상 일정한 공해상에 일방적으로 설치한 배타적인 관할권은 인정되지 않으므로 한일 양국은 공동으로 이해관계가 있는 공해상에 있어서 수산자원의 지속적 생산성을 유지하기에 필요한 보존 개발 조치를 상호 협조하여 협정한다.
2. 한일공동어업위원회를 설치한다.
3. 동 위원회의 필요한 조치에 관하여 권고를 行할 때까지 규제구역을 설정한다.
4. 양국 어선 간의 경쟁 내지는 분쟁을 방지하기 위하여 트롤장치와 등화장치에 필요한 제한을 가한다.
5. 양국은 전기 3, 4항의 규정을 위반하는 자국민을 엄벌하기 위하여 필요한 법률 또는 법규를 제정한다.[36]

일본 측 요강은 평화선을 부정하고 있었다. 또한 공동규제수역의 설치와 어구장치의 제한 등을 담고 있었지만, 위반 시에는 각각 자국의 법률로 처벌하도록 규정하였다. 이 요강에 따르면 결국 평화선은 폐지되고 그동안 평화선 수역을 지키고자 분투해온 한국은 더 이상 일본 어선들의 불법어로 활동을 막을 수 없게 된다.

따라서 한국은 일본의 요강 대부분에 대해 반대했다. 2항의 한일공동어업위원회가 한국의 專管水域 이외 수역에서의 어로활동을 협의하기 위한 것이라면 고려할 용의가 있다는 것 이외 나머지 4개 항에 대해서는 거부의 사를 밝혔다.

1. 일본의 1항은 한국의 평화선을 부정하는 것이다. 동시에 근래의 국제적 경

---

36) 외무부 정무국(1960), 앞의 책, 247~248쪽.

향은 일정한 공해상에 어업자원에 대한 연안국의 관할권의 행사를 정당시 하고 있다.
2. 공동어업위원회 설치 목적이 한국의 전관구역 밖에서의 타협을 목적으로 한다면 고려할 수 있다.
3. 일본의 3, 4항의 규제구역 설치 및 어로 기구 제한은 모두 어업자원 보존에 효과적 방법으로 볼 수 없다.[37]

11월 28일 일본은 10월의 요강을 더 구체화한 「日韓暫定漁業協定 草案 概要」를 제출했다. 양국 공동으로 연안국 해안 6리에 걸쳐 禁漁區 및 제한 어로구를 설정하자는 내용이었다. 한국은 "고려할 가치가 없는 또 다른 제안"이라며 거부했다. 특히 일본이 한국 수역에 속하는 곳까지를 포함하는 수역에서의 어업을 정규화시키려는 의도를 담고 있다고 비판하며, 어업문제에 관해서는 만족할 만한 합의에 도달할 것을 거의 기대하지 않았다.[38] 일본은 한국이 자신들의 제안을 수락하지 않겠다면 대안을 제시하여 달라고 요청했다. 일본은 자신들의 제안을 한국이 거절할 것이라고 예상하고 있었다.

일본 측 수석대표 사와다와 유태하의 면담에서 사와다는 어업문제를 해결할 수 있는 두 가지 방법을 제시했다. 하나는 일본이 국내법에 따라 위반 행위를 처벌한다는 선에서 평화선을 인정하는 방법이었다. 다른 하나는 현재 평화선의 특정 수역은 최소 100마일에서 최대 200마일에 이르는데 이것을 변경하고, 일본은 어로를 허가받는 선박 숫자를 제한해서 줄어시킨다는 선에서 평화선을 인정하는 방법이었다. 사와다는 한국이 두 가지 중에서 한 가지를 선택하라고 요구했다. 그러나 유태하는 한국이 일본의 어업협정

---

37) 외무부 정무국(1960), 앞의 책, 248~249쪽.
38) 외무장관이 해외 각 공관장에게,「한일회담의 최근 진전 상황에 관한 자료 송부의 건」, 1958. 12. 13, 『제4차 한일회담 교섭 및 훈령, 1958~60』, 외교사료관.

초안을 거절한 것이 답이라며, 사와다의 제안을 거부했다.[39] 사와다가 제시한 두 가지 방법은 모두 평화선을 인정할 수도 있다고 되어 있다. 그러나 선행조건을 들여다보면 결국 평화선은 인정할 수 없다는 기존 입장을 되풀이하고 있다는 것도 알 수 있다. 첫 번째 방법은 평화선을 침범한 일본 어선을 국내법에 따라 처벌한다는 것은 결국 처벌 수위에 따라 법적 구속력을 갖지 못할 가능성이 컸다. 두 번째 방법인 평화선 수역을 최소화시키고, 일본정부가 허가한 선박만 조업에 나설 수 있게 한다는 것도 평화선 유지의 실질적인 효과를 거두기 어려웠다. 수역을 최소화시키면 어족보호, 양국 어업 격차 등의 문제는 그대로 남게 되기 때문이다.

일본의 제안을 재고의 가치가 없는 것으로 거부한 한국은 새로운 제안을 내놓았다. 평화선의 지위에 미치는 영향 없이 동해의 트롤 금지선 동쪽의 평화선 수역 내에서 일본의 조업을 허가할 수 있으며, 일본은 어업협정 발효 후 5년간 위 지역을 제외한 평화선 수역에서 어업을 금지하고, 평화선 바깥쪽 수역에서는 일본도 자유롭게 어획할 권리를 인정한다는 것이다.[40] 그러나 양국이 평화선에 대한 어떤 식의 합의도 이루지 못하면 어떤 제안도 수용될 수 없는 상황이었다.

한편, 이 시기 평화선 문제와 관련해 흥미로운 사건이 있었다. 1958년 2월 스위스 제네바에서 제1회 유엔해양법회의가 개최될 예정이었다. 이 회의에는 몇 개국이 당시 3해리로 제한된 영해를 확장시키는 안건을 제출할 예정이었다. 반면 미국은 영해 3해리 안을 고수할 계획이었다. 일본은 미국 안을 지지함과 동시에 이 회의에서 평화선 문제를 제기할 것으로 알려졌다. 미국은 다울링 주한 미국대사를 통해 한국이 미국 안을 지지해 줄 것을 요청했고 한국은 이를 수락했다. 그러나 당시 회의에 참석한 한국 대표

---

39) 유태하가 이승만에게, 「한일문제, 일본 수석대표 사와다와의 면담」, 1958. 12, 『제4차 한일회담 교섭 및 훈령, 1958~60』, 외교사료관.
40) 「4차 한일회담」, 1959. 1. 29, 『제4차 한일회담 교섭 및 훈령, 1958~60』, 외교사료관.

단 단장 김용우(金用雨) 주영대사는 미국 안에 반대표를 던졌다. 김용우는 평화선 정책, 영해를 확장하는 국제적 추세, 해양 기술의 발전 등을 고려해 반대했다.[41] 그의 선택은 당시로선 본국의 훈령을 어기고 한미관계에 파문을 일으킨 파격적인 행동이었지만, 평화선 정책과 국제적 추세를 반영한 '소신'이었다.

그런데 어업 및 평화선분과위원회 활동은 북송문제로 새로운 국면을 맞게 되었다. 1958년 9월 북한의 남일 외상이 일본에 북송을 정식으로 요청하고, 1959년 1월 일본정부가 이를 공식화하였다. 일본은 한국이 한일회담 중지, 평화선 부근에서 일본어선 나포 강화와 억류자 석방 거부 등으로 보복할 가능성이 있지만 북송을 추진하기로 결정했다.[42]

한편, 1959년 4월 한국은 외무부 장관 이름으로 평화선에 대한 한국의 입장을 각국에 전달했다. 북송문제를 둘러싸고 한일 간 갈등이 계속되자 평화선 문제를 통해 일본을 압박하기 위해서였다. 한국은 이 서한을 통해 양국의 어업자원을 보호하고, 한일 양 국민이 우호적으로 살게 될 때까지 양국 간의 평화를 유지하고, 공산주의자들의 침투와 공격을 방어하고자 평화선을 설정했음을 다시 한번 천명했다. 한국이 평화선 문제를 들고 나온 것은 일본의 재일조선인 북송계획을 저지하기 위해서였다.

이에 한국과 일본의 미 대사관은 미국의 입장을 다시 한번 한국에 전달할 것을 국무부에 권고했다. 미 국무부는 한국의 평화선을 반박하는 회신 전달에 찬성하고, 구두로 한국 외무장관에게 그 뜻을 전달하기로 하였다. 우선 미국은 1952년 2월 11일 변영태 외무장관에게 공식문서로 전달했듯이 평화선 선포에 반대했음을 상기시켰다. 또한 미국은 한국이 평화선의

---

41) 김동조, 「김동조 회고록 : 秘話 내가 겪은 한국외교(7)」『문화일보』1999. 7. 31; 『동아일보』1958. 1. 31. 1960년 3월 제2회 유엔해양법회의에서는 영해 6해리, 어업보존수역 6해리 안도 1표 차로 부결되었다. 영해 폭을 놓고 각국의 경제적·군사적 이해관계가 달랐기 때문이다. 결국, 1982년 제3차 유엔해양법회의에서 유엔해양법협약이 체결됨으로써 영해 12해리, 배타적 경제수역(exclusive economic zone, EEZ) 200해리가 설정되었다.
42) 『서울신문』1959. 2. 2.

선례 또는 정당성으로 '맥아더라인'을 내세운 것에 반대했다. 맥아더라인은 일본 내부 점령 수단으로 연합국최고사령부가 선언한 것으로서 공해상에서 조업하는 일본선박에 대해 통제하고 점령정책을 보완하며 주일미군의 안정을 보장하기 위한 목적이었다는 것이다. 결코 한국의 어족자원 보호 또는 한국의 안보를 보장하기 위한 것이 아니었다는 점을 강조했다. 또한 미국은 공해상의 어족자원 보호를 위해서는 특정 경계선의 설정이 아니라, 오히려 합법적이며 전통적으로 이 해역에 이해관계가 있는 국가들 간의 어업보호협정 체결이 타당하다고 강조했다. 그리고 평화선이 공산당의 침투와 공격으로부터 한국을 방어하기 위한 해상 경계선이라는 데도 동의할 수 없다고 하였다.[43] 결국 미국은 한국의 평화선 선포 목적에 정면으로 반대한다는 점을 재차 강조한 것이다. 미국의 이 각서는 5월 28일 김동조 외무차관에게 전달되었다. 그리고 6월 3일에는 후지야마 외무대신에게도 전달되었다. 이때 미국은 각서를 전달하면서 평화선에 대한 반대는 미국의 기본적인 입장을 재확인한 것이며, 평화선 문제에서 일본을 도와주려는 취지임을 강조하였다.[44]

그러나 이 시기 평화선 문제는 더 이상 일본에 유효하지 않았다. 왜냐하면 이미 1957년 12월 한일 합의서에 따라 일본 어부들과 재일조선인들의 상호석방이 상당한 성과를 거둔 상태였기 때문이다. 대다수의 일본어부가 송환되었고, 한국에 남아있는 어부들은 소수에 불과했다. 그리고 재일조선인 북송계획이 순조롭게 진행되고 있었다. 한국의 평화선을 통한 북송 저지 경고와 압력은 미국의 지원으로 해결할 수 있는 상황이었다.

한국은 북송을 저지하고자 평화선 정책을 수정할 의사가 있음을 표명했다. 이승만은 8월 13일 일본적십자사와 북한적십자사 간에 북송협정이 정

---

43) Department of State to Seoul AmEmb, 1959. 5. 9, RG 84, Korea-Seoul Embassy, Classified General Records, 1956~1963, Box. 8.
44) MacArthur to Department of State, 1959. 6. 5, RG 84, Korea-Seoul Embassy, Classified General Records, 1956~1963, Box. 8.

식 조인되자 8월 26일 평화선은 한국이 어길 수 없는 '원칙'임을 강조하는 諭示를 내림으로써 강경 대처방침을 천명했다.[45] 하지만 11월 11일 AP통신과의 서면 회견에서 만약 일본이 북송을 중지한다면 평화선을 수정할 용의가 있다고 밝혔다.[46] 평화선이 북송선 출발을 저지하기 위한 강력한 수단으로 등장한 것이다. 그러나 이미 자국의 억류 어부들이 대부분 송환되었고, 재일조선인들을 대량으로 추방할 기회를 일본이 포기할 리 없었다.[47]

한편, 한국 내에서도 평화선 정책에 대한 비판이 제기되었다. 이는 이승만과 자유당의 실정에 대한 야당의 공세이기도 했다. 1958년 11월 25일 민주당 최고위원 조병옥(趙炳玉)이 UPI와의 회견에서 "평화선 문제는 결국 일본 측에서도 승인하지 않을 것이고, 우리 측도 입장을 굽히지 않을 것이다. 그러므로 한일회담에서는 이의 해결이 거의 불가능할 것인데, 이것은 한일 양국 간의 문제일 뿐만 아니라 국제적인 문제이니 국제사법재판소에서 어떠한 결정을 내리면 좋은 판례가 될 것이다."라고 언급하였다. 당시 이 회견내용은 국내에는 보도되지 않았으나 일본 언론에 보도되었다.[48] 조병옥의 발언은 야당 지도자로서 적절하지 못한 발언이었다. 정치적으로 이승만과 자유당에 반대한다 하더라도 일본의 주장을 그대로 받아들여 발언한 것은 대외정책의 기조를 흔드는 것이었다. 더구나 한일회담은 과거사 청산을 대전제로 해야 했기 때문에 어느 일방이 특정 사안을 양보한다고 해서 쉽게 해결될 수 없다는 것은 그동안의 회담 경과가 잘 보여주고 있었다.

민주당의 평화선 비판은 1959년 12월 첫 번째 북송선이 출발한 직후에도 제기되었다. 민주당은 북송 저지 실패의 책임을 그동안의 이승만 '1인 단독 외교'의 결과이자 비타협적인 對日교섭 탓으로 돌렸다. 그 대표적인 사례로

---

45) 대통령 비서관 박찬일이 외무부장관·법무부장관에게, 「대통령각하 유시 전달의 건」, 1959. 8. 21, 외교사료관.
46) 『동아일보』 1959. 11. 12.
47) 1959년 3월 19일 현재 억류 중인 일본인 어부는 214명이었고, 이 중 형기 만료자 167명은 3월 31일 송환되었다(日韓漁業協議會, 앞의 책, 300~301쪽).
48) 『동아일보』 1958. 12. 5.

평화선이 지목되었다. 곽상훈(郭尙勳) 의원은 "한일외교의 최대 난점이 李 라인이라는데 이것을 양보한다면 모든 것이 해결되고 장래 그 이상의 이익이 온다면 양보할 것"을 주장했다.[49] 對日외교 실패가 이승만의 독단에서 나온 것이기 때문에 그 상징인 평화선을 철폐해서라도 한일관계를 개선해야 한다는 것이다. 이 시기 평화선은 북송 저지를 위한 협상수단으로 제시되었을 뿐 아니라 야당의 정치공세 도구가 되었다. 당시 야당의 對日정책에 대해서는 별도의 분석이 필요하겠지만, 한일회담이 타결되지 못한 가장 큰 이유가 이승만의 독단외교와 평화선 때문이라는 주장은 검토될 필요가 있다. 이 같은 주장은 그동안 미국과 일본이 줄기차게 주장해온 내용이기도 하다.

이상과 같이 4차 한일회담에서는 각각의 현안에 대해 양국이 1차 한일회담 이래 제시했던 입장과 원칙을 재정리해 협상에 나섰다. 그러나 양국의 합의점은 쉽게 찾아지지 않았다. 한국이 비교적 쉽게 합의점을 찾을 것으로 예상한 문화재와 선박 반환 문제는 일본이 어업문제 진전에 따라 협의에 응한다는 전술로 대응해 합의점을 찾지 못했다. 재일조선인 문제는 영주권 문제와 대우문제, 그리고 강제퇴거 문제가 쟁점이 되었다. 2차대전 종전 이전부터 일본에 거주해온 이들에게만은 특권을 부여해야 한다는 한국의 주장과 국내법에 따라 처리한다는 일본의 주장이 맞서 합의점을 찾지 못했다. 그러나 4차 한일회담의 가장 중요한 진전은 한국과 일본 모두 회담 결렬을 바라지 않고 있었다는 점이다. 하지만 재일조선인의 북송문제가 회담 진전에 중대한 변수로 작용하기 시작했다.

---

49) 『제4대 국회 제33회 23차 본회의 회의록』, 1959. 12. 26.

2. 재일조선인 북한송환과 한일회담의 중단

1) 일본의 재일조선인 정책과 북송 추진

해방 직후 연합국최고사령부는 재일조선인 문제에 관심을 두지 않았고, 일본은 일본국적자로 인식했다. 일본은 관계부처 간의 협의를 토대로 1946년 2월 재일조선인 중 '불량분자'는 강제송환하며, 잔류자는 사정 여하를 불문하고 일본인과 같은 대우를 강행한다는 방침을 수립했다.[50] 재일조선인에 대한 새로운 정책은 연합국최고사령부 외교국에 접수되었고, 국무부의 승인을 얻어 1946년 5월에 발표되었다.

> 자유의지로 일본에 잔류하고 현행의 귀환수속에 따라 한국에 귀환하기를 바라지 않는 한국인은 처우의 목적상, 정식으로 수립된 한국정부가 當該 개인을 한국민으로서 승인할 때까지 추정 상 그 일본국적을 保持하고 있다고 간주되어야 한다.[51]

이상의 방침은 두 가지를 내포하고 있다. 첫째 재일조선인은 조속히 귀환해야 하고, 둘째 귀환하지 않는 재일조선인들은 일본인으로 취급한다는 것이다. 그러나 이런 방침은 재일조선인의 추방과 통제를 더욱 쉽게 하기 위한 편법에 불과한 것이었다. 일본은 이들을 결코 일본인과 동등하게 대우할 생각이 없었다.

연합국최고사령부와 일본이 잠정적으로 재일조선인들을 일본국적자로 취급한다는 사실이 한국에 알려지자 비난 여론이 들끓었다. 이 같은 조치

---

50) 김태기, 1998 「일본정부의 재일한국인정책-일본점령기를 중심으로」, 한국정치학회 연례학술회의, 376쪽.
51) Check Sheet from to G-4(through G-1, G-2, G-3) : Treatment of Koreans and Formosans, 1946. 5. 1, KK-G3-00044(김태기, 위의 논문, 253쪽에서 재인용).

는 '해방의 本意'에 어긋나는 모욕적인 처사이며, 민족감정상으로도 용납할 수 없다는 것이었다.[52] 더군다나 재일조선인 중 귀국을 하지 않은 사람들의 사정을 불문하고 한꺼번에 처리하는 것은 당시 일본 내에서 비등하고 있던 재일조선인들에 대한 차별과 편견을 더욱 조장하는 것이었다.

특히 국내 여론이 들끓게 된 데는 당시 일본에서 공공연히 재일조선인에 대한 적대감과 차별을 조장하는 발언이 쏟아졌기 때문이었다. 일본의 보수 정치가들은 1946년 7월부터 재일조선인에 대한 공공연한 비판을 쏟아내면서 9월에 들어서는 강제송환을 운운하는 지경에 이르렀다. 7월 23일 오오노 반보쿠(大野伴睦) 의원은 중의원 본회의에서 "비일본인의 사회질서 파괴행위는 마치 평화로운 목장에 호랑이와 늑대가 침입한 것과 같은 느낌을 가지지 않을 수 없다", "경찰의 민주화라는 것은 결코 경찰의 무력화가 아니다."라고 주장했다. 재일조선인들을 중국인·대만인·오키나와 원주민(琉球人) 등과 함께 '非일본인'으로 분류함으로써 공공연한 민족차별을 조장한 것이다.[53]

오오노의 발언이 담고 있던 더 큰 문제는 이런 인식이 일본의 對韓인식을 대변하고 있었다는 것이다. 일본에서 재일조선인은 사회질서를 어지럽힐 '잠재적' 위험분자들이며, 이들은 하루빨리 일본에서 추방되어야 할 대상이었던 것이다. 일본인들은 재일조선인의 기원과 삶에 대해서는 관심을 두지 않았다. 이미 일본의 재일조선인들에 대한 인식은 대일평화조약 체결과정을 통해 극명하게 드러난 바 있었고 일본의 이 같은 인식은 1950년대 내내 지속되었다. 구보타 발언과 이어진 '망언' 사례들은 결코 우발적인 私見들이 아니었다.

---

52) 『조선일보』 1946. 11. 14, 『자료대한민국사』.
53) 김태기, 앞의 논문, 379~380쪽. 오오노는 그 이후에도 한국을 무시하는 발언을 해서 크게 물의를 빚었다. 1963년 12월 17일 박정희 대통령 취임식 경축사절로 방한을 앞두고 기자회견 석상에서 "박대통령과는 부자 사이 같은 관계로서 아들의 경축일을 보러 가는 것은 무엇보다도 즐겁다."라고 발언하여 물의를 일으켰다. 방한 후 한국기자들의 추궁에 '부자지간'이라는 표현이 적당치 않으면 '부부지간'이라고 고치자고 극언했다(김삼웅, 1993. 3 「추적, 박정희의 친일행적」, 『옵서버』, 252쪽).

한국에서는 재일조선인은 당연히 '연합국민'으로 대우받아야 한다고 주장했다. 이처럼 여론이 비등하자 주한 미군정청도 연합국최고사령부에 재일조선인의 일본국적 강제 부여문제에 대한 진상조사를 요청하기에 이르렀다.[54] 결국 연합국최고사령부는 1946년 12월 20일 기존의 방침을 일부 수정한다고 발표함으로써 여론을 진정시키고자 하였다. 즉, "1946년 12월 15일 이후 일본에 재류하는 한국인은 일본의 시민권을 획득하지 않으면 안된다는 명령을 본 사령부가 최근 발했다는 신문보도는 전적으로 부정확하다. (중략) 귀환을 거절하고 이 나라에 머무를 것을 선택한 한국인은 일본에 계속 거주하면 모든 국내법 및 규칙을 준수해야 한다."라는 성명을 발표했다.[55] 이 성명에 의하면 일본에 잔류한 재일조선인을 일본국민으로 간주한다는 발표는 언론의 '오보'라는 것이다. 그러나 이 성명은 한국의 비난 여론을 일시적으로 모면하기 위한 거짓에 불과했다. 앞서 살펴본 대로 잔류 재일조선인들을 일본국적 소지자로 취급한다는 방침이 결정되어 시행되고 있었기 때문이다.

일본은 재일조선인들의 사상을 문제 삼아 이들을 추방하려는 방침이었다. 즉, '바람직하지 않은' 재일조선인들은 즉각 추방되어야 한다는 논리를 만들어낸 것이다. 이들은 일본사회의 불안요소이자 사상적으로도 공산주의 성향이 강하다고 지목되었다. 또한 재일조선인들이 처한 경제상황이 일본 경제에 큰 부담을 주고 있기 때문에 일본의 재건에 걸림돌이 되고 있다는 인식도 유포되었다. 당시『每日新聞』등 일본 언론은 일본적십자사와 후생성의 자료를 인용하여 "재일조선인 4분의 1이 생활보호대상자로서 그 비율이 일본인 평균보호율의 10배 이상"이라며, 연간 26억 엔의 생활보조금이 지급되고 있다고 했다. 또한 "절도, 상해 등 재일조선인 범죄자 수가 2만 2,000여 명으로 일본인보다 5배나 높은 비율"이라고 지적해 재일조선인

---

54)『동아일보』·『조선일보』1946. 11. 17,『자료대한민국사』.
55) 김태기, 1998「GHQ/SCAP의 對재일한국인정책」『국제정치논총』제38집 3호, 254쪽.

에 대한 반감을 노골적으로 드러냈다.[56] 일본의 입장에서 보자면 재일조선인들은 사상적으로나 경제적으로 일본에 체류할 '바람직한' 자격을 갖추지 못한 존재였다.

대일평화조약이 발효되기 전까지 일본이 가장 역점을 둔 것은 한국이 조약 서명국이 되지 않도록 하는 것이었다. 한국이 서명국이 되면 일본 경제는 재건되기 어려울 뿐 아니라, 다수의 재일조선인 공산주의자들로 인해 사회혼란이 가중될 것이라는 이유를 들었다. 1949년 7월 11일 요시다 총리의 절친한 친구이자 측근인 시라스 지로우(白洲次郎)가 연합국최고사령부를 방문한 것도 재일조선인 추방문제를 협의하기 위해서였다. 요시다는 시라스를 통해 일본정부가 비용을 대서라도 재일조선인를 한국으로 귀환시키되 일본에 '바람직하다'고 판단되는 한국인은 거주를 허가하고, '바람직한' 재일조선인임을 증명하지 못하는 사람들은 한국으로 귀환시키겠다는 계획을 전달했다.[57] 요시다는 맥아더에게 같은 내용의 서한을 보냈었다.[58] 그러나 이때 연합국최고사령부는 재일조선인의 강제송환 문제는 한일 양국이 직접 해결할 문제라며 일본의 요청을 거절했다.

요시다는 포기하지 않았다. 다음의 서한은 1949년 8월 말에서 9월 초순경에 작성, 맥아더에게 전달된 것이다. 요시다는 이 서한에서도 역시 일본 사회의 불안요소인 재일조선인들을 조속히 본국으로 송환시켜야 한다고 주장하고 있다.

1. 일본의 식량사정은 현재도 또한 미래에도 여분의 사람들을 유지하도록 허락하지 않습니다. 미국의 厚意로 우리는 대량의 식량을 수입하고 있습니다만 그 일부는 재일조선인을 먹이는 데 사용되고 있습니다. 이 수입은 장래 어느

---

56) 김동조, 「金東祚 회고록-秘話 내가 겪은 한국외교 (11)」 『문화일보』 1999년 8월 28일.
57) Memorandum of Conversation(1949. 7. 11), RG 84, entry #2828, Japan : Office of U. S. Political Advisor for Japan(Tokyo), Classified General Correspondence 1945~1949, Box. 48.
58) 袖井林二郎, 2000 『吉田茂-マッカーサー往復書簡集 1945~1951』, 法政大學出版局, 255쪽.

세대에 이르면 우리 민족의 부채가 될 것입니다. 물론 우리는 그 모든 것을 갚을 각오를 굳게 하고 있습니다만 이 對美 부채 중 조선인 때문에 생겨난 부분까지 장래 세대에게 부과시킨다는 것은 공정하다고 생각하지 않습니다.
2. 이 조선인 대다수는 일본 경제 재건에 공헌하지 않습니다.
3. 더욱 나쁜 점으로는 이들 조선인은 범죄율이 상당히 높습니다. 그들은 우리나라의 경제 법규를 파괴하는 상습범입니다. 대다수가 공산주의자이거나 그 동조자이며, 가장 악질적인 정치범죄를 범하는 경향이 있습니다. 투옥하고 있는 사람은 상시로 7천 명을 넘고 있습니다. (중략)
조선인 송환계획으로 내가 생각하고 있는 것은 다음과 같습니다.
① 원칙적으로 조선인은 모두 송환하되, 그 비용은 일본정부의 부담으로 한다.
② 일본에 거주를 희망하는 사람은 일본정부에 허가를 신청하도록 할 것이다. 거주허가는 일본 경제 재건에 공헌할 것으로 간주하는 사람에게 부여한다.[59]

요시다는 재일조선인를 추방해야 하는 가장 큰 이유는 일본 경제 재건에 부담이 될 뿐 아니라 범죄율이 높아 사회 혼란의 주범이기 때문이라고 주장하고 있다. 일본에 막대한 재원 투자와 지원을 통해 일본을 아시아의 중추로 급속 성장시키려는 미국에게 이런 요시다의 주장은 상당한 설득력이 있을 수밖에 없었다. 그러나 이 서한 어디에도 재일조선인들이 왜 일본으로 와야 했고 현재 귀환하지 못하고 있는지에 대한 고려나 배려는 찾아볼 수 없다.

1951년 4월 대일강화 문제를 협의하기 위해 일본을 방문한 덜레스와 요시다와의 회담 자리에서도 재일조선인 추방문제가 논의되었다. 미국이 한국을 강화조약 조인국으로 참가시키려고 하자 요시다는 강력히 반대했다.

---

[59] 袖井林二郎, 앞의 책, 275~276쪽.

한국은 연합국의 자격이 없고, 만약 한국이 연합국이 된다면 다수가 공산주의자들인 재일조선인들이 터무니없이 재산, 배상 등에 관한 권리를 주장할 것이라는 이유였다. 그렇게 되면 일본 사회는 혼란에 빠질 것이고 경제적 부담은 곧 미국의 부담이 될 것이라고 주장했다.[60] 요시다의 재일조선인에 대한 인식은 일본의 정서를 반영해주는 것이었다. 일본은 이후 한일회담에서도 이 기조를 유지하였고, 재일조선인의 북송문제도 이러한 일본의 인식과 정책에서 비롯된 것이었다.

한편, 재일조선인들은 법적지위와 대우문제로 어려움을 겪었고 한일 양국이 어업문제로 분쟁이 고조되면서 수용소에 억류되는 곤경에 처했다. 이들은 일본의 '인질'이 되었고 한국은 일본 어부들을 '인질'로 붙잡았다. 한국이 평화선을 선포하고 불법 침범하는 일본 선박과 어선들을 나포·억류하자 일본은 불법입국과 불법체류 등을 이유로 한국인들을 수용소에 억류시켰다. 그리고 1951년 10월 외국인 출입국관리령에 근거해 한국인을 포함한 외국인들 가운데 바람직하지 않은 사람들에 대해 강제출국 조치를 취하기로 결정했다. 또한 1952년 4월 외국인등록법 제정과 1954년 9월 외국인등록법 갱신을 통해 재일조선인에 대한 강제등록사업을 전개했다.[61] 이를 통해 재일조선인들의 체류자격을 제한하거나 자격을 주지 않음으로써 이들을 밀입국자·법령위반자로 취급하여 오오무라수용소 등에 억류하였다. 재일조선인 문제가 새삼스레 주목받게 된 것은 양국이 억류자 상호석방 문제를 협의하기 시작하면서부터이다.

1955년부터 한일 양국은 억류자들의 석방을 둘러싼 교섭을 시작해 1957년 12월 합의서 조인 후 석방과 송환이 이루어지기 시작했다. 그러나 재일

---

[60] Korea and the Peace Treaty, 1951. 4. 23; Memorandum of Conversation, 1951. 4. 24, RG 59, General Records of the Department of State, Japanese Peace Treaty Files of John Foster Dulles, 1947~1952, Lot File 54D423 Japanese Peace Treaty, Box.7.

[61] 유영구, 1997 「한일·북일관계의 고정화과정 小考 : '55년체제'에서 1965년 한일 국교정상화까지」 『中蘇硏究』 76호, 145쪽.

조선인의 지위와 처우문제가 본질적으로 개선된 것은 아니었다. 여전히 재일조선인은 일본의 '골칫거리'로 남아있었다. 이런 가운데 일본이 재일조선인 중 희망자들을 북한으로 송환하는 일에 착수하였다.

1956년 7월 재일조선인 48명이 북한 송환을 신청했다.[62] 일본정부는 범죄자가 아닌 이들이 일본을 떠나는 것을 막을 아무런 근거가 없다고 주장하였다. 일부 재일조선인들의 자발적인 북한 송환 요청은 '개인 이전의 자유'에 관한 문제라는 것이었다. 한국의 반대에도 1956년 12월 8일 북송을 원하는 48명 중 20명이 일본적십자사의 도움을 받아 노르웨이 선박편으로 북한으로 출발하였다.[63] 주일대표부와 한국 외무부는 일본정부에 강력히 항의했다. 조정환 외무장관은 이 같은 조치는 고의적으로 공산권에 아부하는 추태라며 비난했다. 또한 48명의 사례는 일본에 거주하는 60만 명의 재일조선인 전부 혹은 대부분을 북송시키려는 의도를 가지고 계획한 '관측기구'라고 비판했다.[64] 그러나 이는 시작에 불과했다.

일본에서 북송계획을 적극적으로 추진한 곳은 일본적십자사였다. 일본적십자사는 1955년 말 일본정부의 승인을 얻어 북한에 거주 중인 일본인들을 송환하고자 평양을 방문한 후 국제적십자사에 협조를 요청했다. 또한 국제적십자사에 60만 명에 달하는 재일조선인들이 대부분 귀국을 희망하지만 한국이 비인도적으로 이들의 귀국을 허가하지 않고 있으니 중재에 나서달라고 요청했다.[65] 국제적십자사는 이 같은 요청을 받아들여 1956년 5월 2명의 대표를 파견해 한국과 일본의 실정을 시찰하고 돌아갔다. 그 후 국제적십자사와 일본적십자사는 1956년 7월~1957년 4월 북송문제에 국제

---

62) Dulles to Seoul AmEmb, 1956. 9. 12, RG 84, Korea-Seoul Embassy, Classified General Records, 1956~63, Box. 2.
63) Seoul AmEmb to Department of State, 1956. 12. 11, RG 84, Korea-Seoul Embassy, Classified General Records, 1956~1963, Box. 2.
64) 「일본정부의 교포 불법 북한 이송 처사를 규탄한 조정환 외무장관서리 성명」, 1956. 12. 8, 외무부, 1962 『대한민국 외교연표 附 주요문헌 1948~1961』, 441~442쪽. 이 성명의 날짜가 1957년으로 표기된 것은 잘못된 것으로 1956년이 정확하다.
65) 김동조, 1986 『회상 30년, 한일회담』, 중앙일보사, 124~125쪽.

적십자사가 개입할지 여부, 개입 수단 등에 대해 서신을 교환했다. 그리고 일본적십자사는 국제적십자사와의 사전조율이 끝나자 1957년 8월 16일 일본정부가 국제적십자사를 북송문제에 개입시켜 문제를 해결하라고 공식적으로 요청했다.[66] 기시 총리도 1957년 3월 6일 재일조선인 중 희망자는 북한 송환을 허가할 것이라고 언명한 바 있었다.[67] 한국은 즉각 외무장관 이름으로 반박 성명을 발표했다. 재일조선인에 대한 관할권은 한국에 있기 때문에 일본의 북송 추진은 국제관습상의 관할권을 침해하는 처사이며, '두 개의 한국' 정책이라는 공산주의자들의 음모에 휘둘리는 것이라고 비판했다.[68] 그러나 이미 일본정부의 북송 계획은 확고했고, 구체적 추진계획이 수립되기 시작했다.

일본이 북송을 추진한 가장 큰 이유는 오랫동안 숙원이었던 재일조선인들을 '처리'하기 위해서였다. 그동안의 한일회담 경과를 놓고 볼 때 일본은 한국이 재일조선인들의 귀국을 받아들일 가능성은 적다고 판단했다. 그리고 평화선 침범으로 억류된 일본 어부들을 송환받고자 재일조선인 억류를 협상카드로 사용해왔으나, 1958년 이후 송환되지 않은 일본 어부들은 이제 소수였다. 따라서 이제는 재일조선인들에 대한 한국의 요구를 들어줄 이유도 없었을 뿐 아니라 상호 '인질외교전'을 펼쳐야 할 이유도 적었다. 때마침 북한이 대규모로 재일조선인들의 귀국을 허용하겠다고 제의하였고, 이는 재일조선인 문제를 처리하려고 골몰하고 있던 일본에게는 새로운 돌파구였던 셈이다.

일본은 첫 번째 시도로 1956년 20명을 북송시키고 다시금 재일조선인 억류자 중 북한 송환을 희망하는 사람들을 가석방할 계획을 발표해 파란을 몰고 왔다. 일본 외무성은 1958년 7월 5일 북송을 원하는 93명 중 26명을

---

[66] 鹿島平和研究所 編, 앞의 책, 75~76쪽.
[67] 「재일교포의 북한 송환 운운과 일본의 저의」 『한국일보』 1957. 3. 9.
[68] 「일본정부에 의한 교포의 북한송치를 비난한 조정환 외무장관 성명」, 1957. 3. 11, 외무부, 앞의 책, 406~407쪽.

포함, 3년 이상 구금 중인 한국인들을 일본 국내로 가석방할 계획이라고 주일대표부에 통보했다. 한국은 이런 계획은 1957년 12월 31일 한일합의서를 위반하는 것이며, 만약 석방계획이 이루어지면 일본은 앞으로 발생하는 어떠한 결과에도 책임을 져야 할 것이라고 경고했다.[69] 그러나 미국은 일본의 북송 결정은 인도주의적 차원에서 이루어지는 것이라는 일본의 주장에 동조했다. 맥아더 주일 미 대사는 임병직 대표에게 일부 억류자들을 가석방한다는 일본정부의 결정은 확고하다고 전달했다. 맥아더 대사는 북송문제는 인도주의의 문제이며, 만약 실현되지 않으면 세계 자유진영의 비난을 받을 것이라는 주장으로 한국의 항의를 봉쇄했다.[70]

한국은 일본이 결정을 번복하지 않을 태세인데다 미국까지 일본의 계획을 지지하고 나서자 타협책을 제시했다. 유태하 공사는 일본은 북송을 원하는 93명 중 26명의 가석방 대상자들의 북한행을 허가하지 말 것이며, 남은 67명은 한국으로 송환하라고 요구했다.[71] 그러나 일본은 한국의 타협안을 거절했다. 후지야마 외무대신은 한국의 요구는 고려하겠으나 가석방 계획은 계속 추진할 것임을 분명히 하였다. 그리고 한국의 반대를 무릅쓰고 8월 18일 일본 법무성은 북행을 원하는 93명 중 일가족 3명을 가석방하였다.

이에 따라 주일대표부는 1958년 8월 20일로 예정된 1차 어업과 평화선분과위원회 개최를 준비가 부족하다는 이유로 연기를 요청했다.[72] 이때는 4월 4차 회담이 재개되고도 한국 어업분과위원회 대표로 내정된 장경근이 국내문제로 일본에 오지 않아 분과위원회 회의가 개최되지 못하던 상황이었다. 다울링 주한 미 대사는 한국이 어업협상을 연기하는 것은 현명하지

---

69) MacArthur to Department of State, 1958. 7. 9, RG 84, Korea-Seoul Embassy, Classified General Records, 1956~1958, Box. 1.
70) MacArthur to Department of State, 1958. 7. 16, RG 84, Korea-Seoul Embassy, Classified General Records, 1956~1958, Box. 1.
71) MacArthur to Department of State, 1958. 8. 1, RG 84, Korea-Seoul Embassy, Classified General Records, 1956~1958, Box. 1.
72) MacArthur to Department of State, 1958. 8. 20, RG 84, Korea-Seoul Embassy, Classified General Records, 1956~1958, Box. 1.

못한 처사이나, 억류자 문제에 대한 한국의 입장이 전적으로 비합리적이라고 생각하지는 않는다고 하였다. 그는 일본정부가 한국정부에 사전에 어떤 통보나 협의 없이 일방적으로 가석방 계획을 발표함으로써 상황을 어렵게 만들었다고 생각하고 있었다. 따라서 회담 분위기를 호전시키려면 최소한 한국의 '체면'을 살려주는 차원에서의 타협이 필요하다고 생각했다.[73] 그 결과 일본은 북송을 원하는 26명의 오오무라수용소 억류자들을 일본 국내로 가석방하고, 그들의 거주문제에 대한 합의가 이루어질 때까지 일본을 떠날 수 없게 한다는 타협안을 내놓았다.

그러나 재일조선인 북송 계획은 1958년 8월 在日本朝鮮人總聯合會(이하 '총련')가 '8·15해방 13주년 기념 중앙대회'를 개최한 자리에서 「집단귀국에 관한 요청서」를 결의함으로써 본격화되기 시작했다. 특히 북한은 전후 복구와 경제개발 성과에 힘입어 1957년부터 두 차례에 걸쳐 2억 2,000만 엔의 교육원조금을 재일조선인 사회에 전달하여 북송이 시작된 1959년 12월까지 모두 7억 엔을 전달하였다.[74] 이는 교포 사회에 큰 반향을 불러일으키는 계기가 되었다. 재일조선인 대다수는 일본정부의 차별정책 아래에서 경제적으로 극빈자층을 이루고 있었다. 따라서 북한이 거액의 교육원조자금을 재일조선인 사회에 보냈다는 것은 이데올로기를 떠나 '고국'에 대한 관심을 새삼 불러일으켰다.

총련이 일본정부 내각총리 앞으로 「귀국에 관한 요청서」를 전달하고, 9월 16일 북한의 남일 외상이 재일조선인의 귀국을 공식적으로 요청함으로써 北·日 간에 북송 교섭이 시작되었다. 총련의 귀국 청원을 받은 북한은 즉각 환영을 표시했다. 9월 16일 남일 외상은 "일본으로부터의 귀국자를 받아들일 용의가 있다."라고 성명한 후, 12월 30일에는 "귀국 조선인 수송을 책

---

73) MacArthur to Department of State, 1958. 8. 22, RG 84, Korea-Seoul Embassy, Classified General Records, 1956~1958, Box. 1.
74) 진희관, 2002 「재일동포의 북송문제」『역사비평』 겨울호, 84쪽.

임진다."라고 발표했다. 한국은 일본 정보 당국의 견해를 빌어 총련과 북한의 북송 추진계획은 한일회담을 방해하려는 목적이 있다고 비판했다. 또한 1957년부터 1961년까지 경제 5개년 계획을 위한 노동력 확보와 대내외적으로 북한의 존재를 인정받으려는 데 목적이 있다고 분석했다.[75] 그러나 한국의 비판과 반발은 묵살되었다.

이제 북송문제는 재일조선인이 자발적으로 일본과 북한에 송환을 청원하고, 이것을 북한이 공식적으로 일본정부에 제안하는 형식을 갖추었다. 일본정부도 이것을 받아 일본적십자가 주도적으로 나서서 추진해온 송환계획을 본격적으로 추진하기 시작했다. 일본적십자사는 북송의 인도주의적 필요성과 정당성을 적극적으로 홍보하는 한편 1959년 1월 20일 재일조선인 북송문제를 정치문제와 분리해 인도적 문제로 해결할 것을 결의하였다.[76] 북송은 어디까지나 '인도주의적 차원'임을 강조함으로써 일본정부에 북송 추진 논리를 제공한 것이다.

이에 따라 일본정부도 1959년 1월 30일 북송 추진을 공식화했다. 후지야마 외무대신은 북송문제에 대한 구체적인 조사를 일본적십자사를 통해 실시하도록 결정했다고 발표했다. 일본의 이 같은 결정은 한국에 큰 충격을 주었다. 이것은 한국만이 한반도의 유일한 합법정부로 전 한반도를 관할하는 한국의 주권을 침해하는 행위로 받아들여졌다. 이에 한국은 주일대표부를 통해 일본 외무성에 즉각 구두 항의를 전달했다. 이 같은 결정이 한일회담에 '중대한 사태'를 몰고 올 것이라고 경고했다.[77]

그러나 일본 외무성은 한국의 보복조치를 다음과 같이 예상하고 대처방안을 마련했다.

---

75) 주일공사가 외무장관에게, 「소위 朝總系 귀국운동에 관한 건」, 1958. 10. 27, 외무부, 앞의 책, 460~461쪽.
76) 鹿島平和研究所 編, 앞의 책, 76쪽.
77) 『서울신문』 1959. 2. 1.

만약 한국이 (1) 한일회담의 중지 통고, (2) 평화선 부근에서 일본 어선 나포의 강화, (3) 부산에 수용 중인 일본어부의 석방 거부 등의 보복조치로 나온다면, (1)에 대해서는 회담 결렬의 책임을 한국 측에 전가시킨다. (2)에 대해서는 한국 측에 엄중 항의하는 한편 일본어선의 경계태세 강화를 지시하고, (3)의 경우에는 수용되어 있는 147명 중 형기 만료자 106명의 석방조치를 한국 측에 요청하여 만약 이에 응하지 않으면 국제적십자사를 통하여 석방방침을 취한다.[78]

이상의 계획을 놓고 보자면 일본은 북송문제로 한일회담이 결렬될 가능성이 크다는 점을 분명하게 인식하고 있었다. 또한 한국이 일본 어선을 나포하고 억류자 석방을 중지할 것이라는 점도 예측하고 있었다. 그럼에도 북송을 강행하겠다는 것은 한국의 이 같은 조치들이 더 이상 유효하지 않으리라는 판단 때문이었다. 이미 억류 어부 대다수가 귀환한 상태였으므로 평화선을 둘러싼 어업분쟁도 예전만큼 격화되지 않을 것이기 때문이었다. 나포·억류문제와 재일조선인 추방문제에 대한 득실을 따지자면 재일조선인들을 북한이든 남한이든 송환시키는 것이 일본에는 이익이었다.

마침내 1959년 2월 13일 일본 내각에서 재일조선인 북송계획이 결정되었다. 유태하 공사는 야마다(山田) 외무차관과의 회담에서 한국의 강경한 의사를 전달했다. 한국은 북송을 승인할 수 없으며, 평화선에 대한 경계를 강화할 것임을 강조했다. 또한 한국에 수용 중인 일본 어부들의 송환을 중단할 것이며, 한일회담에 응하지 않겠다는 방침을 전달했다. 이 모든 조치는 일본이 예상한 대로였다.

일본정부는 북송을 결정하면서 세 가지 문제에 주의를 기울였다. 첫째, 일본정부는 북송을 위해 선박을 제공하거나 비용을 지급할 수 없고, 적당한 때에 국제적십자사에 공정한 조사절차를 요청할 것이며, 5~6월 전에 자

---

78) 『서울신문』 1959. 2. 2.

발 송환은 없을 것이라는 점이다. 둘째, 한국이 송환 선박을 나포하려고 무력을 사용할 가능성을 염두에 두고 미국에 한국이 무력을 사용하지 못하도록 협조를 요청하는 문제이다. 셋째, 일본의 입장을 세계 여론에 호소하는 것이었다.[79] 핵심은 사실상 일본정부가 나서서 북송을 적극적으로 추진할 계획임을 천명한 것이었다. 일본은 재일조선인의 북송을 책임지지 않을 것이라고 했지만 출국 허가를 보장했다. 또한 북송을 위한 운송수단을 제공하지는 않을 것이라고 했지만 운송수단용 선박 입항은 허가한다고 밝혔다. 결국 북한이 선박만 보내준다면 아무런 제재나 장애 없이 재일조선인들의 출국을 지원해준다는 방침이었다. 그리고 국제적십자사에 송환 협조와 지원을 요청한다는 대목은 국제 사회의 여론을 의식한 것이었다. 국제적십자사를 울타리 삼아 인도주의라는 명분으로 재일조선인 문제를 처리한다면 이들에 대한 차별정책을 은폐할 수 있기 때문이다. 하지만 일본이 가장 신경을 써야 하는 문제는 미국의 반응이었다.

파슨스(Howard L. Parsons) 미 국무부 북동아시아과장은 재일조선인 문제가 일본의 오랜 현안이었음을 인정하지만, 왜 일본이 한국의 반발을 쉽게 예측할 수 있는 지금 그 같은 결정을 하였는지 의문을 제기했다. 미국주재 일본 참사관은 일본은 이 문제를 불명확하게 미해결문제로 남겨둘 수 없다고 생각했고, 한국과 해결할 가망이 없는 문제이기 때문에 북송 결정은 '자연스러운 결과'라는 점을 강조했다. 아울러 일본의 결정은 정치적인 것이 아니라 인도주의적 차원에서 수립된 것이므로 일본이 한일협상을 결렬시키기 위한 구실로 이런 결정을 했다고 생각하지 말아 달라고 요청했다. 그러나 파슨스는 일본의 결정은 미국을 곤혹스럽게 만들었다고 지적했다.[80] 미국은 그동안 한일 간 갈등과 대립을 조정하고 방지해왔는데, 북송

---

79) MacArthur to Department of State, 1959. 2. 17, RG 84, Korea-Seoul Embassy, Classified General Records, 1956~1963, Box. 8.
80) Memorandum of Conversation : 'Korean-Japanese Relations', 1959. 2. 13, RG 84, Korea-Seoul Embassy, Classified General Records, 1956~1963, Box. 8.

문제로 또다시 선택에 직면하게 됨으로써 어느 한쪽의 비판을 받아야 할 상황에 처했다. 그러나 미국은 원칙적으로 일본의 북송 결정을 지지했다. 미국이 휴전협상 당시 포로송환 문제에서 자유송환원칙을 주장한 전례가 있었기 때문이다.

다음 날에는 주미 한국대사관의 한표욱 공사가 국무부를 방문하여 북송 문제를 협의하였다. 한국은 재일조선인은 한국인이며, 북송은 북한체제를 사실상 인정하는 것이라는 점을 강조했다. 그러나 이 자리에서 로버트슨(Walter S. Robertson) 국무차관보는 미국은 한국의 입장을 지지하지 않는다는 점을 분명하게 밝혔다. 그 이유는 두 가지였다. 하나는 한국이 국가보안법 개정을 둘러싼 논쟁을 겪으면서 왜 공산주의자들의 한국 입국을 원하는지 이해할 수 없다는 것이다. 다른 하나는 미국은 휴전회담에서 포로들의 자발송환원칙을 지지했다는 사실 때문이었다.[81] 재일조선인과 전쟁포로를 똑같이 인식한 것은 송환방식만을 주목했기 때문이다. 일본의 북송 결정 자체가 차별정책을 은폐한 대단히 '정치적 결정'이었다는 점은 이미 살펴본 대로이다. 재일조선인들의 존재가 한일 양국의 과거사로부터 기원하고 있다는 점을 완전히 무시하고 있다는 점에서 미국의 반응은 일본의 요청을 비판 없이 수용한 것이었다. 이미 대일평화조약 체결과정에서 일본이 제공한 재일조선인에 대한 왜곡된 정보를 그대로 수용한 전력이 있었던 미국이 이 당시에도 똑같은 행보를 보여준 것이다.

미국은 북송계획을 둘러싼 한일 간 갈등이 고조되는 시점에도 여전히 '불간섭정책'을 고수하였다. 애초 일본은 이 문제에 대한 미국의 개입을 원하지 않았다. 결과적으로 일본의 일방적인 북송계획은 미국의 묵인하에 한국의 항의를 무시한 채 진행되었다. 북송문제가 한일회담 협상 수단으로 계획되지 않았다는 점은 분명하다. 일본 역대 정권 중 가장 의욕적으로 관

---

81) Memorandum of Conversation : Korean-Japanese Relations, 1959. 2. 14, RG 84, Korea-Seoul Embassy, Classified General Records, 1956~1963, Box. 8.

계개선을 도모한 기시 총리 집권기간에, 그것도 4년 반 만에 어렵게 재개된 한일회담이 진행되는 시기에 북송계획을 공공연히 추진했다는 사실 때문이다. 오히려 일본에게 재일조선인 추방문제는 반드시 해결해야 할 숙제였기 때문이라는 게 이 시기 북송문제를 이해하는 지름길이 될 것이다.

2) 한국의 북송반대운동과 회담의 중단

북송문제에 대한 한국의 입장은 북송이 한반도의 유일 합법정부를 부인하고 주권을 침해하는 행위라는 것이었다. 반면 일본은 북송은 순전히 개인의 거주이전의 자유에 입각한 인도주의적 문제임을 강조했다. 이는 제3자인 국제적십자사가 중재한 사실로도 알 수 있다는 것이다. 이러한 양국의 북송문제에 대한 견해 차이는 쉽게 좁혀지지 않았다.

재일조선인 북송계획이 알려진 후 한국에서는 일본을 비난하는 여론이 들끓었다. 1959년 2월 16일에는 '재일한인북송반대전국대회'가 개최되었다. 고문에 김병로, 함태영, 전진한, 변영태, 김준연, 이갑성, 윤일선, 곽상훈, 유림, 이범석, 백두진, 서상일, 백낙준, 유진오, 이재학 등이 추대되었고, 지도위원엔 이기붕, 조병옥, 장택상 3명이 선출되었다.[82] 대회에서는 장택상 전 국무총리, 최규남 전 문교부장관, 유진오 고려대 총장 등 3명의 대표를 3월 7일 제네바로 보내 국제적십자사가 북송문제에 개입하지 말도록 교섭하도록 결의했다.[83] 국회도 2월 19일 재일한인북송반대에 관한 결의안을 가결하고 이것을 유엔총회 의장, 유엔 사무총장, 한국전쟁 참전 16개국 정부 대표와 국제적십자사 대표에게 보냈다. 결의문에서 일본의 북송 결정은 한국전쟁에 참전한 16개국을 배신하는 행위이며, 1957년 12월 한일합의

---

82)「재일한인북송반대전국대회의 發會를 보고」『국제신문』 1959. 2. 18. 북송 반대시위는 2월 13일~3월 5일간 315회, 참가자는 735만 6,897명에 달했다고 한다. 1959년 말 현재 한국의 전 인구 2,297만 3,933명 중 1/3 정도가 참석한 것이었다(鹿島平和硏究所 編, 앞의 책, 77쪽).
83) 鹿島平和硏究所 編, 위의 책, 76~77쪽.

서를 일방적으로 무시한 처사라고 비판했다. 또한 북한을 비롯한 중공, 소련의 환심을 사려는 이중외교이며, 결국 재일조선인를 추방하려는 비인도적 처사라는 이유로 북송을 적극 저지할 것을 결의했다.[84]

한국정부도 4차 한일회담 중단, 외교경로를 통한 강력한 항의 전달, 對日 통상 중단조치, 미국에 중재요청, 국제사법재판소 제소 등 다양한 대책을 수립·추진하였다. 그러나 주일대표부를 통한 외교적 항의는 주권침해와 인도주의라는 양측의 팽팽한 의견대립만 확인시켜 주었다. 1959년 6월 15일 취해진 대일 통상 중단조치도 오히려 한국에 불리할 뿐 일본에 대한 압력수단이 될 수 없었다. 결국 통상 중단조치는 10월 8일 해제되었다. 더구나 한국이 기대를 걸었던 미국도 사실상 일본의 입장을 지지했다. 북송문제는 인도주의적 차원에서 이루어지는 것으로 미국이 개입할 문제가 아니라는 쪽으로 태도를 결정한 것이다. 국제사법재판소에 이 문제를 위임하자는 한국의 제안은 당연히 일본의 거부로 실현되지 못했다. 한국이 북송문제에 대해 취할 수 있는 정책수단과 방법은 모두 효과적이지 못했다. 이에 한국은 방법을 바꿔 4차 한일회담의 즉각적인 재개를 요청하게 된다.

여기서 주목할 점은 다울링 주한 미 대사와 맥아더 주일 미 대사 등 현지 미국 관리들의 북송문제 인식이다. 이들은 북송문제를 세계여론에 알리고 평화선 및 억류 어부 석방문제와 연계시킬 구상을 하고 있었다. 그리고 유태하를 통해 이 같은 구상을 한국에 전달하는 한편 기시에게도 적극적으로 권고했다. 그러나 이들의 구상과 권고는 국무부에 의해 제지되었다. 국무부는 첫째 한일 간 논쟁은 유엔에 제출되어선 안 되며, 둘째 전체회담은 곧 재개되어야 하고, 셋째 한일 간 송환 논쟁은 전체 자유세계를 재일조선인 문제로 집중시킬 것이며, 넷째 평화선 문제는 한일관계뿐 아니라 1960년 해양법회의 결과에 따라 해결되어야 한다고 지적했다.[85] 미국은 한일 간

---

84) 『제4대 제32회 국회본회의 회의록』, 1959. 2. 19, 2. 20.
85) Secretary of State to Seoul AmEmb, Tokyo AmEmb, 1959. 3. 19, RG 84, Korea-Seoul Embassy,

대립이 세계적으로 알려지게 되면 이것은 공산진영에 좋은 선전거리가 될 것이라는 점을 우려했다. 또한 북송 논쟁이 알려지게 되면 재일조선인 문제가 관심사로 떠오를 것이고, 대일평화조약 발효 전까지 일본을 점령통치 해온 미국의 재일조선인정책이 도마에 오를 가능성이 컸다. 이럴 경우 연합국최고사령부의 차별정책과 일본의 공공연한 차별정책이 비난받을 것은 분명했다. 재일조선인에 대한 차별정책이야말로 인도주의적 측면에서 국제적 이슈가 될 것이기 때문이다.

한국은 북한적십자사와 일본적십자사의 북송 협의를 중지시킨다면 한일회담을 재개할 용의가 있다고 제안했다. 일본은 송환문제를 제외한 모든 현안에 대해 협상을 재개할 용의가 있다고 밝혔다. 기시 총리는 현재의 한일 간 분쟁은 가장 불행한 사태로, '타협(Give & Take)'에 기초해 문제를 풀 것을 강조했다. 그러나 양국은 지리적으로나 역사적으로 매우 밀접하기 때문에 문제 해결이 훨씬 어렵고 이 어려움을 친구 사이보다 더 풀기 어려운 형제 사이의 어려움에 비유하였다. 기시는 여전히 자신은 다른 일본 지도자들보다 훨씬 더 한국과 한국문제를 이해하고 있다는 점을 강조하면서 모든 문제에 대한 해결을 강력히 희망하였다.[86]

다울링 주한 미 대사도 이승만에게 기시와 정상회담을 통해 해결책을 모색하도록 제안했다. 그러나 이승만은 기시와의 면담은 시기상조라고 거절했다. 이승만은 현재 제네바에서 진행되고 있는 일본과 북한 간의 북송 협상을 중지하지 않는 한 일본과의 관계개선은 불가능하다는 점을 다시 한번 강조했다. 그러나 다른 한편으로 이승만은 일본이 성의를 보인다면 평화선에 대한 정책을 변경할 의사가 있음을 암시하였다. 그리고 한일 간 분쟁을 조정하려고 방한 중이던 파슨스(Graham J. Parsons) 극동담당 부차관

Classified General Records, 1956~1963, Box. 8.
86) MacArthur to Department of State, 1959. 3. 30, RG 84, Korea-Seoul Embassy, Classified General Records, 1956~1963, Box. 8.

보에게 미국이 '솔로몬'의 역할을 하여 달라고 요청했다. 파슨스는 성서의 솔로몬과 현재 상황에서 미국의 역할 사이에는 한 가지 중대한 차이가 있다고 지적했다. 솔로몬은 자신이 판단한 것들에 대해 주권자였지만, 미국은 양국 문제에서 주권자가 아니라는 것이다.[87] 결국 미국이 한국을 위해 해줄 수 있는 것은 아무것도 없다는 답변이었다.

파슨스는 이승만을 만난 뒤 일본을 방문해 5월 7일 후지야마 외무대신과 현안을 논의했다. 후지야마는 한일회담이 교착상태에 빠진 가장 큰 이유는 한국이 협상을 통해 얻을 게 없다고 생각하고 있기 때문이라고 지적했다. 예를 들어 평화선 문제가 먼저 해결되지 않으면 문화재 반환은 불가하다는 게 일본의 입장이라고 주장했다. 또한 북송문제는 별개임에도 한국은 협상 재개에 나서지 않고 있다는 점 등을 지적했다.[88] 이에 대해 파슨스는 한국은 오히려 일본이 한일협상의 타결을 원하지 않는다고 생각하고 있다는 점을 강조했다. 또한 현재 북송 협상이 지연되고 있는 것은 북한의 협상 지연 전술에 말려들고 있기 때문이며, 결과적으로 한일협상 재개를 어렵게 만들고 있다는 점을 지적했다. 북한의 협상 지연전술은 전형적인 공산주의자들의 협상술로 한일관계를 악화시키려는 의도임을 인식해야 한다고 강조했다. 미국은 되도록 빨리 북송문제를 마무리하고 한일회담을 재개할 것을 주문하였다.[89]

그러나 한국의 적극적인 반대에도 불구하고 1959년 6월 10일 제네바에서 일본·북한 적십자사 간 교섭이 사실상 타결되었다고 전해지자 15일 한국정부는 대일통상단교를 발표하였다. 그리고 6월 24일 제네바에서 일본과 북한 적십자사가 관계문서에 가조인하자 이승만 대통령은 "재일동포 북

---

87) Memorandum of Conversation, 1959. 5. 5, RG 84, Korea-Seoul Embassy, Classified General Records, 1956~1963, Box. 8.
88) MacArthur to Department of State, 1959. 5. 8, RG 84, Korea-Seoul Embassy, Classified General Records, 1956~1963, Box. 8.
89) MacArthur to Department of State, 1959. 5. 8, RG 84, Korea-Seoul Embassy, Classified General Records, 1956~1963, Box. 8.

송저지를 위한 모든 수단을 사용할 것"이라고 말했다.[90] 그러나 일본과 북한은 8월 11일 인도 캘커타에서 북송협정에 정식 조인하였다.

한국은 1958년 12월 4차 회담이 휴회에 들어간 사이 북송문제가 터지자 회담 재개에 응하지 않는 등 강경한 태도를 보여왔다. 그러나 회담 중단이 효과적이지 않다는 판단에 1959년 7월 30일 조속한 회담 재개를 요청했다. 유태하 주일대사는 후지야마 외무대신에게 재일조선인 문제 토의를 포함해 한일회담을 조속히 무조건 재개할 것을 제안했다. 또한, 억류자 상호석방을 조속히 계속할 것을 제안했다.[91] 한국은 한일회담을 통해 북송문제에 대해 항의하는 한편 이를 저지하고자 회담 재개를 요청했다.

1959년 8월 12일 한일회담이 재개되었다. 한국은 임병직 수석대표를 허정으로 교체했는데, 허정 대표는 인사말을 통해 한국의 두 가지 입장을 분명하게 밝혔다. 하나는 한국은 한반도의 유일한 합법정부라는 점, 다른 하나는 일본이 자유세계의 일원으로 맹세했다는 점으로 이것이 한일회담 성공의 전제조건이라고 강조했다.[92] 회담 재개 후 한국은 재일조선인 북송을 저지하기 위한 제안을 연달아 제출했다. 재일조선인의 거주지 선택 자유를 보장하되, 북한보다는 남한을 선택할 수 있도록 귀환에 따른 편의제공을 요구했으나 일본은 거절했다. 한일회담장에서도 북송을 저지하는 것은 어려운 상황이었다.

북송문제를 둘러싼 한일 간의 갈등과 대립은 평화선 문제로도 연출되었

---

90) 鹿島平和研究所 編, 앞의 책, 77쪽
91) 한국이 회담 재개를 요청한 배경에는 미국의 설득, 북송문제에 반발하는 한국 내 데모가 이승만 체제에 대한 비판으로 확대될 것에 대한 우려, 대일무역 정지가 재차 한국경제를 곤경에 빠뜨리고 있다는 점 등이 반영되었다는 분석도 있다(渡邊昭夫, 1985『戰後日本の對外政策』有斐閣, 171~172쪽). 한편에서는 재일조선인에 대한 무시와 방기에 대한 이승만정권의 정책 부재에 대한 분노도 커짐에 따라 회담을 재개해 북송을 견제하고, 재일조선인 문제 해결을 도모하는 방식이 유리하다는 판단 때문에 회담 재개를 요청했다고도 한다(石丸和人・松本博一・山本剛士, 1983『戰後日本外交史Ⅱ 動き出した日本外交』, 三省堂, 321쪽). 그러나 이러한 평가는 이승만정권에 대한 한국인들의 불신을 전제로 하고 있다. 당시 한국 신문에 한국국민이 재일조선인 북송문제를 일본의 '奸計'로 규탄하는 기사가 대다수였다는 사실과는 다른 평가이다.
92) 眞岐光晴, 1962『日韓交涉-その經緯と問題點』, 日本國際問題研究所, 20쪽.

다. 1959년 8월 일본의 소규모 의원단과 운수대신 등이 평화선 해역을 순시하였다. 이에 대해 8월 19일 유태하는 야마다 외무차관을 만나 항의하고 최근 비무장한 일본 순시선의 은밀한 순찰 등 일련의 도발적인 행동의 의도를 추궁했다. 8월 21일에는 일본 소형선박 2척이 한국 해안경비대에 나포되어 선원 11명 중 4명은 체포되었고 7명은 탈출하였다.[93] 이때의 평화선 수역에서의 분쟁은 그동안의 어업분쟁에다 북송문제까지 더해진 것이었다. 한국은 평화선 수역에 대한 일본의 일련의 행동을 '도발'로 받아들였다. 실제로 일본은 북송을 앞두고 한국의 대응강도를 시험하고자 평화선 수역에서 일련의 움직임을 보였을 가능성이 크다. 한국이 공언한 대로 평화선 수역에 대한 경계태세가 강화되어 일본어선에 대한 나포가 적극적으로 이루어질 것인지, 또는 북송선에 대한 무력사용 가능성 여부 등을 타진했을 것이다. 그러나 한국은 북송을 저지할 만한 효과적인 수단이 없다는 사실을 절감하고 있었다.

1959년 8월 20일 맥아더 주일 미 대사는 한일회담 한국 대표인 허정, 유태하와 한일협상에 대해 협의했다. 두 사람은 이 자리에서 개인적으로 일부 북송이 불가피하다는 의견을 피력했다. 맥아더 대사는 후지야마 외무대신과의 대담에서 이 같은 내용을 전달했다. 두 사람은 한국이 북송문제로 체면을 잃었다고 생각하고 있으며, 일본에 대해 복잡하고 뿌리 깊은 열등감이 있다는 데 의견을 같이했다. 후지야마는 일본은 항상 재일조선인을 일본인보다 더 우호적으로 대우했고, 그들의 생계를 위해 많은 자금을 투자하는 등 어떤 차별도 없었으며, 만약 그들이 그렇게 느꼈다면 이는 열등감의 소산이라고 주장했다.[94] 일본은 한국의 대일 열등감을 한일관계 개선의 중요한 장애요소로 인식하고 있었다.

---

93) MacArthur to Department of State, 1959. 8. 20; MacArthur to Department of State, 1959. 8. 21, RG 84, Korea-Seoul Embassy, Classified General Records, 1956~1963, Box. 8.
94) Tokyo AmEmb to Department of State, 1959. 8. 28, RG 84, Korea-Seoul Embassy, Classified General Records, 1956~1963, Box. 8.

결국 한국의 적극적인 반대에도 1959년 12월 14일 첫 번째 북송선이 975명의 재일조선인을 태우고 니가타항을 출발했다. 이것을 시작으로 1959년 12월 2,942명이 북송선을 탔고, 1981년 9월 27일까지 모두 185회에 걸쳐 9만 3,314명이 북한으로 갔다. 특히 1960년과 1961년 동안 7만 2,000여 명이 북송 길에 올라 전체 북송자의 77.4%를 차지했다.[95]

한국정부는 북송이 중단될 때까지 '거족적 항쟁'을 지속한다는 성명을 발표했다. 반면 일본은 북송문제를 국제사법재판소에 위임하자는 한국의 제안을 정식으로 거부하였다. 북송선의 출항으로 한일회담은 결렬상태에 빠졌지만 전면적인 중단은 아니었다.

한국은 북송문제에 대해 효과적인 수단이 없었다. 이는 한국의 안이한 정세 판단의 결과이기도 했다. 김동조의 회고에 따르면 정부와 주일대표부 모두가 안이하게 정세를 오판했다고 한다. 당시 '게릴라 리포트'로 유명했던 유태하도 북한과 총련이 북송추진을 본격화하고 있을 때에 특별한 보고를 하지 않았다. 총련이 1958년 10월 30일을 '귀국 요청의 날'로 정해 일본 전역에서 집회를 개최하는 등 북송 분위기가 고조되고 있을 때 유태하가 외무부에 보낸 보고서는 전혀 다른 인식을 보여주고 있었다. 유태하는 북한이 북송을 추진하는 이유가 한일회담 분쇄, 경제개발계획을 위해 필요한 노동력 확보, 대내외적인 선전 효과를 통한 북한 체제를 인정받기 위해서라고 보고했다. 그리고 총련 내부에서 북송을 둘러싼 분규가 존재하며, 실제로 많은 사람이 북송을 선택하지 않을 것이라고 주장하였다.[96]

북송문제에 대한 한국의 문제제기에는 남북한 체제경쟁이 개재되어 있었다. 그러나 한국이 북송문제에 안이하게 대처한 데는 이승만의 잘못된 생각도 작용했다. 이승만은 북송문제를 두 가지 측면에서 바라보고 있었다. 한편으로는 북송이 공산주의자들에게 엄청난 심리적 승리를 가져다줄

---

95) 유영구, 앞의 논문, 154~155쪽.
96) 김동조, 앞의 책, 131쪽.

것으로 생각했고, 다른 한편으로는 고국으로 귀국할 기회를 거절한 변절자로서 재일조선인를 경멸하였다. 이승만은 "한국정부는 정부에 충성하는 모든 '충성스런 한국인'을 한국으로 귀국토록 함과 동시에 일본정부가 그들에게 각자 500달러를 지불하게 할 것인 반면 귀국을 거부하는 한국인은 한국시민권을 박탈하고 한국 땅을 밟아보는 것도 허용할 수 없다."라고 언명했다.[97] 이승만은 일본이 해방 이후 일본에서 태어난 재일조선인 2세에 대한 영주권 부여를 거부하자, 이들을 한국으로 귀국시키되 정착금을 지급하라고 요구하였다. 대략 개개인에게 지급될 정착금을 3~4억 달러 정도로 계산하고 있었으나, 재일조선인 2세와 부모들이 생이별을 해야 한다는 현실적 판단은 전혀 하지 않았다.[98] 이승만은 재일조선인라면 당연히 누구든지 북한이 아닌 남한을 선택할 것이고, 그 선택만이 유일하게 옳다고 생각했다. 만약 북한을 선택한다면 그들은 '배신자'이고 '변절자'였다. 이승만의 이 같은 인식은 재일조선인이 일본에서 처한 현실, 특수성, 역사성 등을 모두 외면한 것이었다. 오직 자신의 견해에서 재일조선인들에게 '양자택일'만을 강요한 것이었다. 재일조선인 다수가 북송을 '선택'한 데는 이데올로기적인 측면뿐 아니라 생활의 필요성도 컸다. 재일조선인의 삶은 일본 내에서 최하위 계층에 속했기 때문이다.

다른 한편으로 한국이 북송문제에 적절히 대처하지 못한 것은 일본의 교란작전에 말려들었기 때문이었다. 한쪽에서는 북한 체제를 인정하지 않는다고 말하면서 다른 한쪽에서는 인도주의를 말하고, 북송을 추진하지 않을 것이라고 말하면서 개인의 거주이전의 자유를 가로막을 수는 없다는 식이었다. 외무대신이 절대 북송은 없을 것이라고 확약하고 나면 외무차관은 북송을 '고려'해야 할 필요성을 역설했다. 한국은 이 같은 일본의 이중적인 태도의 본질을 간파하지 못한 측면이 있었다.

---

97) 김동조, 「金東祚 회고록 : 秘話 내가 겪은 한국외교 (11)」, 『문화일보』 1999. 8. 28.
98) 김동조, 앞의 책, 129~130쪽.

북송선의 출발로 중단되었던 한일회담은 1960년 억류자 상호석방, 한국 쌀 3만 톤의 일본 수출 등을 협상하면서 회담 재개에 합의하였다. 합의에 따라 4월 15일 회담이 재개되었지만, 4·19혁명으로 이승만정권이 붕괴하자 한일회담은 중단되었다. 정권의 붕괴로 협상은 중단되었지만, 이때까지의 협의를 토대로 제2공화국은 수립 후 곧바로 한일회담을 재개할 수 있었다.

VI
제1공화국 對日정책의 특징과 한계

제1공화국 對日정책의 특징과 한계

1. 對日정책의 특징

1) 한일회담을 통한 현안 타결

　제1공화국 대일정책의 기본목표이자 대전제는 일본의 과거사에 대한 반성을 토대로 한일 간에 과거사를 청산하는 것이었다. 한일회담이 14년여라는 긴 시간을 끌게 된 것은 한국과 일본의 과거 식민지배 청산을 둘러싼 인식 차이와 갈등 때문이었다. 과거 청산을 요구하는 한국과 그 자체를 정당하다고 인식하는 일본의 대립이 있었다. 한국에게 한일관계 개선은 일본이 과거사에 대해 진심으로 반성하는 것을 전제로 한 것이었다. 따라서 1950년대 한국의 대일정책의 기본 목표는 일본의 과거사에 대한 반성을 기초로 새로운 관계를 수립하는 것이었다. 한국 국민의 강력한 민족적 요구가 토대를 이룬 것이었다. 해방 직후 대일배상 요구 등도 이 같은 민족적 요구를 수렴한 결과였다. 따라서 이승만정권은 이 같은 요구를 무시할 수 없었다. 물론 이승만정권이 한일관계 개선에 내재하여 있던 경제협력을 통한 반공동맹의 형성과 강화라는 정치적 목표를 부차적으로 인식하거나 도외시한 것은 아니었다. 이승만에게 반공동맹이라는 정치적 목표는 최우선의 목표이기도 했다.

이러한 한국의 대일정책의 기본 목표는 한일회담 과정에서 구체화되었다. 특히 일본의 과거사에 대한 반성이 단순한 언명이나 성명 수준에 그쳐서는 안된다고 판단했다. 한국은 대일배상 요구, 어업협정 체결, 재일조선인의 지위 보장 등이 과거사 청산을 위한 계기가 되어야 한다고 생각했다. 한일회담은 외교관계 수립을 위한 교섭과정임과 동시에 한일 간 과거사 청산을 위한 계기를 마련하기 위한 교섭과정이었다.

따라서 대일정책의 두 번째 목표는 한일회담을 통해 실질적인 현안을 해결하는 것이었다. 한국이 가장 주안점을 둔 문제들은 대일배상 문제, 어업문제, 재일조선인 지위문제 등이었다. 한일회담은 14년 동안 이상의 문제들을 주요 의제로 삼아 진행되었다.

┃표 6-1┃ 한일회담의 경과

회 차	기 간	주요 의제	경 과
예비회담	1951. 10. 20~1952. 2. 27	· 선박반환 문제 · 재일조선인 법적지위문제 · 공식회담 의제결정	· 한일회담 의제 선정 · 한국의 평화선 선포(1952. 1)
제1차 회담	1952. 2. 15~4. 25	· 기본관계 · 재일조선인의 법적지위 · 어업문제 · 청구권문제 · 선박문제	· 일본의 對韓請求權 주장으로 회담 결렬
제2차 회담	1953. 4. 15~7. 23	· 기본관계 · 재일조선인의 법적지위 · 어업문제 · 청구권문제 · 선박문제	· 이승만 방일(1951. 1) · 휴전협정 체결(1953. 7)과 제네바 회담 개최를 이유로 일본 휴회 제의
제3차 회담	1953. 10. 6~10. 21	· 기본관계 · 재일조선인의 법적지위 · 어업문제 · 청구권문제 · 선박문제	· 평화선의 합법성에 대한 토의 집중 · 일본 수석대표 구보타 발언으로 회담 결렬
제4차 예비교섭	1957. 5~1957. 12. 31	· 일본의 對韓請求權과 구보타 발언 취소문제를 둘러싼 교섭 진행 · 1957. 12. 31 회담재개 합의서에 서명	· 일본, 對韓請求權과 구보타 발언 취소

회차	기간	주요의제	경과
제4차 회담	1958. 4. 15~1960. 4. 15	· 재일조선인의 법적지위 · 어업문제 · 청구권 · 선박문제 · 문화재문제	· 상호 억류자 석방 · 재일조선인 북송문제로 잠시 중단 후 재개 · 4 · 19혁명으로 중단
제5차 회담	1960. 10. 25~1961. 5. 16	· 재일조선인의 법적지위 · 어업문제 · 청구권 · 선박문제 · 문화재문제	· 5 · 16쿠테타 발발로 중단
제6차 회담	1961. 10. 20~1964. 4. 6	· 재일조선인의 법적지위 · 어업문제 · 청구권 · 선박문제 · 문화재문제	· 김종필 · 오히라 메모로 청구권 문제의 정치적 타결
제7차 회담	1964. 12. 3~1965. 6. 22	· 기본관계 · 재일조선인의 법적지위 · 어업협정 · 재산 및 청구권 문제 · 문화재 및 문화협정	· 정식 조약 조인

[출전] 외무부 정무국, 1960 『韓日會談略記』; 대한민국 정부, 1965 『한일회담 백서』; 대한민국 정부, 1965 『한일회담 합의사항』

위 표에서 보듯이 한일회담은 협상과 결렬, 재개와 중단을 반복했다. 가장 큰 원인은 한국과 일본이 현안에 대해 각각 다른 인식과 정책을 고려하고 있었기 때문이다. 한국은 대일청구권과 어업문제에 중점을 두었던 반면 일본은 재일조선인 문제를 제외한 나머지 현안들에 대해서는 무관심했다. 1~3차 한일회담에서 양국 간 쟁점이 된 것은 청구권 문제와 평화선을 둘러싼 어업문제였다. 그리고 회담이 결렬된 것도 결국 이 두 가지 문제에 대한 인식 차이에서 비롯되었다.

1차 한일회담 개최를 앞두고 한국은 평화선을 선포하였다. 1952년 4월 28일 대일평화조약 발효를 앞두고 그동안 한일 간 어업경계선 역할을 해왔던 맥아더선 폐지에 대응하기 위한 것이었다. 연합국최고사령부는 평화조약 발효 전에 맥아더선을 폐지하고자 관련 국가들을 소집하였다. 이 회의에는 한국의 주일대표부 대표가 참석하였다. 연합국최고사령부는 맥아더선이 단순히 일본의 어업활동을 제한하기 위한 경계선이었을 뿐 점령통치가 끝난 후에는 국제적으로 어떠한 합법적인 지위도 갖고 있지 않다는 점을 강조했다. 그리고 맥아더선의 효력을 지속시키자는 주장을 봉쇄하기 위해서라도 서둘러 맥아더선 폐지를 결정하고자 했다. 영국, 프랑스, 호주, 캐나다, 인도네시아, 필리핀 등 한국을 제외한 모든 국가대표들은 맥아더선 폐지에 동의했다.[1] 오히려 당연한 조치를 취하려고 자신들을 회의에 소집한 것에 대해 놀라움을 표시하기도 했다.

한국이 맥아더선을 유지하려고 한 이유는 한국 어업을 보호하고, 일본과 공산권에 대한 안보경계선으로 사용하기 위해서였다. 하지만 맥아더선의 폐지 조치로 한국은 이 같은 목적을 대체해줄 새로운 경계선으로 '평화선'을 구상하고 선포한 것이다.

반면 일본은 1차 한일회담을 앞두고 한국의 청구권 요구를 완화 또는 포기시키기 위한 대책을 수립하였다. 바로 '對韓請求權'을 요구한다는 방침이었다. 일본은 예비회담이 진행되는 동안 미 국무부에 대일평화조약 4조 (b)항 한국의 귀속재산 양도조치에 대해 유권해석을 구두로 의뢰했다. 미 국무부는 대일평화조약 당사국이 조약에 대해 '공식적'으로 문의해오면 답변한다는 방침을 전달했다. 일본은 미 국무부의 회신내용을 만약 일본이 대일평화조약 4조 (b)항 해석문제를 공식적으로 문의하지 않으면, 일본의 해석과 조치를 문제 삼지 않겠다는 의미로 받아들였다. 그리고 일본은 곧바로 대한청구권 요구안을 작성하였다.

결국, 한국은 대일청구권 요구를 당연하게 여겼기 때문에 여기에 덧붙여 평화선을 선포하고 1차 한일회담에 임했다. 반면 일본은 한국의 대일청구권을 상쇄시키기 위한 목적으로 대한청구권을 협상수단으로 준비하고 1차 한일회담에 임했다. 그리고 예상대로 1차 회담은 평화선과 대한청구권 문제를 둘러싸고 대립하였고 성과를 거두지 못한 채 결렬되었다. 1년여 만에

---

[1] Memorandum of Conversation, 1952. 3. 17, RG 59, Decimal File, 1950~1954, 694.001 Series, Box. 3017.

재개된 2, 3차 한일회담에서도 평화선과 대한청구권이 양국 간 쟁점이 되었고, 구보타 발언으로 중단되기에 이르렀다.

특히 청구권 문제를 둘러싼 한국, 일본, 미국의 입장은 근본적인 차이를 갖고 있었다. 미국은 대일평화조약을 근거로 일본의 대한청구권이 근거가 없다고 하면서도, 양국 청구권이 상쇄되는 것이 바람직하다는 견해였다. 한국은 설사 일본의 대한청구권이 교섭 목적으로 제출된 것이라 하더라도 이 문제는 일본과 협상할 성질의 것이 아니며, 상호협상 문제가 아닌 '귀속재산 문제'로 인식하고 있었다.[2] 반면 일본은 대일평화조약상 일본의 배상책임이 면제된 것을 전제로 한국의 '과도한' 배상요구를 사전에 차단하고자 하였다. 따라서 최대목표는 대한청구권과 대일청구권이 완전히 상쇄되는 것이며, 최소 목표는 부분 상쇄를 통해 대일청구권을 최소화시키는 것이었다. 결과적으로 일본은 청구를 받을 요량으로 대한청구권을 제기했다기보다는 한국의 요구를 희석시키기 위한 일종의 협상수단으로 제기한 것이다.

이를 통해 일본과 미국이 한일회담의 목표를 어디에 설정하고 있었는지를 알 수 있다. 미국은 동북아시아정책의 중심을 일본에 두고 있었기 때문에 일본의 대한청구권 주장이 근거가 없음에도 불구하고 일본의 입장을 지지했다. 반면 일본은 한국에 대한 식민지배가 국제법상 정당하였기 때문에 한국이 대일배상을 요구하는 것은 불합리하다는 견해를 견지하고 있었다. 설사 한국에 배상을 할 만한 사유가 있다 하더라도 패전 직전에 한국에 남기고 온 일본의 공·사유재산에 대한 귀속조치로 배상은 충분히 했다는 입장이었다. 미국의 기본 목표는 일본을 부활시켜 아시아 동맹국들을 반공진영으로 결속시키는 것이었다. 일본의 외교정책은 미국의 이 같은 대외정책의 목표와 의도에 충실하게 부합하되 자국의 정치체제 안정과 경제재건에 영향을 주지 않는 범위에서 한국과의 관계를 도모하겠다는 것이었다. 그러나

---

[2] Acheson to Tokyo Embassy, 1952. 6. 3, RG 84, Japan, Tokyo Embassy, Classified General Records, 1952, Box. 1.

이 시점에서 한국과의 관계개선은 정치적 안정과 경제적 재건에 도움이 되지 않았다. 오히려 한국의 과거사에 대한 '과도한' 반성과 배상 요구는 패전에 대한 충격과 혼란을 받아들이지 못하고 있던 일본을 더욱 자극하는 요소로 인식되었다. 따라서 한국이 대일정책의 목표를 과거사 청산과 이를 위한 배상 청구, 관계 개선 등으로 삼고 있었던 것과 비교하면 1~3차 회담 시기까지 한일회담을 통해 양국 간 합의가 도출되는 것은 거의 불가능한 상황이었다.

3차 회담 결렬 이후 한국과 일본은 미국의 중재로 회담 재개 교섭을 진행했다. 한국은 대한청구권 요구와 구보타 발언 취소를 전제조건으로 내세웠다. 4차 예비교섭 기간은 1957년 5월부터 1957년 12월 31일로 일본이 대한청구권 요구와 구보타 발언을 취소하는 것에 합의하는 데 소요된 기간이었다. 한국에서는 이 기간을 '4차 예비교섭'이라고 명명하고 있다. 이 기간에 한국과 일본은 각각 억류 중인 일본 어부들과 재일조선인들을 석방한다는 데 합의했다. 그렇다고 한국이 일본의 주장처럼 일본 어부들의 나포·억류가 불법이라는 사실을 인정하고 이들의 석방에 동의한 것은 아니었다. 애초 일본이 억류자들의 상호석방을 제안했을 때부터 한국의 입장은 단호했다. 일본 어부들은 평화선을 침범한 불법 행위자들이지만, 재일조선인들은 불법행위자들이 아니어서 이들에 대한 억류 자체가 일본의 불법행위라는 것이었다. 따라서 이들을 상호석방 교환한다는 것은 협상할 성질의 문제가 아니었다. 결국 한국이 일본의 제안을 일부 받아들여 상호석방에 합의한 것은 한국의 주장이 관철된 결과였다. 불법행위자들인 일본 어부들 중 한국 법에 따라 복역을 완료한 사람들에 한해 석방하기로 한 것이다. 일본은 이 제안을 받아들이면서 결코 평화선의 합법성을 인정하는 것은 아니라는 점을 강조했지만, 한국은 명분과 실리를 얻은 셈이었다.

억류자들의 상호석방 분위기 속에서 재개된 4차 회담에서 한일 양국은 그동안 미루어두었던 현안들에 대한 협상을 계속해나갔다. 그러나 일본이 재일조선인의 북한 송환을 추진함으로써 또다시 난관에 부딪혔다. 일본은

'인도주의'를 명분으로 내걸고 북송을 추진하였지만, 여기에는 정치적 목적이 가장 컸다. 재일조선인 처리는 일본이 한일회담을 통해 해결하려고 한 최우선의 목표이기도 했다.

그러나 제1공화국의 붕괴로 4차 한일회담은 중단되었다. 이후 한국의 대일정책의 목표는 수정되었다. 1960년대 이후 특히 박정희정권은 과거사 청산논리를 협상의 장애요소로 인식하고 청구권과 평화선 문제를 '정치적으로' 타결했기 때문이다. 한일회담을 통해 현안을 해결한다는 정책목표는 결과적으로는 달성되었다고 할 수 있겠지만, 그 해결방식과 내용은 달라졌다. 이는 시기별로 한일 간 현안에 대한 정권별 입장 대비를 통해 잘 알 수 있다.

이하에서는 한일회담 의제별로 시기별 입장을 한일협정문과의 비교를 통해 분석하고자 한다. 우선 1950년대 한국과 일본의 주장과 교섭경과를 살펴보고 최종적으로 1965년에 체결된 한일협정에서는 어떻게 처리되었는지 살펴보겠다.

표 6-2 | 한일간 쟁점과 합의사항 ① : 한일기본관계

주요쟁점 \ 양국의 입장	한국의 입장	일본의 입장	한일협정문
기본입장	· 양국의 과거사 청산을 기초로 새로운 관계 수립	· 새로운 관계 수립	· 언급 없음
합의문서형식	· 조약 형식	· 공동선언 형식	· 조약
舊조약무효 확인문제	· 구조약은 시초부터 무효임을 확인하는 조항 명기	· 국교 정상화 이후 무효, 명기 불필요	· '대한민국과 일본제국 간에 체결되었던 모든 조항 및 협정이 이미 무효임을 확인한다'(3조)
조약 명칭	· 한일기본관계조약	· 한일우호조약	·「대한민국과 일본국 간의 기본관계에 관한 조약」
한반도유일합법 정부확인조항	· 명기 주장	· 유일합법성 인정, 그러나 북한 존재 인정 필요	· 유엔 결의에 따라 대한민국 정부의 유일합법성 인정(2조)
독도문제	· 한국영토이므로 명기 거부	· 명기 주장	· 제외
교섭경과	· 제1차 회담 시 조약안 교환했으나 성과 없었음 · 제1~3차 회담까지 양국은 기존 입장 고수 · 제4차 회담에서 기본관계문제는 일단 보류, 기타 현안문제 해결 후 토의 개시키로 합의함		

[출전] 외무부 정무국, 1960 『韓日會談略記』; 대한민국 정부, 1965 『한일회담 백서』; 대한민국 정부, 1965 『한일회담 합의사항』.

위 표에서 보듯이 한일 간 기본관계 수립 문제에서 한국의 요구는 세 가지로 압축되었다. 첫째, 양국은 과거사 청산을 전제로 새로운 관계를 수립해야 한다. 둘째, 양국 간 체결되었던 과거의 모든 조약은 애초부터 무효였다. 셋째, 대한민국만이 유일한 합법정부로 전 한반도를 관할한다는 점을 명기한다. 첫 번째와 두 번째 요구는 한국 대일정책의 기본목표와 일치하는 것이다. 특히 과거 일본이 강압적으로 한국과 체결한 모든 조약이 무효라는 것은 일본의 침탈이 불법이었음을 지적한 것이다. 그러나 일본은 과거사는 그 자체로 합법적이며 정당했기 때문에 양국은 미래의 새로운 관계 수립을 목표로 해야 한다며 한국의 요구를 거절했다. 따라서 한국과 체결한 구조약도 모두 정당한 것으로 무효일 수는 없다고 주장했다. 양국 간 기본관계에 대한 요구와 협의는 1차 회담 이후로는 큰 진전을 보지 못했다. 평화선, 청구권 문제 등으로 대립이 고조되었기 때문이다. 또한 기본관계에 관한 문제는 제반 현안들이 합의되면 해결을 할 수 있었기 때문이기도 했다.

그런데 한일협정에서 기본조약은 과거사 청산문제와 한반도 관할권 문제를 포함해 타결되었다. 한일협정 체결 후 한국은 일본이 모든 구조약이 애초부터 무효임을 인정했다고 주장했고, 일본은 한국의 독립 이후에는 무효라고 주장했다. '이미(aleady) 무효(null and void)'라는 字句가 지닌 모호함을 양국이 편의적으로 해석함으로써 발생한 문제였다. 한일협정 문서 중 유일하게 기본관계 조약문만은 한국어·영어·일본어로 작성되었는데, 영어본에는 '이미 무효'라는 문구가 'already null and void'로 표현되었다. 그렇다면 한일 간 체결되었던 과거 조약들은 언제부터 '무효'인지가 쟁점이었다. 한일기본조약 제2조는 "1910년 8월 22일 및 그 이전에 대한제국과 대일본제국 간에 체결된 모든 조약 및 협정이 이미 무효임을 확인한다."라고 규정하였다. 한국과 일본정부가 이 표현의 해석을 각각 다르게 하고 있었던 것이다. 한국은 한일합방조약은 체결일로부터 무효라고 해석했지만, 일본은 체결 당시에는 유효했고 한국이 독립한 이후에 무효가 되었다고 주장했다.[3] 각각 야당의 공세에 직면해 이동원 외무장관은 '이미 무효(already null and void)'라는 표현은 당초에 소급하여 무효임을 가장 강력하게 표시하는 법률적 용어라고 주장했다.[4] 반면 시이나 외무대신은 한국이 독립한 1948년 8월 15일부터라고 분명하게 못 박았다.

구조약 무효시점이 중요한 이유는 일본 식민지배의 정당성 여부와 직결되기 때문이다. 한국의 주장대로라면 일본의 식민지배는 애초부터 불법이었기 때문에 일본은 당연히 한국에 배상할 의무가 있게 된다. 일본의 주장대로라면 식민지배는 정당했기 때문에 배상의 의무도 없게 된다. 일본은 이 같은 해석에 기초해 한국에 대한 배상 의무는 없으나, 독립 축하금이나 경제협력 차원에서 어느 정도의 보상은 해줄 수 있다는 견해를 견지했다.

한반도 유일 합법정부와 관할권 문제는 정치적 문제였다. 한일기본조약 제3조에서 대한민국 정부는 유엔총회 결의에 따라 한반도의 유일한 합법 정부임을 확인하고 있다. 한국정부는 이 조문을 대한민국 정부만이 한반도의 유일 합법 정부라고 해석했지만 일본정부는 '유엔총회 결의'에 따라 유일 합법 정부임을 확인한다고 주장했다. 이 유엔총회 결의는 대한민국은 유엔선거감시단이 총선거를 감시한 지역, 즉 38선 이남 지역에 있어서의 유일 합법정부임을 승인한 것이었다. 한반도의 북쪽 지역에 대한 관할권은 포함되지 않는 것이다. 더구나 남북한이 분단되고 전쟁까지 치른 뒤였기 때문에 이 문제는 체제경쟁의 문제이기도 했다. 그러나 일본은 '두 개의 한국'을 인정하고 있었다. 일본의 對韓정책 기조는 한마디로 '한반도의 안정과 현상유지'였다. 일본의 안정을 해치는 '한반도의 통일'보다는 '현상의 안정', 즉 '분단 지속' 쪽이 더 유리하다는 인식을 하고 있었다.[5] 여기서 '현상

---

3) 한상범, 1995 「한일기본조약」『한일협정을 다시 본다』, 아세아문화사, 148쪽.
4)『제6대 제52회 국회 : 한일간 조약과 제 협정 비준동의안 심사 특별위원회 회의록』, 1965. 8. 8.
5) 伊豆見元, 1985 「近して遠い隣人」渡邊昭夫 編,『戰後日本の對外政策』, 有斐閣, 180~181쪽.

의 안정'이란 남·북한 간의 현상 균형을 유지하는 것으로 이는 반드시 남한의 우월에 의한 균형을 의미하지 않는다. 북한에 대한 무시가 한반도의 안정을 붕괴시킬 위험이 있다고 판단한 일본은 북한과의 일정한 관계유지가 불가피하다고 생각했다.

기본관계를 둘러싼 한국과 일본의 의견 대립은 이승만정권기를 통해 해소되지 못했다. 양국 간 과거사에 대한 인식이 합의에 이르지 못했기 때문이다. 결국 한일협정에서 이 문제는 양국의 합의형식을 갖추었지만, 1950년대 한국이 중시했던 목표들은 사실상 폐기되었다고 할 수 있다. 한일기본조약은 양국 간 기본관계를 정의하고 여러 협정문의 기본 성격을 규정하는 상위 조약이라는 점에서 중요했다. 1950년대 한국이 과거사 청산을 기본관계의 대전제로 삼고자 했던 것은 이와 같은 중요성 때문이었다. 그러나 결과적으로 이 목표는 한일협정 체결 당시 달성되지 못했다.

다음으로 한국이 한일회담을 통해 해결하고자 가장 애쓴 문제는 청구권 문제였다. 이 문제 또한 과거사 청산 문제와 밀접한 관련을 맺고 있었다. 청구권 문제를 둘러싼 교섭과정을 정리해보면 다음과 같다.

| 표 6-3 | 한일간 쟁점과 합의사항 ② : 청구권

주요쟁점	양국의 입장	한국의 입장	일본의 입장	한일협정문
제1공화국	제1차~3차 회담	〈韓日間財産및請求權協定要綱〉 1. 한국으로부터 가져온 고서적, 미술품, 골동품, 기타 국보, 지도원판 및 地金과 地銀을 반환할 것 2. 1945년 8월 9일 현재 일본정부의 對조선총독부 채무를 변제할 것 3. 1945년 8월 9일 이후 한국으로부터 이체 또는 송금된 金員을 반환할 것 4. 1945년 8월 9일 현재 한국에 본사(점) 또는 주사무소가 있는 법인의 재일재산을 반환할 것 5. 한국 법인 또는 한국 자연인	· 대일평화조약 제4조 (b)항에서 일본이 인정한 미군의 조치는 점령군으로서 미군이 전시 국제법에 따라 적법하게 실시한 한도의 조치이다. · 사유재산을 몰수한다는 것은 전시 국제법에서 인정하지 않는 것이기 때문에, 대일평화조약에서 인정한 한도에는 들어가지 않는다. · 미군정법령 33호도 일본재산을 완전하게 몰수한 것으로 해석할 수 없으며, 전시	· 〈한일 간의 청구권 문제 해결 및 경제협력〉 · 제공 명분, 국교정상화 축하금, 민생 안정, 한국 경제 발전에 기여 · 정부차관 2억 달러, 무상공여 3억 달러, · 한국, 대일청구권 8개항에 대한 것임 · 정부차관 7년 거치기간 포함, 20년 상환

주요쟁점	양국의 입장	한국의 입장	일본의 입장	한일협정문
제1공화국	제1차~3차 회담	의 일본국 또는 일본국민에 대한 일본 국채 공채, 일본은행권, 피징용 한인 미수금, 기타 청구권을 변제할 것 6. 한국법인 또는 한국자연인 소유의 일본법인의 주식 또는 기타 증권을 법적으로 證定할 것 7. 전기 제 재산 또는 청구권에서 生한 제 과실을 반환할 것 8. 전기 반환 및 결제는 협정 성립 후 즉시 개시하여 늦어도 6개월 이내에 종료할 것	국제법에서 인정된 한도 내에서 적국 사유재산 관리 조치로 볼 수 있기 때문에 원권리자의 보상청구권은 여전히 남아있다. · 한국이 이미 그 재산을 이양받아 처분 또는 소유하고 있는 만큼 일본은 당연히 한국에 대해 청구권을 갖고 있다.	· 청구권의 해결 · 한일 양국과 양국민의 재신 및 청구권에 관한 문제는 대일평화조약 4조에 규정된 것을 포함, 완전히 그리고 최종적으로 해결된 것으로 함
	제4차 회담	〔경과〕 · 일본, 대한청구권과 구보타 발언 철회		
제2공화국	제5차 회담	· 8개항은 법적 근거 및 사실관계 확실하므로 전한반도의 청구권에 대한 변제 요구	· 한국정부가 실질적으로 관할하고 있는 지역에 한한 청구권 중 법적 근거와 증거관계가 확실한 부분만 변제 가능	
제3공화국	제6차~7차 회담		· 일본, 한국의 청구내용은 법률관계와 증거관계 불명으로 변제불가 입장 견지 〔경과〕 · 1962년 김종필과 오히라 회담에서 원칙 합의, 총 6억 달러 · 1965년 이동원과 시이나 외무장관 간 회담, 민간차관 2억 달러 증액, 총 8억 달러로 최종 합의	

[출전] 외무부 정무국, 1960 『韓日會談略記』; 대한민국 정부, 1965 『한일회담 백서』; 대한민국 정부, 1965 『한일회담 합의사항』

앞서 살펴본 대로 한국의 대일청구권에 대한 준비는 해방 직후부터 시작되어 1공화국 수립 이후까지 지속되었다. 그 준비결과는 1952년 2월 21일 제1차 한일회담에 「한일간 재산 및 청구권 협정 요강」으로 제출되었다. 요강은 총 8개 항목으로 구성되었고, 주로 현물배상을 내용으로 하고 있다. 이에 대해 일본은 미군정이 在韓 일본인들의 사유재산까지를 몰수해 한국정부에 이양한 것은 불법이라는 주장과 함께 이에 대한 반환을 요구했다. 청구권을 둘러싼 견해 차이는 구보타 발언으로 비화하여 장기간의 회담 중단 상태를 가져왔다. 구보타 사태에서 알 수 있듯이 청구권문제에는 양국 간 과거사에 대한 인식과 이후 관계개선에 대한 정책기조 등이 담겨있었기 때문에 양국 모두 결코 양보하기 어려운 것이었다. 그러나 결국 일본은 4차 회담 재개 조건으로 대한청구권과 구보타 발언을 공식적으로 철회하였다. 이로써 한국의 요구가 관철되었고 이제 청구권 항목에 대한 개별 협의를 진행할 수 있게 되었다.

한국이 한일회담 재개조건으로 對韓청구권과 구보타 발언 철회를 관철시킨 점은 중요하다. 설령 일본이 애초부터 대한청구권을 협상수단으로 사용할 목적이었기 때문에 순순히 철회했고, 구보타 발언도 한 '개인의 견해'로 축소해 본질을 회피하는 식으로 철회했더라도, 한국이 두 가지 문제에 대해 일본의 양보를 끌어냈다는 것은 중요했다. 위 표에서 보듯이 2공화국의 대일청구권 협상은 이승만정권이 제시한 8개항의 청구권항목을 가지고 진행되었으며, 이는 과거사청산을 당연히 전제한 것이었다. 그러나 한국의 대일정책 기조는 박정희정권이 들어서면서 급격히 변화되었다. 청구권 문제는 단순한 '경제협력' 문제로 축소·변질하였다. 박정희정권은 이 청구권자금이 1950년대 대일청구권 8개 항에 대한 것이라고 주장했지만, 일본은 무상 공여분은 '독립 축하금', '경제협력자금'으로 제공되었다는 점을 분명히 했다. 또한 한일협정으로 더 이상의 청구권 협상은 없다고 못 박음으로써 민간인 피해보상 등을 해결할 길을 봉쇄해버렸다.

특히 한국에서는 일본이 무상으로 제공한다는 3억 달러가 문제였다. 장기영 경제기획원장관은 무상 3억 달러는 실질적으로는 배상적 성격의 자금이라고 답변하였다. 또한 일본이 버마, 필리핀, 인도네시아, 베트남, 캄보디아 5개국과 체결한 협정과 비교해봐도 원자재 도입과 가공 재수출 규정, 사업 선정 주도 등 한국에 유리한 방향으로 협정이 체결되었다고 주장했다.[6]

---

6) 『제6대 제52회 국회 : 한일간 조약과 제 협정 비준동의안 심사 특별위원회 회의록』, 1965. 8. 5. 일본과 아시아국가 간의 배상협정은 다음과 같이 체결되었다. 버마 1954년 11월 5일 조인, 1955년 4월 16일 비준, 캄보디아 1955년 12월 9일 조인, 1956년 8월 20일 비준, 인도네시아 1958년 1월 20일 조인, 4월 15일 비준, 필리핀 1954년 4월 15일 가조인, 1956년 7월 23일 비준, 라오스 배상 포기, 경제협력조

그러나 야당의원들은, 오히려 아시아 국가들은 일본과의 배상조약과 경제 협력조약을 신중하게 검토하려고 조인과 비준 일정을 잡은 데 반해 한국정부는 이를 급속히 처리하려는 이유를 이해할 수 없다며 비판하기도 했다. 반면 시이나 외상은 3억 달러 공여는 배상이 아닌 말 그대로 경제협력일 뿐이라고 못 박고 이로써 청구권 문제는 완전히 최종적으로 소멸하였다고 답변했다.[7)]

또한 한국정부는 개인의 배상권까지를 모두 포괄해 무상 3억 달러의 청구권 자금을 10년에 걸쳐 받기로 하였다. 정부는 일본의 청구권 자금 제공이 위기에 빠진 한국경제를 구원하고 경제발전의 토대가 될 것이라고 선전했으나, 한국 경제를 회생시키기보다는 일본 경제에 종속시키는 결과를 가져올 것이라는 비판의 목소리도 컸다. 양국의 합의 내용은 무상 3억 달러를 10년에 걸쳐 받되 대일청산계정에서 한국이 빚진 4,573만 불을 3년 동안 분할 상환한다는 것이었다. 결국 분할 상환금을 제하면 1년에 약 1,500만 불 정도의 자금이 제공되며 이것도 생산품, 서비스, 기술 등으로 충당된다는 점에서 이 돈이 한국 경제발전에 무익하다는 것이 비판의 요지였다.[8)] 오히려 차관 형태의 청구권 자금이 한국에 유입됨으로써 자본과 기술력을 앞세운 일본 자본에 한국 경제가 종속될 가능성이 크다는 우려가 설득력 있게 받아들여졌다.

한국국민이 한일협정에 대해 강력히 반발한 것은 청구권의 '액수' 때문이 아니었다. 청구권 문제가 갖는 민족사적 요구와 역사적 측면이 모두 빠진 채 정치적으로 비밀리에 처리되었기 때문이었다.

약 체결, 1958년 10월 15일 체결, 1959년 1월 20일 비준.
7) 日本 衆議院,『日本國と大韓民國との間の條約及び協定等に關する特別委員會會議錄』, 1965. 10. 27.
8) 유진오·유창순,「교섭 10년, 회담 6회의 내막-두 前대표가 말하는 한일회담 전모」『사상계』1964. 4.

표 6-4 한일간 쟁점과 합의사항 ③ : 어업

주요쟁점 \ 양국의 입장	한국의 입장	일본의 입장	한일협정문
제1차~제3차 회담	・평화선 선포(1952.1.18) ・인접 해양에 대한 국가주권 선언 ・어업자원 규제 및 보호 ・보호수역 경계선 설정 및 장차 수정 가능 ・공해상의 자유항행 보장 [경과] ・평화선을 둘러싼 법리 논쟁 지속	・평화선에 대한 일본의 항의 ・공해자유원칙에 위배 ・공해에 국가주권을 선언한 국제관례는 없음 ・독도를 평화선에 포함시킨 것은 영토 침해	(1) 어업협정 목적 ・어업자원의 최대 지속적 생산성 유지 ・자원의 보호와 개발 ・공해자유의 원칙존중 ・분쟁 원인 제거 ・어업발전을 위한 상호협력 (2) 어업전관수역 ・12해리 어업전관수역 인정 ・직선기선 사용시 타방 체약국과 협의 규정 (3) 공동규제수역 ・연간 15만톤 ・출어척수 625척 ・단속 및 재판관할권 ・기국주의 채택 ・한국은 일 어선 정선, 인검, 나포 불가 ・규제조치 위반통보, 합동순시, 상호승선, 단속상황 시찰 (4) 어업협력 ・상업차관 3억 달러 중 9,000만불을 어업협력자금에 충당 ・어업에 관한 정보 및 기술 교환, 어업전문가 및 기술자 교류 (5) 한일어업공동위원회 설치 (6) 분쟁해결 조항 및 유효기간 ・분쟁은 외교경로를 통해 해결, 불능 시 3인의 중재위원회에 회부 ・유효기간은 5년, 그 후는 일방 체약국이 종료의사 통고 후 1년간 효력 유지
제4차 회담	・일본측〈日韓漁業協定要綱〉에 대한 입장 1. 일본의 1항은 한국의 평화선을 부정하는 것이다. 동시에 근래의 국제적 경향은 일정한 공해상에 어업자원에 대한 연안국의 관할권의 행사를 정당시하고 있다. 2. 공동어업위원회 설치 목적이 한국의 전관구역 밖에서의 타협을 목적으로 한다면 고려할 수 있다. 3. 일본의 3, 4항의 규제구역 설치 및 어로 기구 제한은 모두 어업자원 보존에 효과적 방법으로 볼 수 없다.	・〈日韓漁業協定要綱〉 1. 국제법상 또는 국제 관례상 일정한 공해상에 일방적으로 설치한 배타적인 관할권은 인정되지 않으므로 한일 양국은 공동으로 이해관계가 있는 공해상에 있어서 수산자원의 지속적 생산성을 유지하기에 필요한 보존개발 조치를 상호 협조하여 협정한다. 2. 한일공동어업위원회를 설치한다. 3. 동 위원회의 필요한 조치에 관하여 권고를 행할 때까지 규제구역을 설정한다. 4. 양국 어선 간의 경쟁 내지는 분쟁을 방지하기 위하여 트롤장치와 등화장치에 필요한 제한을 가한다. 5. 양국은 전기 3, 4항의 규정을 위반하는 자국민을 엄벌하기 위하여 필요한 법률 또는 법규를 제정한다.	
제5차 회담	[경과] ・성과 없음		
제6차~7차 회담	・독점어업수역 및 공동규제수역 주장	・한국의 독점어업수역 12해리, 외측 6해리에 대한 향후 10년간 어로권 보장 요구	

[출전] 외무부 정무국, 1960『韓日會談略記』; 대한민국 정부, 1965『한일회담 백서』; 대한민국 정부, 1965『한일회담 합의사항』.

한일 간 어업문제의 최대 쟁점은 평화선이었다. 위 표에서 보듯이 1950년대 한일 양국은 평화선의 합법성 여부를 놓고 대립해 실질적인 어업협상을 진행하지 못했다. 한국이 평화선을 설정한 목적 중 하나는 어족자원을 보호하고 관리하자는 것이었다.

위 표에서 보듯이 일본이 어업협상에 본격적으로 나서기 시작한 것은 4차 회담부터였다. 일본은 「日韓漁業協定要綱」을 통해 5개항을 제안했다. 평화선을 부정하고 어족자원 보호조치와 제한사항 등을 제시했다. 한국은 당연히 일본의 제안을 대부분 거부했다. 평화선 부정을 전제로 하고 있었기 때문이었다. 또한 일본이 제시한 어족자원보호 조치는 실질적인 효과를 거둘 수 없는 조치들이었기 때문이다.

그러나 1965년 한일협정에서 어업문제 또한 1950년대 대일정책의 기조와는 다르게 처리되었다. 평화선은 폐지되었다. 그러나 박정희정권은 평화선의 목적 중 하나였던 어족자원보호를 위해 어업협정을 체결한 것이기 때문에 평화선을 계승한 것이라고 주장했다.[9] 위 표에서 보면 한일협정은 12해리를 배타적 관할권을 행사할 수 있는 專管水域으로 설정하고 있다. 이 수역 바깥쪽은 공동규제수역으로 설정되었다. 한국의 관할수역이 평화선 수역보다 현저히 줄어들었다. 또한 공동규제수역에서 '旗國主義'를 채택함으로써 위반어선에 대한 단속은 사실상 불가능해졌다. 협상 과정에서 의견 대립이 지속되자 일부러 애매한 표현과 어구 등을 동원해 자의적 해석이 가능하도록 조문을 만든 것이다. 어업협정 체결의 전제조건으로 평화선 무효 선언을 요구하는 일본과 국민의 반발을 의식해 이런 요구를 받아들일 수 없었던 한국은 묘수로 공동규제수역을 설치한 것이다. 한국은 공동수역을 앞세워 평화선 유지를 주장할 수 있었고, 일본은 평화선이란 말이 없어졌으니 폐지되었다고 주장할 수 있었다. 당시 외무장관 이동원의 표현을 그대로 빌리자면 '코에 걸면 코걸이 귀에 걸면 귀걸이' 식의 해결법이었다.[10] 따라서 한국에서는 한국정부가 일본의 의도대로 평화선을 스스로 폐기했다는 비

---

9) 공보부, 1965 「한일협정 문제점 해설」 『한일회담관계자료』, 22~23쪽.
10) 이동원, 1992 『대통령을 그리며』, 고려원, 243쪽.

난이 들끓었다.

　이미 한일협정이 체결되기 전인 1964년 양국이 평화선 철폐에 합의했다는 설이 널리 퍼지자 한국 어민들은 평화선 철폐를 반대하는 목소리를 높였다. 1964년 1월 21일 어업단체들은 '평화선 사수대회'를 개최해 평화선 철폐에 반대했다. 정부가 청구권 자금을 받는 대가로 평화선을 철폐하고 전관수역 설정과 공동규제 방향으로 어업협정을 체결할 것으로 예상되자 행동으로 저지에 나서겠다는 의지를 보인 것이다. 어업협력자금과 공동규제수역 설정은 명분은 그럴듯하지만 한국 어민들에게는 전혀 실리가 없다는 것이 문제였다. 첫 번째 문제는 일본이 제공하는 어업협력자금이 결국에는 평화선 수역 내에서의 조업으로 취득된 이익금 중 남는 돈을 주는 격이라는 점이었다. 두 번째는 공동규제수역에서 한국과 일본이 공동 조업하면 한일 간 어선의 규모, 어업기술력의 차이로 한국 어민들에게 큰 타격이 될 것이라는 점에서 어민들은 공동규제수역 설정의 문제점을 집중적으로 제기했다.[11] 따라서 어민들은 평화선 철폐는 "돈이 딱하다고 마누라를 파는 격"이며, "황소와 트랙터의 대결"이라며 강력히 반발했다.[12] 이런 비판은 평화선의 설정 목적과 기능, 그리고 그 수혜자가 누구였는지를 보여준다. 일본에서도 일본이 소련, 미국과의 어업협정에서는 굴종 관계를 감수했지만 한국을 상대로 한 어업협상에서는 완전히 태도를 바꿔 굴종을 강요하며 "특정 문제수역의 공해는 일본 영해다"라는 식의 고압적 태도를 취하고 있다는 비판이 제기되었다.[13]

　밀실회담을 통해 평화선을 철폐하는 조건으로 청구권 자금을 얻어내고 그중 일부를 어업협력자금으로 제공한다는 데 합의했다는 의혹은 두 가지

---

11) 『동아일보』 1964. 1. 22.
12) 황천영 記, 「마누라 매매의 논리-포항·구룡포·마산·부산 등지를 다녀와서」 『사상계』 1964. 4, 121쪽; 정진오 記, 「황소와 트랙터의 대결-여수·목포·군산 등지를 다녀와서」 『사상계』 1964. 4, 129쪽.
3) 竹本賢三, 「もういちど李ライン問題について-日本漁業再進出についてのメモ-」 『朝鮮研究』, 1964. 6, 36~37쪽.

점에서 문제였다. 하나는 평화선과 청구권이 갖는 본질적인 측면을 무시한 채 두 문제를 연동시켜 실용적으로 처리하려 한다는 것이다. 다른 하나는 청구권 자금 중 일부를 어업협력자금으로 사용한다는 합의는 한일 간 어업문제의 핵심을 은폐함으로써 마치 일본이 한국의 영세 어업을 지원해주는 듯한 인상을 주려 한다는 점이다. 이는 일본이 청구권 자금을 '경제협력자금', '독립축하금'으로 준다는 명분을 내세워 배상의 성격을 적극적으로 배제하려 했다는 것과 같은 맥락이다. 일본은 청구권 자금으로 배상문제와 어업문제를 동시에 해결함으로써 명분과 실리를 모두 챙긴 것이다. 또한 한일협정 체결이 한국 경제를 살리는 길이라는 한국정부의 논리에서 보자면 어업협력자금 제공도 한국의 영세어업을 살리는 방법이자 수단이라는 주장이 성립된다. 그러나 일본의 어업협력자금으로 한일 간 어업력의 격차를 없애고 한국의 어업을 발전시켜 보겠다는 꿈은 "소련의 군사원조에 의하여 미국의 핵무기를 발전시킬 수 있다는 꿈과 마찬가지로 허망한 것"[14]이었다.

박정희정권의 평화선 정책은 다음과 같은 문제를 가지고 있었다. 첫째, 평화선 문제를 청구권문제 타결을 위한 수단으로 전락시켰다는 것이다. 둘째, 평화선 설정 목적 중 하나인 한일 간 어업격차 해소를 위한 실질적 방안을 마련하지 않았다는 것이다. 셋째, 일본의 주장대로 평화선은 국제법상 불법이라는 주장을 은연중 받아들이고 있었다는 것이다. 그러나 당시 연안국가들 간 이해관계 상충으로 해양법에 대한 국제적 합의는 이루어지지 않고 있었다. 그러다 1958년 4월 29일 제네바에서 유엔 주최로 해양법회의가 개최되었다. 이 회의에서는 「어업 및 공해의 생산자원의 보존에 관한 국제조약」 7조로 연안국의 타 관계국과의 어업교섭이 6개월 이내에 합의 보지 못할 때에는 해양생물자원의 생산성 유지를 위해 자국 영해에 인접한 공해수역에서의 각종 어족 및 기타 해양자원에 대하여 적절한 보전조치를 일방

---

14) 「권두언 : 3・1정신과 한일문제의 해결」 『사상계』, 1964. 3, 27쪽.

적으로 취할 수 있게 규정하였다.[15] 그런데 한국정부와 일부에서는 일본의 주장대로 평화선은 국제법상 '불법적인 것'으로 근거도 없고 명분도 없는 반일정권이 내세운 유물이라는 인식을 은연중 가지고 있었다. 현재도 이런 인식은 종종 발견할 수 있다. 따라서 당시 어업협정과 평화선 문제에 대해 관련 전문가들은 한국정부가 평화선을 양보하는 것에 반대하는 한편 평화선에 대한 잘못된 인식을 교정하기 위한 글을 다수 기고하였다.[16]

표 6-5 | 한일간 쟁점과 합의사항 ④ : 재일조선인의 법적지위

주요쟁점 \ 양국의 입장	한국의 입장	일본의 입장	한일협정문
국적문제	· 한국적이므로 외국인	· 재일조선인은 대일평화조약 발효와 함께 일본 국적 이탈, 한국 국적 취득 · 재일조선인의 국적은 호적 기준 · 일본 국적 취득은 일본 국적법에 의함	· 협정영주권 부여(1966. 1. 17~1971. 1. 17까지 신청)
영주권 부여방식	· 1945년 8월 9일 이전 거주자 확인 시 무조건 영주권 부여	· 출입국관리령에 의거 각자 신청, 개별 심사, 2,000엔 수수료 징수 후 허가 · 선량, 자립가능, 일본 국익에 부합하는 자를 기준으로 함	· 대상 ① 1945. 8. 15 이전 거주자 및 직계비속 ② 위 항의 직계비속 ③ ①, ②항의 직계비속은 1991년 1월까지 합의
협정영주권자 직계비속	· 성년에 달할 때까지 일본 거주 · 성년에 달한 후 영주허가 신청시 퇴거 강제 사유없는 한 일본 법률에 의거 영주권 부여	· 직계비속 중 '子'에 한해 영주권 부여	
처우문제	· 1945. 8. 9 이전부터의 거주자는 내국민 대우 주장(단, 참정권, 공무담임권 제외 양해) · 최혜국민 대우는 1945. 8. 9 후 입국자에 적용 · 일반외국인에 금지된 권리라도 재일조선인은 10~30년 정도 특수 보호 주장	· 일반 외국인 대우(2종의 외국인 인정 불가, 단 광업권 등 기득권은 존중) · 통상항해조약 체결 시 최혜국민 대우	· 최혜국민 대우 · 교육, 생활보험, 국민건강보험에 타당한 고려

---

15) 정문기, 「일본이 노리는 우리 해양보고」, 『사상계』, 1964. 3, 69쪽.
16) 박관숙, 1964. 12. 「일본의 對韓자세는 변할 것인가?-평화선에 대한 재확인」 『사상계』 141호; 함병춘, 1965. 6. 「사라질 수 없는 평화선-한일어업협정을 비판함」 『사상계』 147호.

주요쟁점 \ 양국의 입장	한국의 입장	일본의 입장	한일협정문
강제퇴거 문제	・不可 ・극빈자 생활기반 확립 시까지 생활보조 계속 요구	・수혜자 강제퇴거 ・생활보조금 수령 포기 시 강제퇴거 대상에서 제외	・일반범죄 8년 이상 수형자 등
귀국자 재산 반출, 송금	・제한 불가 ・밀무역, 금제품 운반시 제재 허용	・수출무역관리령 적용 ・동산은 중량 4천파운드 이내 ・현금은 10만엔 이내	・타당한 고려

[출전] 외무부 정무국, 1960 『韓日會談略記』; 대한민국 정부, 1965 『한일회담 백서』; 대한민국 정부, 1965 『한일회담 합의사항』

    재일조선인 법적지위와 처우문제는 예비회담과 1차 회담에서 대강의 합의를 한 상태였다. 한국은 재일조선인은 다른 외국인과 달리 특수한 외국인으로서 대우받을 권리가 있다고 강조하였다. 이는 재일조선인 다수가 일제강점기 동안 징용과 생활고 때문에 일본에 건너온 경우가 많았기 때문이다. 따라서 이들은 일제 식민통치로 말미암은 피해자이기도 했다. 재일조선인들은 그 존재의 원인부터가 개인의 의지를 넘어선 역사의 희생자들이었다.[17] 재일조선인 문제해결은 바로 이러한 역사적 관점에서부터 시작되어야 했다. 그러나 한국은 재일조선인이 '한국 국적'이라는 점을 일본에 확인시키는 것 이상의 정책을 갖고 있지 않았다.

    한편, 일본은 재일조선인의 강제퇴거를 강력히 추진하였다. 요시다 총리는 일본이 비용을 대서라도 재일조선인를 조속히 추방하겠다는 의지를 연합국최고사령부에 표시할 정도로 열심이었다. 일본의 이 같은 의지는 대일평화조약 체결을 위한 협의과정에서 재일조선인들을 '공산주의자'이자 '사회혼란의 주범'으로 몰아 미국으로 하여금 한국이 조약서명국이 되어서는 안 된다는 결심을 굳히게 하였다. 1950년대를 통틀어 일본이 가장 지속적으로 관심을 두고 추진한 것은 바로 재일조선인의 '추방'이었다. 일본에게 '바람직한' 재일조선인를 제외한 대다수의 '바람직하지 못한' 재일조선인들은 추방되어야 할 대상이었다. 1950년대 후반 재일조선인의 북송도 이러

---

17) 정인섭, 1995 「재일교포의 법적지위협정」 『한일협정을 다시 본다』, 아세아문화사, 232쪽.

한 맥락에서 이루어진 조치였다.

　문제는 이승만정권의 재일조선인 정책이 부재함으로써 일본의 차별정책을 방조하는 결과를 가져왔다는 점이다. 더 큰 문제는 이승만정권은 재일조선인에 대해 무관심했고 이들의 처우개선을 위한 협상이 진전을 이뤄내지 못한 한계를 보였지만, 한일협정은 이보다 훨씬 후퇴한 내용으로 타결되었다는 점이다. 재일조선인 지위문제에서 가장 쟁점이 된 강제퇴거조항에 대해 이승만정권은 절대 불가라는 입장을 견지했었다. 그러나 한일협정에서는 일정한 사유로 인한 강제퇴거를 받아들였다. 또한, 영주권 부여에서도 종래 자손대대로 계속 영주권을 부여해야 한다는 주장에서 후퇴하여 일정한 한도에서 제한하는데 동의하였다. 그 밖의 한국의 요구사항은 일본이 '타당한 고려'를 한다는 선에서 합의가 이루어졌다.

　제1공화국기 한국 대일정책의 두 번째 목표인 한일회담을 통한 현안 해결은 형식적으로는 정권 붕괴로 실패했다. 그러나 내용적인 측면에서 보자면 부분 관철, 부분 보류라는 성과를 얻었다. 대한청구권과 구보타 발언을 철회시킨 것은 청구권 문제에서 한국 측에 유리한 해결의 실마리를 획득한 성과였다.

　마지막으로 1950년대 한국 대일정책의 목표는 전쟁수행, 국가 건설이라는 측면에서 미국의 후원과 원조 확보를 목표로 하였다. 즉 미국의 동북아시아정책, 對韓政策과 연동해 대일정책을 설정한 측면이 컸다. 한일관계는 양국 간 문제임과 동시에 미국의 지역통합전략구상이 적용되는 과정에서 파생된 문제이기도 했다. 미국의 전략은 정치, 경제, 군사적으로 미국-일본-한국이라는 위계적 분업체계의 형성을 목표로 삼고 있었다. 그러나 이 분업체계는 1950년대가 아닌 1960년대, 그것도 박정희정권에서 한일협정 체결로 완성되었다. 이것은 1960년대 박정희정권기에 한일관계가 냉전논리와 경제논리를 최우선으로 과거사 청산논리를 압도하는 방식으로 전개되었다는 의미이다.[18]

이승만정권의 대일정책 기조는 과거사 청산과 '반공'에 입각한 협력관계 구축이었다. 이승만정권이 박정희정권보다 상대적으로 한일관계에 소극적이었던 것은 이승만이 '反日주의자'였기 때문이 아니라 관계개선의 필요성이 절실하기 않았기 때문이라고 보는 것이 정확하다. 이승만정권이 집권기간 동안 對美정책의 핵심으로 삼았던 것은 경제원조와 안보 공약을 확보하는 것이었다. 그런데 한국전쟁을 계기로 미국은 한국의 군사전략적 중요성을 높이 평가했고, 그 연장선에서 1953년 한미상호방위조약을 체결하였다. 경제적으로도 해마다 2~3억 달러의 무상원조가 한국에 제공되었기 때문에 장면 · 박정희 정권 시기 한일협정 체결의 가장 큰 필요성이었던 일본의 경제지원이 불필요한 상황이었다. 이것이 1950년대 한일협정이 체결되지 못한 이유 중 하나이며, 이승만정권 대일정책의 기본성격을 규정하였다.

2) 韓 · 美 · 日 관계와 對日정책

이승만정권은 한미관계 속에 대일정책의 목표를 설정 · 조정했고, 이는 미국으로부터 정치 · 군사 · 경제적으로 확고한 공약과 원조를 획득하기 위해서였다. 전쟁 발발과 휴전은 한국의 對美 요구를 충족시켜주는 계기가 되었다. 따라서 한일관계 개선을 통해 얻을 수 있는 이점은 그다지 크지 않았다. 이 같은 사실은 장면정권이 대일정책을 전환한 이유를 살펴보아도 알 수 있다. 장면정권이 적극적으로 한일관계 개선에 나선 이유는 경제문제 때문이었다. 장면정권이 시정방침으로 내세운 '경제제일주의'는 국내 경제난 해소와 미국 원조정책의 변화에 대처하고자 장기경제개발계획 추

---

18) 和田春樹, 1992 「歷史の反省と經濟の論理」 『現代日本社會 7 國際化』, 東京大學出版會(이원덕, 2000 「한일관계 '65년체제'의 기본성격 및 문제점 : 북 · 일수교에의 함의」 『국제 · 지역연구』 9권 4호, 41쪽에서 재인용).

진을 목적으로 한 것이었다.[19] 이를 위한 자본은 外資 도입으로 충당할 계획이었고, 더구나 미국의 무상원조가 유상차관으로 전환되고 격감하면서 새로운 자금원을 찾아야 했다. 이 때 對日 청구권자금과 일본자본의 도입을 주요 자금원으로 상정함으로써 한일교섭은 이전과 다른 진전을 보게 된 것이다.

결국, 한국 대일정책의 기본성격을 규정하는 중요한 또 다른 동력은 '미국'이었던 것이다. 이는 일본의 대한정책에서도 마찬가지였다. 따라서 한일관계는 양국관계만이 아닌 한미관계, 미일관계, 그리고 한미일 3국 관계 등 다양한 층위를 토대로 이해해야 한다.

한편, 이승만정권이 한일관계를 '反日'로 일관했다거나 한미관계의 '지렛대' 정도로만 활용했다고 할 수 없다. 분명 냉전논리가 앞섰지만 이때까지는 해방 직후의 민족적 요구가 강하게 남아 있었기 때문에 과거사 청산논리를 완전히 무시할 수는 없었다. 철저한 과거사 청산을 위한 '원칙'과 '일관성'이 시기와 필요에 따라 변하기는 했지만 그 명분만은 유지되었다고 할 수 있다.

미국은 일본을 냉전전략의 동반자로 그 전략적 가치를 인정했다. 일본은 패전국이 담당해야 할 반성과 대가를 지급하는 대신 경제발전과 반공의 보루로 다시 국제무대에 등장할 수 있게 되었다. 국내적으로도 전범과 추방자들이 다시 정계와 재계로 돌아오게 되었다. 전범으로 추방되었던 하토야마 이치로(鳩山一郞), 이시바시 단잔(石橋湛山), 기시 노부스케(岸信介)는 총리가 되었고, 쫓겨났던 사람들 중 30%가 국회의원에 당선되었다. 다수의 戰前 관료 출신자들이 일본 자민당의 주류를 형성했다. 경제 분야도 마찬가지로 대장성 주세국장을 지낸 이케다 하야토(池田勇人), 기시의 동생 사토 에이사쿠(佐藤榮作) 등이 경제발전의 주역이 되었다. 전후 일본외교의

---

19) 박진희, 1999 「민주당정권의 '경제제일주의'와 경제개발 5개년계획」 『국사관논총』 84집 참조.

중심은 미국이었고, 일본 외교의 주요 목표는 미국 세력권에 편입되는 것이었다.[20] 이처럼 미국의 선택은 한일관계에서 일본의 對韓인식과 정책에도 영향을 미쳤다.

1950년대 일본의 對韓정책은 대일평화조약에 따라 한국을 합법적으로 인정한 정도로 충분하다는 데 그쳤다. 일본 방위와 관련하여 한국의 존재가 필수적임은 분명했으나, 駐韓·駐日 미군이 한국과 일본을 방위하고 있었기 때문에 일본으로서는 한국과의 관계개선을 서두를 이유가 없었다. 1950년대까지 일본 내에서 한일 국교수립 문제는 국내정치의 중요한 쟁점으로 부상하지 않았다.

1960년대 미국 대외정책의 변화와 더불어 일본의 對韓정책도 더욱 적극적인 양상을 보였다. 이 시기 일본의 對韓정책은 '생명선론'과 경제기술주의적 인식으로 요약할 수 있다. '38선 생명선론' '釜山赤旗論' '반공방파제론' '日·韓공동운명체론' 등은 한국군과 미군이 한반도를 군사적으로 봉쇄해 일본을 방위해줌으로써 군사적 부담 경감이 경제발전을 가능하게 해준다는 인식이었다.[21] 또한, 이런 인식은 한국에 어떤 정권이 들어서더라도 그 정권은 일본의 국익과 방위에 반드시 이해관계를 일치시켜야 한다는 의미이기도 했다. 이케다(池田勇仁) 정권이 한일관계 개선에 적극적인 태도를 보인 것은 미국의 적극적인 압력뿐 아니라 한국의 군사정권이 前 정권들보다 상대하기 수월하다는 인식에서도 기인했다.[22] 그러나 한일관계는 미일관계의 종속 변수일 뿐이었다. 결국, 일본에게도 미국이 한일관계의 주요 동력이었던 것이다.

---

20) 박진희, 2002「한일국교수립과정에서 '韓·日인맥'의 형성과 역할」『역사문제연구』제9호, 137~139쪽.
21) 吉田茂, 1963『世界と日本』, 新造潮社, 148~149쪽(矢次一夫, 1973『わが浪人外交を語る』, 東洋經濟新報社, 62쪽에서 재인용).
22) Memorandum of Conversation, Subject : Japan-Korea Negotiations, 1961. 10. 13, RG 84, Korea, Seoul Embassy, Classified General Records 1956~1963, Box, 24.

2. 對日정책의 한계와 유산

1) 정책 추진방식과 한계

제1공화국기 한국의 외교정책은 이승만 대통령이 전담했다고 할 수 있다. 이는 대일외교에서도 마찬가지였다. 한일회담 대표단 선임부터 현안에 대한 지시사항, 회담 진행 방식 등 모든 면에서 이승만의 승인이나 허가 없이는 진행될 수 없었다.

이승만정권이 1950년대 對日관계를 통해 한결같이 유지했던 인식 중 하나는 일본에 대한 불신과 의혹이었다. 일본의 침략성이 군사적 형태가 아니더라도 정치·경제적 형태로도 재연될 가능성을 항상 우려하였다. 또한 이승만도 자신의 집권 기간에 한일관계가 개선될 것으로 생각하지 않았다.

(1) 우리가 한일회담을 하고 싶어서 하는 줄 아나. 미국친구들이 자꾸 하라고 권하고, 또 세계여론을 생각해서 마지못해 하는 것이지. 자네 분명히 들어둬. 내가 눈을 감을 때까지는 이 땅에 일장기를 다시 꽂지 못하게 할 거야.[23]

(2) 김총재더러 국교정상화하라고 보내는게 아니야. 지금은 일본과 국교정상화할 때가 아니지. 적어도 40세 이상 된 한국 사람들이 모두 죽은 뒤라야 국교정상화가 제대로 되는 거야. 그러니 김대사도 저 사람들이 무슨 소리를 하든지 그저 듣기만 해. 아무것도 하지 말고 나에게 보고만 해. 내가 무어라고 하기 전에 절대로 움직이지 말어.[24]

(3) 지금 스무 살이 넘은 사람은 일본으로부터 압박받은 비애를 피부로 느꼈을 거야. 그러나 그 후 세대는 36년간의 치욕을 역사로 전해 알뿐 뼈저리게 느끼지는 못해. 그러니 내가 살아 있을 때는 일본이 과거 우리에게 이런 혹독

---

23) 양유찬, 「景武臺四季」124, 『중앙일보』 1972. 6. 28.
24) 김유택, 1977 『회상 65년』, 합동통신사, 268~269쪽.

한 짓을 한 경계할 민족이란 사실을 담화나 서적으로 남기는데 주력하고 토대만 닦은 뒤 내 뒤를 이은 사람이 문제 해결을 하는 게 좋겠어.[25]

위의 인용문 (1)은 양유찬 주미대사를 한일회담 한국 측 수석대표로 발탁한 후 당부한 얘기이다. 이승만은 양유찬에게 한일회담에 응하는 것이 결코 自意가 아니며, 미국의 강력한 압력 때문임을 강조하고 있다. 당시 한국 관료 중에는 일본 유학파 출신들이 대거 포진해 있었다. 이들은 일본어에 능숙할 뿐 아니라 일본에 대해서도 비교적 잘 아는 인물이었다. 이승만이 이들을 제치고 양유찬을 선택한 것은 분명한 의도를 보여주는 것이었다. 이승만의 이런 생각은 그의 집권 후반기에도 변함이 없었던 것 같다. 인용문 (2)는 1957년 주일대표부 김용식 공사의 후임으로 김유택을 대사로 승진, 임명하는 자리에서 한 이승만의 발언내용이다. 여전히 한일관계 개선이 시기상조라는 점을 강조하고, 어떤 경우에도 자신의 지시를 받을 것을 주지시키고 있다. 인용문 (3)은 오랫동안 주일대표부에서 참사관, 공사, 대사를 역임하면서 누구보다도 이승만의 총애를 받았던 유태하의 증언내용이다.

이승만은 개인적으로 강력한 '反日' 의식이 있었을지라도 일국의 대통령으로서의 처신은 '정치가'일 수밖에 없었다. 그가 과도하다고 평가될 만큼 일본에 대한 적대의식을 드러낸 것은 여러 가지 포석을 하고 있었다. 하나는 과거사에 대한 국내 여론을 완전히 무시할 수 없었다는 것이다. 여기에 독립운동을 한 개인의 경험도 주요하게 작용했을 것이다. 또 이승만은 한국전쟁을 계기로 한국이 동북아시아에서 차지하는 전략적 중요성을 정확히 인지하고 있었다. 이승만은 한미관계를 통해 한국의 안보를 보장받고 더 많은 원조를 얻어내려고 했다. 동북아시아전략의 주요한 두 동맹국, 한국과 일본의 관계개선은 미국의 주요한 관심사였다. 따라서 미국은 1950년대 양

---

25) 김상래, 「경무대사계」 93, 『중앙일보』 1972. 5. 23. 김상래는 1949년 6월부터 1960년 2월까지 12년간 경무대에서 총무와 경리 관계 일을 담당했다.

국관계에 개입하여 압력과 중재를 행사하였다. 이 과정에서 이승만은 강력한 반일의식의 표출과 일본에 대한 불신・적대감을 표출해 對美관계를 조정해나가는 한편 강력한 대일 견제책으로 사용했다.

이승만의 對日 경계심은 집권기간 내내 지속적으로 표출되었다. 한국은 일본의 식민통치를 장기간 받고 분단, 전쟁 등으로 국가 발전의 출발선에서 어려움을 겪고 있었다. 반면 일본은 미국의 정책적 지원에 힘입어 재차 아시아의 중추로 급부상하고 있었다. 그러나 일본은 과거 아시아 국가 침략사에 대한 반성과 성찰보다는 자국의 패전 충격에서 벗어나지 못하는 태도를 보임으로써 한국을 비롯한 이웃국가들의 불신과 의혹을 자아내고 있었다. 이승만의 對日 불신과 의혹도 여기에서 비롯되었다.

미국 망명시절부터 이승만의 측근이었고, 외무장관, 유엔대사 등을 역임하고 4차 회담 수석대표로 지명되었던 임병직은 이승만의 대일인식이 단순한 '감정'이나 '고집'이 아닌 일관된 정책이었다고 증언했다. 그리고 이것은 일본이 언젠가는 제국에 대한 설계를 다시 할 것이기 때문에 경계해야 한다는 신념에서 비롯된 것이라고 한다.[26] 한편, 윤치영은 이승만이 평화선을 선포한 것은 對美, 對日 외교의 포석이었다고 주장한다. 평소 한국을 얕보는 미국과 일본을 향한 일종의 선전포고였다는 것이다. 특히 당시 휴전협정이 진행되고 있었던 때였고, 이승만은 휴전을 반대하고 있던 상황에서 이승만 '한다면 기어이 하고 마는 인물'이라는 것을 각인시키기는 효과도 가져왔다는 것이다.

> 평화선 선포가 이박사의 대일감정이라고 생각하는 것은 큰 잘못이었다. 그는 평화선 선포로 일본의 비난이나 세계의 여론을 받았으나 그것이 가져올 역사적 의미를 계산하고 있었다. 분명히 평화선은 국제법상 옳았고 일본의 대한인식에

---

26) 임병직, 「경무대사계」 115, 『중앙일보』 1972. 4. 29.

못을 박아 새로운 계기를 열어놨다.[27]

이상의 회고를 통해 보면 이승만은 대일정책을 對美관계 또는 국내 정치 도구로 활용했음이 분명하다.

한편, 한국의 대일정책을 실질적으로 집행한 곳은 외무부와 주일대표부였다. 특히 주일대표부는 1949년 1월 개설된 이래 대일정책의 현지 집행기관 역할을 했다. 한국은 연합국최고사령부의 허가를 받아 1949년 1월 19일 재일조선인 보호와 한일 간 당면문제 해결을 목적으로 주일본한국대표부(駐日本韓國代表部)를 설치했다. 당시 일본은 주권을 회복하지 못하고 연합국의 점령통치 상태였기 때문에 통치권한은 연합국최고사령부가 가지고 있었다. 따라서 외교관계 수립도 연합국최고사령부 외교국에서 담당하고 있었다. 한일회담이 개시된 이후 일본은 외교적 형평성에 맞추어 주한일본대표부 설치를 요구했지만, 한국은 국민정서상 시기상조라는 이유로 거절했다. 1965년 한일협정이 체결된 후에야 일본은 정식으로 주한일본대사관을 설치할 수 있었다. 이때 주일대표부도 1965년 12월 18일 대사관으로 승격해 김동조가 초대 대사로 취임하였다.[28]

한일회담이 시작되고 난 후 주일대표부의 가장 주된 임무는 협상 대표로 참가하거나 이를 지원하는 것이었다. 한국 측 대표단의 교체수석대표는 주일대표부 대표가 맡았다. 또한, 일본과의 상시 교섭도 담당하였다. 따라서 재일조선인들의 처우개선과 차별 철폐 등 권익 옹호에 적극적으로 나서기보다는 한일회담에 주력할 수밖에 없었다.

이승만정권기 한일회담이 난항을 겪은 것과 비례해 주일대표부는 한국 외교관들의 '무덤'이라고 불릴 정도였다. 그러나 다른 한편으로 주일대표부는 미국 주재 공관을 제외한다면 한국 외교에서 가장 중요한 공관이기도

---

27) 양유찬, 「경무대사계」 170, 『중앙일보』 1972. 8. 24.
28) 대한민국외무부, 1990 『한국외교 40년』, 459쪽.

했다. 따라서 주일대표부 대표들은 대부분 이승만 대통령의 두터운 신임을 받거나 신망 있는 인물들이 주로 발탁되었다.

표 6-6 ┃ 제1공화국기 주일대표부 대표와 주요경력

성 명	직위	재직기간	출신지	학 력	주요경력
鄭翰景 (1891~1985)	대사	1949. 1	평남 순천	미국 네브라스카주립대학 학사, 석사 아메리칸 대학 박사	· 1906 도미 · 이승만, 안창호와 대한인국민회 조직, 활동 · 1919 이승만과 윌슨 대통령에게 위임통치청원서 제출 · 상해임정 외무위원 겸 비서주임
鄭桓範 (1903~?)	대사	1949. 1~ 1950. 1	충북 청주	영국 케임브리지대 경제학 박사	· 1919년 11월 임시정부의 충남 공주군 조사원에 임명, 의열단 가입 · 1921 런던에서 임정 지지 외교활동 · 1944 임정 외무차장 · 신한공사 총재 · 1948 주중대사
申興雨 (1883~1959)	대사	1950.2~ 1950.5	충북 청원	한성외국어학교 미국 남가주대학 의대, 문리과대	· 1912 황성기독교청년회 이사 · 1920~1935 조선중앙기독교청년회 총무 · 1927 신간회 참여 · 1938 흥업구락부 사건으로 투옥 · 대한체육회장 · 1950 2대 국회의원 선거 출마, 낙선 · 1952 2대 대통령선거에 출마, 낙선 · 1957 민주당 고문
金龍周 (1905~1985)	공사	1950. 6~ 1951. 6	경남 함양	부산 제2공립상업학교	· 1923 조선식산은행 입사 · 1926 포항합동운수주식회사 사무이사 · 1948 대한해운공사 사장 · 1951 전남방적 설립 · 1960 민주당 참의원 당선 · 1966 서울 용문중고등학교 설립 · 1967~1973 대한방직협회 회장 · 1970~1985 한일협회 회장
申性模 (1891~1960)	대사	1951. 6~ 1951. 12	경남 의령	보성전문학교 상해 吳淞상선학교 항해과 수료 런던 해양대학 수학	· 1909년 조직된 대동청년당 당원 활동 · 1910 블라디보스톡으로 망명 · 1919 임정 군사위원회 근무, 박용만과 루즈벨트에게 이승만 성토문 발송 · 1923 백산상회 독립자금 전달사건으로 일본경찰에 체포, 국내 압송 · 1925 영국 해양대학 수학, 일등항해사자격 취득 · 1930~영국-인도 정기 화객선 선장 · 1948.11 환국, 대한청년단 단장 · 1949 내무장관 · 1951 국방장관으로 국민방위군사건으로 해임

성 명	직위	재직기간	출신지	학 력	주요경력
金溶植 (1913~1995)	공사	1951. 12~ 1957.5	경남 충무	日本 中央大 法文學部	· 1938 日本高文司法科 합격 · 1949 홍콩영사, 호놀룰루총영사 · 1951 주일공사 · 1957 주프랑스공사 · 1961 주영대사 · 1963 외무장관 · 1970 대통령외교담당특별보좌관 · 1971~1973 외무장관 · 1977~1981 주미대사 · 1983 서울올림픽조직위 고문
金裕澤 (1911~1975)	대사	1957. 5~ 1958.9	황해 재령	경성고등상업학교 日本 九州帝大 법문학부	· 1939 조선은행 입사 · 1948 조선은행 이사 · 1949 재무부이재국장, 재무부차관 · 1951 한국은행총재 · 1958 주영대사 · 1961 재무부장관, 경제기획원장 · 1963 공화당재정위원장, 국회의원, 부총리겸경제기획원장관 · 1967 국회의원
柳太夏 (1910~?)	공사	1958.10~ 1959.3	경북 안동	日本 早稻田大 專門部 政經科 중퇴	· 1925년 도일, 와세다대학 전문부에 진학 1932년 1월 치안유지법 위반으로 퇴학 · 이승만 비서로 돈암장 근무 · 1946 독촉국민회 재무차장 · 1948 외무부 비서실 인사과장 · 1949 외무부 비서실 총무과장, 비서실장 · 1950 주일대표부 참사관 · 1957 주일대표부 공사 승진 · 1959 주일대표부 대사 승진 · 1960 일본정부 추방령으로 미국 망명 요청 · 1961 구속
	대사	1959.3~ 1960.4			

[출전] 김용주, 1984 『풍운시대 80년』, 신기원사; 김용식, 1994 『새벽의 약속 : 김용식외교 33년』, 김영시; 김유택, 1977 『회상 65년』, 합동통신사; 박실, 1979 『한일외교비사』, 기린원; 정병준, 2005 『우남 이승만연구』, 역사비평사; 국사편찬위원회, 「한국근현대인물자료」(http://www.history.go.kr/front/index.jsp), 국가보훈처, 『공훈전자사료관』(http://e-gonghun.mpva.go.kr), 한국학중앙연구원, 『한국민족문화대백과사전』(http://www.encykorea.com)

위 표에서 보듯이 주일대표부 대표들은 직업외교관이라기보다는 대통령의 정치적 선택으로 선발된 경우가 많았다. 따라서 외무장관의 권한이 발휘될 여지는 거의 없었다. 초대 대사 정한경부터 정환범, 신흥우 등은 미국 망명시절부터 이승만의 동지이거나 측근이었다. 신성모는 이승만의 총애를 받아 승승장구하던 각료였으나, 국방장관 재직 시 발생한 거창양민학살사건과 국민방위군사건으로 자리에서 물러나야 했다. 그리고 이승만의 배려로 국내 여론이 진정될 때까지 주일대표부 대사로 발령을 낸 경우였다.

김용식과 유태하 두 사람만이 직업외교관이었다고 할 수 있다. 김용식도 처음에는 변호사로 활동하고 있었다. 그런데 당시 외무장관이자 그의 스승이었던 변영태가 외무부 조직을 갖추고자 분망하고 있었고, 특히 외교관을 비롯한 직원 수는 턱없이 모자라는 상황이었다. 그때 김용식의 영어 실력을 기억해둔 변영태가 그를 외무부에 채용하였다. 이후 김용식은 직업외교관의 길로 들어서 외무장관까지 역임했다. 1공화국 시기 동안 주일대표부는 8명의 대표가 교체되었고, 인물의 비중에 따라 대표의 직급도 대사와 공사로 구분되었다. 그리고 김용식과 유태하를 제외하고 나머지 6명의 평균 재임기간은 6개월에서 1년 남짓에 불과했다.

정한경은 이승만이 미국 망명시절부터 함께 활동해온 동지였다. 그는 미국 시민권자로 '헨리 정(Henry Chung)'이라는 이름이 있었고 구미위원회에서 활동하기도 했다. 그리고 미국의 신문과 잡지에 이승만을 소개하는 영문 글을 자주 기고했고, 한국의 사정을 외국에 알리려고 『The Case of Korea』를 저술했다. 정한경은 주일대표부 초대 대사로 부임하기 전 이승만으로부터 세 가지 지시를 받았다. 첫째, 대일배상에 관한 문제를 현지 외교기관 책임자로서 예의 검토 연구하고 연합국최고사령부와 접촉하여 조기 해결을 촉구할 것, 둘째 구조선총독부의 동경출장소 건물을 접수하여 주일대표부 공관으로 사용할 것, 셋째 연합국최고사령부의 힘을 빌어 朝聯을 해산하도록 할 것 등이었다. 특히 연합국최고사령부에 출근하다시피 하는 배짱과 끈기로 현안을 해결하도록 주문했다.[29] 그러나 정한경은 짧은 재임 동안 본국의 대일외교정책과는 전연 상반되는 인식을 보여 물의를 빚었다. 그 결과 부임 8일 만에 전격적으로 교체되었다. '학자풍'으로 알려진 정한경에게 힘난한 주일대표부 대사직은 적성에 맞지 않았을 것이다.

정한경에 이어 2대 대표로 부임한 사람은 정환범이었다. 그 또한 이승만과 프란체스카의 신임을 두텁게 받는 것으로 알려졌다. 그는 1948년 11월 최초의 재외공관인 駐中 대사에 이어 한국 외교공관 중 요직이라고 할 수 있는 주일대표부 대사로 전임될 만큼 이승만의 신임을 얻고 있었다. 그는 영국 케임브리지대학 경제학 박사로 자긍심이 지나쳐 때로 '건방지고 괴팍한 사람'이라는 평가를 받았다. 아마도 이승만이 그를 신임한 데는 뛰어난 영어 실력도 한몫 하였을 것이다. 이런 그도 주일대사로서의 재임기간은 불과 1년이었다. 가장 큰 이유는 재일조선인들과의 갈등 때문이었다.

당시 한국은 재외공관 운영비를 자체 조달하도록 할 만큼 경제사정이 좋지 않았다. 따라서 주일대표부 일차적 임무 중 하나는 재력 있는 재일조선인 실업가들에게 공관 운영비와 활동비를 찬조받는 것이었다. 초대 대사였던 정한경이 일찍 사임한 이유도 경제적 원조 요청이 적성에 맞지 않았던 이유도 있었다. 더구나 정환범의 경우는 이 같은 찬조 요청 행위가 성격에 맞지 않았다. 하지만, 현실적 어려움을 타개하려면 재일조선인 실업가들의 원조가 필요했고, 그 덕분에 주일대표부의 운영은 이전보다 나아졌다. 그러나 이 원조금을 둘러싸고 재일조선인 사회에서는 잡음이 끊이지 않았다. 주일대표부가 특정 인사들에게만 여권을 발급해준다거나, 기부금의 내용과 용도에 대한 의혹들이 끊임없이 제기되었다. 이 같은 구설과 의혹은 본국에도 알려져 이승만은 당시 외무부에서 근무 중인 유태하를 현지에 파견해 내사에 들어가기도 했다. 결국, 불미스러운 점은 발견되지 않았지만 정환범은 대사직을 떠나게 되었다. 정환범의 사직은 당시 재일조선인 사회가 처한 혼란과 어려움, 재외공관들을 운영할 수 없을 만큼 어려웠던 재정상태, 그리고 정환범의 개인적 특질 등이 어우러진 결과였다.

신흥우는 일본강점기 때부터 국내에서 이승만을 지지했던 가장 핵심인물이었다. 이승만이 영어를 배워 입신양명을 목표로 배재학당에 입학을 결심하게 된 데는 친구이자 의형제인 신긍우(申肯雨)의 권유로 알려졌다. 신긍우는 신흥우의 둘째 형으로 맏형인 신응우(申膺雨), 이승만과 함께 도동

---

29) 박실, 1979 『한국외교비사』, 기린원, 51~52쪽.

서당을 다녔고, 신흥우의 아버지 신면휴는 한때 이승만의 글방 선생을 하기도 했다고 한다. 신흥우는 이승만의 국내 지지기반이었던 흥업구락부의 중심인물로 활동하다 1938년 걸려 치안유지법 위반혐의로 기소유예 처분을 받았다. 일제는 흥업구락부원들의 상당수가 친일적 색채가 농후하다는 판단 아래 처벌보다는 회유를 통한 전반적인 친일화를 유도한 것이다. 이후 흥업구락부 핵심 지도자들이었던 윤치호, 윤치영, 신흥우 등은 친일 논설과 강연에 분망했다.[30] 이후 신흥우는 일본에 협력했다는 혐의와 비판으로부터 벗어날 수 없었고, 이승만의 부인 프란체스카는 그를 '친일파'라고 지칭하면서 경계했다. 결국, 2대 대통령 출마 등으로 이승만과 갈라섰다.

신흥우가 주일대표부 대표로 재직한 기간은 불과 3개월 남짓이었다. 이승만이 친일혐의를 받고 있던 그를 주일대표로 임명한 것은 해방 이전의 관계 때문이었음이 분명했다. 그러나 미국이 대일평화조약 체결을 위해 본격적으로 활동하기 시작한 때에 한국 대일정책의 집행기관인 주일대표부 수장으로 친일 혐의를 받고 있던 신흥우가 임명된 것은 정상적인 인사 조치였다고 할 수 없다. 신흥우가 주일대표직을 물러난 직후부터 이승만과 갈라서 정치적 반대파가 되었다는 것은 의미심장하다. 이유는 분명하게 단언할 수 없으나 단명으로 끝난 주일대표직과도 관련이 있었을 것으로 추측된다.

신흥우에 이어 주일대표가 된 사람은 김용주였다. 김용주는 일본강점기 조선식산은행에서 근무하다 운수회사를 차려 사업가로 나섰다. 해방 이후에는 대한해운공사 사장을 맡아 對日 선박반환 청구 교섭을 담당하기도 했다. 그는 이전의 주일대표들과는 달리 이승만과 직접적인 연고를 갖고 있었던 인물은 아니다. 이승만이 주일대표직을 제안했을 때 정중하게 거절하였지만, 이미 연합국최고사령부와 한국정부 간에는 그가 주일대사로 임명

---

30) 이승만과 신흥우의 관계 등에 대해서는 정병준, 2005 『우남 이승만 연구』 역사비평사 참조.

된다는 사실이 확정된 상태였다고 한다.[31] 김용주는 주일대표로 부임한 직후 한국전쟁이 발발함으로써 재임기간 1년여 동안 후방 지원업무에 분주했다. 주일대표부는 전쟁 시기 동안 선전사업에 주력해 '자유의 종' 방송과 『大韓新聞』 발행 등을 통해 한국국민과 우방국들에 對共의식을 고취시켰다. 그러나 김용주는 재임 1년여 만에 사표를 제출했다. 이유는 공무집행의 어려움 때문이었다. 김용주의 회고에 따르면 대통령과의 교신은 프란체스카와 때론 그녀의 비서였던 박마리아의 방해로 연결되지 않는 경우가 점점 빈번해졌다고 한다. 또한, 이들의 영향으로 자신의 보낸 공문이 수일이 지나도 대통령과 외무장관에게 전달되지 않게 되었다고 한다. 김용주는 주일공사직을 사임하고 전남방직을 설립하여 사업가의 길로 되돌아갔다.

신성모의 부임은 정치공세를 피하기 위한 인사였기 때문에 대일외교 수장의 면모를 찾기는 어렵다. 특히 그는 국방장관 재직시절 벌어진 거창양민학살사건과 국민방위군사건에 대한 여론의 비난과 야당의 정치공세를 피해 주일대표로 임명되었기 때문에 대일외교에 관심을 기울일 형편이 아니었다.

결국, 이상의 5명의 주일대표 중 정환범과 김용주가 1년 정도 재직하고, 나머지 3명은 최단 8일부터 6개월 정도 재임했다. 더구나 이들은 직업외교관이 아니고 이승만 대통령과의 개인적 친분 관계에 따라 주일대표가 된 경우가 대부분이었다. 따라서 이들의 거취는 외교관으로서의 능력보다는 대통령의 신임 여부에 따라 결정되었다. 이들에게 대일외교 수장으로서의 역할을 요구하는 것은 무리였다.

역대 주일대표부 대표 중 김용식은 5년을 넘게 자리를 지켰다. 그는 일본 중앙대법문학부를 졸업한 후 고문사법과에 합격한 재원이었다. 해방 후에는 변호사로 활동하다 스승이었던 변영태 외무장관에게 발탁되어 홍콩 영

---

31) 김용주·박홍식·이정림, 1981 『재계회고 2-원로기업인 편 II』, 한국일보사, 64쪽.

사, 호놀룰루 총영사를 거쳐 주일공사로 부임했다. 그의 재임 동안 1차 한일회담부터 3차 한일회담이 진행되었다. 1963년 외무장관 재직시기까지를 포함한다면 그는 한일회담의 산 증인이었다. 그가 주일공사직을 물러나 프랑스공사로 전임한 이유 중 하나는 유태하 참사관과의 갈등 때문이었다. 對日협상에서 유태하의 영향력이 커지고 있었고 이는 유태하가 구축한 한일인맥 덕택이었다. 여기에 유태하에 대한 이승만의 신임도 컸다. 김용식과 유태하 간의 갈등과 알력은 김용식의 후임으로 부임한 김유택과 유태하 간에도 재연되었다.

김유택은 일본 九州帝國大 법문학부를 졸업했다. 그가 주일대표부 대사로 발탁된 것은 경제전문가였기 때문이다. 당시 한일회담 재개를 앞두고 청구권 문제를 해결하고자 조선은행을 거쳐 한국은행 총재로 있던 그가 발탁되었다. 그러나 김유택은 자신의 전문능력을 발휘할 기회를 갖지 못했다. 이승만은 김유택의 부임에 앞서 '일어'는 절대로 사용하지 말고 '영어'를 사용하라고 당부하는 한편 유태하에 대한 절대적 신뢰를 표시했다. 유태하가 '정탐'에 능해 그가 보내는 보고서의 내용은 거의 사실로 드러난다는 것이었다.[32] 이 같은 지시를 받은 후 김유택은 일절 일본어를 사용하지 않고 통역을 이용하였다. 1957년 12월 31일 한일합의서에 서명한 후 김유택은 모교인 九州帝大를 방문했다. 이 여행과정에서 그가 일본어를 한다는 사실이 일본 언론에 대서특필 되었다. 그리고 이 사실은 유태하의 '게릴라 리포트'로 이승만에게까지 보고되었다고 한다.[33]

김용식과 유태하, 김유택과 유태하 간의 갈등은 실무 관료들 간의 일종의 '힘겨루기' 같은 것이었다. 정책노선과 추진방법을 둘러싼 갈등과 대립이었다기보다는 대통령과의 접촉 강도와 빈도의 차이에서 비롯된 것이었다. 김용식과 김유택은 박정희정권에서 전자는 외교 수장으로, 후자는 경

---

32) 김유택, 앞의 책, 267쪽.
33) 김유택, 위의 책, 299쪽.

제 수장으로 각각 활동했다. 역으로 이들이 이승만의 강경한 반일인식과 태도에 소극적으로 부응했을 가능성도 추론해 볼 수도 있는 대목이다. 그러나 유태하와 갈등의 가장 주된 요인은 유태하가 대일협상을 '독점'하는 양상을 보였기 때문이었다. 유태하는 일본의 정치계 거물들과 인맥을 형성하기 시작했고, 이 인맥들이 1950년대 후반 한일관계 개선의 주역을 담당하기 시작했다. 따라서 이승만은 유태하를 대일협상 창구로 적극적으로 활용하는 한편 절대적인 신임을 보여주었다. 김용식과 김유택이 대일협상의 주류에서 한 발짝 비켜서게 될 수밖에 없게 된 셈이다. 이 같은 유태하의 대일협상 수단과 방식은 제1공화국 대일정책의 한계이자 1960년대 대일외교에 남겨준 유산이기도 했다.

대일정책의 수립과 집행과정에서 집행기관인 외무부와 주일대표부는 대통령의 정책지시와 훈령을 단순히 전달하고 이를 토대로 일본과 협상하는 정도의 교섭력만을 가졌다.

이승만 대통령이 외교를 장악함으로써 생겨난 또 하나의 문제는 외교협상 지침과 지시 등이 체계적으로 작성되거나 전달되지 않았다는 점이다. 주무부서인 외무부는 미약한 위상 때문에 '外無部'라는 자조적 말까지 부서 내에서 나돌 정도였다고 한다.[34] 물론 건국 초기 인적자원의 절대 부족도 한 요인이었다. 여기에 이승만 특유의 화법은 세밀함과 엄밀함을 요구하는 외교협상에서는 오히려 장애가 되었을 가능성이 크다.

당시 법무부 법무국장으로 한일회담 대표로도 참가했던 홍진기는 이승만은 평소 직접적인 표현보다는 듣는 사람이 판단해야 하는 화법을 곧잘 구사했다고 회고했다.[35] 이는 字句 하나 하나, 발언 한 마디 한 마디가 중요한 외교협상에서 혼선과 문제를 일으킬 수 있었다. 이승만은 '1인 정치'의 가부장적 통솔에 익숙한 정치가였기 때문에 각료들의 역량을 크게 평가

---
34) 김동조, 2000 『냉전시대의 우리 외교』, 문화일보사, 60쪽.
35) 유민 홍진기 전기간행위원회, 1993 『유민 홍진기 전기』, 중앙일보사, 73쪽.

하거나 기대하지 않았다. 한일회담 대표로 참가했던 유진오도 이승만의 개인적 특질과 조건이 대일교섭에 일정 정도 한계로 작용했다고 평가한 바 있다. 즉 이승만은 오랜 망명생활로 한국사정에 어둡고 기반도 사람도 없었다고 평가했다. 식견은 당시 남들보다 월등했지만 시간을 건너뛸 수 없는 한계를 지녔다는 것이다.[36]

한국의 외교정책과 조직체계의 문제점은 앞서 살펴본 대로 1951년 3월 對日평화조약 잠정초안이 작성되어 관계국에 배포되었을 때 드러났다. 당시 외무부 정무국장이었던 김동조와 주미한국대사관 1등 서기관 한표욱은 초안을 전달받고 즉각 이승만에게 보냈다고 회고한다.[37] 반면 법무부 법무국장이었던 홍진기와 대일관계를 담당하고 있었던 유진오는 실무진의 실수로 제때 보고받지 못했다고 한다.[38] 그러나 초안은 3월 27일 한국에 배부되었고 이승만에게 즉각 전달되었다.

위와 같은 상황이 발생하게 된 것은 이승만이 주미대사관에서 보내온 보고서를 독점하고 있었기 때문이다. 이승만은 모든 정보를 독점하고자 했고, 특히 미국과 관련된 사안에 대해서는 누구의 개입도 허용하지 않았다.

이승만의 독단적인 스타일은 1957년 한일 양국이 회담 재개에 합의하고 서명만을 남겨놓은 상태에서 벌어진 사태에서도 드러났다. 김유택의 회고에 따르면 1957년 6월 12일 그는 일본과의 마라톤협상 끝에 양국이 합의에 도달하고 이를 전보로 보고했다. 그리고 조속한 회신을 요청하였는데 끝내 오지 않았다. 기시 수상의 방미를 앞두고 협상을 진행했을 때였다. 결국, 한국정부는 회신하지 않았고 협상은 중단상태에 빠졌다. 그런데 12월 김동조 외무차관으로부터 6월에 합의한 사항대로 조인해도 좋다는 전화를 받았다고 한다. 그러나 일본 측에 교섭을 재개하자고 요청하기 난감한 상황

---
36) 유민 홍진기 전기간행위원회, 앞의 책, 195쪽.
37) 김동조, 1986 『回想 30년 韓日會談』, 중앙일보사, 10~11쪽; 한표욱, 1996 『이승만과 한미외교』, 중앙일보사, 260~261쪽.
38) 유민 홍진기 전기간행위원회, 위의 책, 51~52쪽; 유진오, 앞의 책, 17~19쪽.

이었다. 결국, 이시이 미쯔지로(石井光次郎)의 주선으로 일본 외무성과 교섭을 주선받았다. 드디어 12월 31일 오전 10시 조인식을 하기로 예정되어 있었는데, 돌연 조정환 외무장관이 조인을 취소하라고 통보해왔다. 취소 이유를 알 수 없는 가운데 조인식은 취소되었다. 그러나 우여곡절 끝에 그날 밤 서명하라는 지시를 받고 저녁 9시 30분경에야 조인을 할 수 있었다고 한다.[39] 양국이 합의한 사항을 놓고 한국은 6개월 동안 無회신, 협의재개 지시, 조인 취소, 조인 허가 등 여러 차례 태도를 바꾸었다. 물론 앞선 살펴본대로 여기에는 이유가 있었다. 일본의 대응에 따른 조치였지만, 협상대표가 예측 가능한 협상전략을 유지할 수 없었다는 점은 분명 문제였다. 이렇게 이승만의 '예측 불가능한' 협상태도 때문에 미국과 일본은 한일협상 실패의 책임을 모두 그에게 돌리곤 했다. 미국과 일본은 1950년대 한일협상이 타결되지 못한 가장 큰 이유는 이승만의 반일감정과 변덕스러움 때문이었다고 주장한다. 그러나 한편으로 이 같은 지적은 일면 타당성이 있지만 다른 한편으로는 미국과 일본이 책임을 회피하는 핑계였다. 앞서 살펴보았듯이 제1공화국 시기 한일협상이 타결되지 못한 데에는 여러 가지 이유가 있었고 한·미·일 3국 모두에게 그 원인이 있었다.

비록 지시와 훈령 등이 일관된 체계에 따라 이루어지지 않았던 측면이 있었지만 지시와 훈령이 전혀 없었던 것은 아니었다. 김유택은 주일대표부 대사로 부임하기 직전 외무부장관으로부터 대통령이 결재한 한일 간 현안에 대한 훈령을 받았다고 한다. 재산청구권문제, 평화선 문제, 선박문제 등 10여 개의 현안에 대하여 주장할 것과 양보할 한계선 등의 구체적인 지시가 들어 있었다고 한다.[40] 당시 기록을 살펴보면 한국의 현안에 대한 기본 원칙과 협상 방침에는 큰 변화가 없었다.

그러나 1공화국 후반기에 대일협상에서 나타난 변화이자 문제점은 유태

---

39) 김유택, 앞의 책, 276~292쪽.
40) 김유택, 위의 책, 274쪽.

하의 '게릴라 리포트'로 대변된다. 유태하는 정치적 로비로 문제를 해결하려고 하였고 일본 정계 보수주의의 거물이며 기시 총리의 심복으로 알려진 야쓰기 가즈오 등이 그의 협상 상대였다. 유태하의 이 같은 협상방법을 상징하는 것이 '게릴라 리포트'였다. 영문으로 작성된 이 정보보고서는 외무부를 거치지 않은 채 직접 경무대로 직송되었다.[41] 주미대사관의 양유찬 대사와 한표욱 공사도 私信 형식으로 영문 리포트를 보내곤 했는데 외무부에서는 이를 '게릴라 리포트'라고 불렀다고 한다.

게릴라 리포트는 간혹 외무부장관에게까지 전달되기도 했으나 대부분은 대통령이 보관했다. 그 내용은 주로 유태하가 비공식적으로 일본의 정계 또는 막후 인물을 접촉해 얻은 정보, 동경 주재 외신기자들에게 얻은 정보, 일본 언론 보도내용 등으로 구성되었다. 따라서 외무부의 공식보고와 달라 갈등의 요인이 되기도 했다. 김용식, 김유택, 그리고 당시 외무차관이었던 김동조는 유태하의 게릴라 리포트 때문에 대일협상에 혼선이 빚어졌을 뿐아니라 인간적 갈등을 가져왔다고 말하고 있다. 김용식은 당시 참사관이었던 유태하가 공사인 자신을 통하지 않고 일본 정계의 풍문과 불확실한 정보 등을 경무대에 직접 보고하는 것을 절대 반대했다고 한다. 이런 불확실한 정보가 대일정책의 기초가 되어서는 안 된다는 판단 때문이었다.[42] 그러나 이승만은 사적인 정보보고서를 토대로 대일협상의 지침을 지시하곤 했고 교섭상 혼선을 가져오기도 했다.

2) 對日정책의 유산

제1공화국 대일정책은 앞서 살펴보았듯이 과거사 청산논리와 정치논리가 배합되어 있었다. 어떤 경우에는 과거사 청산논리가 내세워지기도 하

---

41) 김동조, 「김동조 회고록 : 秘話 내가 겪은 한국외교(5)」 『문화일보』 1999. 7. 17.

고, 어떤 경우에는 반공논리가 전면에 나서기도 했다. 과거사 청산논리가 민족적 요구의 성격이 강했다면 반공논리는 정치논리이자 정권논리의 성격이 강했다.

비록 제1공화국 시기에 한일협상이 타결되지 못했지만 전후 한일관계의 출발점을 제시하고 전망을 제시해준 것은 분명하다. 과거사에 대한 반성, 대일배상 요구 등은 당시 한국인들의 과거사 청산에 대한 열망을 담고 있었다. 이것이 제1공화국 대일정책을 단순히 이승만 개인의 '반일' 의지로 설명할 수 없는 이유이다.

미국과 일본은 1950년대 한일관계가 개선되지 못하고 한일회담이 타결되지 못한 가장 큰 원인으로 이승만의 '반일' 인식과 태도를 지적했다. 그러나 한일 간 대립에는 이승만 개인 또는 대통령의 대일인식 이상의 것이 있었다. 대통령과 많은 한국인이 원했던 것은 반성과 관용이었다. 여기에 이승만의 개인적 성격이 더해져 양국 관계 개선을 어렵게 만든 측면도 있었고, 일본의 對韓 우월의식도 관계 개선을 방해했다.

이 시기 한일관계가 남긴 영향 중 가장 두드러지는 것은 '한일인맥'이 형성되었다는 점이다. 1950년대 후반부터 한국에서는 유태하가 중심이 되어 인맥이 형성되었다. 이 인맥은 주로 비공식적이었지만 한일협상의 고비마다 '정치적'으로 물꼬를 트는 역할을 했다. 1960년대 들어서는 정치뿐 아니라 경제, 문화 등 한일 간 모든 분야에서 위력을 발휘하기 시작했다.

한일인맥을 주목해야 이유는 다음과 같다. 첫째, 한일 국교수립은 공식적 회담과 절차를 통해 이루어졌으나 실질적으로는 비공식적인 협상과 절충을 통해 타결되었다. 한국에서는 1950년대에는 유태하, 1960년대에는 박정희 또는 박정희정권 관련자들이 주축을 이루었다. 일본에서는 '親韓派'들이었다. 이들은 일제 강점기 이래 각각 한국에 대한 '인연'을 통해 해방

---

42) 김용식, 앞의 책, 258쪽.

이후 양국 간에 가교 역할을 했다. 따라서 이들은 이후 한일관계에서 결정적으로 중요한 역할을 담당하며 비공식 정치협상으로 현안을 타결하는 주역이 되었다.[43]

둘째, 한일관계는 공식적 대화와 접촉뿐만 아니라 비공식적 대화와 관계가 중요한 역할을 해왔기 때문에 한일인맥을 주목해야 한다. 평상시에는 공식 대화창구가 작동하지만 한일 간에 문제가 발생했을 때는 어김없이 '인맥'이 동원되었다. 4차 한일회담 재개교섭에서는 유태하와 야쓰기 간의 비공식 협상이 큰 역할을 했다.

유태하가 1950년대 중반 이후부터 한일협상에서 실세로 등장할 수 있었던 것은 이승만 대통령의 절대적인 신임 때문이었다. 유태하는 장택상의 외조카였고, 장택상의 매형인 박찬일 경무대 비서의 연줄로 출세가도를 달렸다. 당시 박찬일은 경무대의 '비서정치'를 주도하고 있었다. 박찬일은 프란체스카와 협력하여 이승만에게 올라가는 정보를 선별해 차단하였고 경무대의 정보를 자유당에 독점적으로 제공하는 중개자 역할을 했다고 하였다.[44] 김유택의 회고에 따르면 유태하는 프란체스카의 절대적 신임을 얻고 있었다고 한다. 프란체스카가 박찬일을 신임하고 있었고, 유태하와 박찬일이 인척관계였기 때문에 유태하가 프란체스카의 신임을 얻을 수 있었을 것이다. 유태하의 영향력은 당시 對日외교의 수장이었던 주일대표부 대표와의 갈등을 불러오기도 했다. 그의 영향력이 커지면서 김용식 공사, 김유택 대사는 종종 한일협상 과정에서 소외되기도 하였고 결국 두 사람은 동경에서 전출되었다.

유태하의 일본 측 협상 상대는 기시 총리의 측근이었던 야쓰기 가즈오로

---
43) 한일 간의 인맥과 유착을 다룬 글로는 다음을 참조할 수 있다. 서중석, 1995 「박정권의 대일자세와 파행적 한일관계」 『역사비평』 계간 28호; 정경모, 1991 「박정희권력부상에서 비극적 종말까지」 『역사비평』 계간 13호; 박진희, 2002 「한일국교수립과정에서 '韓·日인맥'의 형성과 역할」 『역사문제연구』 제9호.
44) 문정인·류상영, 2004 「자유당과 경무대」 『1950년대 한국사의 재조명』, 선인, 34~35쪽.

두 사람은 유태하가 4·19 혁명로 주일대사직에서 물러날 때까지 "365일에 400회 이상" 만났다고 할 만큼 각별한 관계를 유지했다.[45] 유태하는 야쓰기의 도움으로 기시, 이시이(石井光次郞), 후나다(船田中), 다나카(田中龍夫), 슈토(首藤新人), 기다사와(北澤直吉), 모리시다(森下國雄), 오오노(大野伴睦) 등 일본 의회와 자민당의 주요 인물들과 친분을 쌓았다. 그 결과 그는 자신이 원하기만 하면 언제든지 일본 총리나 정계요인을 만날 수 있는 창구를 확보했다.[46] 그가 맺어놓은 일본인맥은 이후 한일회담을 타결시키고 제3공화국 시절 박정희를 도운 친한파의 주류를 이루었다.

이상에서 보듯이 유태하는 정치적 로비로 한일관계를 해결하려 했다. 이 같은 접근방법을 상징하는 것이 이른바 유태하가 작성한 '게릴라 리포트'였다. 정상적인 보고계통을 무시한 이 私信은 많은 비판을 받았지만, 당시 정황에서는 불가피한 것이었다는 평가도 있다. 즉 일본은 정책결정 과정이 복잡하여 관료들뿐만 아니라 정계 실세들과도 교류하지 않으면 국면을 조정하기 어렵다는 것이다. 유태하가 기시나 야쓰기 등과 자주 만났던 것도 그 때문으로 '게릴라 리포트'는 이 같은 비공식 외교채널을 가동하는 과정에서 생겨난 결과물이라는 것이다.[47]

유태하의 한일인맥은 4·19 혁명이후에도 건재했다. 유태하의 한일인맥을 군사정권이 그대로 전수받았고 야쓰기가 협조한 덕분이었다. 유태하의 인맥을 전수받은 사람은 최영택(崔英澤)이었고 그를 도운 사람은 또 한 사람의 親韓 인물인 고다마 요시오(兒玉譽士夫)였다.[48] 최영택은 육사 8기

---

45) 다카사키 소지 저·김영진 역, 1998 『검증 한일회담』, 청수서원, 100쪽.
46) 유태하가 일본의 친한파와 인맥을 형성할 수 있었던 주요인은 그가 할 수 있는 유일한 외국어가 일본어였기 때문이라고 한다. 즉 외교관에게 필수적이었던 영어를 구사하지 못하는 유태하가 공식석상에서 할 수 있는 일이 거의 없었고, 자연히 일본어가 통할 수 있는 사적인 관계 형성에 주력했다는 것이다(박실, 앞의 글, 198쪽).
47) 김영주 전 정무차관의 평가이다(김동조, 「金東祚 회고록·秘話 내가 겪은 한국외교 (8)」『문화일보』 1999. 7. 17).
48) 최영택은 1926년 12월 22일 황해도 황주에서 출생했다. 육사 8기 출신으로 1963년 대령으로 예편한 후 주일공사, 국무총리 외교자문위원, 현대경제일보 논설위원, 한전보수공단(주) 대표이사 등을 역임했다(육군사관학교8기생회, 1992 『노병들의 증언-육사8기사』; 이영신, 1993 『격동 30년』 5, 고려원).

출신으로 주로 정보분야에서 근무했으며 전투정보해석을 주특기로 가진 사람이었다. 최영택이 어떤 경로로 고다마 요시오와 만나게 되었는지는 분명치 않다. 그러나 분명한 것은 그가 쿠데타를 전후하여 일본을 왕래하며 유태하로부터 대일 인맥을 소개받아 계승했다는 사실이다.

 이상의 한일인맥은 몇 가지 공통점을 공유하고 있었다. 첫째, 동북아시아에서 미국의 영향력을 보장하는 데 이해를 일치하고 있었다. 둘째, 이들은 '반공'을 최우선시했다. 셋째, 특정한 경험 공유와 유대감에서 출발한 한일 인맥은 정치적·경제적 이해관계에 의해 강화되었다. 한일관계가 악화할 때마다 일각에서는 '인맥'의 부활과 새로운 형성이 필요하다고 주장한다. 인맥의 활용은 민감한 사안에 대한 사전 조율을 위한 유용한 수단으로 인정될 수 있으나, 지금까지 한일인맥 활용은 긍정적인 측면보다 부정적인 측면이 많았다는 점을 주목해야 할 것이다.

VII
맺음말

맺음말

해방 후 한국국민의 최우선 관심사 중 하나는 일본과의 과거사 청산문제였다. 따라서 새로운 한일관계 수립은 과거사 청산으로부터 시작해야 했다. 한일관계가 본격적으로 다루어지기 시작한 것은 대일평화조약 협상과정부터이다. 대일평화조약은 연합국과 패전국 일본과의 강화조약이었기 때문에 연합국의 자격을 얻지 못한 한국이 개입할 여지는 적었다. 또한, 강화조약 협의과정은 미소 간의 냉전이라는 국제정세에 영향받게 되어 한국의 對日 입지를 더욱 좁게 만드는 결과를 가져왔다. '징벌조약'에서 '관용조약'으로의 변화는 한국의 對日요구에도 영향을 준 것이다.

한국은 연합국으로 대일강화회의에 참가할 수 없게 되자 대일배상 문제와 영토문제 등을 조약문에 명문화시키고자 노력했다. 그러나 대일배상 문제 중 미군정청이 한국정부에 양도한 귀속재산문제만이 명문화되었을 뿐 한국의 요구는 대부분 기각되었다. 그리고 나머지 문제들은 한국과 일본의 양국협상을 통해 해결하도록 이관되었다. 반면 일본은 대일평화조약을 통해 전쟁의 모든 책임, 특히 배상문제에서 일종의 '면죄부'를 받게 되었다. 국제적인 냉전이 가시화되면서 미국은 일본에 전쟁 책임을 묻는 대신 정치·경제·군사적 측면에서 미국의 협조자로 부활시켰다. 그리고 지역통합전략의 일환으로 한일관계의 조속한 정상화를 요구하기 시작했다.

한일회담은 미국의 주선으로 양국 관계 개선을 목표로 개최되었다. 1공화국 시기에는 예비회담과 4차례의 공식회담이 개최되었다. 그러나 한국과 일본의 인식차이는 협상을 가로막는 중대한 장애요소가 되었다. 특히 과거사에 대한 인식 차이는 도저히 좁혀질 수 없었다. 한국은 일본의 철저한 과거사에 대한 반성을 토대로 새로운 관계 정립을 모색했지만 일본은 과거사는 그 자체로 정당하며, 심지어 한국에 긍정적인 영향을 미쳤다는 인식을 하고 있었기 때문이다. 이러한 인식 차이는 한일회담 과정을 통해 청구권 논쟁과 구보타 발언을 둘러싼 논쟁으로 드러났다.

그동안 한일회담에 대한 관심은 주로 청구권 협상에 집중되었다. 청구권 문제는 일본의 식민통치에 대해 책임을 묻고 사죄의 의미를 담고 있었기 때문이다. 또한, 이 문제를 놓고 양국 간에 식민통치의 적법성 논쟁이 끊이지 않았고, 이 과정에서 구보타 발언 같은 '망언'이 쏟아져나왔기 때문에 자연스레 관심을 받을 수밖에 없었다. 결국 3차 한일회담에서 일본 측 수석대표 구보타가 청구권문제를 협의하는 과정에서 식민통치가 한국에도 이익이 되었으며, 일본이 주권을 회복하기 전에 한국이 독립한 것은 국제법상 잘못된 것이라고 발언해 회담은 결렬되었다.

한일회담 전체를 놓고 보면 한일 간 최대 쟁점은 평화선과 어업문제였다. 그동안 평화선 문제는 이승만의 '反日'을 상징하는 정도로 이해되어 한국에는 대일정책의 표상으로 받아들여졌고, 일본에는 한국의 비합리적인 대일인식과 태도를 보여주는 대표적 사례로 받아들여졌다. 그러나 평화선은 한일 간 어업경계선이자 어족자원 보호선으로 설정되었고, 일본에 어업협상을 촉구하는 수단이었다. 한국은 평화선 선포 후 침범 어선을 나포 억류했고 이 문제는 한일 간 최대 쟁점으로 부상했다. 그리고 이에 대응해 일본이 재일조선인들을 억류함으로써 평화선 문제에는 어업문제뿐 아니라 재일조선인의 지위와 대우문제까지 포괄하게 되었다. 청구권 문제가 회담

장에서 갈등하고 대립하는 문제였다면 평화선 문제는 회담장뿐 아니라 오히려 회담장 밖에서 양국의 갈등을 최고조에 달하게 한 문제였다. 그러나 다른 한편으로 평화선 문제는 4년 이상 결렬상태였던 한일회담을 계기가 되었다. 일본이 자국 어부들과 재일조선인들의 상호 석방을 제안한 것이다. 그리고 일본으로부터 대한청구권과 구보타 발언 철회라는 양보를 끌어내도록 하였다. 그동안 한일회담에 성의와 열의를 보이지 않던 일본을 협상테이블로 끌어내는 계기가 된 것이다.

   1950년대 중반까지 한일관계가 청구권논쟁과 평화선 논쟁으로 특징지어진다면 이후 한일관계는 억류자 상호석방 문제와 재일조선인 북송 문제로 특징지어진다. 1957년 12월 일본이 대한청구권과 구보타 발언을 철회한 것을 계기로 4년 반만인 1958년 4월 4차 한일회담이 재개되었다. 그러나 일본이 재일조선인들을 북한으로 송환시키려는 계획을 세우자 또다시 교착상태에 빠졌다. 일본은 패전 직후부터 재일조선인들을 조속히 추방하고자 여러 차례 시도하였었다. 북한 송환을 추진한 것도 재일조선인 추방정책의 일환이었다. 일본이 가지고 있던 재일조선인에 대한 차별적 인식과 편견은 한국에 대한 편견과 같은 것이었다. 일본의 이 같은 차별적 인식과 편견이 한일협상 타결을 가로막은 또 한가지 요소였다. 이처럼 제1공화국기 한일회담의 전개과정을 살펴보면 시기별 쟁점이 다르다는 것을 알 수 있다. 청구권문제도 중요했으나 그에 못지않게 평화선 문제와 재일조선인의 북송 문제도 중요했다는 것을 알 수 있다.

   제1공화국의 대일정책은 기본적으로 반공논리와 과거사 청산 논리를 내재하고 있었다. 한일관계에서 반공논리는 조속한 관계 개선 요구로 나타났다. 미국은 양 동맹국 간의 관계개선이야말로 아시아정책의 중요한 기초가 될 것으로 생각했다. 이승만의 반일적 성향은 한일관계 개선을 더디게 하였지만 그는 무엇보다도 '반공'을 최우선의 가치로 삼았다. 미국의 강력한 압력과 중재로 한일회담을 지속했지만 반공연대 형성도 중요한 이유가 되었다. 마찬가지로 과거사 청산 의사가 전혀 없었던 일본이 한국과의 협상에 나선 것도 미국의 압력과 '반공' 때문이었다.

다른 한편으로 한국의 대일정책은 과거사 청산논리에 기초하고 있었다. 해방 직후부터 한국 국민의 민족적 요구가 과거사 청산이었기 때문이다. 대일청구권의 핵심은 '액수'의 문제가 아니라 배상 '정신'의 문제였다. 그러나 일본은 청구권 문제를 액수의 문제로 인식하고 대한청구권을 주장해 양국의 청구권을 상쇄시키거나 한국의 요구액을 감소시키려고 하였다. 한국이 바라던 과거사에 대한 진지한 성찰과 반성과는 거리가 먼 인식과 대응이었다.

한국의 대일정책은 두 가지 방향으로 추진되었다. 하나는 한일회담을 통해 현안을 일괄 타결한다는 것이었다. 다른 하나는 한일관계 개선은 한·미·일 3국 관계 속에서 구상하고 추진한다는 것이었다. 한국은 한일회담을 통해 현안을 일괄 타결하자는 입장이었지만, 일본은 현안을 분리해 타결하자는 입장이었다. 한국은 한일회담의 의제는 양국이 과거사 청산이라는 대전제에 합의한다면 일괄로 타결될 문제라고 생각했다. 반면 일본은 청산할 과거가 없기 때문에 각각의 의제들은 협상의 우선순위를 정해 타결할 문제라고 생각했다. 일본이 한일예비회담에서 한국의 어업협상을 거절하고 재일조선인 지위문제만을 협의하자고 제안한 것은 이런 구상을 하고 있었기 때문이다.

한편, 이 시기 한일관계에서 특기할 만한 것은 한일 '인맥'이 구축되었고 이 인맥이 이후 한일관계에 지대한 영향을 미쳤다는 점이다. 1950년 중반 이후 한일관계는 한일인맥을 통해 진행되었다고 해도 과언이 아닐 만큼 이 인맥은 양국의 정치, 경제, 문화 등 전 분야에 걸쳐 영향력을 행사하였다.

이 연구는 1공화국의 對日정책과 한일회담의 전개과정에 대한 분석을 통해 이 시기 한일회담이 단순히 1960년대 한일회담의 前史가 아닌 한일회담의 본질적인 성격과 관계 개선의 전망을 담고 있었다는 점을 분석했다. 이를 통해 1공화국의 대일정책과 한일회담의 목표를 확인할 수 있었다. 또한 한일 간 현안들이 한일회담을 통해 어떤 방식으로 주장되고 합의되어 가는지를 분석했다.

한일협정은 1950년대에 체결되지 못한 채 1960년대로 넘어가게 되었다. 한일관계가 반공논리와 경제논리의 결합과정이었다는 점은 분명하다. 1965년 한일협정 체결은 미국의 지역통합전략구상이 현실화된 것이었다. 그리고 그 목표는 경제협력을 통한 반공진영의 강화였다. 특히 한국에서는 군사·민간 부문 전체에 대한 군사, 정치, 이데올로기 통제를 통한 반공시스템으로 귀결되었다. 한일협정 체결은 이 목표를 위한 하나의 완결구조이자 작동구조의 시작이었다. 미국-일본-한국이라는 정치·경제·군사적으로 수직분업체계를 만들어냈다는 점에서 완결구조였다면, 이후 한·미·일 3국 관계가 이 구조하에서 작동된다는 점에서는 또 다른 시작이었던 것이다. 그러나 다른 한편으로 한일협정은 민족적 요구였던 과거사 청산문제를 반공논리와 경제논리를 앞세워 묵살한 채 체결되었다. 해방 이후 새로운 한일관계가 과거사에 대한 성찰과 반성으로부터 시작되어야 한다는 것은 민족적 과제였다. 따라서 청산되지 못한 역사는 현재로 이어져 한일관계사의 인식과 평가의 기준이 되고 있다.

참고문헌

I. 자 료

1. 國文
【신문】
『경향신문』『국도신문』『대동신문』『대중일보』『독립신보』『동광신문』
『동아일보』『민주신보』『민주중보』『부산일보』『서울신문』『자유신문』
『조선일보』『조선중앙일보』『평화신문』『한국일보』
계훈모 편, 1987『한국언론연표 2 : 1945~1950』관훈클럽 신영연구기금
국사편찬위원회, 1968~2007『자료대한민국사』1~26
동아일보사, 1977『동아일보사설선집』1~3
동아일보사, 1981『동아일보색인(8) : 1945-1955』동아일보사

【잡지】
『사상계』『세대』『신동아』『신천지』『옵서버』『월간조선』『월간중앙』『인물계』『정경문화』
국회도서관, 1969『국내간행물 기사색인, 1945-1947』
김남식·이정식·한홍구 편, 1986『한국현대사자료총서』6~9 돌베개
한국학연구원, 1975『한국잡지개관 및 호별 목차집 : 해방후』

【간행자료】
경제기획원, 1976『대일청구권자금 백서』
경제기획원, 1976『대일청구권자금의 사용보고』
고대아세아문제연구소, 1977『한일관계자료집』1, 2
공보부, 1962『한일관계 해외논조 종합평가』

참고문헌

공보부, 1964 『한일회담과 우리의 입장』

공보부, 1965 『한일협정 문제점 해설』

공보부, 1965 『한일회담의 어제와 오늘』

공보처, 1952 『대통령 이승만박사 담화집』

공보처, 1952 『대통령 이승만박사 담화집 제2집』

국제문제연구소, 1965 『한일회담에 대한 공산권 반향』

국회도서관입법조사국, 1968 『한국 외교관계 자료집』

대통령비서실, 1965 『대일 청구권 사용 방안』

대한민국 정부, 1965 『대한민국과 일본국간의 조약 및 협정 해설』

대한민국 정부, 1965 『한일회담 관계자료』

대한민국 정부, 1965 『한일회담 합의사항』

대한민국 정부, 1965 『한일회담백서』

민주공화당 선전부, 1964 『한일국교정상화문제 : 한일회담에 관한 선전자료 보완판』

외무부 방교국, 1958 『4291년도 주요 국내 외교성명 및 연설집(추가분)』

외무부 정무국 아주과, 1962 『한일회담의 개관 및 제문제』

외무부 정무국, 1954 『평화선의 이론』

외무부 정무국, 1960 『한일회담 약기』

외무부 정보문화국 편, 1964 『한일회담 : 경위와 문제점』

외무부, 1958 『한일관계참고문서집』

외무부, 1959 『外務行政의 10년』

외무부, 1960 『한일회담의 제문제』

외무부, 1962 『대한민국 외교연표 附 주요문헌 1948~1961』

외무부, 1965 『대한민국과 일본국간의 제 조약 및 협정 : 1965년 6월 22일 일본국 토요코에서 서명』

외무부, 1977 『독도관계자료집(Ⅰ) : 왕복외교문서(1952~76)』

외무부, 1977 『독도관계자료집(Ⅱ) : 학술논문』

【미간행자료】

『한일회담 예비회담(1951. 10. 20~12. 4) 본회의 회의록 제1-10차, 1951』, 외교사료관

『한・일회담 예비회담 : 재일한인의 법적지위문제 사전교섭, 1951. 5-9』, 외교사료관

『한・일회담 예비회담 : 청구권 관계 자료집(일본에 있는 구왕실 재산목록)』, 외교사료관

『한・일회담 예비회담(1951. 10. 20~12. 4) 자료집 대일강화조약에 관한 기본태도와 그 법적 근거, 1950』, 외교사료관

『제1차 한・일회담 : 본회의 회의록, 제1-5차, 1952. 2. 15~4. 21』, 외교사료관

『제1차 한・일회담 : 선박위원회 회의록, 제1-33차, 1951. 10. 30~52. 4. 1』, 외교사료관

『제1차 한・일회담 : 어업위원회 회의록, 제1-15차, 1952. 2. 20~4. 21』, 외교사료관

『제1차 한・일회담 : 재일한인의 법적지위위원회 회의록, 제1-36차, 1951. 10. 30~1952. 4. 1』, 외교사료관

『제1차 한・일회담 : 청구권 관계 자료』, 외교사료관

『제1차 한・일회담 : 청구권분과위원회 회의록, 제1~8차, 1952. 2. 20~4. 21』, 외교사료관

『제1차 한・일회담(1952. 2. 15~4. 21) : 기본관계위원회 회의록, 제1~8차,

　　　　　　　　　1952. 2. 22~4. 2』, 외교사료관
『제2차 한·일회담 : 본회의 회의록, 제1-3차, 1953. 4. 15~30』, 외교사료관
『제2차 한·일회담 : 선박위원회 회의록, 제1차, 1953. 5. 8』, 외교사료관
『제2차 한·일회담 : 어업관계자료』, 외교사료관
『제2차 한·일회담 : 어업위원회 회의록, 제1~13차, 1953. 5. 6~7. 23』,
　　　　외교사료관
『제2차 한·일회담 : 청구권위원회 회의록, 제1~3차, 1953. 5. 11~6. 15』,
　　　　외교사료관
『제2차 한·일회담(1953. 4. 15~7. 23) : 국적 및 처우분과위원회 회의록,
　　　　　　　제1~6차, 1953. 5. 13~6. 19』, 외교사료관
『제3차 한·일회담 : 본회의 회의록 및 제1~3차 한·일회담 결렬경위,
　　　　1953. 10~12』, 외교사료관
『제3차 한·일회담 : 어업위원회 회의록, 제1~2차, 1953. 10. 8~14』,
　　　　외교사료관
『제3차 한·일회담 : 청구권위원회 회의록, 제1~2차, 1953. 10. 9~15』,
　　　　외교사료관
『제3차 한·일회담(1953. 10. 6~21) : 국적 및 처우분과위원회 회의록,
　　　　　　　제1차, 1953. 10. 10』, 외교사료관
『제4차 한·일회담 : 교섭 및 훈령』, 외교사료관
『제4차 한·일회담 : 대표단 임면관계』, 외교사료관
『제4차 한·일회담 : 문화재소위원회 회의록 및 문화재 반환교섭』,
　　　　외교사료관
『제4차 한·일회담 : 본회의 회의록, 제1~15차, 1958. 4. 15~60. 4. 15』,
　　　　외교사료관

『제4차 한・일회담 : 선박소위원회 회의록, 제1~24차, 1958. 6. 6~12. 6』,
    외교사료관
『제4차 한・일회담 : 어업 및 평화선위원회 회의록 및 일반문제』, 외교사료관
『제4차 한・일회담 : 재일한인의 법적지위위원회 회의록, 제1~22차,
    1958. 5. 19~59. 11. 2』, 외교사료관
『제4차 한・일회담 : 청구권위원회 회의록, 제1~3차, 1958. 5. 20~12. 17』,
    외교사료관
『제4차 한・일회담(1958. 4. 15~60. 4. 19) 예비교섭, V. 1 경무대와 주일대
    표부와의 교환공문, 1956~57』, 외교사료관
『제4차 한・일회담(1958. 4. 15~60. 4. 19) 예비교섭, V. 2 경무대와 주일대
    표부와의 교환공문, 1957』, 외교사료관
『제4차 한・일회담(1958. 4. 15-60. 4. 19) 예비교섭, V .3 경무대와 주일대
    표부와의 교환공문, 1958. 1~4』, 외교사료관
『유엔군사령부의 해상방위봉쇄선(클라크선 : Clark Line) 설정 및 폐지,
    1952~53』, 외교사료관
『재일한인 북한송환 및 한・일 양국 억류자 상호 석방 관계철』 전 9권,
    외교사료관
『평화선 선포와 관련된 제문제, 1953~1955』, 외교사료관
『한・일 어업협정안, 1952~54』, 외교사료관
『한국선박 반환 관계, 1948~1952』, 외교사료관
『한국의 어업 보호정책 : 평화선 선포, 1949~1952』, 외교사료관
『한국의 어업자원보호법 공포와 관련한 한・일간의 분쟁, 1953~1955』,
    외교사료관
『주미대사관 정무보고, 1953~1954』, 외교사료관

『주일대사관 정무보고, 1959』 외교사료관
『일본의 북한 접근에 대한 항의, 1955~1956』, 외교사료관
『이승만대통령 면담록, 1954~1957』, 외교사료관
『유태하 전 일본대사 해직 및 송환문제, 1960~1961』, 외교사료관
『이승만대통령 문서철』, 국가기록원
대한민국 국회, 『국회 회의록』(http://search.assembly.go.kr/record)

2. 외국문
【간행자료】
국사편찬위원회, 1996~1997『대한민국사자료집 28~37 : 이승만관계서한자
　　　　　료집 1~10』
국사편찬위원회, 2002~2003『한국현대사자료집성 53~57 : 미국무부 정보
　　　　　조사국(OIR) 한국관련 보고서 1~5』
국사편찬위원회, 2007『한국현대사자료집성 60~61 : 한일회담 관계
　　　　　미 국무부 문서 1~2』
United States, Department of State, Foreign Relations of the United States, 1949, Vol. 7
United States, Department of State, Foreign Relations of the United States, 1950, Vol. 7
United States, Department of State, Foreign Relations of the United States, 1951, Vol. 7
United States, Department of State, Foreign Relations of the United States, 1952-1954, Vol. 15
United States, Department of State, Foreign Relations of the United States,

1955-1957, Vol. 23

United States, Department of State, Foreign Relations of the United States, 1958-1960, Vol. 18

國會圖書館 調査立法考査局, 1953『李承晩ラインと朝鮮防衛水域』

森田芳夫・長田かな子 編, 1979~1980『朝鮮終戰の記錄 資料編』1~3 巖南堂書店

袖井林二郞, 2000『吉田茂-マッカーサー往復書簡集 1945~1951』法政大學出版局

神谷不二, 1976, 1978, 1980『朝鮮問題戰後資料』제1권~제3권 日本國際問題硏究所

外務省 經濟協力局, 1969『日韓經濟協力』

外務省 情報文化局, 1953『世界の動き特輯 6號 : 日韓會談のいきさつ』

外務省 條約局 條約課, 1966『日韓條約國會審議要旨』

日本水産廳 編, 1952『水産業の現況』

自由民主黨 廣報委員會, 1965『日韓交涉の經過と妥結後の兩國民の反應』 情報資料 제20호

自由民主黨 廣報委員會, 1965『韓國を訪ねて : その政情と世論の動向』

自由民主黨, 1961『第一回韓國訪問議員團貴國歸國報告』

自由民主黨, 1965『日韓友好條約の成立と社會黨の暴擧』

自由民主黨,『日韓問題懇談會速記錄』

衆議院外務委員會調査室, 1965『日本國と大韓民國との間の條約及び協定等に關する特別委員會審議要綱』

衆議院日本國と韓國との間に關する特別委員會, 1969『日韓條約に關する國會議事錄』日本朝鮮硏究所

參議院 法制局, 1952 『李承晩ラインと朝鮮防衛水域』

【미간행자료】

RG 59, Records of the Office of the Assistant Secretary and Undersecretary of State, Dean Acheson, 1941~1950

RG 59, Records of the Office of the Assistant Secretary of State for Occupied Areas, 1946~1959

RG 59, Records of the Department of State Relating to Internal Affairs of Korea. 1910~1959

RG 59, General Records of the Department of State, U. S. Political advisers reports and despatches from the occupied areas(Korea)

RG 59, Japanese Peace Treaty Flies of John Forster Dulles 1947~1952

RG 59, General Records of the Department of State Office of Northeast Asian Affairs Records Relating to the Treaty of Peace with Japan-Subject File, 1945~1951

RG 84, Foreign Service Posts of the Department of State, Entry 2846, Korea, Seoul Embassy, Classified General Records 1953~1955, Box. 1~19

RG 84, Foreign Service Posts of the Department of State, Entry 2846A, Korea, Seoul Embassy, Classified General Records 1956~1963, Box. 1~49

RG 84, Foreign Service Posts of the Department of State, Entry 2848, Korea, Seoul Embassy, Top Secret Records, 1950~1956, Box. 1

RG 84, Foreign Service Posts of the Department of State, Entry 2829, Office of U. S. Political Advisor(POLAD) For Top Secret Records, 1945~1949

RG 84, Foreign Service Posts of the Department of State, Entry 2827, Office of

U. S. Political Advisor For Japan, General Records 1950~52, Box. 1~15

RG 84, Foreign Service Posts of the Department of State, Japan, Tokyo Embassy, Classified General Correspondence, 1945~1949, 1950~1952, Box. 1~60

RG 84, Foreign Service Posts of the Department of State, Entry 2828A, Japan, Tokyo Embassy, Classified General Records, 1952~1963, Box. 1~115

RG 331, Records of Allied Operational and Occupation Headquarters, Supreme Commander for the Allied Powers(SCAP)

外務省北東亞細亞課, 1963『日韓問題(特に日韓會談) 關係疑問擬答集』 (1963. 1. 21) 第43回通常國會

外務省北東亞細亞課, 1979『所藏マイクロフイルン 第四回 公開分:調書集』

外務省北東亞細亞課, 1982『所藏マイクロフイルン 第七回 公開分:對日平和條約關係準備研究關係』전 7권

日本外務省 アジア局, 1964『朝鮮便覽』日本國際問題研究所

衆議院・參議院,『國會會議錄』(http://kokkai.ndl.go.jp/)

3. 회고록・전기・평전

【국 문】

김동조, 1986『회상 30년 한일회담』중앙일보사

김동조, 2004『냉전시대의 우리 외교』문화일보사

김용식, 1987『희망과 도전:金溶植 외교회고록』동아일보사

김용식, 1994『새벽의 약속:김용식외교 33년』김영사

김용주, 1984『풍운시대 80년』, 신기원사

김용주・박흥식・이정림, 1981『재계회고 2-원로기업인 편II』한국일보사

김유택, 1977『회상 65년』합동통신사

김유택, 1981『재계회상』한국일보사

로버트 올리버 저·박일영 역, 1982,『李承晩秘錄』, 국제문화협회

배의환, 1992『보리고개는 넘었지만 : 배의환 회고록』코리아헤럴드

변영태, 1959『나의 外交餘祿』한국일보사

변영태, 1959『나의 조국』자유출판사

원용석, 1955『한일회담 14년』삼화출판사

원용석, 1965『한일어업협상은 왜 어려운 문제인가』삼화출판사

유민 홍진기 전기간행위원회, 1993『유민 홍진기 전기』중앙일보사

유진오, 「남기고 싶은 이야기 : 한일회담」『중앙일보』1983. 8. 29~10. 31

유진오, 1993『한일회담』외무부 외교안보연구원

이동원, 1992『대통령을 그리며』고려원

임병직, 1964『임정에서 인도까지 : 임병직 외교 회고록』여원사

지철근, 1979『평화선』범우사

지철근, 1989『한일어업분쟁사』한국수산신보사

한표욱, 1996『이승만과 한미외교』중앙일보사

「남기고 싶은 이야기들 : 景武臺四季』『중앙일보』1972. 2. 4~6. 7

「남기고 싶은 이야기들 : 내가 아는 이박사-景武臺四季 餘祿』『중앙일보』
　　　1972. 6. 8~9. 11

【일문】

鳩山一郎, 1957『鳩山一郎回顧錄』文藝春秋新社

吉田茂, 1957『回想十年』新潮社

吉田茂, 1963『世界と日本』新潮社

大野伴睦, 1962『大野伴睦回想錄』弘文堂
大平正芳回想錄刊行會 編著, 1983『大平正芳回想錄』1~3 鹿島出版會
杉道追悼錄刊行委員會, 1965『杉道助追悼錄』上・下
石井光次郎, 1976『回顧88年』カルチヤ出版社
小坂善太郎, 1990『忘れがたきこと―小坂日記』信濃政治經濟硏究會
矢次一夫, 1973『わが浪人外交を語る』東洋經濟新報社
岸信介, 1983『岸信介回顧錄-保守合同と安保改正』廣濟堂出版
伊藤隆・矢次一夫・岸信介, 1981『岸信介の回想』文藝春秋
田中角榮, 1966『私の履歷書』日本經濟新聞社
椎名悅三郎追悼錄刊行會, 1982『記錄 椎名悅三郎』上・下
ツーボルト・J.ウイリアム 箸・野末賢三 譯, 1966『日本占領外交の回想』
朝日新聞社

II. 연구성과

1. 단행본
【국문】
6・3동지회, 1994『6・3학생운동사』
강노향, 1966『주일대표부』동아PR연구소
강덕상 외, 1999『근현대 한일관계와 재일동포』서울대학교출판부
구대열, 1995『한국국제관계사 연구』1・2 역사비평사
김상현, 1988『재일한국인 : 교포 100년사』한민족
김성환 외, 1984『1960년대』거름

김수자, 2005 『이승만의 집권초기 권력기반 연구』 경인문화사
김영작 외, 2006 『일본은 한국에게 무엇인가』 한울아카데미
김옥렬, 1974 『한국과 미일관계론』 일조각
김일영 외, 2004 『1950년대 한국사의 재조명』 선인
김호섭 외, 2000 『일본우익연구』 중심
다나카 아키히코 지음·이원덕 옮김, 2003 『전후 일본의 안보정책』 중심
다카사키 소우지 저·김영진 역, 1988 『검증 한일회담』 청수서원
다카하시 데츠야 저·이규수 역, 2000 『일본의 전후책임을 묻는다 : 기억의 정치, 망각의 윤리』 역사비평사
도날드 맥도날드 저·한국역사연구회 1950년대반 옮김, 2001 『대외정책관계 20년사(1945~1965년) : 해방에서 자립까지』 한울아카데미
마이클 샬러 지음·유강은 옮김, 2004 『더글러스 맥아더』 이매진
문정인·류상영, 2004 『1950년대 한국사의 재조명』 선인
민단 50년사 편찬위원회, 1997 『민단 50년사』 재일본대한민국민단
민족문제연구소, 1995 『한일협정을 다시 본다 : 30주년을 맞이하여』 아세아문화사
박실, 1979 『한국외교비사』 기린원
박실, 1993 『박정희 대통령과 미국대사관』 백양출판사
박웅진, 1986 『점령관리와 천황제파시즘 : 미국의 초기대일점령정책』 형설출판사
박재규, 1980 『냉전과 미국의 동아시아정책』 박영사
박태순·김동춘, 1991 『1960년대 사회운동』 까치
서울신문특별취재팀, 1984 『한국외교비사』 서울신문사

서중석, 2005『이승만의 정치이데올로기』역사비평사
성황용, 1981『일본의 대한정책』명지사
신용하 편저, 1998~2000, 『독도영유권 자료의 탐구』1~4, 독도연구보전협회
신용하, 1997『독도의 민족영토사적 연구』지식산업사
신용하, 2001『독도영유권에 대한 일본 주장 비판』서울대학교출판부
신정화, 2004『일본의 대북정책 1945~1992년』오름
신희석, 1991『일본의 외교정책』을유문화사
야마다 쇼오지 외 저·샘기획 역, 1992『근현대사 속의 한국과 일본』돌베개
유영렬, 2000『한일관계의 미래지향적 인식』국학자료원
유영익 편, 2006『이승만 대통령 재평가』연세대학교 출판부
유인호, 1984『한일경제 100년의 현장』일월서각
이도성 편저, 1995『실록 박정희와 한일회담 : 5·16에서 조인까지』도서출판 한송
이도형, 1987『흑막 : 한일교섭 비화』조선일보사
이면우 외, 1995『한일관계의 재조명-쟁점과 과제-』세종연구소
이원덕, 1996『한일 과거사 처리의 원점-일본의 전후처리 외교와 한일회담-』서울대출판부
이재오, 1984『한일관계사의 인식 : 한일회담과 그 반대운동』학민사
이정식, 1986『한국과 일본 : 정치적 관계의 재조명』교보문고
이호재, 1969『한국외교정책의 이상과 현실-이승만 외교와 미국(1945~1953)』법문사
정병준, 2005『우남 이승만 연구』역사비평사
정일형 외, 1993『한국 외교 반세기의 재조명』나남
최영호, 2002『현대한일관계사』국학자료원

카지무라 히데키 저·김인덕 역, 1994『재일조선인 운동 1945~1965』현음사
하영선 외, 1997『한국과 일본 : 새로운 만남을 위한 역사인식』나남
한국외교사학회편, 1993『한국외교사』1·2 집문당
한국정신대연구회, 1997『한일간의 미청산 과제』아세아문화사
한국정치외교사학회, 1990『한국현대사의 재조명 : 1945~1980년대의 정치외교분석』대왕사
한일역사공동연구위원회, 2005『한일역사공동연구보고서』6권
홍석률, 2001『통일문제와 정치·사회적 갈등: 1953~1961』, 서울대학교출판부
홍성유, 1962『한국경제와 미국원조』박영사
후지와라 아키라·아라카와 쇼지·하야시 히로후미 지음, 노길호 옮김, 1993『일본현대사』도서출판 구월

【일문】
岡部達味, 1995『アジア政治の未來と日本』勁草書房
高崎宗司, 1990『妄言の原形-日本人の朝鮮觀』木犀社
高峻石, 1974『戰後朝日關係史』田畑書店
菅英輝, 1992『米ソ冷戰とアメリカのアジア政策』ミネルヴァ書房
金太基, 1997『戰後日本政治と在日朝鮮人問題』勁草書房
吉村克己, 1985『池田政權 1575日』行政問題研究所
吉澤文壽, 2005『戰後日韓關係』クレイン
鹿島平和研究所 編·吉澤淸次郎 監修, 1973『日本外交史』28 鹿島平和研究所
大木浩, 1965『アジアと日本』日本國際問題研究所
大平善梧, 1965『アジア外交と日韓關係-對韓論叢を斬る』有新堂

渡邊昭夫・宮里政玄 編, 1985『戰後日本の對外政策』有斐閣

渡邊昭夫・宮里政玄 編, 1986『サンフランシスコ講和』東京大學出版會

藤島宇內 외, 1965『日韓問題』青木書店

罔野鑑記, 1968『日本賠償論』東洋經濟新報社

寺尾五郎・佐藤勝巳, 1965『日本の漁業と日韓條約』朝鮮研究所

山本剛士, 1978『日韓關係』教育社

森田芳夫, 1964『朝鮮終戰の記錄：米ソ兩軍の進駐と日本人の引き上げ』
　　　　嚴南薰

西村敏夫, 1965『私が見た韓國の內幕』朝日新聞社

石井修, 1989『冷戰と日米關係』ジャパンタイムズ

石丸和人・松本博一・山本剛士, 1983『戰後日本外交史Ⅱ：動き出した
　　　　日本外交』三省堂

細谷千博, 1984『サンフランシスコ講和への道』中央公論社

升味準之輔, 1988『日本政治 4：占領改革, 自民黨支配』東京大學出版會

梁永厚, 1994『戰後大阪の朝鮮人運動 1945-1965』未來社

歷史學會 編, 1987『日本史史料：現代』岩波書店

外村大, 2004『在日朝鮮人社會の歷史學的研究』, 綠陰書房

有賀貞외, 1989『講座國際政治 2：外交政策』東京大學出版會

有賀貞외, 1989『講座國際政治 4：日本の外交』東京大學出版會

栗原一夫, 1965『日韓關係の將來』昭和維新聯盟

李鍾元, 1996『東アジア冷戰と韓米日關係』東京大學出版會

日韓經濟協會, 1991『日韓經濟協會30年史：戰後日韓經濟交流の軌跡』

日韓問題研究會, 1962『日韓問題』

日韓漁業協議會, 1968『日韓漁業對策運動史』

足立利昭, 1983『自民黨人物風雲錄』新世代

中川信夫, 1975『日韓問題の歷史と構造』未來社

太田修, 2003『日韓交涉』クレイン

八木信雄, 1978『日本と韓國』日韓文化協會

和田正明, 1965『日韓漁業の新發足』水産經濟新聞社

花井等・淺川公紀 編著, 1995『戰後日米關係の軌跡』勁草書房

後藤基夫・內田健三・石川眞澄, 1994『戰後保守政治の軌跡』上・下 岩波書店

アジア・アフリカ講座, 1970『日本と朝鮮』勁草書房

2. 논 문
【국문】

국성하, 2005「한일회담 문화재 반환협상 연구」『한국독립운동사연구』25

권진희, 1996「한일 국교정상화 반대운동과 박정희 정부의 대응양식에 관한 분석」 이화여대 정외과 석사논문

기미야 다다시, 2002「1960년대 한국 냉전외교의 세가지 유형 : 한일국교정상화, 베트남 파병, 아시아태평양이사회」『시장・국가・국제체제』아연출판부

김남균, 1994「미국의 일본 안보정책에 끼친 한국전쟁의 영향」『미국사연구』4

김대상, 1992「인명피해 배상에 대한 청구권협정의 허구성」『한일연구』제5집 한국일본문제연구회

김양숙, 1990「한일 국교정상화 성립에 관한 연구 : 한국의 대일국교정상화 추진요인을 중심으로」 이화여대 정외과 석사논문

김영순, 2000「'귀국협정'에 따른 재일조선인의 북한으로의 귀국」『日本文化學報』9

김영호, 1982 「한일 기본조약의 경제적 재조명」『한일연구』 5 한국일본문제연구회

김왕근, 1986 「한일국교정상화에 관한 일연구 : 경제적 측면을 중심으로」 서울대 외교학과 석사논문

김정배, 1990 「미국의 세계전략적 관점에서 본 '태평양동맹' 논의의 성격」 부산대 사학과 석사학위논문

김종현, 1972 「한일경제협력에 관한 연구」『아세아연구』제15권 제3호 고려대 아세아문제연구소

김창남, 1996 「일본의 재일한국조선인 귀화정책 연구」 고려대 정외과 석사논문

김태기, 1998 「일본정부의 재일한국인정책-일본점령기를 중심으로」 한국정치학회 연례학술회의

김태기, 1999 「1950년대 초 미국의 對韓외교정책: 대일강화조약에서 한국의 배제 및 제1차 한일회담에 대한 미국의 정치적 입장을 중심으로」『한국정치학회보』33집 1호

김형호, 1995 「일본의 대한외교정책에 대하여 : 한일회담과 두 개의 한국론」 한양대 행정대학원 석사논문

남기정 2000 「한국전쟁과 재일한국, 조선인 민족운동」『민족연구』 5

남인복, 1984 「한국신문에 반영된 한일관계 : 동아일보와 조선일보의 내용분석, 1970~80」 성균관대 신방과 석사논문

노기영, 1998 「이승만 정권의 태평양 동맹정책과 한미일관계」 부산대 사학과 석사논문

다카사키 소오지, 1999 「일본 정계의 제2공화국관」『한국사학보』7 고려사학회

木宮正史, 1991 「한국의 내포적 공업화의 좌절 : 5·16군사정부의 국가자

율성의 구조적 한계」 고려대 정외과 박사학위논문
木村洋一郎, 1998 「장면정권하 한일관계 연구」 연세대 정치학과 석사논문
민태선, 1986 「한일국교정상화과정에 관한 연구 : 1945~1965년을 중심으로」 한양대 행정학과 석사논문
박관숙, 1967 「한일어업협정과 국내법」 『사법행정』 Vol. 8 No. 3
박진희, 1999 「민주당정권의 '경제제일주의'와 경제개발 5개년계획」 『국사관논총』 84집 국사편찬위원회
박진희, 2002 「한일국교수립과정에서 '韓・日인맥'의 형성과 역할」 『역사문제연구』 제9호 역사문제연구소
박진희, 2003 「한・일협정 체결과 '지역통합전략'의 현실화 : 한・미・일 3국의 인식과 대응을 중심으로」 『역사와 현실』 제59호 한국역사연구회
박진희, 2005 「戰後 韓日관계와 샌프란시스코 平和條約」 『한국사연구』 131호 한국사연구회
박진희, 2006 「이승만의 대일인식과 태평양동맹 구상」 『역사비평』 76호
박진희, 2006 「제1공화국 시기 '平和線'과 韓日會談」 『한국민족운동사연구』 47 한국민족운동사학회
박진희, 2006 『제1공화국의 對日政策과 韓日會談 연구』 이화여대 사학과 박사학위논문
박진희, 2006 『한국의 對日政策과 제1차~제3차 韓日會談』 『史林』 25호
박진희, 2007 「한・일 양국의 한일협정 반대운동 논리」 『기억과 전망』 통권 16호 민주화운동기념사업회
박찬욱, 1978 「한일국교정상화를 둘러싼 국내갈등의 체계 분석」 서울대 석사논문
박태균, 2000 「1956~1964년 한국 경제개발계획의 성립과정-경제개발론의

확산과 미국의 대한정책 변화를 중심으로-」 서울대 국사학과 박사학위논문
방세현, 1991 「한국의 대일정책 수단과 효과에 관한 연구(1948~1983)」 서강대 정외과 석사논문
백봉종, 1987 「한미방위조약과 미일안보조약 비교」 『한국과 국제정치』 1 경남대 극동문제연구소
변재옥, 1992 「한일간 제조약의 역사적 재조명」 『한일연구』 5 한국일본문제연구회
寺尾五郎, 1984 「한일회담의 전개과정」 『1960년대』 거름
서방훈, 1996 「일본정부의 재일한국인정책에 관한 고찰 : 한일기본조약 이후를 중심으로」 연세대 정치학과 석사논문
서중석, 1995 「박정권의 대일자세와 파행적 한일관계」 『역사비평』 통권 28호
서중석, 1995 「이승만과 북진통일」 『역사비평』 통권 29호
성황용, 1973 「전후 일본내셔널리즘의 기초」 『아세아연구』 통권 50호
소정훈, 1985 「미 세계전략의 변화와 한일협정」 『해방 40년의 재인식 I』 돌베개
오오타 오사무 2001 「한일청구권교섭연구」 고려대 사학과 박사학위논문
오오타 오사무, 1994 「한국에서의 '한일조약' 반대투쟁의 논리에 관한 연구(1964~65)」 고려대 사학과 석사논문
오오타 오사무, 1999 「한일회담에 관여한 한국관료의 일본인식」 『한국사학보』 7 고려사학회
오오타 오사무, 2001 「한국에서의 한일조약 반대운동의 논리」 『역사연구』 9 역사학연구소
오일환, 1998 「일본의 남북한 2중 외교 : 1954~1958년, 재일한인 북송문제 전개를 중심으로」 『근현대사강좌』 10

오제연, 2005 「평화선과 한일협정」『역사문제연구』 14 역사문제연구소

요시자와 후미토시(吉澤文壽), 2001 「한국에서의 한일회담반대운동의 전개」
『韓中人文科學硏究』 6

요시자와 후미토시(吉澤文壽), 2002 「일본에서의 한·일조약 반대운동」
『한일민족문제연구』 Vol. 3 한일민족문제학회

유영구, 1997 「한일·북일관계의 고정화과정 小考 : '55년체제'에서 1965년 한일 국교정상화까지」『中蘇硏究』 76호

유영렬, 2003 「한일 양국의 역사인식문제」『사학연구』 72 한국사학회

유인호, 1984 「한일경제협력의 반성」『민족·통일·해방의 논리』 형성사

유진오, 1963 「대일강화조약 초안의 검토」『민주정치에의 길』 일조각

윤덕한, 2000 「한일 과거사 문제에 대한 역대 정권의 입장과 정책」『한국 근현대사와 친일파 문제』 민족문제연구소

윤병기, 1990 「정치면에서 본 한일관계의 위상」『일본연구』 8 부산대 일본문제연구소

이대근, 1983 「한·일 경제관계의 기본성격과 그 실태」『한국민족주의론 2』 창작과비평사

이대우, 1992 「한일기본조약의 정치적 재조명」『한일연구』 5 한국일본문제 연구회

이원덕, 1996 「한일회담과 일본의 전후처리 외교」『한국과 국제정치』 Vol. 12 No. 1

이원덕, 2000 「한일관계 '65년체제'의 기본성격 및 문제점 : 북·일수교에의 함의」『국제·지역연구』 9권 4호

이종석, 1995 「북에서 본 한일협정과 '조일회담'」『역사비평』 통권28호

이종오, 1988 「반제반일민족주의와 6·3운동」『역사비평』 통권1호

이종원, 1995 「한일회담의 국제정치적 배경」『한일협정을 다시본다』
　　　아세아문화사
이혜경, 1994 「일본의 재일한국인 정책」 이화여대 정외과 석사논문
이호재, 1991 「제1공화국의 외교정책」『국사관논총』 27 국사편찬위원회
장박진, 2007 「한일회담에서의 식민지관계 청산연구-청산소멸의 정치이론
　　　을 중심으로-」 한국외국어대 국제관계학과 박사학위논문
전기호, 2000 「한국의 경제정책과 한국경제의 대일종속화」『한국 근현대
　　　사와 친일파 문제』 민족문제연구소
정경모, 1991 「박정희 : 권력부상에서 비극적 종말까지」『역사비평』 계간 13호
정대성, 2000 「제2공화국 정부, 국회의 일본관과 대일논조-한일관계, 한일통
　　　상, 한일회담, '재일교포'를 둘러싼 담론」『한국사학보』 8 고려사학회
정대성, 2001 「8·15 前後 在日朝鮮人의 生活相과 民族意識」『한일민족문
　　　제연구』 1 한일민족문제학회
정병준, 2005 「영국 외무성의 對日평화조약 草案·부속지도의 성립
　　　(1951.3)과 한국독도영유권의 재확인」『한국독립운동사연구』 24
　　　독립기념관 한국독립운동사연구소
정병준, 2005 「윌리엄 시볼드와 '독도분쟁' 의 시발」『역사비평』 통권71호
정성화, 1990 「1차 한일회담과 한국, 일본, 미국의 외교정책에 관한 고찰 :
　　　1951~1952」『일본연구』 창간호
정성화, 1990 「샌프란시스코 평화조약과 한국·미국·일본의 외교정책의
　　　고찰」『인문과학논총』 Vol. 7
진희관, 1999 「조총련 연구 : 역사와 성격을 중심으로」 동국대 정치학과
　　　박사학위논문
최영호, 1995 「해방직후 재일한국인의 본국 귀환, 그 과정과 통제구조」

『한일관계사연구』 4 한일관계사연구회

최영호, 1999 「이승만 정부의 태평양동맹 구상과 아시아민족반공연맹 결성」 『국제정치논총』 39-2

한배호, 1983 「한미군사동맹의 정치 : 그 이상과 현실」 『한국과 미국』 박영사

허버트 P. 빅스, 1973 「지역통합전략 - 미국의 아시아정책에서의 한국과 일본」 『1960년대』 거름

홍석률, 1994 「이승만정권의 북진통일론과 냉전외교정책」 『한국사연구』 85 한국사연구회

홍순호, 1995 「자유당정권의 대일외교정책」 『근현대사강좌』 한울

홍인숙, 1995 「한일회담에 대한 미일의 구도와 대응」 『역사비평』 통권28호

히로세 데이죠, 1995 「한일회담에 임했던 일본의 한국관」 『근현대사강좌』 제6호

【일문】

加藤晴子, 1978 「戰後日韓關係史への一考察(上) : 李ライン問題をめぐって」 『日本女子大學紀要』 28

高崎宗司, 1985 「日韓會談の過程と植民地化責任 : 1945年 8月~1952年 4月」 『歷史學硏究』 545

吉澤文壽, 1998 「日韓會談における請求權交涉の政治的妥結 : 一九六二年 三月から一二月までを中心として」 『朝鮮史硏究會論文集』 36 朝鮮史硏究會

藤井賢二, 2002 「李承晩ライン宣布への過程に關する硏究」 『朝鮮學報』 185

藤井賢二, 2004 「李承晩ラインと日韓會談-第一次 ~ 第三次會談における日韓の對立を中心に-」 『朝鮮學報』 193

木村昌人, 1988 「日本の大韓民間經濟外交 : 國交正常化をめぐる關西財界

の動き」『國際政治』第92號

寺尾五郞, 1965「日韓會談」『日本と朝鮮』勁草書房

山本剛士, 1983「日韓關係と矢次一夫」『國際政治』第75號

李鍾元, 1993「東アジアにおける冷戰と地域主義」『講座 世紀間の世界政治』第3券 アジアの國際秩序 日本評論社

李鍾元, 1993「戰後米國の極東政策と韓國の脫植民地化」『近代日本と植民地：アジアの冷戰と脫植民地化』第8卷 岩波講座

李鍾元, 1994「韓國國交正常化の成立とアメリカ：1960〜1965年」, 近代日本研究會 編,『近代日本研究 16 戰後外交の形成』山川出版社

李鍾元, 1994「アイゼンハワ?政權の對韓政策と'日本'」(1)『國際學會雜誌』107卷 1・2號

李鍾元, 1994『韓日會談と美國：'不介入政策'の成立を中心に」, 日本政治學會 編,『國際政治』第105號

李鍾元, 1994「米韓關係における介入の原型(1)：'エウァ-レディ計劃' 再考」『法學』58

李鍾元, 1995「米韓關係における介入の原型(2)：'エウァ-レディ計劃' 再考」『法學』59

李鍾元, 1995「五〇年代東アジア冷戰の變容と米韓關係：マグサイサイ現狀と李承晩」『法學』59

畑田重夫, 1965「日韓會談と美極東戰略」『日本と朝鮮』勁草書房

和田春樹, 1992「歷史の反省と經濟の論理」『現代日本社會 7 國際化』東京大學出版會

찾아보기

ㄱ

갈홍기(葛弘基) / 100
강영규 / 261
거창양민학살사건 / 94, 337, 341
고다마 요시오(兒玉譽士夫) / 264, 349
곽상훈(郭尙勳) / 283
광복군 / 63,
구보타 간이치로(久保田貫一郎) / 20, 30, 144, 145, 178, 179, 180, 181, 182, 183, 184
구보타 발언 / 21, 158, 178, 180, 181, 183, 184, 185, 187, 189, 190, 193, 194, 197, 199, 200, 201, 202, 203, 204, 206, 207, 208, 209, 216, 217, 219, 230, 234, 236, 240, 241, 252, 267, 285, 310, 313, 314, 319, 320, 354, 355
국민방위군사건 / 94, 337, 336, 341
국제사법재판소 / 64, 81, 93, 141, 222, 282, 299, 304
국제적십자사 / 232, 290, 291, 295, 296, 298
기시 노부스케(岸信介) / 240, 241, 242, 243, 245, 247, 249, 250, 252, 254, 255, 256, 262, 263, 264, 265, 291, 298, 299, 300, 330, 344, 346, 348, 349
김구 / 33
김동조(金東祚) / 9, 72, 108, 113, 127, 248, 281, 290, 304, 335, 344, 346
김병로 / 298
김영주(金永周) / 108
김용식(金溶植) / 104, 108, 145, 149, 152, 167, 170, 174, 178, 180, 181, 183, 210, 211, 212, 216, 223, 224, 228, 232, 233, 234, 235, 236, 239, 240, 241, 337, 338, 341, 342, 343, 346, 348
김용우(金用雨) / 280
김용주 / 337, 340, 341
김우평(金佑枰) / 50
김유택(金裕澤) / 241, 250, 251, 261, 333, 337, 342, 343, 344, 345, 346, 348
김종필(金鍾必) / 265
김준연(金俊淵) / 72, 298

ㄴ

나카보 요사쿠(中保與作) / 218
남상규(南相圭) / 127
남일(南日) / 212, 280, 293
남조선과도입법의원 / 31
남조선과도정부 / 50, 52
네루(Pandit Jawaharlal Nehru) / 38
『노동신문』 / 189
닉슨(Richard M. Nixon) / 156, 157

ㄷ

다나카 타츠오(田中龍夫) / 249, 349
다니 마사유키(谷正之) / 210, 211, 212, 234, 275,
다울링(Walter C. Dowling) / 248, 252, 279, 292, 299, 300
다카스기 신이치(高杉晋一) / 9, 188, 189, 190
다케시마(竹島) / 78, 82, 91, 123, 140
대마도 / 29, 31, 32, 56, 73, 74, 75, 76, 78, 81, 82, 88, 89, 90, 91, 92, 156
대일강화 7원칙 / 63
대일강화조약 잠정초안(Provisional draft of the Japanese treaty) / 65
대일배상요구조서 / 47, 54, 55, 56, 104
大日本水産會 / 152
對日請求權 / 20, 23, 55, 56, 73, 81, 118, 161, 165, 166, 167, 178, 203, 206, 243, 244, 245, 246, 247, 248, 311, 312, 313, 318, 319, 320, 356
대일평화조약(Peace Treaty with Japanese) / 14, 17, 18, 19, 20, 29, 32, 33, 45, 46, 47, 59, 60, 61, 64, 65, 66, 67, 68, 70, 71, 72, 76, 77, 78, 79, 80, 81, 83, 84, 85, 87, 88, 89, 90, 92, 93, 94, 95, 96, 99, 100, 101, 102, 106, 108, 111, 112, 113, 114, 116, 119, 121, 122, 123, 127, 129, 135, 140, 146, 147, 153, 159, 161, 162, 163, 164, 165, 166, 167, 168, 172, 173, 181, 182, 201, 208, 211, 223, 224, 236, 243, 246, 250, 271, 272, 273, 285, 287, 297, 300, 311, 312, 313, 318, 319, 326, 327, 331, 340, 353
대한민국임시정부 / 33, 32, 71
『大韓新聞』 / 250, 341
對韓請求權 / 20, 21, 121, 158, 159, 161, 163, 164, 165, 166, 167, 168, 171, 178, 179, 190, 193, 197, 199, 201, 203, 207, 208, 209, 216, 217, 218, 234, 236, 237, 239, 240, 241, 243, 244, 245, 246, 252, 253, 267, 273, 310, 312, 313, 314, 320, 355, 356
덜레스(John F. Dulles) / 46, 60, 61, 63, 65, 66, 67, 69, 71, 73, 74, 75, 76, 78, 83, 92, 81, 196, 202, 204, 205, 207, 211, 227, 228, 229, 265, 288
독도 / 20, 26, 59, 61, 62, 66, 68, 74, 75, 76, 77, 78, 80, 81, 82, 85, 88, 89, 91, 92, 93, 94, 99, 111, 112, 123, 127, 128, 130, 140, 155, 157, 219, 222, 226, 315, 322

『讀賣新聞』 / 217, 209, 225
동남아시아조약기구(SEATO) / 248

ㄹ

램(Richard H. Lamb) / 202
러스크(Dean Rusk) / 78, 79, 80, 81, 91, 157
러취(Archer L. Lerch) / 49
레이시(William S. B. Lacy) / 214
로버트슨(Walter S. Robertson) / 224, 297
리앙쿠르岩(Liancourt Rocks) / 140
릿지웨이(Matthew Bunker Ridgway) / 196

ㅁ

마쓰모토 슌이치(松本俊一) / 167
『每日新聞』 / 171, 172, 286
맥아더(Douglas MacArthur) / 29, 33, 34, 35, 44, 53, 58, 72, 87, 131, 287, 292, 299, 303
맥아더(Douglas MacArthur Ⅱ) / 255, 292, 299, 303
맥아더선(MacArthur Line) / 29, 58, 70, 73, 74, 75, 78, 79, 80, 82, 93, 94, 106, 127, 128, 129, 130, 131, 132, 133, 134, 135, 136, 140, 145, 147, 153, 154, 229, 246, 281, 311, 312
머피(Robert Murphy) / 146, 170, 171, 173
무초(John J. Muccio) / 33, 37, 61, 62, 63, 72, 83, 100, 101, 103
문철순 / 261
미일안보조약 / 211
미일안전보장조약 / 172
민희식(閔熙植) / 50

ㅂ

박정희(朴正熙) / 10, 126, 190, 265, 285, 315, 320, 323, 325, 328, 329, 342, 347, 349
박찬일 / 282, 348
백낙준 / 298
백두진 / 298
변영태(卞榮泰) / 74, 77, 80, 81, 127, 156, 180, 197, 198, 199, 204, 213, 216, 280, 298, 338, 341
본드(Niles W. Bond) / 197
북대서양조약기구(North Atlantic Treaty Organization, NATO) / 36, 37, 38, 39, 42, 46, 247
북한적십자사 / 281, 300
브릭스(Ellis O. Briggs) / 198, 200, 206, 207, 211
비상국민회의 / 48

ㅅ

4·19혁명 / 264, 306, 349, 311
사와다 렌조우(澤田廉三) / 187, 262, 278, 279
사토 에이사쿠(佐藤榮作) / 330
서상일 / 298
선우종원 / 238
손원일(孫元一) / 146
수산업법 / 150
스나타 시게마사(砂田重政) / 220
시게미쓰 마모루(重光葵) / 209, 210, 224, 226, 228, 234, 237
시라스 지로우(白洲次郎) / 87, 287
시마네현(島根縣) / 157
시모다 다케조우(下田武三) / 181, 182
시볼드(William J. Sebald) / 29, 58, 61, 62, 67, 68, 73, 102, 109, 111, 112, 115, 123,
시이나 에쓰사부로(椎名悅三郎) / 9, 264, 317, 319, 321
신기준(申基準) / 50
신성모(申性模) / 100, 103, 104, 105, 108, 135, 337, 341
신흥우(申興雨) / 35, 337, 339, 340

ㅇ

아시다 히토시(芦田均) / 31
아이젠하워(Dwight D. Eisenhower) / 175
우시로쿠 도라오(後宮虎郎) / 108
애치슨(Dean G. Acheson) / 35, 38, 39, 44, 60, 169
앨리슨(John M. Allison) / 151, 152, 194, 195, 196, 197, 200, 201, 208, 211, 214, 216, 217, 226, 228, 234
야쓰기 가즈오(矢次一夫) / 250, 254, 255, 262, 263, 264, 265, 346, 348, 349
양유찬(梁裕燦) / 73, 74, 75, 76, 78, 81, 82, 83, 107, 108, 109, 110, 111, 115, 122, 123, 157, 163, 164, 179, 194, 213, 332, 333, 335, 346
어업자원보호법 / 150, 232
연합국최고사령부(SCAP) / 14, 15, 29, 32, 54, 55, 56, 58, 61, 74, 78, 80, 87, 88, 89, 93, 100, 101, 102, 103, 104, 105, 107, 109, 111, 112, 117, 123, 129, 130, 131, 132, 133, 134, 135, 179, 230, 272, 281, 284, 286, 287, 288, 311, 327, 335, 338, 340
오오노 반보쿠(大野伴睦) / 285, 349
오오무라(大村)수용소 / 218, 219, 227, 228, 229, 231, 232, 233, 234, 235, 237, 239, 240, 253, 254, 256, 266, 289, 293
오오쿠마 와타루(大隈渡) / 276

오정수(吳楨洙) / 50
오카자키 가츠오(岡崎勝男) / 149, 157, 167, 168, 174, 184, 194, 205
올리버(Robert Oliver) / 42, 128
요시다 시게루(吉田茂) / 15, 34, 60, 63, 66, 67, 73, 87, 122, 129, 156, 157, 163, 169, 170, 171, 172, 173, 194, 196, 197, 203, 204, 209, 220, 221, 287, 288, 289, 327
우국노인회 / 89
유림 / 298
유진오(俞鎭午) / 72, 74, 90, 92, 101, 108, 113, 298, 344
유태하(柳泰夏) / 202, 208, 209, 241, 249, 254, 255, 256, 261, 263, 264, 265, 269, 278, 292, 295, 299, 302, 303, 304, 333, 338, 339, 342, 343, 345, 346, 347, 348, 349, 350
윤일선 / 298
윤치영 / 334, 340
윤치호 / 340
윤호병(尹噋炳) / 50
이갑성 / 298
이구치 사다오(井口貞夫) / 67, 108, 109, 111
이기붕 / 249, 298
이동원(李東元) / 9, 317, 319, 323
李라인 / 125, 156, 169, 171, 173, 174, 179, 182, 183, 226, 283
이범석 / 298

이순탁(李順鐸) / 54
이승만(李承晩) / 10, 11, 13, 14, 16, 22, 26, 29, 30, 31, 32, 33, 34, 35, 36, 37, 38, 39, 40, 41, 42, 44, 45, 46, 47, 53, 56, 58, 71, 72, 83, 85, 86, 89, 90, 94, 95, 100, 104, 107, 109, 110, 112, 124, 126, 128, 129, 137, 156, 166, 169, 170, 171, 172, 173, 174, 176, 177, 178, 179, 183, 185, 190, 194, 195, 196, 197, 198, 199, 200, 201, 204, 205, 206, 208, 209, 214, 215, 216, 217, 222, 230, 235, 237, 239, 241, 248, 249, 250, 254, 255, 256, 262, 263, 264, 265, 282, 283, 300, 301, 304, 305, 309, 310, 318, 320, 328, 329, 330, 332, 333, 335, 336, 337, 338, 339, 340, 342, 343, 344, 345, 347, 354, 355
이시바시 단잔(石橋湛山) / 240, 330
이시이 미쯔지로(石井光次郎) / 264, 345, 349
이재학 / 298
이재항 / 261
이케다 하야토(池田勇人) / 330, 331
이형근(李亨根) / 215, 225
이호 / 261
이훈구(李勳求) / 50
일본적십자사 / 232, 239, 281, 286, 290, 294, 300
日韓漁業對策本部 / 152

임병직(林炳稷) / 57, 100, 134, 254, 261, 262, 275, 292, 302, 334
임송본(林松本) / 74, 101, 108
임철호(任哲鎬) / 127

ㅈ

장개석 / 36, 39, 40, 41, 42, 43
장경근(張暻根) / 261, 276, 292
장면(張勉) /10, 70, 71, 83, 238, 329
장택상 / 263, 298, 348
在日本朝鮮人總聯合會 / 293
『赤旗』 / 189, 331
전진한 / 298
정한경(鄭翰景) / 56, 57, 337, 338, 339
정환범(鄭桓範) / 56, 58, 112, 337, 338, 339, 340
조병옥(趙炳玉) / 282, 298
조성환 / 89
『朝日新聞』 / 26, 60, 123, 171, 172, 111
조정환(曺正煥) / 226, 229, 250, 290, 291, 345
주일대표부 / 35, 74, 100, 101, 108, 112, 113, 115, 116, 124, 132, 141, 149, 152, 170, 172, 174, 183, 196, 124, 223, 228, 239, 248, 250, 261, 263, 264, 266, 268, 290, 292, 294, 299, 304, 275, 311, 333, 335, 336, 337, 338, 339, 340, 341, 342, 343, 348
지역통합전략(Regional Integration Strategy) / 12, 13, 14, 40, 328, 353, 357
지철근(池鐵根) / 120, 127, 128, 130, 132
진필식(陳弼植) / 108, 261

ㅊ

최규남 / 298
최규하 / 261
최남선 / 90
최두선(崔斗善) / 72
최영택(崔英澤) / 349, 350

ㅋ

카이로선언 / 77, 180, 181, 195, 203
퀴리노(Elpidio Quirino) / 36, 39, 40, 41, 42, 43, 45
클라크(Mark W. Clark) / 34, 146, 147, 150, 169, 170, 171, 175, 178
클라크선(Clark Line) / 147, 148, 149, 150, 154, 178

ㅌ

태평양동맹 / 35, 36, 37, 38, 39, 40, 41, 42, 43, 44, 45, 46, 169, 173, 175
태평양안전보장조약(ANZUS) / 173, 247
트루먼(Harry S. Truman) / 41, 63, 125, 136, 137, 139, 143, 144, 145, 176, 179, 180, 246

ㅍ

파랑도 / 74, 75, 76, 77, 88, 89, 90, 91, 92
파슨스(Graham J. Parsons) / 300
파슨스(Howard L. Parsons) / 296
패트릿지(Earle E. Partridge) / 214
평화선 / 20, 21, 26, 124, 125, 126, 127, 128, 129, 132, 133, 135, 136, 137, 138, 139, 140, 141, 142, 143, 144, 145, 146, 147, 148, 149, 150, 151, 152, 154, 155, 156, 157, 158, 159, 169, 171, 176, 177, 179, 183, 184, 187, 193, 194, 195, 196, 197, 198, 203, 206, 207, 214, 218, 219, 220, 221, 222, 223, 224, 225, 226, 227, 228, 229, 230, 233, 236, 237, 242, 245, 246, 256, 257, 268, 274, 276, 277, 278, 279, 280, 281, 282, 283, 291, 292, 295, 299, 300, 301, 302, 303, 310, 312, 314, 315, 316, 322, 323, 324, 325, 334, 345, 354, 355
포츠담선언 / 31, 77, 181
포획심판령 / 147
폴리(Edwin E. Pauley) / 47, 48, 49

ㅎ

하나무라 시로우(花村四郎) / 228, 232
하야시 게이조(林敬三) / 222
하토야마 이치로(鳩山一郎) / 209, 210, 212, 214, 215, 216, 217, 226, 228, 230, 231, 240, 249, 330
한미상호방위조약 / 18, 46, 175, 210, 211, 329
한미재정재산협정 / 66
한표욱(韓豹頊) / 72, 76, 297, 344, 346
함태영 / 298
해링턴(William Herrington) / 129, 197
허정 / 302, 303
헐(John E. Hull) / 208
홍종인 / 90

홍진(洪震) / 48
홍진기(洪璡基) / 53, 55, 72, 108, 113, 180, 343, 344
황수영 / 261
후지야마 아이이찌로(藤山愛一郎) / 250, 251, 252, 275, 281, 294, 301, 302, 303
휴전협정 / 14, 150, 154, 175, 334
흥업구락부 / 336, 340

저자소개

■ 박 진 희 (朴鎭希)

- 이화여대 사학과를 졸업하고 같은 대학원에서 석·박사학위를 받았다. 이화여대·홍익대·경원대 등에서 강의했고, 현재 국사편찬위원회에 재직 중이다.

- 주요 논문으로는 「한·일 국교수립 과정에서 '한·일 인맥'의 형성과 역할」(2002), 「한일협정 체결과 '지역통합전략'의 현실화」(2003), 「戰後 韓日관계와 샌프란시스코 平和條約」(2005), 「제1공화국 시기 '平和線'과 韓日會談」(2006), 「한국의 對日정책과 제1차~제3차 韓日會談」(2006), 「이승만의 대일인식과 태평양동맹 구상」(2006), 「한·일 양국의 한일협정 반대운동 논리」(2007) 등이 있다.